Vergangene Zukünfte von Arbeit

Archiv der sozialen Demokratie der Friedrich-Ebert-Stiftung
Reihe: Politik- und Gesellschaftsgeschichte, Band 108

Herausgegeben von Anja Kruke und Meik Woyke

Franziska Rehlinghaus • Ulf Teichmann (Hg.)

Vergangene Zukünfte von Arbeit

Aussichten, Ängste und Aneignungen im 20. Jahrhundert

Bibliografische Information der Deutschen Nationalbibliothek

Die Deutsche Nationalbibliothek verzeichnet
diese Publikation in der Deutschen Nationalbibliografie;
detaillierte bibliografische Daten sind im Internet
über *http://dnb.dnb.de* abrufbar.

ISBN 978-3-8012-4267-1
ISSN 0941-7621

© 2019 by
Verlag J. H. W. Dietz Nachf. GmbH
Dreizehnmorgenweg 24, 53175 Bonn

Reihengestaltung: Just in Print, Bonn · Kempken DTP-Service, Marburg

Umschlagfoto:
Engelbert Reineke, Wolfsburg, VW Autowerk, Lehrlingsausbildung, März 1981,
Bundesarchiv B 145 Bild-F060162-0021

Umschlag: Kempken DTP-Service | Satztechnik · Druckvorstufe · Mediengestaltung, Marburg

Satz: Kempken DTP-Service | Satztechnik · Druckvorstufe · Mediengestaltung, Marburg

Druck und Verarbeitung: CPI books, Leck

Alle Rechte vorbehalten
Printed in Germany 2019

Besuchen Sie uns im Internet: *www.dietz-verlag.de*

Inhaltsverzeichnis

Vergangene Zukünfte von Arbeit
Aussichten, Ängste und Aneignungen im 20. Jahrhundert

Einleitung

Franziska Rehlinghaus · Ulf Teichmann
Historische Zukunftsforschung, die Geschichte der Arbeit und
die Potenziale ihrer Verbindung. Eine Einführung 7

Zukunft der Arbeit

Marco Swiniartzki
Rationalisierungszukünfte in der deutschen Metallindustrie der 1920er-Jahre 33

Martin Rempe
Bedrohte Musikkultur? Zur Zukunft der Orchestermusiker
in der frühen Bundesrepublik 61

Sindy Duong
Zukunft gestalten, konservieren oder befürchten?
Gewerkschaftliche Auseinandersetzungen um Lehrer_innenarbeitslosigkeit
in der Bundesrepublik 81

Arbeit der Zukunft

Karsten Uhl
Visionen der Arbeit im Nationalsozialismus. Automatisierung
und Menschenführung in der Leistungsgemeinschaft 107

Mirko Winkelmann
Vom Risiko zur Verheißung? Zukünfte des Arbeitens von zu Hause
seit den 1980er-Jahren 127

Zukunft durch Arbeit

Annette Schuhmann
Die Zukunft der Arbeit in der Übergangsgesellschaft.
Überlegungen zur Produktion von (Zukunfts-)Erwartungen in der DDR 157

Saskia Geisler
Die Zukunft bauen. Finnische Bauarbeiter in der Sowjetunion zwischen
Utopie und Pragmatismus in den 1970er- und 1980er-Jahren 179

Arbeit mit und an der Zukunft

Klaus Nathaus
Von der Erhaltung über die Gestaltung zur Spekulation.
Zukunftsbezüge musikalischer Arbeit im 20. Jahrhundert 205

Franziska Rehlinghaus
Ein Experimentierfeld für die Zukunft.
Betriebliche Weiterbildung in der Bundesrepublik der 1970er-Jahre 225

Anhang

Personenregister 253

Über die Autorinnen und Autoren 255

Franziska Rehlinghaus · Ulf Teichmann

Historische Zukunftsforschung, die Geschichte der Arbeit und die Potenziale ihrer Verbindung. Eine Einführung

Die Zukunft der Arbeit ist in aller Munde: Das Bundesministerium für Bildung und Forschung widmete sein »Wissenschaftsjahr« 2018 dem Themenfeld »Arbeitswelten der Zukunft«.[1] Die *Hans-Böckler-Stiftung* berief bereits 2015 eine *Kommission »Arbeit der Zukunft«* ein, die zwei Jahre später ihren Abschlussbericht vorlegte und nun als Forschungsstelle fortgeführt wird.[2] Und die ARD behandelte 2016 in einer ganzen Themenwoche ausführlich verschiedene Perspektiven auf die »Zukunft der Arbeit« – ein deutliches Indiz dafür, dass dieses Thema in der gesellschaftlichen Mitte angekommen ist.[3] Explizit nach den historischen Dimensionen des Themas gefragt wurde bisher jedoch selten.

Die Grundlagen für eine geschichtswissenschaftliche Beschäftigung sind allerdings in den letzten Jahren geschaffen worden. Nicht nur die Geschichte der Arbeit erlebt ein beachtliches Revival, auch die Historische Zukunftsforschung etabliert sich derzeit als vielfältige Subdisziplin der Geschichtswissenschaft. Auf einer gemeinsamen Konferenz der *Hans-Böckler-* und der *Friedrich-Ebert-Stiftung* 2016 in Düsseldorf wurde intensiv über die gemeinsamen Forschungsfragen der Geschichte der Arbeit und der Historischen Zukunftsforschung debattiert.[4] In den letzten Jahren sind auf dieser Basis die Diskussionen weitergeführt worden, und sie mündeten in Überlegungen, die die Entwicklungen beider Forschungsfelder aufeinander beziehen und den Erkenntniswert einer gemeinsamen Betrachtung ausloten. Die folgenden Sei-

---

1 Siehe die Homepage des Wissenschaftsjahrs: URL: <https://www.wissenschaftsjahr.de/2018/> (4.4.2019).
2 Kerstin Jürgens/Reiner Hoffmann/Christina Schildmann (Hg.), Arbeit transformieren! Denkanstöße aus der Kommission »Arbeit der Zukunft« [= Forschung aus der Hans-Böckler-Stiftung, Bd. 189], Bielefeld 2017; auch online unter: URL: <https://www.boeckler.de/pdf/p_forschung_hbs_189.pdf> (4.4.2019). Zu Kommission und Forschungsstelle siehe: URL: <https://www.boeckler.de/109164.htm> (4.4.2019).
3 Siehe die Startseite der ARD-Themenwoche »Zukunft der Arbeit«: URL: <http://www.ard.de/home/themenwoche/ARD_Themenwoche_2016_Zukunft_der_Arbeit/3234726/index.html> (4.4.2019).
4 Siehe: Jan Kellershohn, Tagungsbericht: Vergangene Zukünfte der Arbeit. Historische Imaginationen, Prognosen und Planungen von Arbeit in der Moderne. Neue Perspektiven auf die Gewerkschaftsgeschichte VI, 17.11.2016–18.11.2016 Düsseldorf, in: H-Soz-Kult, 20.1.2017, URL: <www.hsozkult.de/conferencereport/id/tagungsberichte-6939> (4.4.2019).

ten bieten nicht nur einen Einblick in diese Überlegungen, sondern sie zeigen zudem, welchen Beitrag die hier versammelten Aufsätze über Zukunft und Arbeit zu einem neuen Blick auf die Gesellschaftsgeschichte des 20. Jahrhunderts leisten können.

1 Labour History auf neuen Wegen

Es war zunächst still geworden um die Geschichte der Arbeit, nachdem sie zusammen mit der Sozialgeschichte den Fokus geschichtswissenschaftlicher Debatten verlassen hatte. Doch in den letzten ein, zwei Jahrzehnten hat sich die Geschichte der Arbeit, beziehungsweise ihre angloamerikanisch inspirierte Erweiterung zur Labour History[5], wieder zu einem lebendigen, innovativen und vielgestaltigen Forschungsfeld entwickelt. Interessierte sich die klassische Sozialgeschichte für Arbeit in erster Linie als Strukturelement der Gesellschaft oder in ihrer politischen Formation als Arbeiterbewegung, verschob sich das Interesse später auf die Sozialfigur des (zumeist männlich gedachten) Arbeiters und schließlich auf die Arbeit selbst. Dabei veränderte das Forschungsfeld sein Gesicht durch die Übernahme von Methoden aus der Kultur- wie der Globalgeschichte und nicht zuletzt auch durch die Entdeckung der 1970er- und 1980er-Jahre als Forschungsgegenstand der Zeitgeschichte. Daher konnte Jürgen Kocka, allen Abgesängen auf die Arbeitergeschichte zum Trotz, schon 2010 mit Blick auf das Forschungsfeld eine »große Lebendigkeit und viele interessante Neuansätze beobachten«.[6] Ein umfassender Überblick über diese Entwicklungen würde hier zu weit führen. Verwiesen sei auf die jüngsten Untersuchungen der Repräsentationen von Arbeit, auf die Adaption von Ansätzen aus der Körpergeschichte oder die Konzentration auf die präfigurativen Auswirkungen von Betrieben und Arbeitsplätzen auf die Form und Verrichtung von Arbeit.[7]

---

5   Ein vergleichbarer Begriff, der die Geschichte der Arbeit mit derjenigen der Arbeiter und der Arbeiterbewegung als Forschungsfeld zusammenfasst, fehlt im Deutschen. Siehe die Zusammenfassung in: Kim Christian Priemel, Heaps of work. The Ways of Labour History, in: H-Soz-Kult, 23.1.2014, URL: <http://hsozkult.geschichte.hu-berlin.de/forum/2014-01-001> (4.4.2019).
6   Diese Entwicklung skizzieren: Jürgen Kocka, Arbeiterleben und Arbeiterkultur. Die Entstehung einer sozialen Klasse [= Geschichte der Arbeiter und der Arbeiterbewegung in Deutschland seit dem Ende des 18. Jahrhunderts, Bd. 3], Bonn 2015, S. 16-21 (Zitat auf S. 21) und Klaus Tenfelde, Germany, in: John Allen/Alan Campbell/John McIlroy (Hg.), Histories of Labour. National and international Perspectives, Delhi 2011, S. 262-289.
7   Knud Andresen/Michaela Kuhnhenne/Jürgen Mittag/Stefan Müller (Hg.), Repräsentationen der Arbeit. Bilder – Erzählungen – Darstellungen [= Politik- und Gesellschaftsgeschichte, Bd. 104], Bonn 2018; Lars Bluma/Karsten Uhl (Hg.), Kontrollierte Arbeit – Disziplinierte Körper? Zur Sozial- und Kulturgeschichte der Industriearbeit im 19. und 20. Jahrhundert, Bielefeld 2012; Knud Andresen/Michaela Kuhnhenne/Jürgen Mittag/Johannes Platz (Hg.), Der Betrieb als sozialer und politischer Ort. Studien zu Praktiken und Diskursen in den Arbeitswelten des 20. Jahrhunderts [= Politik- und Gesellschaftsgeschichte, Bd. 98], Bonn 2015.

Eine Verbindung der Labour History mit Ansätzen der Historischen Zukunftsforschung, wie sie dieser Band unternimmt, lotet das Potenzial einer weiteren, bisher wenig beachteten Perspektive aus. Zwar geraten mit den Veränderungen in der Arbeitswelt seit den 1970er-Jahren auch die zeitgenössischen Versuche der Kontingenzbewältigung, wie beispielsweise das Programm zur »Humanisierung der Arbeit«, vermehrt in den Blick, doch ist die hier vorgenommene explizite Verknüpfung beider Forschungsfelder ein neues und spannendes Experiment.[8]

Dass Arbeit wieder ein stärkeres Interesse in der historischen Forschung gefunden hat und sich dabei nicht nur die methodischen Zugriffe ausgeweitet haben, sondern sich auch das Verständnis von Arbeit generell verändert hat, ist unter anderem das Produkt einer neuen Aufmerksamkeit der Zeitgeschichte für die historischen Transformationsprozesse der 1970er- und 1980er-Jahre. Etwas vereinfacht gesagt: Die Beschränkung der Labour History auf männliche Arbeit in der Schwerindustrie wurde für die Zeitgeschichte der Arbeit schon durch die veränderte Empirie obsolet.[9] Dies zeigen nicht zuletzt die neuesten Studien, die sich im Zuge der Auseinandersetzung mit der Strukturbruchthese dem Bedeutungswandel von Erwerbsarbeit seit den 1970er-Jahren gewidmet haben.[10]

Auch wenn dieses erweiterte Verständnis von (Erwerbs-)Arbeit in den Aufsätzen des vorliegenden Bandes durchaus Widerhall findet, weist der Begriff von Arbeit, wie er hier verwendet wird, einen räumlichen und zeitlichen Bias auf. Dieser erklärt sich aus dem dezidiert europäischen Blick und mithin schlichtweg aus den Untersuchungsgegenständen. Ein enges Verständnis von Arbeit, das vornehmlich Erwerbsarbeit meint und eng mit solchen Prozessen wie der Trennung von Wohnen und Arbeiten, von Arbeit und Freizeit oder der spezifisch modernen Vergeschlechtlichung von Arbeit verbunden ist, ist auch das Resultat europäischer Entwicklungen, die zum Ende des 19. Jahrhunderts infolge der Industriellen Revolution ihren vorläufigen Abschluss gefunden haben.[11] Wenn also im 20. Jahrhundert im deutschsprachigen Raum

---

8 Nina Kleinöder, »Humanisierung der Arbeit«. Literaturbericht zum »Forschungsprogramm zur Humanisierung des Arbeitslebens«, Düsseldorf 2016, URL: <https://www.boeckler.de/pdf/p_fofoe_WP_008_2016.pdf> (4.4.2019). Nina Kleinöder/Stefan Müller/Karsten Uhl (Hg.), »Humanisierung der Arbeit«. Aufbrüche und Konflikte in der rationalisierten Arbeitswelt des 20. Jahrhunderts [= Histoire], Bielefeld 2019.
9 Winfried Süß/Dietmar Süß, Zeitgeschichte der Arbeit. Beobachtungen und Perspektiven, in: Knud Andresen/Ursula Bitzegeio/Jürgen Mittag (Hg.), Nach dem Strukturbruch? Kontinuität und Wandel von Arbeitswelten [= Politik- und Gesellschaftsgeschichte, Bd. 89], Bonn 2011, S. 345-368; hier: S. 346-348.
10 Jörg Neuheiser, Arbeit zwischen Entgrenzung und Konsum. Die Geschichte der Arbeit im 20. Jahrhundert als Gegenstand aktueller zeithistorischer und sozialwissenschaftlicher Studien, in: Neue Politische Literatur [NPL], 58 (2013), S. 421-448; hier: S. 423, 434 f.
11 Andrea Komlosy, Arbeit. Eine globalhistorische Perspektive, Wien 2014, S. 9, 11-21; Jürgen Kocka, Work as a Problem in European History, in: ders. (Hg.), Work in a Modern Society. The German Historical Experience in Comparative Perspective, New York/Oxford 2010, S. 1-15; hier: S. 7-9.

oder in anderen Teilen des »Westens« über die Zukunft der Arbeit nachgedacht wurde, gehörte der im 19. Jahrhundert geprägte Arbeitsbegriff zur Grundausstattung des Erfahrungsraumes, auf dem dieses Nachdenken aufbaute.[12] Insofern kann auch das »Normalarbeitsverhältnis« der Boom-Ära, das sich nicht zuletzt durch den Global Turn der Labour History als eigentliche historische Ausnahme erwiesen hat[13], als Grundlage für Zukunftsvorstellungen von Arbeit in der zweiten Hälfte des 20. Jahrhunderts gelten.

2   Geschichte der Zeit, Geschichte der Arbeit

Ebenso wie die geschichtswissenschaftliche Erforschung von Arbeitsstrukturen und -praktiken im 20. Jahrhundert hat auch die Beschäftigung mit der Theorie historischer Zeiten und hier insbesondere die historische Zukunftsforschung in den letzten Jahren zahlreiche neue Impulse erhalten und sich zu einem regen internationalen Forschungsfeld entwickelt.[14]

Schon früh wurde die historische Erforschung vergangener Zukünfte seit der Sattelzeit an Beispielen aus der Geschichte der Arbeit und der Arbeiterbewegung exemplifiziert. Gerade der marxistisch geprägte Sozialismus mit seinem unbedingten Gestaltungswillen galt als Paradebeispiel einer Bewegung mit gesellschaftsprägenden Zukunftsvisionen, die den Verlauf der Geschichte maßgeblich beeinflussten.[15] Thomas Welskopp und Stefan Berger haben unlängst noch einmal herausgearbeitet, wie stark das politische Handeln der deutschen Sozialdemokratie im 19. und 20. Jahrhundert mit wechselnden Konjunkturen von Utopien, Prognosen und Programmen geprägt war, in denen beispielsweise Revolutionserwartungen je nach politischem Tagesgeschäft und parlamentarischem Einfluss in unmittelbare Nähe rücken, in weiter Ferne liegen oder eben auch ganz verschwinden konnten, um zur bloßen Rhetorik zu degenerieren.[16]

---

12   Als unverzichtbare Grundlage der Historischen Zukunftsforschung immer noch: Reinhart Koselleck, »Erfahrungsraum« und »Erwartungshorizont«. Zwei historische Kategorien, in: ders., Vergangene Zukunft. Zur Semantik geschichtlicher Zeiten, Frankfurt a. M. 1989, S. 349-375.
13   Andreas Eckert, Why all the fuss about Global Labour History?, in: ders. (Hg.), Global Histories of Work [= Work in Global and Historical Perspective, Bd. 1], Berlin/Boston 2016, S. 3-22; hier: S. 4.
14   Selbst von einem »temporal turn« war bereits die Rede: Caroline Rothauge, Es ist (an der) Zeit. Zum »temporal turn« in der Geschichtswissenschaft, in: Historische Zeitschrift, 305 (2017), S. 729-746.
15   Lucian Hölscher, Weltgericht oder Revolution. Protestantische und sozialistische Zukunftsvorstellungen im deutschen Kaiserreich, Stuttgart 1989.
16   Thomas Welskopp, Die deutsche Sozialdemokratie programmiert die »neue Zeit«. Die Zukunft der Sozialdemokratie von den Anfängen bis zum Ersten Weltkrieg, in: Lucian Hölscher (Hg.), Die Zukunft des 20. Jahrhunderts. Dimensionen einer historischen Zukunftsforschung, Frank-

Galt die Arbeiterbewegung in ihrem Selbstverständnis und im Interesse der historischen Forschung also lange Zeit per se als Bewegung der Zukunft und im DDR-Staatssozialismus zumindest rhetorisch als »der Zukunft zugewandt«, so hat beispielsweise Jürgen Kocka die konkreten Visionen von Arbeit in avisierten Zukunftsgesellschaften näher untersucht. Am Beispiel utopischer Romane vom 16. Jahrhundert bis zu Aldous Huxleys »Brave new world« von 1959 hat er die Momente von Last und Lust identifiziert, die sich mit der Vorstellung von Arbeit verbanden und sie als »Gegenbilder« zu ihrer jeweiligen Gegenwart interpretiert.[17] Bereits in den 1990er-Jahren hat Andrea Maurer mit einer ähnlichen Zielrichtung moderne Arbeitsutopien von Karl Marx über Max Weber bis hin zu Gegenwartsentwürfen als »Reflektoren ihrer Herkunftsgesellschaften« in den Blick genommen und sich dabei auch dem jeweiligen Verhältnis von Geschlecht und Zeit zur Arbeit gewidmet.[18] In Untersuchungen wie diesen steht die Frage nach den historischen Vorstellungen von der *Arbeit der Zukunft* im Mittelpunkt, die teils als Gegenentwurf, teils als Verlängerung gegenwärtiger Erfahrungen in die Zukunft hinein, sowohl eine utopische wie eine prognostische Qualität besaßen und dabei überwiegend positive Vorstellungen heraufbeschworen.

Als dialektische Kehrseite dieser Entwürfe können in der Geschichte des 20. Jahrhunderts krisenhafte Gegenwartsdiagnosen gelten, die die Frage nach der *Zukunft der Arbeit* als solcher thematisierten und dabei auch immer wieder ihre Zukunftsfähigkeit in Zweifel zogen.[19] Solche Debatten tauchten beispielsweise in Zeiten von Wirtschaftskrisen und Arbeitslosigkeit vermehrt auf, aber auch angesichts technologischer Entwicklungen, die den Arbeitsalltag sukzessive veränderten. Die Automatisierungsprozesse der 1950er-Jahre, so Martina Heßler und Johannes Platz, ließen gerade aus gewerkschaftlicher Perspektive das Ende der Arbeit durch die Herrschaft der Maschine zunächst als eine Dystopie prognostizieren, weil antizipiert wurde, dass sie einen Großteil der Werktätigen freisetzen würde.[20] Auch die Erfahrung von Mas-

---

furt a. M. 2017, S. 39-56; Stefan Berger, Von der Begrenzung der Zukunft zur Suche nach Zukunft. Die Zukunft der Sozialdemokratie vom Ersten Weltkrieg bis heute, in: Lucian Hölscher (Hg.), Die Zukunft des 20. Jahrhunderts. Dimensionen einer historischen Zukunftsforschung, Frankfurt a. M. 2017, S. 56-74. Siehe dazu bspw. auch: Till Kössler, Abschied von der Revolution. Kommunisten und Gesellschaft in Westdeutschland 1945-1968 [= Beiträge zur Geschichte des Parlamentarismus und der politischen Parteien, Bd. 143], Düsseldorf 2005.

17 Jürgen Kocka, Mehr Last als Lust. Arbeit und Arbeitsgesellschaft in der europäischen Geschichte, in: Jahrbuch für Wirtschaftsgeschichte, 46 (2005) 2, S. 185-206; hier: S. 193.
18 Andrea Maurer, Moderne Arbeitsutopien. Das Verhältnis von Arbeit, Zeit und Geschlecht [= Studien zur Sozialwissenschaft, Bd. 138], Wiesbaden 1994.
19 Joachim Radkau, Geschichte der Zukunft. Prognosen, Visionen, Irrungen in Deutschland von 1945 bis heute, München 2017, S. 129.
20 Martina Heßler, Die Ersetzung des Menschen? Die Debatte um das Mensch-Maschinen-Verhältnis im Automatisierungsdiskurs, in: Technikgeschichte, 82 (2015) 2, S. 109-136; Johannes Platz, »Revolution der Roboter« oder »Keine Angst vor Robotern«? Die Verwissenschaftlichung des Automationsdiskurses und die industriellen Beziehungen von den 50ern bis 1968, in: Laurent

senarbeitslosigkeit nach dem »Strukturbruch« Mitte der 1970er-Jahre destabilisierte die Erwartungshorizonte arbeitender Menschen gerade der jüngeren Generation, wie Dennis Eversberg gezeigt hat.[21]

Die historischen Diskurse über die Zukunft der Arbeit wurden ebenso wie diejenigen über die Arbeit der Zukunft als Symptome allgemeiner Gesellschaftsentwicklungen distinkter Epochen und ihres Verhältnisses zur sowie ihrer Wahrnehmung von Zeit interpretiert. Auffällig ist in diesem Zusammenhang, dass jenseits dieses spezifischen Blickes auf Arbeit zahlreiche Prozessbegriffe, die in zeitgenössischen Diskursen entwickelt und von der zeitgeschichtlichen Forschung bereitwillig als Erklärungsfiguren historischen Wandels aufgenommen worden sind, im Kontext von Arbeit geprägt wurden: Darunter finden sich Begriffe wie Industrialisierung, Rationalisierung, Automatisierung, Technisierung, Flexibilisierung oder, gerade auch in jüngster Zeit, der Begriff der Optimierung. Diese »Leitideen« des 20. respektive 21. Jahrhunderts, wie Christian Geulen sie genannt hat[22], implizierten allesamt Vorstellungen eines dynamischen und unabgeschlossenen Wandels in die Zukunft hinein, häufig verknüpft mit Vorstellungen eines ungebremsten Fortschrittes, und umfassten dabei zugleich Prozesse der Entgrenzung und Beschleunigung, aber auch die Möglichkeiten ihrer gesellschaftlichen Steuerung.

Insbesondere die Meistererzählung einer Rationalisierung der Zeit in der Moderne, mit ihren vier Äußerungsformen einer temporalen Vereinheitlichung und damit einhergehend einer institutionellen Homogenisierung und Kontrollierbarkeit der Zeit, ihrer Kompression und Beschleunigung[23], ihrer Stilisierung als knappes Gut, dessen Verschwendung Kosten verursacht, und ihrer Kolonisierung in die Zukunft hinein[24], wurde wiederholt an Veränderungen im Arbeitsleben festgemacht: an der

---

Commaille (Hg.), Entreprises et crises économiques au XXe siècle. Actes du colloque de Metz Octobre 2005, Metz 2009, S. 36-59.
21 Dennis Eversberg, Destabilisierte Zukunft. Veränderungen im sozialen Feld des Arbeitsmarktes seit 1970 und ihre Auswirkungen auf die Erwartungshorizonte der jungen Generation, in: Anselm Doering-Manteuffel/Lutz Raphael/Thomas Schlemmer (Hg.), Vorgeschichte der Gegenwart. Dimensionen des Strukturbruchs nach dem Boom [= Nach dem Boom], Göttingen 2016, S. 451-474.
22 Christian Geulen, Plädoyer für eine Geschichte der Grundbegriffe des 20. Jahrhunderts, in: Zeithistorische Forschungen, 7 (2010), S. 79-97.
23 Reinhart Koselleck, Raum und Geschichte. Gibt es eine Beschleunigung der Geschichte?, in: ders., Zeitschichten. Studien zur Historik, Frankfurt a. M. 2000, S. 150-176; Peter Borscheid, Das Tempo-Virus. Eine Kulturgeschichte der Beschleunigung, Frankfurt a. M. 2004; Andreas Braun, Tempo, Tempo! Eine Kunst- und Kulturgeschichte der Geschwindigkeit im 19. Jahrhundert [= Werkbund-Archiv, Bd. 28], Frankfurt a. M. 2001.
24 Andreas Reckwitz, Zukunftspraktiken. Die Zeitlichkeit des Sozialen und die Krise der modernen Rationalisierungen der Zukunft, in: Frank Becker/Benjamin Scheller/Ute Schneider (Hg.), Die Ungewissheit des Zukünftigen. Kontingenz in der Geschichte [= Kontingenzgeschichten, Bd. 1], Frankfurt a. M./New York 2016, S. 31-54; hier: S. 45 f.

Installation von Stechuhren und Werkglocken[25], an der Erfassung von Arbeitszeiten im Sinne der Taylorschen Betriebsführung, an der Taktung von Fließbändern[26], an der Erstellung ökonomischer Vier- beziehungsweise Fünfjahrespläne und vielem mehr.[27] Das Feld der Arbeit in kapitalistischen Produktionsregimen wurde und wird dabei implizit oder explizit zum Experimentierfeld und Taktgeber eines neuen, spezifisch modernen Zeitempfindens ernannt, das die »Zeit der Uhren und Kalender« zur Naturform der Zeit erhoben habe[28] und damit die Zeitstrukturen anderer gesellschaftlicher Felder massiv beeinflussen konnte.

Andreas Reckwitz hat jedoch angemerkt, dass die wissenschaftliche These dieser Rationalisierung von Zeit und Zukunft wesentliche Entwicklungen seit der industriellen Hochmoderne nicht nur beschreibt, sondern selbst Kind eines objektivistischen und damit verengten Zeitverständnisses sei, das die Zukunft als eine »leere Leinwand« begreife, die planerisch gefüllt werden könne. Die gesellschaftliche Rationalisierung habe dieses Zeitverständnis gewissermaßen als »Ex-post-Voraussetzung« ihrer eigenen Praxis hervorgebracht. »Das Problem ergibt sich […] in dem Moment, in dem man moderne Zeitverhältnisse ausschließlich als Exemplare temporaler Rationalisierung begreift, und damit alternative Zeitstrukturen übersieht, die nicht in das Rationalisierungsraster passen.«[29]

Bereits vor Reckwitz' Kritik wurden der Rationalisierungsthese, mit ihren Momenten von Zeit-Standardisierung, -Disziplinierung und -Beschleunigung, Befunde entgegengesetzt, die stattdessen die Pluralisierung von Zeitordnungen, die Flexibilisierung des Umgangs mit Zeit und die Gleichzeitigkeit verschiedener Eigenzeiten als Charakteristika des 20. Jahrhunderts herausgearbeitet haben. Till Kössler und Alexander Geppert haben die Kontrastierung dieser jeweiligen Entwicklungen als die drei »Leitdichotomien« der Zeit-Geschichte im 20. Jahrhundert identifiziert.[30] Besonders die Geschichte der Flexibilisierung von Zeit wurde dabei häufig als eine Geschichte sich wandelnder Arbeitsstrukturen erzählt. Alf Lüdtkes Untersuchungen zu den in-

---

25 Edward P. Thompson, Zeit, Arbeitsdisziplin und Industriekapitalismus, in: Rudolf Braun (Hg.), Gesellschaft in der industriellen Revolution [= Neue Wissenschaftliche Bibliothek – Geschichte, Bd. 56], Köln 1973, S. 81-112; Vanessa Ogle, The Global Transformation of Time, Harvard 2015, S. 47-48.
26 Rudolf Wendorff, Zeit und Kultur. Geschichte des Zeitbewußtseins in Europa, Opladen ³1985, S. 530 ff.
27 Siehe zahlreiche Aufsätze im Band: Elke Seefried/Dierk Hoffmann (Hg.), Plan und Planung. Deutsch-deutsche Vorgriffe auf die Zukunft [= Zeitgeschichte im Gespräch, Bd. 27], München 2018.
28 Barbara Adam, Das Diktat der Uhr. Zeitformen, Zeitkonflikte, Zeitperspektiven [= Edition zweite Moderne], Frankfurt a. M. 2005, S. 30.
29 Reckwitz, Zukunftspraktiken, in: Becker/Scheller/Schneider (Hg.), 2016, S. 31-54; hier: S. 45.
30 Alexander C. T. Geppert/Till Kössler, Zeit-Geschichte als Aufgabe, in: dies. (Hg.), Obsession der Gegenwart. Zeit im 20. Jahrhundert [= Geschichte und Gesellschaft, Bd. 25], Göttingen/Bristol 2015, S. 7-36; hier: S. 30.

nerbetrieblichen Auseinandersetzungen über die Einführung von Pausenzeiten[31], der permanente Gewinn an Freizeit durch sinkende Wochenarbeitszeiten und die Einführung flexibler Arbeitszeitmodelle seit den 1970er-Jahren hätten eher zu einer »Auflösung von Zeitzwängen« als zur zeitlichen Normierung und Rationalisierung geführt.[32] Gerade für die Epoche »nach dem Boom«, deren Ursprung Lutz Raphael und Anselm Doering-Manteuffel ja auch in veränderten Produktionsregimen verortet haben, sei nicht mehr die Rationalisierung, sondern die Flexibilisierung von Zeit entscheidend gewesen. Soziologische Gegenwartsdiagnosen, wie Richard Sennetts Identifizierung des »flexiblen Menschen« als dominierender Sozialfigur des Kapitalismus[33], haben die Vermutung gestärkt, dass wir es ab den 1970er-Jahren mit einem gänzlich neuen gesellschaftlichen Zeitbewusstsein zu tun haben: Der fortwährende Veränderungsdruck auf das Individuum durch eine grenzenlose Beschleunigung, die »Auflösung der Zeitökonomie eines in feste Strukturen eingebundenen Arbeitslebens«[34] und das damit verbundene Verschwimmen von Arbeitszeit und Freizeit hätten den Zukunftshorizont von Individuen und Gesellschaft sukzessive eingeschmolzen, sodass derzeit nur noch ein Leben in einer »breiten Gegenwart« möglich sei.[35] Dementsprechend haben insbesondere Sozial- und Kulturwissenschaftler_innen[36] für die Zeit nach dem »Strukturbruch« die »Zersplitterung eines linearen Geschichts- und Fortschrittsdenkens« und »die Eintrübung des Zukunftshorizontes« durch die »Macht einer ausufernden Gegenwart« diagnostiziert.[37]

---

31 Alf Lüdtke, Arbeitsbeginn, Arbeitspausen, Arbeitsende. Skizzen zur Bedürfnisbefriedigung von Industriearbeit im 19. und frühen 20. Jahrhundert, in: Gerhard Huck (Hg.), Sozialgeschichte der Freizeit. Untersuchungen zum Wandel der Alltagskultur in Deutschland, Wuppertal 1984, S. 95-122.
32 Geppert/Kössler, Zeit-Geschichte als Aufgabe, in: dies (Hg.) 2015, S. 7-36; hier: S. 25.
33 Richard Sennett, Der flexible Mensch. Die Kultur des neuen Kapitalismus, Berlin 2000.
34 Anselm Doering-Manteuffel/Lutz Raphael, Nach dem Boom. Perspektiven auf die Zeitgeschichte seit 1970, Göttingen ³2012, S. 87.
35 Hans Ulrich Gumbrecht, Unsere breite Gegenwart, Berlin 2010.
36 In diesem und allen weiteren Beiträgen des Sammelbandes wurde die Entscheidung für die Verwendung einer gendersensiblen Schreibweise den jeweiligen Autor_innen überlassen, die sie in intensiver Auseinandersetzung mit dem vorliegenden Quellenmaterial eigenständig getroffen und gegebenenfalls begründet haben.
37 Geppert/Kössler, Zeit-Geschichte als Aufgabe, in: dies. (Hg.) 2015, S. 7-36; hier: S. 30.

3 Historische Zukunftsforschung und Vergangene Zukünfte von Arbeit

Der Bedeutungsverlust von Zukunftsvisionen und Machbarkeitsphantasien in einer Zeit der großen »Ernüchterung« oder am »Ende der Zuversicht«[38] ist dabei mittlerweile zu so etwas wie einer zweiten Meisterzählung der Zeitgeschichte der Zukunft ab den 1970er-Jahren geworden.[39] Und auch hieran hat sich die Kritik entzündet, dass diese Form der Analyse eine teleologische Entwicklung verabsolutiere, die weder alternative Zeitempfindungen und Zukunftsvorstellungen berücksichtige noch die Zeit- und Raumgebundenheit des geschichtswissenschaftlichen Standpunktes reflektiere. Die Versuche, diesen raumzeitlichen Bias der historischen Zukunftsforschung zu überwinden, haben das Interesse an vergangenen Zukunfts*vorstellungen* dabei in den letzten Jahren in Misskredit gebracht. Die Orientierung an den vergangenen Vorstellungen von Zukunft kontrastiere, so Benjamin Scheller, mentalistisch verstandene Kontingenzkulturen verschiedener Epochen und verstelle damit wichtige Einsichten in die konkreten Handlungen, mit denen sich Menschen zur Zukunft verhielten.[40] Das Verhältnis zur Zukunft solle stattdessen als eine Form des Umgangs verschiedener Akteure mit der Pluralität gesellschaftlicher Möglichkeitshorizonte begriffen werden, der sich in unterschiedlichen Haltungen und konkreten Praktiken manifestierte.

So hat das Duisburg-Essener Graduiertenkolleg mit seinen titelgebenden Konzepten von »Vorsorge, Voraussicht, Vorhersage« drei verschiedene Strategien des Zukunftshandelns identifiziert, mit denen Menschen zu allen Zeiten Kontingenz zu bewältigen versuchten. In einer epochen- und kulturübergreifenden Perspektive wurde hierbei zugleich kritisch hinterfragt, ob moderne Gesellschaften mit der Ungewissheit des Zukünftigen tatsächlich substantiell anders umgegangen seien, als es in den vorherigen Epochen üblich gewesen ist. In der Vormoderne, so das Ergebnis, sei der Einfluss religiöser Zukunftshorizonte vielleicht stärker gewesen als nach der Sattelzeit; gleichwohl hätten auch hier verschiedene Formen des Zukunftshandelns nebeneinander existiert, sodass die göttlich vorherbestimmte Zukunft niemals nur passiv erlitten worden sei. Eine Erforschung vergangener Zukünfte müsse sich deshalb nicht

---

38 Tim Schanetzky, Die große Ernüchterung. Wirtschaftspolitik, Expertise und Gesellschaft in der Bundesrepublik 1966 bis 1982 [= Wissenskultur und gesellschaftlicher Wandel, Bd. 17], Berlin 2007; Konrad Jarausch (Hg.), Das Ende der Zuversicht? Die siebziger Jahre als Geschichte, Göttingen 2008.
39 So beispielsweise vertreten von: Elke Seefried, Zükünfte. Aufstieg und Krise der Zukunftsforschung 1945–1980 [= Quellen und Darstellungen zur Zeitgeschichte, Bd. 106], Berlin/Boston 2015, S. 505-506.
40 Benjamin Scheller, Kontingenzkulturen – Kontingenzgeschichten. Zur Einleitung, in: Frank Becker/Benjamin Scheller/Ute Schneider (Hg.), Die Ungewissheit des Zukünftigen. Kontingenz in der Geschichte [= Kontingenzgeschichten, Bd. 1], Frankfurt a. M. 2016, S. 9-30; hier: S. 11-12.

so sehr an etablierten historischen Zäsuren orientieren, sondern solle vielmehr das Zukunftswissen historischer Akteure und ihre darauf abgestimmten Handlungen zu typologisieren versuchen.[41]

Auch in der zeitgeschichtlichen Erforschung vergangener Zukünfte ist man dazu übergegangen, die Typologisierung verschiedener Zukunftspraktiken als Königsweg zur Erforschung vergangener Zukünfte zu begreifen und sich damit zugleich von der Annahme einheitlicher Zukunftshorizonte des 20. Jahrhunderts zu verabschieden. Nachdem in den letzten Jahren zahlreiche Einzelstudien erschienen sind, die sich der Geschichte der Planung, der Prävention, des Risikos oder der Resilienz in unterschiedlichen gesellschaftlichen Teilbereichen gewidmet haben[42], haben Rüdiger Graf und Benjamin Herzog vorgeschlagen, diese Zukunftspraktiken nicht so sehr als Ausflüsse eines unterschiedlich ausgeprägten Zukunftswissens zu begreifen, sondern sie als Handlungen zu interpretieren, die Zukünfte erst entstehen ließen.[43] Damit beziehen sie Rückkopplungseffekte von Zukunftspraktiken auf vergangene Zukünfte in ihre Analysen mit ein. Mit ihrem Konzept der Generierungsmodi, die Gestaltungs-, Erwartungs-, Erhaltungs- und Risikozukünfte umfassen, verknüpfen Graf und Herzog neuere praxeologische mit ideen- und begriffsgeschichtlichen Perspektiven. Der Vorteil ihres Ansatzes besteht zweifelsohne darin, dass sie mit dem Begriff der Erwartungszukünfte auch den »traditionellen« Zukunftsvorstellungen eine historische Bedeutung zugestehen. Als Erwartungszukünfte werden Utopien, Dystopien, Visionen, Prophezeiungen, Hoffnungen und Ängste in ihrer gesellschaftsprägenden und -ver-

---

41 Ebd., S. 9-11.
42 Heinz-Gerhard Haupt/Jörg Requate/Maria Köhler-Baur (Hg.), Aufbruch in die Zukunft. Die 1960er Jahre zwischen Planungseuphorie und kulturellem Wandel, Weilerswist 2004; Dirk van Laak, Planung. Geschichte und Gegenwart des Vorgriffs auf die Zukunft, in: Geschichte und Gesellschaft [GG], 34 (2008), S. 305-326; Dirk van Laak, Planung, Planbarkeit und Planungseuphorie. Version 1.0 (2010), URL: <http://docupedia.de/zg/Planung> (20.10.2018); Elke Seefried/Andreas Malycha, Planen, um aufzuschließen. Forschungsplanung in der Bundesrepublik und der DDR, in: Elke Seefried/Dierk Hoffmann (Hg.), Plan und Planung. Deutsch-deutsche Vorgriffe auf die Zukunft [= Zeitgeschichte im Gespräch, Bd. 27], München 2018, S. 35-67; Martin Lengwiler/Jeannette Madarász (Hg.), Das präventive Selbst. Eine Kulturgeschichte moderner Gesundheitspolitik, Bielefeld 2010; Malte Thießen/Nicolai Hannig (Hg.), Vorsorgen in der Moderne. Akteure, Räume und Praktiken [= Schriftenreihe der Vierteljahrshefte für Zeitgeschichte, Bd. 115], München 2017; Sabine Höhler, Resilienz. Mensch – Umwelt – System. Eine Geschichte der Stressbewältigung von der Erholung zur Selbstoptimierung, in: Zeithistorische Forschungen, 11 (2004), S. 425-443; Herfried Münkler, Die Untrennbarkeit von Sicherheit und Risiko. Über die Komplementarität von Strategien und Mentalitäten in Sicherheitsregimen und Risikomanagement, in: Frank Becker/Benjamin Scheller/Ute Schneider (Hg.), Die Ungewissheit des Zukünftigen. Kontingenz in der Geschichte [= Kontingenzgeschichten, Bd. 1], Frankfurt a. M. 2016, S. 161-184; Matthias Leanza, Prävention, in: Benjamin Bühler/Stefan Willer (Hg.), Futurologien. Ordnungen des Zukunftswissens [= Trajekte], Paderborn 2016, S. 155-168 u. v. m.
43 Rüdiger Graf/Benjamin Herzog, Von der Geschichte der Zukunftsvorstellungen zur Geschichte ihrer Generierung. Probleme und Herausforderungen des Zukunftsbezugs im 20. Jahrhundert, in: GG 42 (2016), S. 497-515.

ändernden Kraft anerkannt und somit in ein überarbeitetes Verständnis vergangener Zukünfte miteinbezogen, anstatt sie über Bord zu werfen. Gleichwohl scheinen Erwartungszukünfte eher Produkte als Generierungsformen von Zukunft zu sein, liegt der Schwerpunkt von Grafs und Herzogs Betrachtungen doch vornehmlich auf den Handlungsvollzügen, durch die Zukunft entstand. Damit erweist sich der Blick auf die Generierungsmodi wiederum gerade für die Geschichte der Arbeit als anschlussfähig. Wenn Zukunft nicht etwas ist, das vornehmlich erwartet wird und sich dann vollzieht, sondern etwas, das durch konkrete Handlungen erschaffen wird[44], kann das Verhältnis von Arbeit und Zukunft in viele verschieden Richtungen gelesen werden: nicht nur als *Zukunft der Arbeit* oder als *Arbeit der Zukunft*, sondern auch als *Zukunft durch Arbeit*, als *Arbeit mit der Zukunft* und als *Arbeit an der Zukunft*.

In gewisser Weise knüpfen diese Fragestellungen an das Konzept der Zeitpraktiken an, das Andreas Reckwitz entwickelt hat. Er unterscheidet die Zeitlichkeit sozialer Praxis, die Zeitlichkeit einzelner Praktiken und Praktikenkomplexe und Zeitpraktiken im eigentlichen Sinne voneinander.[45] Wenn Arbeit als sequenzielle Abfolge einander imitierender, jedoch niemals identischer Ereignisse und damit als Praktik begriffen wird, verweist sie in jedem Moment auf vorausgegangene Akte und erfordert eine zwangsläufige Fortsetzung in der Zukunft, die zugleich reproduzierende wie innovative Momente besitzt. »Dieses ›immer wieder‹ ist […] zugleich ein ›immer wieder neu‹.«[46] Damit würde sich Zukunft gerade auch *durch* Arbeit vollziehen, die mit ihren temporalen Verweisstrukturen ein Moment des Wandels in sich trägt, welches damit nicht allein auf das Feld der Arbeit beschränkt bleibt.

Verschiedene Formen von Arbeit besitzen dabei eigene Temporalitäten, die Zeit als solche rhythmisieren und dabei koordiniert werden müssen. So erfordern manuelle und geistige Tätigkeiten unterschiedliche temporale Strukturierungen, die sich beispielsweise danach bemessen, ob sich einzelne Arbeitsschritte parallel oder nur sequenziell vollziehen lassen und ob sie reversibel sind oder nicht.[47] Arbeit erscheint dabei auch als ein soziales Feld, in dem Individuen ein bestimmter Zeitsinn antrainiert wird, weil die Praktiken selbst unterschiedliche Zukunftshorizonte und dazugehörige Umgangsweisen entstehen lassen. Arbeit findet hier im Blick auf zukünftige Handlungen statt, sie ist eine *Arbeit mit der Zukunft*.

Wenn Arbeit als genuine Zeitpraktik verstanden wird, geraten Tätigkeitsformen in den Blick, bei denen es um die Organisation von Zeit und Zeitlichkeit geht. Zu denken wäre hier an Arbeitsformen, die sich mit Planung und Logistik, mit der Erforschung und Entwicklung neuer Produkte oder mit Kostenkalkulation beschäftigen,

---

44 Fernando Esposito, Zeitenwandel. Transformationen geschichtlicher Zeitlichkeit nach dem Boom – eine Einführung, in: ders. (Hg.), Zeitenwandel. Transformationen geschichtlicher Zeitlichkeit nach dem Boom, Göttingen 2017, S. 7-62; hier: S. 25.
45 Reckwitz, Zukunftspraktiken, in: Becker/Scheller/Schneider (Hg.), 2016, S. 31-54; hier: S. 39.
46 Ebd., S. 40.
47 Ebd., S. 41.

oder auch an Tätigkeiten im Kontext von Rationalisierung als »Zeitersparnis-Arbeit«. Hier besonders zeigt sich Arbeit als eine gezielte *Arbeit an der Zukunft*.

Untersucht man das Verhältnis von Zukunft und Arbeit aus dieser praxeologisch orientierten Perspektive so wird recht schnell evident, dass eine Geschichte der vergangenen Zukünfte von Arbeit im 20. Jahrhundert keine einheitlichen Möglichkeitshorizonte und kaum noch homogene kollektive Erwartungsstrukturen mehr voraussetzen kann. Stattdessen, so der *common sense*, erweise sich die Pluralität vergangener Zukünfte nicht nur in ihrer Differenz zwischen verschiedenen gesellschaftlichen Feldern und Akteuren, sondern auch in einzelnen Individuen, deren Zukunftsbezug davon abhängt, ob sie ihn auf das Alltags- und Arbeitsleben, die Lebenszeit, die Zeit ihrer Generation oder Epoche oder auf eine die Linearität überwölbende »Sakralzeit« beziehen.[48] Die gar nicht einmal so neue Erkenntnis der »Pluritemporalität« der (Zeit)Geschichte, die davon ausgeht, dass »Kulturen, soziale Gruppen, Objekte, Ereignisse usw. zumindest potenziell dazu in der Lage sind, eigene Zeitformen« und dabei eben auch Zukünfte »auszubilden«[49], hat dazu geführt, dass die Zeitgeschichte in der historischen Forschung selbst als eine zeitlich zerklüftete, fragmentierte Epoche wahrgenommen wird, deren kohärente Beschreibung ein Ding der Unmöglichkeit zu sein scheint. So heißt es im Klappentext des Bandes »Kontingenzkulturen« des Duisburg-Essener Graduiertenkollegs:

> »Lange galt es als Tugend des Historikers, das vergangene Geschehen zu ordnen, um Übersichtlichkeit zu schaffen und kausale Zusammenhänge zu erkennen. Die aktuelle historische Forschung erschüttert diese Sichtweise mit dem Hinweis auf Beliebigkeit, Zufälligkeit und Ungewissheit – allesamt Bedeutungsschichten des Begriffs der Kontingenz.«[50]

Die jüngste Publikation von Joachim Radkau, die sich einer multiperspektivischen Geschichte der Zukunft in der zweiten Hälfte des 20. Jahrhunderts angenommen hat, kann als Beispiel dafür gelesen werden, wie diese Anerkennung der Kontingenz der Geschichte sich in der Darstellung ihrer Zukunftsbezüge nahezu ins Uferlose verliert, wie Radkau selbst im Nachwort anmerkt.[51] Noch radikaler haben bereits vor einigen Jahren Berber Bevernage und Chris Lorenz die Geschichtswissenschaft dazu aufgefordert, die historische Zeit »aufzubrechen« und die etablierten Grenzen

---

48 Hartmut Rosa, Beschleunigung. Die Veränderung der Zeitstrukturen in der Moderne, Frankfurt a. M. 2017, S. 35-36.
49 Achim Landwehr, Geburt der Gegenwart. Eine Geschichte der Zeit im 17. Jahrhundert, Frankfurt a. M. 2014, S. 38.
50 Klappentext, in: Frank Becker/Benjamin Scheller/Ute Schneider (Hg.), Die Ungewissheit des Zukünftigen. Kontingenz in der Geschichte [= Kontingenzgeschichten, Bd. 1], Frankfurt a. M./New York 2016.
51 Radkau, Geschichte der Zukunft, 2017, S. 440.

zwischen Vergangenheit, Gegenwart und Zukunft als Analysekategorien insgesamt kritisch zu hinterfragen. Und Aleida Assmann hat konstatiert, dass die Zeit »aus den Fugen geraten sei«, weil sich mittlerweile die Überzeugung durchgesetzt habe, dass die Differenzierung zwischen Vergangenheit, Gegenwart und Zukunft de facto keine ontologische Grundlage besitze.[52]

Vor all diesen radikal dekonstruktivistischen Annahmen, die aus der Pluralität und Uneindeutigkeit von Zeit und damit auch von vergangenen Zukünften Folgerungen für die Sicht auf Geschichte selbst und ihre Erzählbarkeit ableiten[53], stellt sich die Frage, ob die Suche nach den vorab definierten Generierungsformen oder Praktiken von Zukunft tatsächlich einen Ausweg zu eröffnen vermag. Wenn Graf und Herzog der Fokussierung auf Zukunftsvorstellungen vorwerfen, die Zukunft des 20. Jahrhunderts »als bloße Geschichte der vielen Gegenstände« zu erzählen, die einen im 19. Jahrhundert eröffneten, stabilen temporalen »Raum bevölkerten«[54], so droht die Fokussierung auf Zukunftspraktiken oder -generierungsmodi sich in der Feststellung zu erschöpfen, dass sich der Zukunftsbezug von Akteur_in zu Akteur_in, von gesellschaftlichem Feld zu gesellschaftlichem Feld, von Situation zu Situation eben unterschiedlich gestaltete beziehungsweise alle Generierungsmodi und Praxisformen immer auch nebeneinander existierten, sich überlagerten, miteinander konkurrierten und wenn überhaupt, dann nur kurzfristig eine gesellschaftlich-hegemoniale Kraft entwickeln konnten.[55] Lucian Hölscher hat angesichts der Tendenz zur allumfassenden Dekonstruktion einheitlicher Zeit- und Zukunftskonzepte durch die Geschichtswissenschaft deshalb auch eindringlich davor gewarnt, das heuristische Konzept einer metahistorischen, überindividuellen und -situativen Zeit ganz aufzugeben, um nur noch die »temporale Mehrbödigkeit« einer Vielzahl von Zeitschichten freizulegen, die voneinander isoliert zu sein scheinen und keinen gemeinsamen Zeit-»Raum« mehr teilen.[56]

Ein Ausweg aus dieser konstatierten Heterogenität, Gleichzeitigkeit, teilweise auch Beliebigkeit könnte es sein, die Interdependenz von Zukunftsvorstellungen,

---

52 Aleida Assmann, Ist die Zeit aus den Fugen? Aufstieg und Fall des Zeitregimes der Moderne, München 2013, S. 273.
53 Siehe zur Problematik des temporalen Verhältnisses der Historiker_innen zu ihren Forschungsgegenständen auch: Lucian Hölscher, Theoretische Grundlagen der historischen Zukunftsforschung, in: ders. (Hg.), Die Zukunft des 20. Jahrhunderts. Dimensionen einer historischen Zukunftsforschung, Frankfurt a. M. 2017, S. 7-38; hier: S. 26-30. Fernando Esposito hat sich in einer ähnlichen Lesart den Chronotopoi der »Postmoderne« und »Posthistoire« zugewandt, die er nicht als metahistorische Analysekategorien, sondern als Ausflüsse der Zeitwahrnehmung der intellektuellen Elite seit den 1980er-Jahren interpretiert: Esposito, Zeitenwandel, in: ders. (Hg.), 2017, S. 7-62.
54 Graf/Herzog, Von der Geschichte der Zukunftsvorstellungen, in: GG 42 (2016), S. 497-515; hier: S. 504.
55 Das konstatieren im Wesentlichen auch Graf und Herzog: ebd., S. 514.
56 Hölscher, Theoretische Grundlagen der historischen Zukunftsforschung, in: ders. (Hg.), 2017, S. 7-38; hier: S. 32, 36.

ihren Praktiken und Generierungsmodi am Beispiel eines ausgewählten gesellschaftlichen Feldes nachzuvollziehen und hierbei eben doch längerfristige Trends, Periodisierungen und mit ihnen Kontinuität und Wandel abzuleiten, um daraus neue Einsichten in die Gesellschaftsgeschichte des 20. Jahrhunderts zu erlangen. Dass ein Verständnis der Geschichte der Zukunft des 20. Jahrhunderts nicht darauf verzichten kann, sie auch mit Verweis auf die Geschichte der Arbeit zu erzählen, haben die einschlägigen Studien vergangener Jahre deutlich gemacht. Die Beiträge des vorliegenden Bandes wählen dabei überwiegend die umgekehrte Perspektive. Sie versuchen, mit je eigenen Schwerpunkten die Geschichte der Arbeitswelt über den Blick auf die hierin artikulierten und praktizierten Zukunftsbezüge neu zu interpretieren und ihre Eigenzeitlichkeiten herauszuarbeiten.

4 Thesen zu den vergangenen Zukünften der Arbeit im 20. Jahrhundert

Im vorliegenden Band sind Beiträge versammelt, die sich dem Verhältnis von Zukunft und Arbeit im 20. Jahrhundert aus unterschiedlichen Perspektiven nähern. In ihrer Gesamtheit decken sie einen Zeitraum von den 1920er-Jahren bis zum Beginn des 21. Jahrhunderts ab. So heterogen, wie sich das Feld der Arbeit in diesem Zeitraum selbst gestaltete, so heterogen erscheinen auf den ersten Blick auch die Untersuchungsgegenstände und methodischen Herangehensweisen. Schon in Bezug auf die betrachteten Branchen behandeln die Beiträge Fallbeispiele aus der metallverarbeitenden Industrie und Motorenproduktion, dem Baugewerbe, der Chemie, dem Bergbau, der Mikroelektronik, der Telekommunikation, dem Bildungssektor, der Wissenschaft und dem Musikgewerbe. Geografisch dominiert ein Fokus auf Deutschland, der durch Blicke in die Sowjetunion, die USA, nach Finnland und Großbritannien erweitert wird. Einige Beiträge konzentrieren sich auf die realitätsstrukturierende Kraft vergangener Zukunftsentwürfe, -hoffnungen und -ängste und die daraus folgenden Strategien verschiedener historischer Akteur_innen; andere legen den Schwerpunkt auf die verschiedenen Generierungsmodi von Zukunft, die in konkreten historischen Situationen oder über das gesamte Jahrhundert in ihrer Gleichzeitigkeit oder in ihrem Wandel rekonstruiert werden. Festzuhalten ist, dass in allen Beiträgen Zukunftsvorstellungen und -praktiken zusammengedacht und in ihrem Wechselverhältnis untersucht werden, statt sie als Ausdruck vermeintlich konkurrierender Methoden gegeneinander in Stellung zu bringen. Offenbar erweist sich deren strikte analytische Trennung in der quellenbasierten Rekonstruktion vergangener Zukünfte nur als bedingt hilfreich.

Dementsprechend haben fast alle Beiträge eine akteurszentrierte Perspektive gewählt. Dabei vergleichen sie die unterschiedlichen Formen von Zukunftsbezügen, die verschiedene Akteur_innen zu denselben Prozessen herstellten und decken deren inhärente Kohärenzen, Konfrontationen und Widersprüche auf. Hier geraten die maßgeblichen Protagonisten der Organisation von Arbeit in den Blick: Neben Gewerkschaften und Interessensverbänden, Unternehmern und Politikern, aber auch Vertretern von Kultur, Bildung und Wissenschaft wie Musikkritiker, Arbeitswissenschaftler, Trainer, Soziolog_innen, Verwertungsgesellschaften oder Psycholog_innen, kommen immer wieder auch die Arbeitenden selbst zu Wort: unter ihnen Bau- und Metallarbeiter, Lehrer_innen, Ingenieure, Telearbeiter_innen und Musiker.

Im Folgenden werden die übergreifenden Linien ausgearbeitet, die über die einzelnen Beiträge hinausgehen und ein Bild vom Zusammenhang von Zukunft und Arbeit im 20. Jahrhundert skizzieren. Die Beiträge hinterfragen in der Zusammenschau kritisch die etablierten Thesen einer (1.) Gestaltbarkeit von Zukunft im 20. Jahrhundert, (2.) der zunehmenden Individualisierung von Zukunft und der Verkürzung ihres Zeithorizontes, (3.) die These vom Ende der Planbarkeit und den dominierenden Strategien der Kontingenz*bewältigung*, und zuletzt, am Beispiel der Gewerkschaften, (4.) das vermeintliche Auseinanderdriften von Erfahrungsraum und Erwartungshorizont.

4.1 Die Negation der Gestaltbarkeit und die Dominanz von Anpassungsimperativen

Zahlreiche überindividuelle Prozesse, die das Arbeitsleben im 20. Jahrhundert prägten, wurden von den Zeitgenossen als Entwicklungen wahrgenommen, die ihnen per se erst einmal äußerlich waren. Der Verweis auf die Naturnotwendigkeit der Rationalisierung in der Weimarer Republik (Swiniartzki)[57], die Annahme eines abstrakt gedachten Fortschrittes, an den sich Einzelne durch lebenslanges Lernen anpassen müssten (Rehlinghaus), die Erwartung einer sich gesetzmäßig entwickelnden klassenlosen Gesellschaft in der planungsaffinen DDR (Schuhmann) oder die politische Beschwörung einer im Kommen begriffenen Informationsgesellschaft (Winkelmann) – sie alle antizipierten, dass sich bestimmte Entwicklungen im Arbeitsleben zwangsläufig und pfadabhängig vollzogen, anstatt sie als menschengemachte Prozesse zu begreifen, deren Verlauf maßgeblich von politischen und unternehmerischen Entscheidungen und gesellschaftlichen Praktiken abhängig war. Mit Blick auf die Gegenwart lassen sich die Debatten um die Arbeit 4.0 als Fortschreibungen dieser Anpassungsimperative begreifen.[58]

---

57 Mit der Namensnennung der Autor_innen in Klammern verweisen wir hier und im Folgenden auf die Beiträge im vorliegenden Band.

58 Siehe dazu beispielhaft die Internetseite über das »Arbeiten 4.0« des Bundesministeriums für Arbeit und Soziales, hier besonders das Grünbuch »Arbeitsgesellschaft im Wandel«: URL: <http://www.arbeitenviernull.de/dialogprozess/gruenbuch/arbeitsgesellschaft-im-wandel.html> (2.4.2019). Nichtsdestotrotz gibt es auch Stimmen, die die Notwendigkeit, den Wandel zu gestalten, betonen, beispielsweise Reiner Hoffmann/Claudia Bogedan (Hg.), Arbeit der Zukunft. Möglichkeiten nutzen – Grenzen setzen, Frankfurt a. M./New York 2015.

Typisch war dafür die Beschwörung technischer Entwicklungen, ohne die sich das Verhältnis von Arbeit und Zukunft im 20. Jahrhundert kaum beschreiben lässt. An technischen Innovationen und ihrer Einführung in den Arbeitsprozess schieden sich die Geister und entzündeten sich Konflikte über die Arbeit der Zukunft und die Zukunft der Arbeit für bestimmte Beschäftigten- und Bevölkerungsgruppen. Die Veränderungen der Strukturen von Arbeit durch Maschinen oder ähnliche technische Errungenschaften zeigten dabei gewissermaßen das Aufscheinen der Zukunft im Moment ihrer Entstehung. Die hieraus abgeleiteten Veränderungsdynamiken wurden häufig perpetuiert und verabsolutiert, sodass die vollständige Ersetzung des Menschen durch die Maschine als Zukunftsvision nicht nur für Industriebetriebe (Swiniartzki, Uhl), sondern beispielsweise auch für die Musikbranche im Bereich des Möglichen zu liegen schien (Nathaus, Rempe). Die Technik selbst würde dabei nicht nur die Tätigkeiten menschlicher Arbeit übernehmen, sondern ihr wurden gerade im Rationalisierungsdiskurs auch menschliche Körperfunktionen wie der Herzschlag oder die Hirntätigkeit zugeschrieben. Sie wurde damit als eine Art autonomes Wesen betrachtet, das es kaum zu beeinflussen, sondern nur noch zu kontrollieren galt. In den Fällen, in denen die Intervention von Technik in den Arbeitsprozess weniger weit reichend gedacht wurde, wurden ihre Folgen zumindest als Grenzverschiebungen beziehungsweise -auflösungen interpretiert: Technik würde die etablierten Grenzen zwischen Arbeitszeit und Freizeit (Uhl, Winkelmann), zwischen ungelernter und gelernter Arbeit (Uhl), zwischen Hand- und Kopfarbeit (Schuhmann, Nathaus), zwischen Frauen- und Männerarbeit (Winkelmann) und zwischen Arbeit und Ertrag (Nathaus) unausweichlich verändern.

In der Kommunikation mit Arbeitnehmer_innen erwies sich die industrielle Hochmoderne daher gerade nicht als ein Zeitalter der Machbarkeit von Zukunft, sondern als eines, das von einer Zwangsläufigkeit und Unaufhaltsamkeit gesellschaftlicher, technischer und wirtschaftlicher Entwicklungen geprägt schien. Die Behauptung der Prädetermination dieser Entwicklungen ließ einen Anpassungsdruck entstehen, der an die Arbeitenden abgeleitet wurde: Sie mussten schneller, leistungsfähiger, gebildeter, flexibler und kreativer werden, sie mussten lernen »mit der Maschine zu leben« (Uhl), sich einem »endlosen Komparativ« (Swiniartzki) auszusetzen, sich zu optimieren, um den Anschluss an die sich entwickelnde Zukunft nicht zu verpassen (Rehlinghaus) und mit der individuellen auch die gesamtgesellschaftliche Zukunftsfähigkeit aufs Spiel zu setzen.

4.2 Die Interdependenz individueller und kollektiver Zukünfte und das Versprechen einer besseren Zukunft

Doch wie zu erwarten liefern die Beiträge auch heterogene, widersprüchliche Ergebnisse, sodass vergangene Zukünfte der Arbeit im 20. Jahrhundert nicht vollständig in den beschriebenen Anpassungsimperativen aufgingen. Dem Anpassungsdruck, dem arbeitende Individuen ausgesetzt waren, begegneten diese mit unterschiedlichen Strategien. Mit dem Blick auf die verschiedenen Generierungsmodi von Zukunft identifizieren die Beiträge eine Gleichzeitigkeit von Erhaltungsbestrebungen, Risikoabwägungen und Gestaltungswillen. Eine Konvergenz in den Zukunfts*vorstellungen* spiegelte sich damit nicht unbedingt in den Strategien ihrer Bewältigung wider. Wohl aber zeigt sich deutlich, dass separate Zukunftsentwürfe dann realisabel erscheinen, wenn sie in gesamtgesellschaftliche Entwicklungen integriert werden. Saskia Geislers Beitrag arbeitet diesbezüglich heraus, wie sich die je individuellen Zukunftsvorstellungen finnischer Arbeiter immer auch mit Blick auf die sozialistische Utopie und Realität jenseits des gar nicht so »eisernen Vorhangs« bildeten. Und Klaus Nathaus zeigt mit Blick auf die Musikbranche, dass gerade diejenigen Musiker, die sich bewusst vom Massengeschmack abkehrten, um ihren individuell-intrinsischen Vorstellungen zu folgen, für ihr wirtschaftliches Überleben auf die Bildung von Netzwerken angewiesen waren. Anstatt für die Zukunft auf ein »geneigtes Schicksal« zu vertrauen und sich diesem anheimzugeben, bedienten sich historische Akteure zur Kontingenzbewältigung also oftmals wirksamer sozialer Strategien.

Das offenbarte sich gerade auch in Situationen, in denen die Arbeitslosigkeit zum dominierenden Drohbild eines gescheiterten Anpassungsprozesses an überindividuelle Entwicklungen avancierte. Die Beiträge von Swiniartzki, Rempe, Nathaus, Geisler und Duong beschreiben den Umgang der durch Arbeitslosigkeit gefährdeten Individuen übereinstimmend als eine Mischstrategie, die »das Erbe einer ›besseren‹ Vergangenheit vor einer bedrohlichen Zukunft zu bewahren« (Nathaus) und zugleich den zunehmenden Verlust von Handlungsspielräumen mit präventiven Handlungen auszugleichen suchte. Die Verengung von Zukunftsperspektiven wurde also auch von den vermeintlichen Verlierern überindividueller Prozesse nie nur passiv erlitten, sondern häufig auch bewusst kollektiv zu gestalten versucht. Das zeigte sich im konkreten Handeln am Arbeitsplatz, wie beispielsweise in der »eigen-sinnigen« Unterminierung der Rationalisierungsvorgaben in der Weimarer Republik (Swiniartzki), aber auch bei Streiks (Geisler) oder in der Initiierung kurzfristiger Selbsthilfeprojekte (Duong). Wenn in der Forschungsliteratur bisher davon ausgegangen worden ist, dass sich Zukünfte im 20. Jahrhundert zunehmend individualisierten[59], zeigen die Beiträge, dass vermeintlich individuelle Zukünfte sowohl in ihren Vorstellungen als auch ihren Praktiken immer zugleich kollektive Zukünfte waren.

Passend dazu lässt sich eine politische Strategie beobachten, welche die mit dieser Verengung von Zukunftsperspektiven verbundenen Zumutungen für die arbeitende Bevölkerung abzufedern versuchte. Diese Strategie verband die individuelle Anpassungsleistung zumindest auf rhetorischer Ebene mit dem Versprechen sozialen Fortschritts. So implizierte die in den 1920er-Jahren definierte Rationalisierungsformel,

---

59 Graf/Herzog, Von der Geschichte der Zukunftsvorstellungen, in: GG 42 (2016), S. 497-515; hier: S. 501, 514.

dass die betriebliche Rationalisierung und auch die Automatisierung sich umstandslos in volkswirtschaftliches Gemeinwohl verwandeln lassen würden (Swiniartzki). In der Weimarer Republik und im Nationalsozialismus war der Anpassungsdruck ebenso wie in der DDR und in der BRD nicht nur mit der Zusicherung verknüpft, die Zukunft von Arbeit sicherzustellen, sondern auch die konkreten Arbeitsbedingungen zu humanisieren, Arbeitende (wenn auch nicht alle) von der Last inhumaner oder erniedrigender Arbeit zu befreien, ihnen am Arbeitsplatz Möglichkeiten zur Selbstentfaltung zu bieten oder die Vereinbarkeit von Beruf und Familie zu ermöglichen. In einer Metaperspektive lässt sich dahinter das utopische Versprechen einer harmonischen Gesellschaftsordnung entdecken, in der Klassen-, Schichten- und Geschlechtergegensätze überwunden sein würden, weil gesellschaftliche und individuelle Zukünfte ineinanderfielen. Spätestens seit den 1990er-Jahren wurden diese sozialen Zukunftsversprechen flankiert von Aussichten auf eine langfristige Lösung auch der Verkehrs-, Wohn- und Umweltprobleme, wodurch ein zwar sektoraler, aber zugleich noch umfassenderer Zukunftshorizont eröffnet wurde (Winkelmann).

Die vergangenen Zukünfte von Arbeit waren damit unzertrennlich mit den Zukünften anderer gesellschaftlicher Bereiche verbunden, was vorübergehende soziale Verwerfungen legitimieren und die Akzeptanz für die anstehenden Veränderungen und die zu ergreifenden Maßnahmen erhöhen sollte. Der Zukunft der Arbeit wurden Einflüsse auf die Zukunft der Umwelt, der Familie, der Bildung, der Kultur, des Konsums, der Freizeit, des Verkehrs, des Wohnens und vieler weiterer Felder zugestanden. In diesem Sinne war Zukunft auch am Ende des 20. Jahrhunderts geradezu universell. Ihre Teilzukünfte drehten sich – auch nach der Ausrufung des Endes der Arbeitsgesellschaft – um den Angelpunkt einer prospektiven Zukunft der Arbeit, die für gesellschaftlichen Wandel überhaupt stand und dabei ebenso Ängste evozierte, wie sie Gewinnerwartungen provozierte.

4.3 Die Zukunft im Labor: Kontingenzsteigerung durch Innovation und Investition

Im Spiel um die Macht über die Zukunft der Arbeit nahmen unternehmerische Strategien des Umgangs mit Kontingenz eine bedeutsame Rolle ein. Für den Wirtschafts- und Arbeitsmarkt avancierten Investition und Innovation zu den Zauberformeln, mit denen Kontingenz nicht nur bewältigt werden sollte, indem man Zukunft erwartete oder plante, sondern mit denen Kontingenz gesteigert und Zukunft in immer größerer Vielfalt neu geschaffen werden sollte. Bereits die Ingenieure der 1920er-Jahre arbeiteten in dem Bewusstsein, der Zukunft nicht ausgeliefert zu sein, sondern sie eigentlich täglich entstehen zu lassen (Swiniartzki). Diese Vorstellung ging weit über einen rein planerischen Gestaltungswillen hinaus. Auch die Nationalsozialisten demonstrierten mit der Auszeichnung von NS-Musterbetrieben, dass die Zukunft von einigen Pionieren bewusst realisiert und damit eingeholt worden war. In ihrer

Vorbildfunktion sollten diese Pioniere Zukunft immer wieder neu erschaffen, auch, indem sie sich diskursiv und in ihrer Bildsprache von der Vergangenheit distanzierten (Uhl). Das Programm der wissenschaftlich-technischen Revolution in der DDR setzte auf eine intensivierte Zusammenarbeit von Produktion und Wissenschaft, also auf die Entwicklung des Neuen (Schuhmann). Und nicht nur in der chemischen Industrie schien Zukunft wie im Labor entwickelt werden zu können. Auch in anderen Kontexten wurde Zukunft unter Laborbedingungen geschaffen: In den Forschungsprojekten zur Telearbeit in den 1990er-Jahren ging es darum, die Arbeit der Zukunft im Modellversuch tastend zu erproben (Winkelmann). Bereits in den 1960er-Jahren wurden Stimmen laut, die den konsequenten Bruch mit allen Traditionen, also eigentlich die Negierung der Vergangenheit zur notwendigen Voraussetzung für eine Zukunft klassischer Orchestermusiker ernannten, wie Martin Rempe zeigt. In den Rhetoriken ähnlich radikal, in den Methoden etwas sanfter, forderten Trainer, Politiker und Unternehmer die Menschen in den 1970er-Jahren dazu auf, die Erschaffung von Zukunft als Bruch mit allem Etablierten regelrecht zu trainieren, indem sie ihre kreativen Fähigkeiten stimulieren ließen, um sie in den Produktionsprozess miteinzubringen. Das Erlernen von Zukunftsgenerierungspraktiken in diesem engsten Sinne wurde dabei zur Zukunftsfrage der Gesellschaft erklärt (Rehlinghaus). Gerade zu dem Zeitpunkt, als allerorten die »Grenzen der Planbarkeit« erreicht zu sein schienen[60], wurde Zukunft für arbeitende Individuen als offen, gestalt- und praktizierbar proklamiert.

Auf politischer und unternehmerischer Seite war Innovation dabei immer mit einem hohen Risiko behaftet, weil sie Investitionen voraussetzte, bei denen unklar war, ob sie sich in der Zukunft rentieren würden. Die Investitionen in Infrastruktur, Technik und Forschung, wie sie beispielsweise im großen Stil in den wirtschaftlichen Reformprogrammen der DDR getätigt wurden, verfehlten letzlich das Ziel der Produktivitätssteigerung, weil sie in den Betrieben subtile Formen der Resistenz provozierten und ihre Ergebnisse schon bei ihrer Präsentation von Konkurrenzprodukten aus dem Westen überholt worden waren (Schuhmann). Gleichermaßen große Hoffnungen wurden in die Investitionen in das sogenannte »Humankapital« gesetzt. Im Nationalsozialismus hatte diese Form der Investition noch den Charakter betrieblicher Sozialleistungen, die arbeits- und bevölkerungspolitische sowie ideologische Ziele gleichermaßen bedienten (Uhl). Im Kontext betrieblicher Weiterbildung in der BRD sollten die Investitionen sich direkt in Innovationen niederschlagen, die es strukturell zu verstetigen galt – ein Vorhaben, das letzlich scheiterte (Rehlinghaus). In der populären Musikbranche hingegen gelang es, die Investitionen in neue Songs durch eine Art zyklisches System abzusichern, das die »irreduzible Ungewissheit des Publikumsgeschmacks« zu nivellieren half (Nathaus). Der Erfolg von Investitionen als ökonomische Zukunftspraktiken war also maßgeblich abhängig von den struk-

---

60 van Laak, Planung, 2010, S. 10; Seefried/Malycha, Planen, um aufzuschließen, in: Seefried/Hoffmann (Hg.) 2018, S. 35-67.

turellen Bedingungen und etablierten Machtverhältnissen, die die Zukunft entweder über die Gegenwart siegen oder an ihr scheitern ließen.

4.4 Die Perpetuierung der Erfahrung: Das Beispiel der Gewerkschaften

Gerade die Gewerkschaften versuchten, den externalisierten, »naturgesetzlichen« Entwicklungsprozessen nicht nur hinterherzuhasten, sondern Einfluss auf sie zu nehmen und sie zu steuern – zumeist mit mäßigem Erfolg. Übereinstimmend stellen mehrere Beiträge fest, dass das gewerkschaftliche Zukunftshandeln einem bestimmten Muster entsprach, das sich über Branchen- und Epochengrenzen hinweg offensichtlich durch das gesamte 20. Jahrhundert zog: In ihrem jeweiligen Selbstverständnis waren die Gewerkschaften immer fortschrittsaffin und reformorientiert, und sie begriffen sich selbst als maßgebliche Zukunftsgestalter, die ihre Gestaltungsmächtigkeit wissenschaftlich zu untermauern suchten. Vielfach war der ihnen eigene Zukunftsoptimismus jedoch weniger durch die Fähigkeit einer flexiblen Anpassung an veränderte Gegenwartsbedingungen gekennzeichnet, als durch ein starres Festhalten an Denkweisen und Handlungsstrategien, die in der Vergangenheit – allerdings unter anderen Voraussetzungen – einmal für gut befunden worden waren. Der Erfahrungsraum überwölbte so faktisch das Zukunftshandeln. Dass Gewerkschaften aufgrund ihres intermediären Charakters zwischen den Zukunftserwartungen ihrer Mitglieder und den Perspektiven, die sich aus den strukturellen Entwicklungen in Wirtschaft und Politik ergaben, vermitteln mussten, mag dabei als Erklärung für ihr häufig verzögertes Zukunftshandeln dienen.[61]

So bewarb der *Deutsche Metallarbeiter-Verband* die Rationalisierungsbestrebungen in der Industrie als adäquates Mittel zur Zukunftssicherung von deutscher Arbeit, obwohl bereits vor dem Krieg die Erfahrung gemacht worden war, dass Rationalisierung immer auch die Entlassung von Arbeitern bedeutete (Swiniartzki). Die *American Federation of Musicians* beharrte auf dem Standpunkt, dass die Zukunft von Musik in ihrer Erhaltung als Dienstleistungsberuf liegen werde, als sich durch das Aufkommen von Tonträgern abzuzeichnen begann, dass die Teilhabe an der immateriellen Wertschöpfung die entscheidende Zukunftsstrategie sein würde (Nathaus). In einer ähnlichen Weise hielt die *Gewerkschaft Erziehung und Wissenschaft* an der inzwischen überholten Prognose eines prospektiven Pädagog_innenmangels auch noch in den 1970er-Jahren fest, obgleich schon längst nicht mehr alle ausgebildeten Lehrer_innen eingestellt werden konnten (Duong). Und die *Deutsche Orchestervereinigung* setzte ganz darauf, dass die Zukunft der deutschen Orchesterlandschaft in der Bewahrung ihres »alten Glanzes« bestünde und daher nicht in ihrer eigenen Neugestaltung, son-

---

61 Zum intermediären Charakter der Gewerkschaften vgl.: Walther Müller-Jentsch, Gewerkschaften als intermediäre Organisationen, in: ders., Arbeit und Bürgerstatus. Studien zur industriellen und wirtschaftlichen Demokratie, Wiesbaden 2008 [1982], S. 51-78.

dern in derjenigen ihrer Rahmenbedingungen erfolgen müsse (Rempe). Die gewerkschaftlichen Zukunftsentwürfe basierten somit oftmals auf einer konservativen Orientierung an der Vergangenheit und wurden, weil gegenwärtige Problemlagen verkannt worden waren oder sich nicht ohne Weiteres mit den Interessen von Organisation und Mitgliedschaft in Einklang bringen ließen, von dieser Gegenwart überrollt.

Zu diesem Muster gehörte dementsprechend, dass die Gewerkschaften sich ihrer Fehleinschätzungen häufig erst dann bewusst wurden, wenn sie deren Auswirkungen auf ihre Organisation zu spüren bekamen. Etablierte Zukunftsentwürfe von Arbeit wurden hier in dem Moment in Frage gestellt, in dem durch das Wegbrechen von Mitgliedern die organisatorische Zukunft der Gewerkschaften selbst zur Debatte stand und ihre gesellschaftliche Gestaltungskraft gefährdet war. Und auch hier war es die gängige Strategie, sich wieder an die Spitze der als unvermeidlich wahrgenommenen Veränderungen zu setzen, um »ihre Zukunftsfähigkeit zu demonstrieren« und weiterhin »einen Anspruch auf Geltung zu behaupten« (Winkelmann). Faktisch jedoch wurde ein neuer Erfahrungsraum zur Orientierung für die Zukunft herangezogen.

5 Forschungsperspektiven zu vergangenen Zukünften von Arbeit

Jeder Beitrag bietet jenseits dieser vier Thesen spezifisch eigene Einblicke in das Verhältnis von Arbeit und Zukunft. Die versammelten Beiträge zeigen, dass es ein lohnenswertes Unterfangen ist, die Historische Zukunftsforschung und die Labour History zusammenzudenken. Sie werfen Schlaglichter auf ein potenzielles Forschungsfeld von einiger Größe. Zu jeder Geschichte der Arbeit gibt und gab es auch Zukünfte, weswegen wir abschließend einige Perspektiven aufzeigen möchten, durch die die gewonnenen Einsichten weiter vertieft werden könnten.

Die Erweiterung des Arbeitsbegriffs in Folge feministischer oder globalgeschichtlicher Kritik und einer Verlängerung der Perspektive in vormoderne Epochen bringt zweifelsohne weitere vergangene Zukünfte von Arbeit in den Blick. Zwar gilt auch hierbei Jürgen Kockas Feststellung, dass diese begriffliche Vielfalt es erschwert, Beobachtungen für den Gegenstand als Ganzen zu formulieren[62], doch lohnt die Betrachtung von »work beyond wage labour«[63] nicht zuletzt deshalb, weil der enge europäische Arbeitsbegriff inzwischen in seinen Ursprungsregionen in Auflösung begriffen ist.[64] Dass der »Global Turn« der Labour History für die Erforschung vergangener Zukünfte von Arbeit nicht nur neue Vergleichsperspektiven eröffnen, son-

---

62 Kocka, Work, in: ders. (Hg.) 2010, S. 1-15; hier: S. 1.
63 Eckert, Global Labour History, in: ders. (Hg.) 2016, S. 3-22; hier: S. 5.
64 Dass Arbeit aufhört, die zentrale Säule der Gesellschaft zu sein, konstatiert: Kocka, Work, in: ders. (Hg.) 2010, S. 1-15; hier: S. 10.

dern auch den Blick auf Zukünfte in der Bundesrepublik verändern kann, deuten neue Forschungen an, die die lokale und die globale Geschichte von Arbeit mit Blick auf Umbruchsprozesse im Feld der Arbeit verbinden – auch, wenn dort nicht explizit von Zukunft die Rede ist.[65]

Auch eine stärkere Berücksichtigung der Genderkategorie und hier insbesondere von weiblichen Akteurinnen vermag Arbeitsformen jenseits der Erwerbsarbeit in den Fokus zu rücken. Aus der Perspektive der Historischen Zukunftsforschung ist dabei insbesondere interessant, wie zukünftige Geschlechterordnungen und die Zukunft der Arbeit miteinander verhandelt wurden und inwiefern die doch auffällige Stabilität beider Felder in der Hochmoderne auf Wechselwirkungen, beispielsweise durch das »Breadwinner Model« zurückgeht. Auch die Zukünfte von Arbeitsbedingungen und Arbeitsplätzen waren, wie der Beitrag von Winkelmann zeigt, stets geschlechtsspezifisch.[66]

Ebenso müssten die Interdependenzen von Migration und Arbeit, die Saskia Geisler für den finnisch-russischen Fall exemplifiziert, näher untersucht werden, nicht zuletzt weil sich Migration per se als Zukunftspraxis konzeptualisieren ließe. Und angesichts der herausragenden Bedeutung von Arbeit für Migrationsprozesse, würden sich vergangene Zukünfte der Migration vermutlich zumeist auch als vergangene Zukünfte der Arbeit erweisen.[67]

Vielversprechend scheint es schließlich, die verschiedenen Formen der demokratischen Organisation von Arbeit in Betrieben und Unternehmen als Zukunftspraktiken zu untersuchen. So hat Bernhard Gotto jüngst gezeigt, wie Enttäuschung als Folge von Erfahrung und nicht eingetroffener Erwartung die Haltung des *Deutschen Gewerkschaftsbundes* zur gesetzlichen Regelung der Unternehmensmitbestimmung prägte.[68] Dementsprechend kann auch die Erforschung der betrieblichen Mitbestimmung als eine aktive Form der Zukunftsgestaltung von Arbeit durch die Betriebsräte »vor Ort« die organisationsgeschichtlich geprägte Gewerkschaftsgeschichte beleben

---

65 Siehe beispielsweise: Johanna Wolf, Assurances of friendship. Transnationale Wege von Metallgewerkschaftern in der Schiffbauindustrie [= Transnationale Geschichte, Bd. 11], 1950–1980, Göttingen 2018. Zum »Global Turn« siehe: Neuheiser, Arbeit, in: NPL 58 (2013), S. 412-448; hier: S. 442-447.
66 Karin Hausen, Work in Gender, Gender in Work, in: Jürgen Kocka (Hg.), Work in a Modern Society. The German Historical Experience in Comparative Perspective, New York/Oxford 2010, S. 73-92; hier: S. 81, 83.
67 Zur Historiografie der Migration in der Bundesrepublik: Maria Alexopoulou, Vom Nationalen zum Lokalen und zurück? Zur Geschichtsschreibung in der Einwanderungsgesellschaft Deutschland, in: Archiv für Sozialgeschichte, 56 (2016), S. 463-484. Zur Arbeitsmigration und ihrer Gestaltung durch Migrant_innen und Gewerkschaften: Simon Goeke, The Multinational Working Class? Political Activism and Labour Migration in West Germany During the 1960s and 1970s, in: Journal of Contemporary History, 49 (2014) 1, S. 160-182.
68 Bernhard Gotto, Enttäuschung in der Demokratie. Erfahrung und Deutung von politischem Engagement in der Bundesrepublik Deutschland während der 1970er und 1980er Jahre [= Quellen und Darstellungen zur Zeitgeschichte, Bd. 119], Berlin/Boston 2018, S. 29-118.

und erweitern.⁶⁹ Ähnliches gilt für die demokratische Organisation von Arbeit jenseits des bundesdeutschen Modells industrieller Beziehungen, wie beispielsweise in der Rätedemokratie, die im Zuge des Jubiläums der Novemberrevolution wieder eine erneute Aufmerksamkeit gefunden hat, oder die Versuche von Arbeiterselbstkontrolle beziehungsweise Produktionsgenossenschaften.⁷⁰

6 Danksagung

An der Entstehung dieser Publikation haben zahlreiche Personen mitgewirkt. Der Band geht zurück auf eine Tagung, die im Rahmen des Kooperationsprojekts »Jüngere und jüngste Gewerkschaftsgeschichte« der *Hans-Böckler-Stiftung* (HBS) und der *Friedrich-Ebert-Stiftung* (FES) durchgeführt wurde. Mit den Verantwortlichen dieses Projektes, Michaela Kuhnhenne von der HBS und Stefan Müller vom *Archiv der sozialen Demokratie* (AdsD) der FES sowie Knud Andresen von der *Forschungsstelle für Zeitgeschichte in Hamburg* konzipierten und planten wir die Tagung »Vergangene Zukünfte der Arbeit. Historische Imaginationen, Prognosen und Planungen von Arbeit in der Moderne«, die in der Reihe »Neue Perspektiven auf die Gewerkschaftsgeschichte« am 17. und 18. November 2016 in Düsseldorf stattfand. Ihnen und allen Autor_innen danken wir für Ihre Bereitschaft, sich auf das Thema einzulassen und ihre Ideen produktiv in die gemeinsamen Diskussionen miteinzubringen.
Besonderer Dank gilt auch Anja Kruke vom *Archiv der sozialen Demokratie* der *Friedrich-Ebert-Stiftung* und Meik Woyke, seit Juli 2019 bei der *Bundeskanzler-Helmut-Schmidt-Stiftung*, die beide mit ihrem Interesse am Thema und der Bereitschaft, den Band in die *Reihe Politik- und Gesellschaftsgeschichte* im *Verlag J. H. W. Dietz Nachf.* aufzunehmen, sein Erscheinen ermöglicht haben.

---

69 Wie sich die Demokratie in Wirtschaft und Betrieb zu anderen Demokratisierungsentwicklungen oder gar Zukunftsvorstellungen verhielt, ist nicht erforscht. Als Standardwerk zur Mitbestimmung gelten kann: Werner Milert/Rudolf Tschirbs, Die andere Demokratie. Betriebliche Interessenvertretung in Deutschland, 1848 bis 2008 [= Veröffentlichungen des Instituts für soziale Bewegungen, Schriftenreihe A: Darstellungen, Bd. 52], Essen 2012.
70 Vgl. bspw.: Dario Azzelini (Hg.), An Alternative Labour History. Worker Control and Workplace Democracy, London 2015; Ralf Hoffrogge, Richard Müller. Der Mann hinter der Novemberrevolution [= Geschichte des Kommunismus und Linkssozialismus, Bd. 7], Berlin 2018.

Zukunft der Arbeit

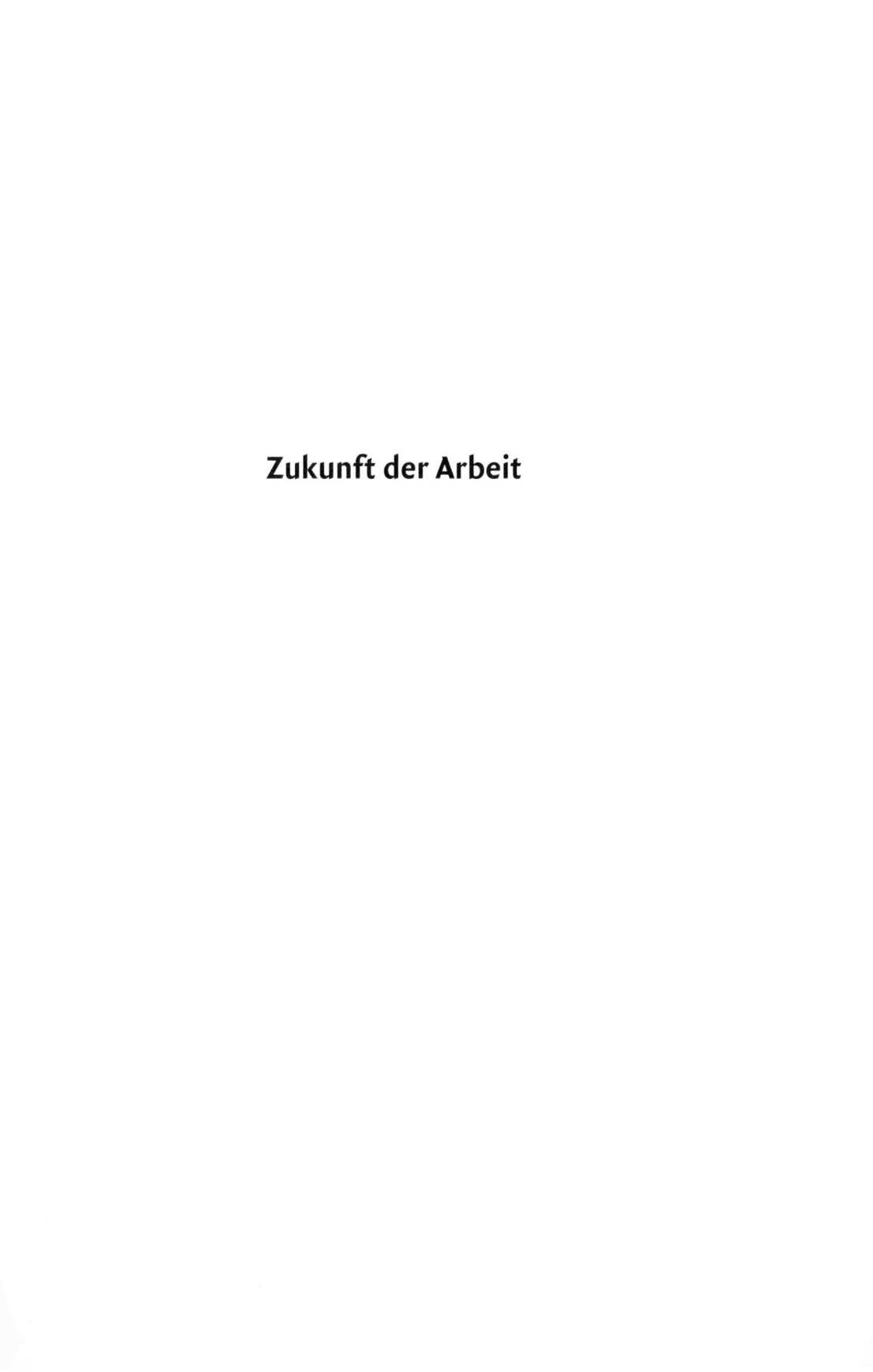

Marco Swiniartzki

Rationalisierungszukünfte in der deutschen Metallindustrie der 1920er-Jahre

1 Einleitung

In seinem 1931 erschienenen Roman »Union der festen Hand« legte Erik Reger, der zwischen 1919 und 1927 als Pressereferent der *Friedrich Krupp AG* tätig gewesen war, einem seiner fiktiven Arbeitgeber folgende Worte in den Mund: »›Wahrhaftig‹, sagte er, ›welch simple Gebote der Prosperität! Jetzt werden sie als Wirtschaftsmetaphysik neu entdeckt und wandeln im geistigen Aufputz einher. Was ich immer sage, die Alten haben die Probleme gelöst, ohne zu wissen, daß es welche waren. Immerhin. Immerhin.‹«[1]

Der Autor, den ein feines Gespür für die großen wie kleinen wirtschaftlichen Veränderungen der 1920er-Jahre auszeichnete, spielte damit auf eine »Bewegung« an, die seit Mitte des Jahrzehnts in Wirtschaft, Presse und Politik viel Verwirrung stiftete. Dabei gestaltete sich die sogenannte »Rationalisierung« zunächst relativ simpel, nämlich als eine Erhöhung der Rentabilität von Unternehmen durch technisch-organisatorische Mittel.[2] Die Kontrolle über den Arbeitsprozess (Taylor) und die standardisierte Massenproduktion (Ford) bildeten die beiden Eckpfeiler dieser Grundidee, die jedoch sehr schnell über den technischen Rahmen hinauszuwachsen und zu einem gesellschaftlichen Muster zu werden begann.[3] Die technisch-organisatorischen Entwicklungen beschränkten sich seit Mitte der 1920er-Jahre nämlich nicht mehr nur auf den unmittelbaren Arbeitsprozess; ihre Optimierungslogik durchdrang auch immer stärker den außerbetrieblichen Bereich. Rationalisierung gewann eine nahezu allumfassende Brisanz, woran ihr mehrdimensionaler, emotionalisierender Charakter und

---

1 Erik Reger, Union der festen Hand. Roman einer Entwicklung, [¹1931] Berlin 1946, (Neudr. Berlin 1991), S. 420 f.
2 Die Nachzeichnung der Definitionsgeschichte des Begriffs bei: Tilla Siegel/Thomas von Freyberg, Industrielle Rationalisierung unter dem Nationalsozialismus [= Forschungsberichte des Instituts für Sozialforschung Frankfurt am Main], Frankfurt a. M./New York 1991, S. 17 f.
3 Hans Wupper-Tewes, Rationalisierung als Normalisierung. Betriebswissenschaft und betriebliche Leistungspolitik in der Weimarer Republik [= Schriftenreihe Hans-Böckler-Stiftung], Münster i. Westf. 1995, S. 36-40; Heidrun Homburg, Rationalisierung und Industriearbeit. Arbeitsmarkt, Management, Arbeiterschaft im Siemens-Konzern Berlin 1900–1939 [= Schriften der Historischen Kommission zu Berlin, Bd. 1: Beiträge zu Inflation und Wiederaufbau in Deutschland und Europa 1914–1924], Berlin 1991; Richard Vahrenkamp, Von Taylor zu Toyota. Rationalisierungsdebatten im 20. Jahrhundert, Köln ²2013.

ihre temporale Mehrdeutigkeit einen großen Anteil hatten. Denn im Rationalisierungsbegriff – darauf wies Reger zu Recht hin – verbanden sich auf eigentümliche Weise Vergangenheit, Gegenwart und Zukunft zu einem schwer zu durchschauenden Gemisch aus Erfahrungen, konkreten Handlungen, Hoffnungen, Ängsten und politischer Agenda.

Im Kern speiste sich ein Teil jenes Bereiches, der später mit dem Rationalisierungsbegriff umrissen wurde, aus einem Erfahrungsraum, der durch die technisch-organisatorische Entwicklung seit dem 18. Jahrhundert geprägt worden war und den die Zeitgenossen gern als »technischen Fortschritt« bezeichneten. Technisch und wirtschaftlich sollte die Rationalisierung daher eigentlich nichts Neues darstellen. Selbst mit der Einführung des Taylorsystems in einigen Betrieben des Maschinenbaus hatten Arbeiterschaft und Gewerkschaften vor 1914 bereits Erfahrungen gesammelt.[4] Als Teil einer neuen Ära hatten sie diese Veränderungen jedoch noch nicht betrachtet. Denn erst der massive Umbruch von Wirtschaft, Politik und Gesellschaft infolge des Ersten Weltkriegs, der Novemberrevolution und vor allem der Inflation sorgte dafür, dass sich die beschleunigte technische Entwicklung nicht mehr hinreichend in den Erfahrungsraum integrieren ließ. Der Erwartungshorizont, den die Akteure der Arbeitsgesellschaft jahrzehntelang auf unterschiedliche Weise, aber relativ konstant mit dem technischen Fortschritt verbunden hatten, war durch die Ereignisse durchbrochen worden. Dass sich in dieser Situation, gekennzeichnet durch den fundamentalen Riss im Koselleckschen Begriffspaar »Erfahrungsraum« und »Erwartungshorizont«[5], mit der Rationalisierung ein »neuer« Begriff auf breiter Front zu etablieren begann, ist wenig verwunderlich. Man lebte an einer gefühlten »Zeitenwende«, an der die technisch-organisatorische Gegenwart und die zu gestaltende Zukunft nicht mehr mit dem althergebrachten und durch Vorkriegserfahrungen gestützten Vokabular zu erfassen waren.

Begriffsgeschichtlich wird dies schon daran deutlich, dass der »Rationalisierung« sowohl ein Zeitbezug als auch ein normativer Impetus innewohnt: Als Schlagwort für eine Verbesserung der Verhältnisse transportierte der Begriff eine Deutung der Vergangenheit, eine Handlungsanleitung für die Gegenwart und eine Maxime für die Zukunft.[6] Einen großen Teil seines Erfolges verdankte der Rationalisierungsbegriff also

---

4   Z. B. bei der Einführung des Taylorsystems in den Spitzendrehereien der Wanderer-Werke in Chemnitz, Metallarbeiter-Zeitung [MAZ], 32 (1914), S. 257; Heidrun Homburg, Die Anfänge des Taylorsystems in Deutschland vor dem Ersten Weltkrieg. Eine Problemskizze unter besonderer Berücksichtigung der Arbeitskämpfe bei Bosch 1913, in: Geschichte und Gesellschaft [GG], 4 (1978), S. 170-194.

5   Reinhart Koselleck, Vergangene Zukunft. Zur Semantik geschichtlicher Zeiten, Frankfurt a. M. ²1992, S. 349-375.

6   »Rationalisierung« erfuhr hunderte Definitionsversuche, meist beginnend mit Max Weber. Allen Versuchen ihrer wirtschaftlichen Form war dabei – mehr oder weniger ausgeprägt – die vernunftgemäße und zweckmäßigere Gestaltung überkommener Verhältnisse eigen: Art. Rationalisie-

gerade seiner semantischen Unschärfe, die aus einer Vermischung empirischer und normativer Aspekte resultierte. Die Idee, die »Rationalisierung« könne miteinander verbundene, aber dennoch weit gehend selbstständige technische, wirtschaftliche und soziale Prozesse als einen stringenten und sinnbildenden Gesamtprozess simplifizieren, reiht den Begriff neben der »Modernisierung« oder der »Differenzierung« in die Reihe »gefährlicher Prozessbegriffe«[7] ein. Gleichzeitig weisen viele seiner zentralen Eigenschaften – etwa die semantische Entkonkretisierung, Verwissenschaftlichung oder Popularisierung – dem Rationalisierungsbegriff einen wichtigen Platz in der politisch-sozialen Semantik des 20. Jahrhunderts zu.[8]

Dementsprechend war »Rationalisierung« vieles: das »erlösende Wort«, »Projektionsfläche für zahllose Zuschreibungen, Sehnsüchte und Verschleierungen«, aber auch »Zauberformel, die den Spuk beendet«, »Traum, der von den Alpträumen des Krieges und der Inflation befreit«, sowie das neue »Fieber, das Gesundheit für alle bringt.«[9] Diese inhärenten Zeitbezüge machen die Bewegung zu einem Paradebeispiel für die Erforschung vergangener Zukünfte.

Gleichzeitig markiert ihr begrifflicher Siegeszug eine analytische Verschiebung, die unlängst in einigen geschichtswissenschaftlichen Veröffentlichungen thematisiert worden ist[10]: Mit dem Bruch von »Erfahrungsraum« und »Erwartungshorizont« zwischen 1914 und 1924[11] drifteten zwei Kategorien auseinander, die sich im Prozess einer umfassenden Beschleunigung in den 1920er-Jahren vorerst nicht wieder annähern sollten. Die technisch-organisatorische Fortschrittsgläubigkeit, die fast allen

rung, in: Wissenschaftlicher Rat der Dudenredaktion (Hg.), Duden. Das große Fremdwörterbuch, Mannheim/Leipzig/Wien/Zürich 1994, S. 1160.
7   Hans Joas, Gefährliche Prozessbegriffe. Eine Warnung vor der Rede von Differenzierung, Rationalisierung und Modernisierung, in: Karl Gabriel/Christel Gärtner/Detlef Pollack (Hg.), Umstrittene Säkularisierung. Soziologische und historische Analysen zur Differenzierung von Religion und Politik, Berlin 2012, S. 603-622; hier: S. 611-614.
8   Christian Geulen, Plädoyer für eine Geschichte der Grundbegriffe des 20. Jahrhunderts, in: Zeithistorische Forschungen, 7 (2010) 1, S. 79-97; hier: S. 86-93.
9   Thomas von Freyberg, Industrielle Rationalisierung in der Weimarer Republik. Untersucht an Beispielen aus dem Maschinenbau und der Elektroindustrie [= Forschungsberichte des Instituts für Sozialforschung Frankfurt am Main], Frankfurt a. M./New York 1989, S. 312.
10 Rüdiger Graf/Benjamin Herzog, Von der Geschichte der Zukunftsvorstellungen zur Geschichte ihrer Generierung. Probleme und Herausforderungen des Zukunftsbezugs im 20. Jahrhundert, in: GG 42 (2016), S. 497-515; Benjamin Scheller, Kontingenzkulturen – Kontingenzgeschichten. Zur Einleitung, in: Frank Becker/Benjamin Scheller/Ute Schneider (Hg.), Die Ungewissheit des Zukünftigen. Kontingenz in der Geschichte [= Kontingenzgeschichten, Bd. 1], Frankfurt a. M. 2016, S. 9-30; hier: S. 12.
11 Das Jahr 1924 markierte das Ende der Inflationsperiode und gleichzeitig den Beginn der Rationalisierungsbewegung, die Jahre 1914–1924 bildeten aber auch für die Geschichte des DMV eine eigenständige »Phase der Orientierung«: Marco Swiniartzki, Der Deutsche Metallarbeiter-Verband 1891–1933. Eine Gewerkschaft im Spannungsfeld zwischen Arbeitern, Betrieb und Politik [= Industrielle Welt. Schriftenreihe des Arbeitskreises für moderne Sozialgeschichte, Bd. 94], Köln/Weimar/Wien 2017, S. 245-342.

Vorkriegseinschätzungen innewohnte, wurde durch den mehrdimensionalen Rationalisierungsfortschritt abgelöst, der sich überlagernde und widersprüchliche Zukünfte miteinander verband. Diese umfassten nun beinahe jeden Bereich des menschlichen Zusammenlebens. Als Formel des »sozialen Friedens« sollte er die erfahrene Entgrenzung und Beschleunigung eindämmen und wieder für geordnete Verhältnisse sorgen. Und abgesehen von wenigen Ausnahmen begannen sich in den 1920er-Jahren die inhaltlichen Standpunkte der Akteure in der Rationalisierungsdebatte in der Tat zusehends anzugleichen, während der Kampf um die Deutungshoheit vor allem auf methodischem Terrain geführt wurde. Die Frage, *wie* die Rationalisierung voranzutreiben sei, hatte die Frage nach ihrem Zweck sehr schnell in den Hintergrund gedrängt. Der Diskurs über Zukunftsinhalte war weit gehend zu einem Diskurs über Wege der Zukunftsgenerierung geworden.[12]

In diesem Zusammenhang wird sich der folgende Beitrag den unterschiedlichen Zukünften widmen, die sich während der 1920er- und frühen 1930er-Jahre in der deutschen Metallindustrie rund um den Rationalisierungsbegriff entwickelten. Der Fokus soll dabei auf dem *Deutschen Metallarbeiter-Verband* (DMV), der Arbeiterschaft der Metallindustrie und der rasch an Bedeutung gewinnenden Berufsgruppe der Ingenieure liegen. Auf diese Weise kann nicht nur die Bandbreite der Rationalisierungszukünfte umrissen werden – es soll auch erklärt werden, wie sich der Konflikt um Zukunftsentwürfe auf den organisationsinternen Zusammenhalt und die wirtschaftliche Schlagkraft der Gewerkschaftsverbände auswirkte. Es wird dabei gleichzeitig deutlich, dass sich konkurrierende Zukunftsentwürfe der Rationalisierung nicht auf den industriebetrieblichen Bereich beschränkten. Die Zukünfte der Arbeit erlangten in den 1920er-Jahren vielmehr eine innergewerkschaftliche und gesamtgesellschaftliche Wirkmächtigkeit, die sie neben den politischen Großentwürfen der Zeit als mindestens ebenbürtig einordnen.[13] Nach einer genaueren Einordnung der Rationalisierungsbewegung in den Kontext der Zeitbezüge (2) wird daher gefragt, wer die Träger der unterschiedlichen Rationalisierungszukünfte in der Metallindustrie waren, welche Reichweite ihre Zukunftsbezüge jeweils besaßen und mit welchen Methoden sie den eigenen Vorstellungen jeweils Deutungshoheit zu verschaffen versuchten (3).

---

12 Zur Debatte über die Generierungsmodi von Zukunftsentwürfen: Graf/Herzog, Von der Geschichte der Zukunftsvorstellungen, in: GG 42 (2016), S. 497-515.
13 Lucian Hölscher, Die Entdeckung der Zukunft, Göttingen ²2016, S. 240-258.

2 Die Zeitbezüge in der Rationalisierungsbewegung

Im Rationalisierungsbegriff verschmolzen die historischen Zeiten miteinander. Rationalisierung ordnete vergangene technische Entwicklungen ein, beschrieb gegenwärtiges Handeln und besaß einen deutlichen Zukunftsbezug. Getrennt voneinander können diese Zeitbezüge jedoch nicht betrachtet werden, da sie dynamisch und labil waren.[14] So ordneten die Akteure der 1920er-Jahre mit der Nutzung des Begriffs nicht nur vergangenes Handeln ein – sie unterwarfen es einer Neubewertung und passten die Erfahrungen den gegenwärtigen Bedürfnissen an, um im selben Moment daraus Lesarten für kommende Entwicklungen zu generieren. Andersherum diente das, was im Rationalisierungsdiskurs mit einem Zukunftslabel versehen wurde, nicht selten einer bereits gegenwärtig gewordenen Entwicklung. Die Zukunft der Arbeit schien oft schon im Augenblick ihrer Artikulation eingeholt, woran die extremen regional-, branchen- und betriebsspezifischen Unterschiede sicherlich einen großen Anteil hatten. Gleichzeitig wurde der Rationalisierungsbegriff von Arbeitgebern, Ingenieuren und Gewerkschaften so allumfassend, unkonkret und mit offenem Ende formuliert, dass es kaum möglich schien, ihn von anderen Phänomenen zu trennen.[15] Denn Rationalisierung war gleichbedeutend mit einem »endlosen Komparativ: mit weniger mehr.«[16] Da sich mit ihr aber dennoch alltäglich ganz konkrete, massive Veränderungen verbanden, war es gerade diese Zeitlosigkeit des Rationalisierungsbegriffs, die eine verstärkte Hinwendung der Akteure zum Zukunftsdenken herausforderte. Diese wollten schließlich gerne wissen, wie es in dieser undurchsichtigen Situation weiterging.[17]

Dieser Blick war natürlich hochgradig akteursabhängig: Je nachdem, von wem und wo der Begriff verwendet wurde, war er unterschiedlich aufgeladen und verband die Zeitbezüge auf verschiedene Art und Weise. Weil die Rationalisierung von Beginn an weit über den technisch-wirtschaftlichen Bereich hinausging, verkomplizierte sich die Lage noch. Dass der Begriff mit so vielen politischen und gesellschaftlichen Prozessen unauflösbar verbunden war, förderte seine soziale Aufladung, die zu einer Vielzahl von Rationalisierungsbegriffen und ebenso vielen Nutzungsabsichten führte. Angesichts der Ambivalenz und Vielschichtigkeit der Bewegung ist es daher auch

---

14 Lucian Hölscher, Theoretische Grundlagen der historischen Zukunftsforschung, in: ders. (Hg.), Die Zukunft des 20. Jahrhunderts. Dimensionen einer historischen Zukunftsforschung, Frankfurt a. M./New York 2017, S. 7-38; hier: S. 30 ff.; Koselleck, Vergangene Zukunft, 1992, S. 358.
15 Wupper-Tewes, Rationalisierung als Normalisierung, 1995, S. 36-40; von Freyberg, Industrielle Rationalisierung, 1989, S. 305-312.
16 Tilla Siegel, Das ist nur rational. Ein Essay zur Logik der sozialen Rationalisierung, in: Dagmar Reese/Eve Rosenhaft/Carola Sachse/Tilla Siegel (Hg.), Rationale Beziehungen? Geschlechterverhältnisse im Rationalisierungsprozeß, Frankfurt a. M. 1993, S. 363-396; hier: S. 385.
17 Zur Bedeutung von Zukunftsdenken in einem Umfeld der Unsicherheit: Jens Beckert, Imagined Futures. Fictional Expectations and Capitalist Dynamics, Cambridge/London 2016, S. 61-94.

wenig verwunderlich, dass wichtige Akteure ihre große Rationalisierungszukunft in mehrere Teilzukünfte verschiedener Reichweite unterteilten, die jeweils mit unterschiedlichen Strategien transportiert wurden. Diese wurden nicht nur öffentlich kommuniziert, sie waren auch Bestandteil nichtöffentlicher Absprachen, politischen oder verbandlichen Machtkalküls sowie tägliche Arbeitsgrundlage tausender Menschen.

In den 1920er-Jahren standen sich zwei Rationalisierungspositionen gegenüber: Während die Mehrheit der Arbeiterschaft, die KPD sowie sehr kleine Teile der SPD und der Gewerkschaften der Rationalisierung kritisch bis ablehnend begegneten, teilten sich Arbeitgeber, Ingenieure und der größte Teil der Gewerkschaften eine Rationalisierungszukunft, die in den 1920er-Jahren die größte diskursive Bedeutung gewann und die durch ihre mantrahafte Wiederholung als regelrechte »Rationalisierungsformel« bezeichnet werden kann. Diese Formel beherrschte die Veröffentlichungen des *Vereins Deutscher Ingenieure* (VDI), die Arbeitgeber- und Werkszeitungen sowie die Periodika des *Allgemeinen Deutschen Gewerkschaftsbunds* (ADGB) und seiner Einzelgewerkschaften.[18] Ihre mediale Dominanz führte dazu, dass sich im Rationalisierungsdiskurs, der hauptsächlich über die Presse der Interessenverbände geführt wurde, kaum pessimistischere Rationalisierungszukünfte festsetzen konnten. Die Formel diente allen voran als Schlagwort des sozialen Friedens, betonte die Zwangsläufigkeit der Umwandlung betrieblicher Rationalisierung in volkswirtschaftliches Gemeinwohl und trieb den Fortschrittsgedanken in Form einer »technischen Vernunft« auf die Spitze.[19] Sie bildete quasi den Rohbau einer kurzfristigen Rationalisierungsprognose, während die Arbeitgeber, Ingenieure, Gewerkschaften und Belegschaften bei der Frage, zu welcher Zukunft größerer Reichweite dieser Rohbau führen würde, unterschiedlicher Ansicht waren. Als Schlagwort kurz- und mittelfristigen sozialen Friedens wurde die Rationalisierungsformel daher oft postwendend durch eine langfristig kalkulierende Machtpolitik konterkariert. So wurde der Begriff beispielsweise von einer Interessengemeinschaft der deutschen Außenpolitik mit den Unternehmern der Schwerindustrie als Chance zur Restauration einer politischen und wirtschaftlichen Vormachtstellung des Deutschen Reichs verwendet. Er spannte die glorifizierte Vergangenheit für einen Zukunftsentwurf ein, der aktuelle betriebliche Maßnahmen

---

18 In der Zeitschrift des Vereins Deutscher Ingenieure sowie in den VDI-Nachrichten wurde die Rationalisierung unter den Stichworten »Betriebswissenschaft« und »Fließarbeit« seit 1925 breit diskutiert. Prinzipielle Zweifel am postulierten Allgemeinwohl durch Rationalisierung traten dabei nicht auf. Gleiches gilt für die Werkzeitungsbewegung, die aufgrund ihrer Nähe zum Deutschen Institut für technische Arbeitsschulung (DINTA) per se harmonische Rationalisierungszukünfte im Sinne Henry Fords entwarf. In den Einzelgewerkschaften wurde dieses konfliktentschärfende Rationalisierungsmodell ebenfalls stets betont, während natürlich gleichzeitig ein Schutz der Arbeiterschaft vor den Folgen gefordert wurde: Vorstand des Deutschen Textilarbeiterverbandes (Hg.), Jahrbuch 1926, Berlin 1927, S. 2 f. Eine kritischere Position nahm dagegen der Holzarbeiterverband ein: Vorstand des Deutschen Holzarbeiterverbandes (Hg.), Jahrbuch 1929, Berlin 1930, S. 31-41. Für die Rationalisierungsposition des DMV: Kap. 3.3.

19 von Freyberg, Industrielle Rationalisierung, 1989, S. 308 f.

argumentativ deckte.[20] Gleichzeitig diente die Rationalisierung seitens der Unternehmensverbände als strategischer Neologismus, der gezielt an die Stelle des (von den Arbeitern und Teilen der Gewerkschaften verhassten) Begriffs des »Taylorismus« platziert wurde. Er verdeckte, dass die deutsche Arbeitswelt in der Frage, wie die amerikanischen Produktionsmethoden an die deutschen Verhältnisse anzupassen seien, seit der Vorkriegszeit dauerhaft gespalten war.[21] Kurz gesagt verstand also weiterhin jeder unter Rationalisierung etwas anderes, nur redeten Industrielle, Ingenieure, Gewerkschaften und Arbeiterschaft nun erstmals mit einer Sprache. Insofern handelte es sich bei der Bewegung um eine geschickte Offensive, deren Vergangenheitsbezug und betriebliche Traditionen an jenen Stellen eliminiert wurden, an denen Ansatzpunkte für einen Widerstand zu erwarten waren. Zeitbezüge wurden dabei spielerisch instrumentalisiert, verschleiert oder schlicht negiert. Erlaubt war, was Erfolg versprach.

Die Zukunftspraktiken der Rationalisierungsphase, die es im Folgenden zu konkretisieren gilt, verdeutlichen die Relevanz der historiografischen Lesart der vergangenen Zukünfte. Denn in ihrer gesamtgesellschaftlichen Breite und technischen, wirtschaftlichen sowie sozialen Tiefe enthielt die Rationalisierungsphase viele Elemente konkreten Zukunftshandelns und praktischer Generierungsmodi, die die historische Zukunftsforschung bisher vorgeschlagen hat. So wurde Rationalisierung konkret geplant, kurz-, mittel- und langfristig prognostiziert und diente gleichsam für einige als Teil eines utopischen Gegenentwurfs.[22] Zukunft wurde dabei sowohl erwartet und gestaltet als auch gefürchtet und zu bewahren und zu verstetigen versucht.[23] Ihre Träger lebten in unterschiedlichen »verkörperten Zeiten« oder »Eigenzeiten«[24], die es ihnen möglich machten, ihre soziale Position, Identität und Aufgabe im ansonsten gleichmäßig voranschreitenden Rationalisierungsprozess zu markieren. Dies wird im Folgenden mit Blick auf die zentralen Trägergruppen von Rationalisierungszukünften in den 1920er-Jahren untersucht.

---

20 Thomas Welskopp, Arbeit und Macht im Hüttenwerk. Arbeits- und industrielle Beziehungen in der deutschen und amerikanischen Eisen- und Stahlindustrie von den 1860er bis zu den 1930er Jahren [= Veröffentlichungen des Instituts für Sozialgeschichte e. V. Braunschweig – Bonn], Bonn 1994, S. 476 f.
21 Zur Rezeption der Ideen Fords und Taylors in Deutschland und zu den unterschiedlichen Auslegungen der Begriffe: Mary Nolan, Visions of Modernity. American Business and the Modernization of Germany, New York/Oxford 1994, S. 42-57, 70-82; von Freyberg, Industrielle Rationalisierung, 1989, S. 355.
22 Hölscher, Theoretische Grundlagen, in: ders. (Hg.) 2017, S. 7-38; hier: S. 19; Georg Picht, Prognose – Utopie – Planung. Die Situation des Menschen in der Zukunft der technischen Welt [= Schriften der Vereinigung Deutscher Wissenschaftler e. V., Bd. 6], Stuttgart 1968.
23 Graf/Herzog, Von der Geschichte der Zukunftsvorstellungen, in: GG 42 (2016), S. 497-515; hier: S. 504 ff.
24 Hölscher, Theoretische Grundlagen, in: ders. (Hg.) 2017, S. 7-38; hier: S. 31 f.

3 Träger, Reichweiten, Inhalte und Methoden der Rationalisierungszukünfte

3.1 Die Metallarbeiter

Egal, welches Element der Rationalisierungsbewegung im Vordergrund stand: Die Arbeiterschaft der Metallindustrie hatte an dessen Zustandekommen keinerlei Anteil gehabt. Beginnend mit politischen Initiativen während des späten Kaiserreichs, intensiviert und vereinheitlicht während der Kriegsproduktion, ihres rätepolitischen Potenzials beraubt und anschließend vollkommen privatisiert, war die Rationalisierung der 1920er-Jahre ein reines Kind »der Wirtschaft«. Die Verbände der Schwer- und weiterverarbeitenden Metallindustrie betrachteten sie als kapitalistisches Großprojekt, für das sich sehr leicht politische Rückendeckung und Finanzierung aus Steuermitteln gewinnen ließ.[25] Denn in einem Punkt waren sich Arbeitgeberverbände, die politischen Parteien (bis auf die KPD) und auch die ADGB-Gewerkschaften vollkommen einig: Der Rationalisierungsformel, nach der sich die betriebswirtschaftliche Rationalisierung unter den Bedingungen der Massenfertigung zwangsläufig in eine volkswirtschaftliche Allgemeinwohlformel umwandele, konnten sich die Interessenverbände kaum entziehen.[26] Das Fordsche Versprechen einer sozialen Befriedung durch die Indienstnahme des Kapitalismus für das Gemeinwohl besaß eine solche Anziehungskraft und befriedigte anscheinend eine parteiübergreifende Sehnsucht, dass an dieser Logik bis 1929 nie ernsthaft gezweifelt wurde.[27]

Aus Sicht der Arbeiterschaft handelte es sich bei der Rationalisierung insofern um fremde Zukunftsentwürfe, in deren bereits beträchtliche Reichweite sich die Beschäftigten zu integrieren hatten. Entwickelten die Metallarbeiter in diesen Jahren individuelle Vorstellungen über die Folgen der Rationalisierung, spielten sich diese häufig in diesem vorgegebenen Rahmen ab. Charakterisiert waren diese Vorstellungen durch eine Haltung des Erduldens, eines Gefühls, ausgeliefert zu sein. Die Rationalisierungszukunft wurde hier als Zumutung empfunden, während sich die gestalterische und chancenreiche Zukunft mit zunehmender Dauer eher in den Händen von Arbeitgebern und Ingenieuren befand. Besonders in Betrieben, in denen Elemente der Fließfertigung eingeführt wurden, herrschte seitens der Arbeiterschaft häufig eine Ohnmacht gegenüber der Rationalisierungsbewegung. So berichtete die Zeitung *Der Kämpfer* über die Unterhaltung zweier Arbeiter der Chemnitzer *Wandererwerke*, die ein stark rationalisiertes Unternehmen waren: »›Wir sind ja auch zu bloßen Maschi-

---

25 Heinrich August Winkler, Der Schein der Normalität. Arbeiter und Arbeiterbewegung in der Weimarer Republik 1924 bis 1930 [= Geschichte der Arbeiter und der Arbeiterbewegung in Deutschland seit dem Ende des 18. Jahrhunderts, Bd. 10], Bonn ²1988, S. 33 f.
26 von Freyberg, Industrielle Rationalisierung, 1989, S. 312.
27 In der Metallarbeiter-Zeitung des DMV zeigte sich diese Verehrung Fords regelmäßig. MAZ, 43 (1925) 23, S. 91; MAZ, 42 (1924) 18, S. 48; MAZ, 45 (1927) 6, S. 21.

nen geworden‹, fällt ein Dritter ein. ›Maschinen ist noch nicht der richtige Ausdruck‹, wird ihm zur Antwort. ›Maschinen bekommen wenigstens Oel, damit sie funktionieren. Wir bekommen ja nicht einmal das.‹«[28]

Zu dieser Situation, in der sich seitens der Metallarbeiter bis 1933 auch kein nennenswerter Widerstand entzündete, trug der Rationalisierungsbegriff maßgeblich bei. Als allumfassender, offener und in Dauer und Qualität seiner Zukunft unbestimmter Terminus machte er eine betriebliche und erst recht eine volkswirtschaftliche Einordnung der Rationalisierung durch die Arbeiter beinahe unmöglich. Die auf den ersten Blick einfache Frage, wer für die massiven Umwälzungen in den Betrieben eigentlich verantwortlich war, wurde selbst von den Rationalisierungsexperten der 1920er-Jahre nicht souverän beantwortet.[29] Für die Arbeiter musste sie als Teil einer undurchsichtigen Zumutung »von oben« erscheinen, in die man sich notgedrungen einzuordnen hatte – vor allem, weil zwischen 1925 und 1933 die wirtschaftliche Krise untrennbar mit der Rationalisierung verschmolz. Ob die Auswirkungen auf die Arbeiterschaft Folgen der Krise oder Folgen der Rationalisierung waren, war daher ebenso ambivalent wie der Begriff selbst, was erheblich zu seiner Desavouierung beitrug.

Gemeinsam mit den immensen regionalen, industriellen und innerbetrieblichen Unterschieden führten diese Faktoren zu einer unübersichtlichen Lage innerhalb der Arbeiterschaft, die eine kollektive Zukunftsvision undenkbar werden ließ. So existierten beispielsweise im Maschinenbau viele Betriebe (laut einer Studie des *Deutschen Metallarbeiter-Verbandes* waren dies 1931 42 %)[30], in denen überhaupt nicht rationalisiert wurde und die aufgrund ihrer spezialisierten, kundenorientierten Produktion mit althergebrachten Produktionsmethoden rentabel blieben.[31] In anderen Werken rationalisierte die Betriebsleitung höchstens durch eine Normung bestimmter Bauteile oder modernisierte den Transport, für den zuvor Hilfsarbeiter zuständig gewesen waren.[32] Die Rationalisierungseinschätzung der dort beschäftigten Arbeiter gestaltete sich dementsprechend weniger drastisch und changierte zwischen einer politischen Diskussion ohne tatsächliche Auswirkungen und einer sanften Modernisierung, Be-

---

28 O. A., »Der Kampf um die Minuten«, in: Der Kämpfer, 2.9.1932, S. 190.
29 Vgl. z. B. die eklatanten Widersprüche in der Rationalisierungsbewertung durch den DMV: Vorstand des Deutschen Metallarbeiter-Verbandes (Hg.), Der Deutsche Metallarbeiter-Verband im Jahre 1926. Jahr- und Handbuch für Verbandsmitglieder, Stuttgart 1927, S. 52-59; sowie: Vorstand des Deutschen Metallarbeiter-Verbandes (Hg.), Der Deutsche Metallarbeiter-Verband im Jahre 1928. Jahr- und Handbuch für Verbandsmitglieder, Stuttgart 1929, S. 85-91. Zu den Definitionsproblemen: von Freyberg, Industrielle Rationalisierung, 1989, S. 305-308.
30 Deutscher Metallarbeiter-Verband (Hg.), Die Rationalisierung in der Metallindustrie, Berlin 1933, S. 27.
31 Ein gutes und nachvollziehbares Beispiel stellte die Maschinenfabrik Schütz in Wurzen dar: Sächsisches Staatsarchiv Leipzig, 20835, Nr. 52, Bl. 15 f., Bl. 36 f.
32 Zur Rationalisierung im Maschinenbau der 1920er-Jahre: Markus Haas, Spanende Metallbearbeitung in Deutschland während der Zwischenkriegszeit (1918–1933), Hamburg 1997, S. 257-338.

schleunigung oder gar Erleichterung ihrer Arbeitstätigkeiten.[33] Analytisch betrachtet verfolgten sie wohl mehrheitlich eine Form der »Erhaltungszukunft«[34], die sich aus der Einsicht in den Wert ihrer betrieblichen Stellung speiste und die sich in Formen der gemeinsamen Regulierung des Arbeitstempos oder in einem »Produktionspakt«[35] niederschlagen konnte.

Als Antizipation einer möglichen negativen Rationalisierungszukunft (»Risikozukunft«)[36] war jedoch auch eine überzogene Leistungsbereitschaft möglich, die die Rentabilität der bestehenden Betriebsorganisation unterstreichen und weitere Veränderungen verhindern sollte. Entscheidend war im ersten Fall der Wille, ein als wertvoll empfundenes Produktionsverhältnis zu schützen und aufrechtzuerhalten, das zunehmend in eine eher abstrakte Gefahr geriet. Im zweiten Fall gestaltete sich die Gefährdung bereits konkret (etwa bei Kollegen) und wurde als gefährliche Zukunft entworfen, gegen die es vorzusorgen galt. Inhaltlich war ihr Unterschied marginal, aus analytischer Sicht aber entscheidend: Zukunftshandeln leitete sich bei der Erhaltungszukunft aus einer normativen Bewertung der näheren Vergangenheit ab, die gegenwärtig unter Druck stand. Die Risikozukunft verlegte diesen Druck dagegen in die Zukunft und war somit eine Form der Prävention. Beide Zeitbezüge waren als konkretes Zukunftshandeln der Arbeiter mit großer Wahrscheinlichkeit oft als Mischform anzutreffen.[37]

Sie unterschieden sich von der Erwartungszukunft[38] mancher Rationalisierungsgewinner zunächst nur graduell. Durch deren hohe Entlohnung, verbliebene Arbeitsautonomie oder gar neu gewonnene Unentbehrlichkeit waren auch diese Aufsteiger durchaus zu einer sehr hohen Leistung bereit. Ihre Vorstellung von den Rationalisierungsfolgen tendierte jedoch stärker zu einer Erwartungszukunft im Sinne eines normativen Projekts der Rationalisierung, dem sie, im Gegensatz zu ihren Kollegen in »traditionellen« Betrieben, täglich ausgesetzt waren und von dem sie bisher profitiert

---

33 Die Skizzierung des Arbeitsprozesses bei der Maschinenfabrik Schütz im Jahre 1930 veranschaulicht die Persistenz vieler Arbeitsabläufe im Maschinenbau: Sächsisches Staatsarchiv Leipzig, 20835, Nr. 52, Bl. 48-62.
34 Graf/Herzog, Von der Geschichte der Zukunftsvorstellungen, in: GG 42 (2016), S. 497-515; hier: S. 512 f.
35 »Produktionspakt« meint die Zusicherung hoher Leistungsbereitschaft der Belegschaft durch die Gewährung hoher Löhne und einem Mindestmaß gegenseitigen Respekts. Solche Pakte fanden sich vor allem in Betrieben, in denen die Meister aufgrund dezentral organisierter und eigenverantwortlicher Arbeit keine Möglichkeit besaßen, die betriebliche Kommunikation zu kontrollieren.
36 Graf/Herzog, Von der Geschichte der Zukunftsvorstellungen, in: GG 42 (2016), S. 497-515; hier: S. 510 f.
37 Mögliche Mischformen wären etwa bei früheren Maschinenstürmen zu vermuten, die sich in abgeschwächter Form immer wieder als mutwillige Schädigung der Betriebseinrichtung wiederholten.
38 Graf/Herzog, Von der Geschichte der Zukunftsvorstellungen, in: GG 42 (2016), S. 497-515; hier: S. 504-508.

hatten. So gab ein Betriebsingenieur als Begründung für seine Karriere und große Arbeitsfreude an:

»Stolz über das Können, das in jahrelanger handwerksmäßiger Arbeit (als Dorfschmied, Winkelschmied, Schlosser, Autogenschweißer, Kalkulator in Konstruktionsfabrik usw.) erworben wurde, so daß nach der Beförderung zum Betriebsingenieur die ursprüngliche bange Frage ›wirst Du es schaffen können?‹ bald dem Bewußtsein weicht: ›Es ist mir leicht, auf Grund meiner früheren praktischen Erfahrung, mir eine gedankliche Vorstellung von den Dingen zu machen, von ihren Zusammenhängen und ihrem Zusammenwirken‹. Während des jährlichen 3 wöchigen Urlaubs denke ich immer nur: Wie wird der Betrieb aussehen, wenn Du wiederkommst?‹«[39]

Der große Unterschied zwischen dem Handeln im Modus der Erwartungszukunft eines solchen Rationalisierungsgewinners und der Erhaltungszukunft einiger seiner ehemaligen Kollegen bestand indes in der sozialen Qualität. Während sich letztere durchaus kollektiv in der Arbeitsgruppe, Montage oder »Crew« artikulierte und solidarisches Potenzial besaß, dürfte der Rationalisierungsgewinner, der bei seinen Kollegen Arbeitsintensivierungen, Entlassungen und Lohnkürzungen erlebt hatte, wohl eher eine individuelle Zukunft entworfen haben. Der Zukunftsvorstellung lag hier eben nicht eine drohende Gefährdung zugrunde, die es zu verhindern galt. Die Erwartungszukunft war mit einem individuellen Aufstieg verbunden, während andere einen Abstieg erfuhren. Sie war mit hohem Konkurrenzdenken und mit viel Vertrauen in die persönlichen Chancen eines sozialen Aufstiegs ausgestattet.

Geradezu prototypisch zeigte sich dieser Unterschied im Verhalten der Maschinenarbeiter während der Zeitmessungen.[40] Es existierten dabei zwei Handlungsmöglichkeiten für den geprüften Arbeiter: Entweder regulierte er sein Arbeitstempo geschickt, um einen Akkord zu erreichen, der auf Dauer zu bewältigen war und trotzdem für ihn einträglich blieb, oder er arbeitete übermäßig schnell, um einen höheren Akkordsatz zu erzielen, der aber nur den stärksten und ausdauerndsten Kollegen einen besseren Lohn versprach. Beide Strategien waren riskant, weil sie unter dem Druck standen, dass die Akkordsätze verringert oder neue Maschinen eingeführt wurden und Arbeitslosigkeit drohte. Eine Lohnerhöhung erreichte ein Arbeiter, wenn vielleicht auch nur kurzfristig, lediglich auf dem zweiten Wege, der jedoch belegschafts- und gewerkschaftsintern stigmatisiert war.

---

39 Hendrik de Man, Der Kampf um die Arbeitsfreude. Eine Untersuchung anhand der Aussagen von 78 Industriearbeitern und Angestellten, Jena 1927, S. 110.
40 »Ein Zeitstudienbeamter«. Der Mann mit der Stoppuhr, in: MAZ, 46 (1928) 41, S. 326.

Individuelle Rationalisierungsgewinner galten daher nicht selten als »Parasiten«[41], die ihren Vorteil auf unsolidarische Weise und ohne Wissen um dessen Folgen erlangt hatten.[42] Dass sich deren betriebliche Position aufgrund widersprüchlicher Verpflichtungen dennoch nicht ganz so einseitig gestaltete, machte ein 32-jähriger angelernter Metallbohrer aus Sachsen deutlich, der seine gut bezahlte Stellung in der Versuchsbohrerei, wo die Zeitmessungen für den Betrieb en bloc vorgenommen wurden, folgendermaßen beschrieb:

> »Über ein Jahr habe ich nun schon in dieser Werkstatt geschafft und das erstemal [sic!] im Leben so etwas wie Freude an der Arbeit empfunden; wußte ich doch, daß es viel von mir abhing, ob den Kollegen die Möglichkeit des Verdienens gegeben war. Andererseits konnte ich natürlich nicht das Tempo der Arbeit beliebig verlangsamen, denn auch der Firma gegenüber hatte ich mich zu verantworten. Habe ich nach dieser Seite wenig oder gar keine Schwierigkeiten gehabt, so ist mir seitens meiner Kollegen die Sache oft schwer gemacht worden. Kam eine Beschwerde über zu niedrig angesetzte Zeit, und ging ich der Sache auf den Grund, da stellte es sich meistens heraus, daß der betreffende Kollege die Arbeit viel umständlicher machte und von mir eines besseren belehrt, wurde mir meist gesagt: ›sollen wir noch mehr fertigmachen, daß die noch mehr Dividenden einheimsen können?‹ [...] Das hat mir mehr wie einmal den Vorwurf ›Kapitalsknecht‹ eingebracht.«[43]

Urteilsfrei betrachtet könnte es sich hierbei um einen Konflikt konkurrierender Zukunftsentwürfe gehandelt haben, die sich aufgrund der mehrjährigen Dauer solcher betrieblicher Anpassungsprozesse auch durchaus individuell wie kollektiv stabilisierten. Wo der zitierte Versuchsbohrer in seiner Rationalisierungserwartung stand, machte er dementsprechend deutlich: »Darf die Klassenkampfideologie so weit gehen, daß Lebensnotwendigkeiten, wie es die Forderung nach höherer Technik und Rationalisierung der Arbeitsmethode sind, verkannt werden?«[44]

Diese Erwartungs- und Erhaltungszukünfte und die ihnen entsprechenden Handlungsweisen hatten jedoch eines gemein: Sie waren stark erfahrungsabhängig und daher im Lichte der Verschmelzung von Rationalisierungs- und Krisenfolgen außerordentlich krisenanfällig. Ihr zeitlicher Horizont reichte oft nicht weiter als bis zur nächsten Produktions- oder Zeitstudie. Führt man sich die verbreiteten Rationalisierungserfahrungen der Arbeiterschaft zwischen 1925 und 1929 vor Augen, wird schnell deutlich, dass diese beiden Zukunftsentwürfe wohl kaum dominant gewesen

---

41 Zeitstudien. Die Praxis, in: MAZ, 46 (1928) 51-52, S. 403.
42 Zur Einordnung dieses Problems der Solidarität: de Man, Der Kampf um die Arbeitsfreude, 1927, S. 261-265.
43 Ebd., S. 39.
44 Ebd., S. 40.

sein dürften. Sie gehörten vielmehr zu einer anfangs großen Diversität von Zukunftsvorstellungen in der Arbeiterschaft, die besonders im Schatten der Weltwirtschaftskrise 1929 immer homogener wurden, weil Zukunft jetzt vornehmlich angstvoll erwartet wurde.

Die Risikozukunft besaß ihre Grundlage vor allem in der Erfahrung oder Furcht vor der Arbeitslosigkeit, die gemeinsam mit der Arbeitsmonotonie den Diskurs um die sozialen Folgen bestimmte. Diese Furcht war durchaus begründet: So ging laut einer Rationalisierungsstudie des *Deutschen Metallarbeiter-Verbandes* die Arbeiterschaft der Metallindustrie bis 1931 um 405.390, das heißt um 32,4 % zurück. Überdurchschnittlich traf es dabei den Maschinenbau mit 34,5 %, während die Eisen- und Stahlgewinnung zwar »nur« 30,7 %, dafür aber 104.147 Arbeitsplätze einbüßte.[45] Einige dieser Arbeiter dürften in anderen Bereichen der sich wandelnden Konzernstrukturen untergekommen sein. Viele jedoch blieben kurz- und mittelfristig arbeitslos, was nicht erst als Phänomen der Weltwirtschaftskrise beobachtet werden konnte: Bereits im Krisenjahr 1926 waren im Jahresdurchschnitt circa 20 % der Mitglieder des *Deutschen Metallarbeiter-Verbandes* arbeitslos gemeldet.[46] In dem Moment, als Rationalisierungskrise und Wirtschaftskrise seit 1929 zusammenfielen, wurde aus diesen Schwankungen dann ein anhaltendes Massenschicksal. Bereiche wie den Maschinenbau traf es dabei besonders hart, und wichtige Standorte wie etwa Chemnitz erlebten einen schweren Absturz. Zwischen 1928 und 1932 verloren hier 47 % aller Beschäftigten im Maschinen- und Apparatebau ihre Arbeit.[47] Gleichzeitig verschwanden jahrzehntelang identitätsstiftende Unternehmen endgültig oder gingen in Trusts auf.

Die Zukunftsvorstellungen der betroffenen Arbeiter liegen nahe: Es herrschten Gefühle der Ohnmacht, der Wut über die Fehler anderer, des »Ich hab's ja immer schon gesagt« und der Ratlosigkeit. Besonders die Erfahrung einer längeren Arbeitslosigkeit dürfte dabei einschneidend gewirkt haben. Hier wurden nun nicht mehr Zukünfte einer kommenden Besserung entworfen – durch den schwindenden Kontakt zum vorher omnipräsenten Arbeitsumfeld etablierten sich Zukünfte der »Nichtarbeit«, die sich neben dem Träger und seiner Familie vor allem auf die Gewerkschaften katastrophal auswirkten und nicht selten mit dem langfristigen Verlust des betroffenen Mitglieds verbunden waren.[48] Rationalisierungszukünfte waren hier Krisenzukünfte, wobei es für die Träger keinen Unterschied machte, ob ihre Arbeits-

---

45 DMV (Hg.), Die Rationalisierung in der Metallindustrie, 1933, S. 18.
46 Vorstand des Deutschen Metallarbeiter-Verbandes (Hg.), Der Deutsche Metallarbeiter-Verband im Jahre 1926, 1927, S. 72.
47 Wolfgang Uhlmann, Der Chemnitzer Maschinenbau in den 30er Jahren unseres Jahrhunderts, in: Sächsische Heimatblätter, 41 (1995) 3, S. 141-144.
48 Dazu die Reihe in der MAZ: »Eine Kluft droht. Zwischen beschäftigten und unbeschäftigten Arbeitern«, beginnend mit: MAZ, 49 (1931) 33, S. 250.

losigkeit durch die Rationalisierung verursacht worden war oder nicht[49]: Der einstige Heilsbegriff diente immer stärker als Schlagwort für soziale Missstände und wurde zunehmend zum politischen Kampfbegriff.

Dort, wo mit der Rationalisierungsbewegung keine Arbeitslosigkeit einherging, konnten die betrieblichen Auswirkungen des Wandels dennoch beträchtlich sein. Der *Deutsche Metallarbeiter-Verband* hielt dazu in seiner Rationalisierungsstudie, die auf Einsendungen der Betriebsräte beruhte, folgendes fest: Von den antwortenden Betrieben (1.037 mit über 100 Beschäftigten) steigerten bis 1931 34,3 % ihre Leistung, in 10,5 % der Fälle wurden Facharbeiter verdrängt, und 5,5 % der Betriebe verjüngten ihre Belegschaft. Hinzu kam, dass in 26,5 % der Fälle Arbeitskräfte freigesetzt und in 18,3 % Lohnabzüge vorgenommen wurden.[50] Besonders in den Hauptzweigen der Metallindustrie, der Eisen- und Stahlindustrie und im Maschinenbau, waren Leistungssteigerungen und Entlassungen überdurchschnittlich anzutreffen, was jedoch weniger auf organisatorische Veränderungen zurückzuführen war, als der Diskurs zunächst glauben lässt. Der Hauptanteil unter den Rationalisierungsmaßnahmen entfiel auf die Modernisierung des Maschinenparks (75,4 % und 65,2 %).[51] Für die Arbeiter bedeutete dies, dass Rationalisierung in erster Linie mit einer Beschleunigung der Arbeit verbunden war. Die stumpfe Arbeitsmonotonie, wie sie für Massenfertigungen im Fließsystem oder gar am Fließband immer wieder hervorgehoben wurde, spielte dagegen weniger eine Rolle.[52] Geistige Verarmung und Entfremdung gehörten ebenso wenig zum Betriebsalltag wie der Verlust kommunikativer Beziehungen. Arbeitsorganisatorische Reservate des solidarischen Potenzials blieben weiterhin vorhanden, gerieten aber durch die Rationalisierung verstärkt unter Druck und litten besonders unter der über allem schwebenden, drohenden Arbeitslosigkeit.

Spätestens zu Beginn der 1930er-Jahre existierten kaum noch Arbeiter, die weder den Verlust der Arbeit noch negative betriebliche Rationalisierungsfolgen erlebt hatten. Die Rationalisierung gestaltete sich seit 1925 vermehrt als Verlustkampf, in dem sich auch die Zukunftserwartungen veränderten. Ein 34-jähriger Reparaturschlosser vermerkte in diesem Zusammenhang:

»Da sich einer auf den anderen verlassen konnte [...] bestand ein Verhältnis, daß mich oft mit dem Beruf aussöhnte. Das geschilderte Verhältnis änderte sich, als

---

49 Diese häufig anzutreffende Trennung war aufgrund des Krisencharakters – Unternehmen rationalisierten und erhöhten die Produktion ohne ihre Produkte absetzen zu können – ohnehin hinfällig: Christian Kleinschmidt, Rationalisierung als Unternehmensstrategie. Die Eisen- und Stahlindustrie des Ruhrgebiets zwischen Jahrhundertwende und Weltwirtschaftskrise [= Bochumer Schriften zur Unternehmens- und Industriegeschichte, Bd. 2], Essen 1993.
50 DMV (Hg.), Die Rationalisierung in der Metallindustrie, 1933, S. 162.
51 Ebd., S. 86, 48.
52 Jürgen Bönig, Die Einführung von Fließbandarbeit in Deutschland bis 1933. Zur Geschichte einer Sozialinnovation, 2 Bde., Münster i. Westf. 1993.

aus dem einen Dutzend Schlossern nach und nach 120 wurden. Da trat die Fabrik wieder in den Vordergrund: Überwachung, Vorschreibung jeder Arbeitsausführung. Die Kameradschaft ging in die Brüche. Werkzeug-Diebstähle gegenseitig, unfreundliches Verhalten […] Ich schloß mich an einen der alten Kollegen an. Wir arbeiteten immer zusammen, versuchten das alte System zu halten (gegenseitige Unterstützung). […] Das alte Verhältnis riß aber immer auseinander (Krankheit oder Ausscheiden des Mitarbeiters, der alten Vorgesetzten usw.). Jetzt: Schimpfen bei Arbeitsbeginn. Boshaftigkeit bei Hilfeansprüchen. Schimpfen bei Akkordkürzungen. Jeder andere ist ein Schuft. Ich kümmere mich um gar nichts mehr. Ich baue meinen Schrebergarten, da kommt mir wenigstens keiner in die Quere.«[53]

Implizit machte dieser Arbeiter deutlich, wie für ihn in einem längeren Konkurrenzkampf »gemischter Gefühle« die Risikozukunft über die Erhaltungszukunft triumphiert hatte.

Besonders die Erwartungszukunft, wie sie der Arbeiterschaft von den Gewerkschaften und Arbeitgebern angepriesen wurde, verlor in dieser Zeit häufig ihre Grundlage, während Formen eines gestalterischen Zukunftsentwurfs von vornherein einen unrealistischen Anstrich besaßen. An der Erwartungszukunft der Führung des *Deutschen Metallarbeiter-Verbandes*, die die Rationalisierung als Vorstufe einer sozialistischen Wirtschaftsordnung interpretierte, entzündete sich immer deutlicher die Kritik der Mitglieder, dass Rationalisierungsmaßnahmen in einem kapitalistischen System auch nur diesem zugutekämen. Gleichzeitig herrschte große Skepsis gegenüber den betrieblichen Mitspracheinstrumenten.[54] Im überwiegenden Teil der Arbeiterschaft dürften sich im Laufe der 1920er-Jahre daher Mischformen einer Erhaltungs- und Risikozukunft durchgesetzt haben, in die sich eine unendliche Vielfalt möglichen Arbeiterhandelns einordnen ließe, obgleich dabei nicht jedes Handeln Zukunftshandeln war. Unter den Bedingungen schärferer Kontrollmöglichkeiten und der wirtschaftlichen Krise spielten dabei Formen informellen Widerstands (etwa durch Bummeln) oder basisbezogene Wege der Interessenverfolgung (besonders nach der Niederlage des Syndikalismus) eine immer geringere Rolle. Dagegen erlebte eigen-sinniges Arbeiterverhalten eine Renaissance: Träumerische Gedankenspiele, Diebstahl oder die Reduzierung der Arbeitszeit auf jede nur erdenkliche Weise gehörten besonders in stark rationalisierten Betrieben zum Alltag.[55] Viele dieser eigen-sinnigen Verhaltensweisen entsprangen unbewusst sicherlich einer Mischung aus Risikozukunft und

---

53 de Man, Der Kampf um die Arbeitsfreude, 1927, S. 66.
54 MAZ, 49 (1931) 2, S. 10; MAZ, 47 (1929) 29, S. 227; MAZ, 45 (1927) 6, S. 21; MAZ, 44 (1926) 31, S. 134; MAZ, 44 (1926) 42, S. 186.
55 Zum Eigen-Sinn-Begriff und seiner Bedeutung in der Rationalisierungsbewegung: Swiniartzki, Der Deutsche Metallarbeiter-Verband, 2017, S. 65-70, 360 ff.

Erhaltungszukunft, indem sie unter den Bedingungen zukunftsgefährdender betrieblicher Veränderungen nach individuellen Auswegen suchten.

3.2 Die Ingenieure

Für die meisten Arbeiter gestaltete sich die Rationalisierung seltsam akteurslos. Außerhalb ihres Wahrnehmungsbereiches durchgeführt, bekamen sie in der Regel nur deren Auswirkungen zu spüren. Dabei existierte jedoch eine wichtige Ausnahme: Der Betriebsingenieur oder »Mann mit der Stoppuhr« entwickelte sich in seinem täglichen Kontakt zur Belegschaft und als Herrscher über Zeit- und Produktionsstudien schnell zur Identifikationsfigur für die gesamte Rationalisierungsbewegung.[56] Seine Position wurde dabei auf zweierlei Weise bestimmt: Einerseits waren die Ingenieure abhängig Beschäftigte der Unternehmen und daher weisungsgebunden. Andererseits führte gerade dieser Aspekt zusammen mit dem breiten Erfahrungswissen über die betrieblichen Folgen der Rationalisierung dazu, dass sie in ihrer Aufgabe häufig mehr sahen als die technisch-organisatorische Durchführung der Pläne »von oben«. Ihr Tätigkeitsbereich gestaltete sich intermediär, was auch an ihren Zukunftsentwürfen deutlich wurde.

Zunächst jedoch teilten alle Ingenieure einen Grundentwurf für die Zukunft: Als Prototypen der Gestaltungszukunft gehörten die Planung, eine koordinierte wissenschaftliche und technische Durchführung sowie das fristgerechte Arbeiten zu den zentralen Methoden ihres Berufsfeldes.[57] Sie waren die »Macher« der betrieblichen Rationalisierung und besaßen durch ihre institutionelle Vernetzung einen großen Einfluss auf die Prozesse der industriellen Rationalisierung. Das Aufgabenspektrum reichte dabei von der Arbeitsvorbereitung, der Einführung neuer Arbeitsabläufe und der technischen Modernisierung bis zu konkreten Zeitmessungen, der Statistik und den psychotechnischen Untersuchungen. Untrennbar mit diesen Aufgaben verbunden entwarfen die Ingenieure quasi täglich und als Teil ihres Jobs eine kurz- bis mittelfristige Rationalisierungszukunft: die wirtschaftlichste Ausnutzung und Organisation von Mensch und Maschine zur Hebung der Rentabilität des Unternehmens. Dabei generierte sich diese Zukunft nicht aus Erwartungen, Hoffnungen oder Ängsten und

---

56 Die Ingenieure profitierten in den 1920er-Jahren von einem deutlichen Erstarken der Vorkriegsansätze der Betriebs- oder Arbeitswissenschaft. Wupper-Tewes, Rationalisierung als Normalisierung, 1995, S. 40-44. Die belegschaftsinternen Gräben verliefen in den 1920er-Jahren nicht nur zwischen Betriebsingenieuren und Arbeiterschaft, sondern auch zwischen Ingenieuren und Konstrukteuren: Wolfgang König, Künstler und Strichezieher. Konstruktions- und Technikkulturen im deutschen, britischen, amerikanischen und französischen Maschinenbau zwischen 1850 und 1930, Frankfurt a. M. 1999, S. 128-164.

57 Zur Planung: Dirk van Laak, Planung. Geschichte und Gegenwart des Vorgriffs auf die Zukunft, in: GG 34 (2008), S. 305-326; hier: S. 307. Rationalisierung im Sinne einer »Gestaltungszukunft« umfasste dabei beide vom Verfasser vorgeschlagenen Ebenen. Die konkrete Planungshandlung und ihr Zukunftsentwurf bedingten sich gegenseitig.

hatte in ihrer nüchternen und positivistischen Art auch noch nichts mit dem normativen Projekt des »sozialen Friedens« zu tun. Sie war eine Zukunft der technischen Logik, entsprang der täglichen Praktik ihrer Herbeiführung und gewann deshalb erst in der Phase ihrer vollen Institutionalisierung die ganze Durchschlagskraft.[58] »Zeit« trat in ihr höchstens als kommodifiziertes Mittel zum Zweck auf, das es einzusparen galt.

Gleichzeitig kamen Zukunft und Gegenwart fast vollkommen zur Deckung – Rationalisierung war Methode und offenes Ende zugleich. Zu ihren wichtigsten organisierten Trägern gehörte neben dem *Reichskuratorium für Wirtschaftlichkeit* (RKW) und dem dort angegliederten *Ausschuss für wirtschaftliche Fertigung* (AWF) vor allem der *Reichsausschuss für Arbeitszeitermittlung* (REFA). Als Motoren einer praktizierten Gestaltungszukunft dehnten diese Organisationen die Reichweite dieses Entwurfs durch Verwissenschaftlichungs- und Professionalisierungsmaßnahmen immer weiter aus. Ingenieure schufen Stück für Stück betriebliche Tatsachen und verliehen diesen durch die Art und Weise der Zukunftsgenerierung den Anschein einer objektiven Gegebenheit. Denn im Kern entsprang die Gestaltung nicht dem Gefühl, sondern der Entscheidung – sie war schon dadurch Zukunft, dass sie Neues schuf.

Viele Ängste und Ohnmachtsgefühle seitens der Arbeiterschaft können auf diesen Umstand zurückgeführt werden: Die nüchtern kalkulierende Gestaltungszukunft im Gewand der technischen und mathematischen Logik konterkarierte Zukunftsentwürfe der Belegschaften nicht selten. Ihre immense Reichweite verdankte sie dabei der praktischen Verbindung mit der Erwartungszukunft der Arbeitgeberverbände. Es handelte sich bei der Gestaltungszukunft insofern um eine kapitalistisch instrumentalisierte Zukunft, die als Dienstleister der moralisierenden Rationalisierungsformel eingespannt wurde. Friedrich Meyenberg, der als Ingenieur und Privatdozent an der Technischen Hochschule Berlin zu den Wortführern seiner Berufsgruppe für Rationalisierungsfragen gehörte, umschrieb dieses Verhältnis 1926 folgendermaßen: »Nicht immer wird das technisch Beste auch das Wirtschaftlichste sein, und der Ingenieur, der seiner ganzen Natur nach, jenes technisch Beste anstrebt, darf nie die Rücksicht auf das Wirtschaftlichste vergessen, wenn er nicht in der Gebundenheit der Wirtschaft Schiffbruch erleiden will.«[59]

Ihre besondere soziale Brisanz fand diese Verbindung im »Kampf um die Seele des Arbeiters«[60], für den das *Deutsche Institut für technische Arbeitsschulung* (DINTA), gesonderte Werksabteilungen und vor allem ein beachtlicher Presseapparat Ideen

---

58 Wupper-Tewes, Rationalisierung als Normalisierung, 1995, S. 282-290; Graf/Herzog, Von der Geschichte der Zukunftsvorstellungen, in: GG 42 (2016), S. 497-515; hier: S. 508 f.
59 Friedrich Meyenberg, Grundsätze der Betriebswissenschaft, in: Zeitschrift des Vereins Deutscher Ingenieure, 70 (1926) 17, S. 555.
60 Paul Osthold, Der Kampf um die Seele unseres Arbeiters, hg. v. Deutschen Institut für Technische Arbeitsschulung, Düsseldorf 1926.

der »Werksgemeinschaft« kolportierten.⁶¹ Sie verschärften die einfache Konkurrenz unterschiedlicher Zukunftsentwürfe durch den Versuch, im Namen der Rationalisierungsformel nun auch die praktische Bearbeitung der Zukünfte der Arbeiter zu übernehmen. Im Zentrum der »sozialen« Rationalisierung stand daher auch eine Homogenisierung des Zukunftsdenkens: Widerstrebende, den Arbeitsprozess oder die individuelle Arbeitsleistung lähmende Zukunftsängste sollten zur Hebung der Produktivität und zur endgültigen Ausschaltung des Faktors Mensch aus der Produktion in »positive« Zukünfte der harmonischen »Werksgemeinschaft« umgedeutet werden.

Ingenieure und ihre Kollegen aus Psychologie und Medizin beschäftigten sich vor diesem Hintergrund nicht mehr länger nur mit technisch-organisatorischen Prozessen: Als »Techniker der Seele« bearbeiteten sie die Arbeiterschaft möglichst allumfassend und entwarfen Methoden der psychotechnischen Durchleuchtung, effektiven Kontrolle und öffentlichen Propaganda.⁶² Geschickte Antriebsmomente und ausgeklügelte Anreizsysteme sollten realisieren, wozu die Arbeitsorganisation noch nicht in der Lage war, nämlich die letzte Unbekannte – die Neigung der Arbeiterschaft zur Leistungszurückhaltung – auszuschalten. Der Fluchtpunkt solcher Ideen – die Zerstörung des kollektiven Potenzials der Belegschaften und der Wiederaufbau im Sinne des Fließbandes als arbeitsorganisatorischem, und der Werksgemeinschaft als sozialem Einheitsstifter – blieb jedoch »Zukunftsmusik«. Für den Rationalisierungsdiskurs und die Dominanz der Gestaltungszukunft waren solche Entwürfe in ihrer Ausstrahlungskraft dennoch nicht zu unterschätzen. Sie gehörten auch mit Sicherheit zu den Grundlagen mancher Risikozukunft in den Belegschaften.

In allen Veröffentlichungen der Ingenieure oder ihrer Verbände in den 1920er-Jahren wird eines immer wieder deutlich: Die Gestaltungszukunft trat nie in Reinform auf, sie war stets mit anderen Zukunftsbezügen vermischt und subjektiv gefärbt. Ihre Verbindung mit der Erwartungszukunft der Rationalisierungsformel war dafür ein gutes und weitverbreitetes Beispiel – der erzwungene Charakter dieser Koalition traf jedoch seitens vieler Ingenieure auf tiefsitzende Vorbehalte aus der Vorkriegszeit. »Wirtschaft« und »technische Intelligenz« wurden dabei aufgrund der Erfahrungen der sich etablierenden Ingenieursberufe in den Industriebetrieben als grundsätzlich

---

61 Mary Nolan, Das Deutsche Institut für technische Arbeitsschulung und die Schaffung des »neuen« Arbeiters, in: Dagmar Reese/Eve Rosenhaft/Carola Sachse/Tilla Siegel (Hg.), Rationale Beziehung? Geschlechterverhältnisse im Rationalisierungsprozess, Frankfurt a. M. 1993, S. 189-221; Peter Hinrichs/Lothar Peter, Industrieller Friede? Arbeitswissenschaft, Rationalisierung und Arbeiterbewegung in der Weimarer Republik [= Kleine Bibliothek, Bd. 84], Köln 1976, S. 70-74. Zum Verhältnis des DINTA zum DMV und der Arbeiterschaft: Swiniartzki, Der Deutsche Metallarbeiter-Verband, 2017, S. 374-404.

62 Hugo Münsterberg, Psychologie und Wirtschaftsleben, Leipzig 1912. Zur gewerkschaftlichen Rezeption: Richard Seidel, Die Rationalisierung des Arbeitsverhältnisses, in: Rudolf Hilferding (Hg.), Die Gesellschaft. Internationale Revue für Sozialismus und Politik, Bd. 2, Berlin 1926, S. 13-35.

unvereinbar interpretiert, mussten sich aber in Folge der »Gebundenheit der Wirtschaft«, wie Friedrich Meyenberg es formuliert hatte, doch allmählich annähern. Führende Ingenieure verfolgten daher in den 1920er-Jahren einen eher konsensorientierten Kurs, der das Selbstbewusstsein des Berufsstandes stets hervorhob, dieses aber dennoch den wirtschaftlichen Machtverhältnissen anpasste. Georg Schlesinger, der Spiritus rector der deutschen Betriebswissenschaft, war einer der wichtigsten Befürworter eines solchen Spagats. Über einen seiner Vorträge hieß es 1929 in der Zeitschrift des *Vereins Deutscher Ingenieure*:

> »Prof. Dr.-Ing. Schlesinger, der über Leistung und Sparsamkeit sprach, betonte besonders die so notwendige Zusammenarbeit zwischen dem Techniker – dem Erzeuger – und dem Kaufmann – dem Verkäufer. Es ist eine müßige Frage, festzustellen, wer von beiden zuerst da war oder wer sich nach dem andern zu richten hat. Notwendig ist, daß der eine die Arbeitsbedingungen des andern anerkennen muß. […] Die Kunst des Verkaufens besteht darin, das zu verkaufen, was der Techniker anfertigt.«[63]

Dem Industriekapitalismus stellten die Ingenieure daher nur die Geste eines »technischen Antikapitalismus« entgegen, der sich durch die Abhängigkeitsverhältnisse der Arbeitsgesellschaft lediglich in der Ausprägung eines utopischen Zukunftsentwurfes der Ingenieure niederschlug: Sie glaubten an eine Welt, »in der nicht der Mammon, sondern die Technik regiert.«[64] Der offensichtliche Kompensationscharakter dieser Idee wurde hinter dem Postulat einer neutralen, unpolitischen und reinen Technik versteckt, die zum »Dienst« an der Menschheit weiterentwickelt werden sollte. Diese Gestaltungszukunft der reinen Tat kam somit einer Flucht vor der eigenen Verantwortung gleich – einer Verantwortung für die Instrumentalisierung der Technik durch den Kapitalismus. Den Platz des *Vereins Deutscher Ingenieure* sah dessen Leitung dementsprechend auch in der »ehrenamtliche[n] Leistung im Dienst an der Allgemeinheit.«[65]

Der Spagat, den viele Ingenieure zwischen der Arbeit für die kapitalistische Rationalisierung und ihrer Idee, der Menschheit einen Dienst zu erweisen, zu bewerkstelligen hatten, vergrößerte sich in den 1920er-Jahren vor allem durch die Erfahrungen auf der betrieblichen Ebene. Die Folgen ihres Handelns für die Arbeiterschaft waren zusehends schwerer mit ihren früheren Vorstellungen zu vereinbaren. Die

---

63 Goerner, Das Technische und das Kaufmännische in der Rationalisierung, in: Zeitschrift des Vereins Deutscher Ingenieure, 73 (1929) 4, S. 116.
64 Hans-Liudger Dienel, Zweckoptimismus und -pessimismus der Ingenieure um 1900, in: ders. (Hg.), Der Optimismus der Ingenieure. Triumph der Technik in der Krise der Moderne um 1900, Stuttgart 1998, S. 8-24; hier: S. 13.
65 Das Geschäftsjahr zwischen den Hauptversammlungen 1928/29, in: Zeitschrift des Vereins Deutscher Ingenieure, 73 (1929) 25, S. 884.

öffentlichen Äußerungen führender Ingenieure legen nahe, dass diese durchaus eine gefährliche Zukunft der Rationalisierung für möglich hielten, aber dennoch in die Phalanx der Befürworter der »Rationalisierungsformel« eintraten, weil nur diese noch eine moralische Begründung der eigenen Tätigkeit liefern konnte.[66] Kritische Stimmen existierten daher durchaus – sie ordneten sich jedoch oft postwendend in den Rationalisierungshorizont ihrer Arbeitgeber ein. So hielt beispielsweise der Arbeitspädagoge Johannes Riedel 1925 in seinem Buch »Arbeitskunde« fest, dass »die von der wissenschaftlichen Betriebsführung erstmalig durchgeführte Untersuchung der menschlichen Arbeitsleistung im Betriebe auf beste Gestaltung hin einen gewaltigen Fortschritt bedeutet. Weiter ist aber festzustellen, daß die verwendeten Methoden noch durchaus unvollkommen sind.« Er folgerte daher, dass es nötig sei, »diese Lücken zu füllen, die Untersuchung der wirtschaftlichen Arbeit im Betriebe aus ihrer einseitigen Beleuchtung von der Seite der Wirtschaft, besser noch des wirtschaftlichen Ertrages her herauszurücken, sie zur Untersuchung der *ganzen* Lebenserscheinung Arbeit zu erweitern.«[67]

Hinter dieser Rückendeckung der Erwartungszukunft für die tägliche Gestaltungszukunft ihrer Arbeit lassen sich heute kaum noch die nicht simulierten Zukunftsvorstellungen der Ingenieure rekonstruieren. Viele hatten gegen ihre Instrumentalisierung sicherlich nichts einzuwenden und vertraten die Rationalisierungsformel aus Überzeugung – andere taten dies wahrscheinlich mit schlechtem Gewissen. Die reale Dominanz einer Zukunftsgenerierung über eine andere führte hier zur teilweisen Selbstverleugnung einer ganzen Berufsgruppe.[68]

3.3 Die Führungsebenen des Deutschen Metallarbeiter-Verbandes und die Kritik der Mitglieder

Die Gewerkschaftsführung des *Deutschen Metallarbeiter-Verbandes* gehörte zu den wärmsten Befürwortern und Verfechtern der Rationalisierungsformel und bildete bis 1933 einen verlässlichen Partner für die Träger der Rationalisierungsbewegung.[69] Die Vorsitzenden und Bezirkssekretäre nahmen in ihren öffentlichen Stellungnahmen beinahe alle kurz- und mittelfristigen Nachteile der Rationalisierung in Kauf, um die sozialharmonische Verheißung der Fordschen Idee verwirklichen zu können. Es galt

---

66 Münsterberg, Psychologie und Wirtschaftsleben, 1912, S. 24 f.; de Man, Der Kampf um die Arbeitsfreude, 1927, S. 288.
67 Johannes Riedel, Wissenschaftliche Betriebsführung, in: ders. (Hg.), Arbeitskunde, Leipzig/Berlin 1925, S. 98.
68 von Freyberg, Industrielle Rationalisierung, 1989, S. 320-328.
69 Elisabeth Schalldach, Rationalisierungsmaßnahmen der Nachinflationszeit im Urteil der deutschen freien Gewerkschaften, Jena 1930; Gunnar Stollberg, Die Rationalisierungsdebatte 1908–1933. Freie Gewerkschaften zwischen Mitwirkung und Gegenwehr, Frankfurt a. M./New York 1981.

lediglich, die negativen Folgen für die Arbeiterschaft abzufedern – zu einer qualitativen Neubewertung der Rationalisierung führte dies aber bis 1933 nicht.[70] Vielmehr galten die Veränderungen als naturnotwendig:

»Was die Unternehmer anstreben und vornehmen, sind naturnotwendige Entwicklungen, die sich zwangsläufig vollziehen. Die Wirtschaft muß sich unter dem Druck der Weltkonkurrenz vorwärts entwickeln. Weltwirtschaftlich wird sich dereinst auch eine höhere Ordnung der Produktion und der Güterverteilung durchsetzen, weil sie unvermeidlich ist.«[71]

Als unvermeidlich wurde auch die »Freisetzung zahlreicher Arbeitskräfte« angesehen: »In einer solchen Periode wirtschaftlicher Umstellung sind deshalb vorbeugende und vorsorgende Maßnahmen des Staates durch die Ausgestaltung der produktiven Erwerbslosenfürsorge notwendig.«[72]

Die Kernaspekte der Rationalisierungszukunft der Führung des *Deutschen Metallarbeiter-Verbandes* sind hier unübersehbar. Die Gewerkschaft war ein »Kind des Fortschritts«, und nichts hätte in ihren Leitungsebenen einen stärkeren Abgrenzungsreflex herbeiführen können als der Vorwurf, technisch-organisatorisch rückständig zu sein oder der Rationalisierung feindlich gegenüberzustehen. So war der Gewerkschaftsvorstand bemüht, sogleich festzustellen: »Als technische Weiterentwicklung betrachtet, die die ›Rationalisierung‹ in Wirklichkeit nur ist, haben die Gewerkschaften ihr stets fördernd gegenübergestanden. Die Zeit der ›Maschinenstürmer‹ ist vorbei.«[73]

Es handelte sich hierbei um eine nahezu bruchlose Fortschreibung der technikoptimistischen Position, die sich in den deutschen Gewerkschaften bereits in den Jahrzehnten vor dem Ersten Weltkrieg herauskristallisiert hatte. Schon dort war der *Deutsche Metallarbeiter-Verband* punktuell nicht dazu bereit gewesen, seine technische Fortschrittsgläubigkeit angesichts der massiven Verschlechterungen für die Belegschaften zu überdenken. Erst als die Existenz der Organisation in Gefahr geriet (eine Zwangsläufigkeit bei konsequenter Umsetzung der Ideen Taylors und Fords), begann der Vorstand des *Deutschen Metallarbeiter-Verbandes* zaghafte Gegenpositionen zu beziehen.[74] Diese kritischen Stimmen in der Führungsebene verstummten

---

70 Hinrichs/Peter, Industrieller Friede, 1976, S. 86-103; von Freyberg, Industrielle Rationalisierung, 1989, S. 371-384.
71 Der Deutsche Metallarbeiter-Verband im Jahre 1926, 1927, S. 53.
72 Ebd., S. 55.
73 Ebd., S. 54.
74 Rudolf Boch, Handwerker-Sozialisten gegen Fabrikgesellschaft. Lokale Fachvereine, Massengewerkschaft und industrielle Rationalisierung in Solingen 1870 bis 1914 [= Kritische Studien zur Geschichtswissenschaft, Bd. 67], Göttingen 1985, S. 167-180; Marlies Prinzing, Der Streik bei Bosch im Jahre 1913. Ein Beitrag zur Geschichte von Rationalisierung und Arbeiterbewegung

jedoch spätestens 1924 vollends – sie wichen einer für die Gewerkschaft einmaligen Möglichkeit: Denn erst die Rationalisierungsformel bot die Chance, die jahrelange Kritik am technisch-organisatorischen Wandel zu beenden. Technikoptimismus und soziale Verantwortung für die Arbeiterschaft waren nun nicht mehr unvereinbar, sie trafen sich im Postulat eines sozialen Friedens innerhalb des kapitalistischen Systems. Auf der Suche nach einem Interessenausgleich stellte die Rationalisierung damit quasi einen Idealfall für die reformistischen Praktiker in den Gewerkschaftsleitungen dar.[75] Gleichzeitig ließ sie sich hervorragend in ein Zukunftsnarrativ einbetten, das die »freien« Gewerkschaften schon vor 1914 perfektioniert hatten: Die Vorstände erweiterten die eigene Rationalisierungzukunft um ein geschickt platziertes und allen Arbeitern bekanntes utopisches Element namens Sozialismus. Denn für die Gewerkschaften galt es, eine Zukunft zu entwerfen, die die starken organisationsinternen Bande der Vorkriegszeit in die 1920er-Jahre hinein verlängerte. Da ein solches Sinnbildungsangebot für die Mitglieder in Zeiten einer kapitalistischen Systemintegration und staatstragenden Funktion jedoch abhandengekommen war, diente die Rationalisierung als Entwurf einer sozialistischen Endzeitvorstellung. Ähnlich christlichen Endzeitvorstellungen, die, ins Unendliche verlängerbar, alltägliche Rückschläge und Bedrohungen abfedernd und erklärend dazu dienten, Gefolgschaft zu erzwingen[76], instrumentalisierten die Gewerkschaften den Rationalisierungsbegriff, indem sie ihn gekonnt mit der Argumentation eines »revolutionären Attentismus«[77] verknüpften. Als vager und vielfältig besetzbarer Zukunftsbegriff diente die Rationalisierung auf diese Weise einer künstlichen Fortschreibung eines Systemkonflikts, der tatsächlich schon lange entschieden war – wobei vom zeitlosen Rationalisierungsbegriff profitiert werden konnte. Die Rationalisierungzukunft seitens der Gewerkschaftsführungen war daher auch immer mit einer utopischen Revolutionszukunft, der »schizophrenen Lebenslüge der deutschen Sozialdemokratie«[78], verbunden. Nur dadurch war es möglich, sich in nüchterner Sachlichkeit den Lohn- und Arbeitszeitfragen zu widmen, während die Gewerkschaftsvorstände einen Maßnahmenkatalog der Rationalisierung vorschlugen, der sich kaum von jenem der Arbeitgeber unterschied. Im

---

[= Zeitschrift für Unternehmensgeschichte/Beiheft, Bd. 61], Stuttgart 1989, S. 88-105; Renate Martens, Das Dilemma des technischen Fortschritts. Metallarbeitergewerkschaften und technisch-arbeitsorganisatorischer Wandel im Maschinenbau bis 1914, Wiesbaden 1989.

75 Richard Vahrenkamp, Wirtschaftsdemokratie und Rationalisierung. Zur Technologiepolitik der Arbeiterbewegung in der Weimarer Republik, in: Gewerkschaftliche Monatshefte, 34 (1983) 11, S. 726.

76 Koselleck, Vergangene Zukunft, ²1992, S. 361 f.

77 Dieter Groh, Negative Integration und revolutionärer Attentismus. Die deutsche Sozialdemokratie am Vorabend des Ersten Weltkrieges, Frankfurt a. M. 1973.

78 Thomas Welskopp, Die deutsche Sozialdemokratie programmiert die »neue Zeit«. Die Zukunft der Sozialdemokratie von den Anfängen bis zum Ersten Weltkrieg, in: Lucian Hölscher (Hg.), Die Zukunft des 20. Jahrhunderts. Dimensionen einer historischen Zukunftsforschung, Frankfurt a. M./New York 2017, S. 39-56; hier: S. 54.

argumentativen Spiel mit den Zeitbezügen verkauften die beiden Tarifparteien den Arbeitern dasselbe Produkt mit völlig verschiedenen Intentionen – ein weiteres Indiz dafür, dass im Rationalisierungsdiskurs eher die Methoden der Instrumentalisierung zeitlicher Bezüge als die Inhalte variierten.

Mit konkretem Zukunftshandeln war die Erwartungszukunft der Führung des *Deutschen Metallarbeiter-Verbandes* jedoch kaum verbunden. Zwar leisteten die Gewerkschaften über die in politische Ämter aufgestiegenen Funktionäre zwischen 1918 und 1920 entscheidende Mithilfe bei der Privatisierung der Rationalisierungsbewegung, doch beschränkten sie sich danach und vor allem ab 1925 mit der Konzentration auf Lohnbewegungen auf eine lang eingeübte Tradition.[79] Eine inhaltliche Mitbestimmung oder Lenkung der täglichen Rationalisierungsentscheidungen war nicht vorgesehen, entsprach aber auch nicht dem Selbstverständnis der deutschen Arbeiterbewegung, in dem eine Ausgestaltung der konkreten Arbeitsverhältnisse nie eine solche Rolle spielte wie bei den angloamerikanischen Kollegen. In Deutschland interpretierten die Gewerkschaftsvorstände die Rationalisierung als naturwüchsige Entwicklung. Ihre eigene Aufgabe erblickten sie (gestützt durch eine Unterkonsumptionstheorie)[80] stets nur in der Erhöhung der Löhne, die wiederum die Kaufkraft ankurbeln, den Absatz der Produkte sicherstellen und die Rationalisierungskrise lösen sollte.

Von einer betrieblichen Beschäftigung mit der Rationalisierung seitens des *Deutschen Metallarbeiter-Verbandes* konnte daher keine Rede sein. Diese war im Sinne einer konkreten gewerkschaftlichen Gegenposition aber auch nicht mehr möglich. Denn seit der Einführung der Betriebsräte hatte sich die einst starke Verbindung zu den Betrieben durch die Werkstattvertrauensmänner zusehends gelockert, und der soziale Zusammenhalt von Basis und Organisation befand sich in einer anhaltenden Krise.[81] Die Friedenspflicht der Betriebsräte und der regelrechte Betriebsverlust der Führung legte die Rationalisierungsposition des *Deutschen Metallarbeiter-Verbandes* deshalb schon von vornherein fest – mit immensen organisationssoziologischen Folgen in einer Phase, die wie keine andere der Vermittlung bedurft hätte. Dementsprechend war der *Deutsche Metallarbeiter-Verband* auch in den Rationalisierungsorganisationen nicht vertreten. Weder an der Gründung, noch an der Arbeit vom *Reichskuratorium für Wirtschaftlichkeit*, des *Ausschusses für wirtschaftliche Fertigung*

---

79 Die Veröffentlichungen des DMV, die bis etwa 1923 noch betriebliches Geschehen in Form von Bezirksberichten enthielten und dieses vor 1914 in den Verwaltungsstellenberichten teilweise sogar in den Mittelpunkt gestellt hatten, lesen sich zwischen 1925 und 1933 wie eine Aneinanderreihung von Lohntabellen und wirtschaftspolitischen Prozessen. Auch die Betriebsräte-Zeitschrift des DMV vollzog diesen Wandel.
80 Diese Theorie ging davon aus, dass es nur durch kräftige Lohnerhöhungen gelingen konnte, der Spirale der Überkapazität zu entgehen. Die gestiegene Kaufkraft sollte dabei den Absatz der Massenprodukte sicherstellen. Detaillierter: MAZ, 48 (1930) 29, S. 225.
81 Swiniartzki, Der Deutsche Metallarbeiter-Verband, 2017, S. 309-320.

oder des *Reichsausschusses für Arbeitszeitermittlung* zeigte die Gewerkschaftsführung Interesse, und so überließ sie bei der Ausgestaltung der Rationalisierung der Industrie das Feld.[82]

Für die Zukunftsvision, für die der *Deutsche Metallarbeiter-Verband* unter den Metallarbeitern warb, hatte diese Selbstbeschränkung große Folgen. So gaben sich viele Sekretäre Mühe, die omnipräsente »Erwartungszukunft« um Aspekte der Gestaltung zu erweitern. Dass Lohnbewegungen als einziges Mittel, vor allem in Zeiten wirtschaftlicher Krise, die Rationalisierungskrise nicht entschärften, musste den meisten Arbeitern schnell klar werden.

War eine Lenkung der Rationalisierung durch den *Deutschen Metallarbeiter-Verband* daher Makulatur, sah es mit Entwürfen einer Risikozukunft ähnlich aus. Diese wurde als potenzielle »Fehlrationalisierung« zwar angesprochen, aber sogleich durch die These relativiert, dass nur eine Erhöhung der Löhne und eine konsequente Durchführung aller Rationalisierungsmethoden Abhilfe schaffen würden.[83] Egal, wie vielschichtig sich das Problem also zeigte, kamen Gewerkschaften wie der *Deutsche Metallarbeiter-Verband* postwendend auf einen utopischen Entwurf zurück, der geradewegs in den Sozialismus führen sollte. Im Kontakt mit den Belegschaften erfüllten die Gewerkschaften in den 1920er-Jahren daher auch nicht mehr als eine propagandistische Erziehungs- und Stabilisierungsfunktion im Sinne der Rationalisierungsformel[84] – mit dem einzigen Unterschied zu den Arbeitgebern, dass sie dem »weißen Sozialismus«[85] eines Henry Ford einen roten Anstrich zu geben bemüht waren.

Der Unterschied zu den Vorkriegsjahren bestand darin, dass sich diese Position den Arbeitern kaum noch verkaufen ließ. Die staatstragende Funktion und wirtschaftspolitische Verantwortung ließen den Aufbau einer sozialistischen Kulisse kaum noch zu, während ein effektiver Schutz der Arbeiterschaft nicht durchgesetzt werden konnte. Die Rationalisierungsbewegung hatte gepaart mit der wirtschaftlichen Krise die politische Maske, hinter der der *Deutsche Metallarbeiter-Verband* vor 1914 noch seine naive Technikgläubigkeit verstecken konnte, heruntergerissen. Praktisch führte diese fortschreitende Diskrepanz zwischen der Rationalisierungsformel der Gewerkschaft und den betrieblichen Erfahrungen zu einem Verlust an Bindungskraft, weil

---

82 Günter Neubauer, Sozioökonomische Bedingungen der Rationalisierung und der gewerkschaftlichen Rationalisierungsschutzpolitik. Vergleichende Untersuchungen der Rationalisierungsphasen 1918 bis 1933 und 1945 bis 1968, Berlin 1981, S. 72, 160.
83 Otto Bauer, Kapitalismus und Sozialismus nach dem Weltkrieg. Rationalisierung – Fehlrationalisierung, Bd. 1, Wien 1931.
84 von Freyberg, Industrielle Rationalisierung, 1989, S. 372; Gunter Mai, Politische Krise und Rationalisierungsdiskurs in den zwanziger Jahren, in: Technikgeschichte, 62 (1995) 4, S. 317-332; hier: S. 323 f.
85 Rüdiger Hachtmann/Adelheid von Saldern, »Gesellschaft am Fließband«. Fordistische Produktion und Herrschaftspraxis in Deutschland, in: Zeithistorische Forschungen, 6 (2009) 2, S. 186-208; hier: S. 188.

viele Mitglieder enttäuscht waren.[86] Mit einem Mitgliederrückgang war dies nicht verbunden, da große Teile der (zwischen 1917 und 1920 massenhaft eingetretenen) Mitglieder bereits vor 1924 ausgeschieden waren. Die anhaltende Kritik festigte sich vielmehr in einer stabilen Organisationsklientel und bezog sich neben der sozialistischen Rationalisierungserwartung vor allem auf den Betriebsverlust des *Deutschen Metallarbeiter-Verbandes*. Immer wieder wurde in der *Metallarbeiter-Zeitung* (nun auch durch Ortssekretäre) darauf hingewiesen, dass es Rationalisierungsvorteile für Metallarbeiter und ihre Gewerkschaft im Kapitalismus nicht geben könne.[87] Ernüchterte Mitglieder beklagten eine fortschreitende Entfremdung von der eigenen Organisation, die sich nur noch einer »hoffnungslosen Lohnbewegerei«[88] widme. Unter dem Schlagwort »Zurück zur Gewerkschaft«[89] wurde offen die Sehnsucht nach den »Kampfesjahren« artikuliert. Was sich hier Bahn brach, ließe sich am besten als Kritik an einem zusehends instrumentellen Gewerkschaftsverständnis vieler Mitglieder bezeichnen. Probleme bei der Besetzung der Betriebsrats- und Vertrauensmännerposten, die öffentliche Diskreditierung der sogenannten »Rationalisierungsopposition« innerhalb des *Deutschen Metallarbeiter-Verbandes* und Stimmen, die ihn etwa »als Regenschirm«[90] für Notfälle erklärten, deuten ein Zerwürfnis an, für das die Rationalisierungszukunft des *Deutschen Metallarbeiter-Verbandes* wie ein Fanal wirkte.

4   Fazit

Die Rationalisierungszukünfte gliederten sich also, je nachdem wohin sich der Blick der Akteure richtete, in »Zeitschichten«[91]: Gestalteten sie sich für viele Arbeitgeber unter der Prämisse einer »gegenwärtigen Vergangenheit«, warben Gewerkschaften wie der *Deutsche Metallarbeiter-Verband* eher für einen Blick als »gegenwärtige Zukunft«. Interpretiert als »Lebensräume, in denen sich Menschen bewegen, miteinander kommunizieren, und sich so zu einer zeitlichen Gemeinschaft verbunden füh-

---

86 Werner Wobbe, Das Verhalten der Freien Gewerkschaften (ADGB und DMV) zur Rationalisierung der Arbeit in der Weimarer Republik, Hannover 1976, S. 122 f.
87 Ibykus, Vom Segen und Fluch der Rationalisierung, in: MAZ, 44 (1926) 42, S. 185 f.; ders., Der Kern des Rationalisierungsproblems, in: MAZ, 44 (1926) 31, S. 134; Der Rechtskurs im Deutschen Metallarbeiter-Verbande. Der Kampf der Opposition auf dem 18. Verbandstage des Deutschen Metallarbeiter-Verbandes in Karlsruhe, herausgegeben von der »Opposition im Deutschen Metallarbeiter-Verbande«, Berlin 1928.
88 K. Opel, Andere Wege, in: MAZ, 42 (1925) 36, S. 142. Davon zeugte auch die Reihe »Wie den Versammlungsbesuch verbessern?« in der MAZ: Wie den Versammlungsbesuch verbessern?, in: MAZ, 45 (1927) 49, S. 338; MAZ, 46 (1928) 4, S. 30; Bl., Wie stehts heute im Betrieb?, in: MAZ, 45 (1927) 17, S. 80.
89 Zurück zur Gewerkschaft, in: MAZ, 50 (1932) 4, S. 22.
90 Die Gewerkschaftsbewegung als Regenschirm, in: MAZ, 50 (1932) 41, S. 244.
91 Reinhart Koselleck, Zeitschichten. Studien zur Historik, Frankfurt a. M. 2000.

len«[92], machen diese konkurrierenden »Zeitschichten« das ganze historische Potenzial vergangener Rationalisierungszukünfte deutlich. Sie waren als Sinnbildungsangebot entscheidend an der sowohl individuellen als auch gruppen- und organisationsspezifischen Verortung im Rationalisierungsprozess beteiligt und verschafften ihren Trägern Argumente, die zu anderen Deutungsvorschlägen in Konkurrenz traten. Dadurch bildeten sie einen »besonderen Fall von politisch-gesellschaftlichem Handeln«[93] durch die Akteure der Arbeitswelt: Wer Zukunftsszenarien und Vergangenheitspolitik am geschicktesten und glaubhaftesten zu generieren und instrumentalisieren verstand, besaß auch die Meinungsführerschaft über den gegenwärtigen Rationalisierungsprozess.

Auch wenn sich sicherlich keine dieser Zukünfte geschlossen auf eine soziale Gruppe oder Organisation ausdehnte, sondern auch hier immer sich überlagernde und oft widerstrebende Zeitbezüge herrschten, kann doch mit Blick auf die Quellen die These formuliert werden, dass sich ab 1914 und vor allem während der 1920er-Jahre bestimmte Rationalisierungszukünfte in den Trägergruppen tendenziell homogenisierten. Die sogenannte Rationalisierung erlebte eine Polarisierung, in der sich Zukunftsentwürfe gestaltend und spaltend auf die Organisationen der Arbeitswelt auswirkten und in der besonders das Verhältnis der Gewerkschaften zur Arbeiterschaft vor eine große Herausforderung gestellt wurde.

Betrachtet man die Mitgliedschaft in einer Gewerkschaft selbst als Akt des Zukunftshandelns, vollzog sich zwischen den frühen und den späten 1920er-Jahren ein einschneidender Wandel. Gewerkschaften wie der *Deutsche Metallarbeiter-Verband*, denen weite Kreise der Arbeiterschaft nach dem Kriegsende einen Systemwechsel zugetraut hatten und die um 1922 den Höhepunkt ihrer Mitgliederzahl erreichten, fanden sich 1928 in einer Situation wieder, in der das Vertrauen der Arbeiterschaft in das Lenkungspotenzial des Verbandes weitestgehend verschwunden war. Konnten Sekretäre des *Deutschen Metallarbeiter-Verbandes* im Zuge ihrer Erfolge während der frühen Republik noch glaubhaft Zukunftsentwürfe präsentieren, die mit massenhaften Gewerkschaftsbeitritten belohnt wurden, entsprachen die sozialharmonischen Töne der späten Republik kaum noch den Arbeitserfahrungen der Metallarbeiter. Neue Mitglieder ließen sich damit kaum gewinnen und der größte Teil der im Zuge der Revolution gewonnenen »Novembermitglieder« – in diesem Kontext die »Erwartungszukünftler« – war schon vor 1925 unwiederbringlich verloren gewesen.

Bei jener großen Mitgliederzahl, die dem *Deutschen Metallarbeiter-Verband* nach 1925 stabil erhalten blieb, artikulierte sich dieser Enttäuschungsprozess als das Ende einer kollektiven Erwartungszukunft keineswegs in abrupten Austritten, doch

---

92 Hölscher, Theoretische Grundlagen, in: ders. (Hg.) 2017, S. 7-38; hier: S. 22.
93 ders., Zukunft und Historische Zukunftsforschung, in: Friedrich Jaeger/Burkhard Liebsch (Hg.), Handbuch der Kulturwissenschaften. Grundlagen und Schlüsselbegriffe, Stuttgart/Weimar 2004, S. 401-416; hier: S. 409.

nichtsdestoweniger folgenreich. Die Rationalisierungsbewegung und die mit ihr verbundenen Zukunftsentwürfe wirkten diesbezüglich als organisationssoziologischer Katalysator und legten die ganze Ambivalenz gewerkschaftlichen Handelns in der Weimarer Republik offen. Sie waren thematisch und über die skizzierten Zukunftsdiskurse so eng miteinander verwoben, dass die Gewerkschaftsernüchterung der Rationalisierungsernüchterung auf dem Fuße folgte. Die anfangs skizzierten »Lebensräume« und Sinnbildungsangebote stellten aus Sicht der Metallarbeiter weder die Rationalisierungszukünfte des *Deutschen Metallarbeiter-Verbandes* noch der Ingenieure oder Arbeitgeber dar; eine häufig kritisierte Flucht ins Private und das Kosten-Nutzen-Kalkül der Gewerkschaftsmitgliedschaft waren die Folge. Es ist daher in diesem Zusammenhang auch wenig verwunderlich, dass es im Spiegel der Quellen den Rationalisierungszukünften der Arbeiter ebenso ging wie ihren Gewerkschaftszukünften: Den Glauben an das »große Ganze« verloren und bar jeden praktischen Einflusses pendelten die Ideen zwischen einer Erhaltung des Bewährten und einer Prävention vor der befürchteten Zukunft.

Martin Rempe

Bedrohte Musikkultur? Zur Zukunft der Orchestermusiker in der frühen Bundesrepublik

1 Einleitung

»Zukunftsmusik« – so lautete das Schlagwort, an dem sich Mitte des 19. Jahrhunderts eine musikästhetische Auseinandersetzung zwischen den progressiven Komponisten der sogenannten Neudeutschen Schule um Richard Wagner und Franz Liszt und deren Hauptwidersachern Johannes Brahms und Joseph Joachim entzündete. Der Begriff selbst stammte ursprünglich aus dem konservativen Lager und trug daher eine polemische Note: »All' die Ungegorenheit, der Schwindel, all' die Eitelkeit, all' die Selbstbespiegelung, all' die Trägheit, der Zukunft zuzuschieben, was man selbst leisten müsste, all' die Hohlheit und Salbaderei der ästhetischen Schwätzer – wie schön fasst sich das alles in dem einen Wort ›Zukunftsmusik‹ zusammen«, schrieb Ludwig Bischoff 1859 in der *Niederrheinischen Musikzeitung*, einem Kampfblatt der musikalischen Tradition.[1]

Über die Zukunft der Musik im Sinne ihrer künftigen ästhetischen Entwicklung zu streiten, war damals ein relativ neues Phänomen.[2] Gut hundert Jahre später war dieser Richtungsstreit dagegen kaum mehr nachvollziehbar. Brahms, Liszt und Wagner waren in der Zwischenzeit alle Teil ein und derselben Musikkultur geworden, für die sich mit dem Oberbegriff der »klassischen Musik« zudem eine dezidiert vergangenheitsorientierte Bezeichnung etabliert hatte. In diesem Feld lautete die Frage an die Zukunft nicht mehr so sehr, wie Kunstmusik fürderhin zu komponieren sei. Dies blieb den Avantgardekreisen der sogenannten Neuen Musik vorbehalten, und selbst sie wurden mit Anbruch der sogenannten Postmoderne Mitte der 1970er-Jahre recht zukunftsscheu.[3] Vielmehr ging es nun darum, das musikkulturelle Erbe im Sinne eines – vor allem national codierten – Schatzes zu bewahren und zu pflegen, um die intergenerationelle Traditionsbildung zu gewährleisten bzw. nicht abbrechen zu

---

1 Zit. n. Karin Koch, Art. Zukunftsmusik, in: Daniel Brandenburg/Rainer Franke/Anno Mungen (Hg.), Das Wagner-Lexikon, Laaber 2012, S. 869–872; hier: S. 869.
2 Vgl. dazu den Überblick bei Stefan Willer, Musik, in: ders./Benjamin Bühler (Hg.), Futurologien. Ordnungen des Zukunftswissens [= Trajekte], Paderborn 2016, S. 457–467.
3 Friedrich Geiger, Zur Geschichte der musikalischen Zukunft, in: Archiv für Musikwissenschaft, 69 (2012), S. 329–335; hier: S. 334 f.

lassen.⁴ Vor diesem Hintergrund machte sich zunehmend Ungewissheit breit, woher künftig die Musikerinnen und Musiker in Deutschland kommen sollten, die dem Publikum Wagners Opern, Liszts Klavierkonzerte oder Brahms' Sinfonien darbieten könnten. Um 1960 schien die klassische Musikkultur in Deutschland ernsthaft bedroht. Orchestermusiker – es waren zu jener Zeit ganz überwiegend Männer – klagten über ein eklatantes Nachwuchsproblem. Wie es dazu kam, wie dieser Mangel sich im Detail gestaltete und welche unterschiedlichen Zukunftsvisionen von und für Orchestermusiker in den langen 1960er-Jahren formuliert wurden, wird dieser Aufsatz erörtern.

Ich werde zum einen aufzeigen, dass die Zukunftsdebatten und -strategien von Orchestermusikern in Deutschland in den 1960er-Jahren anders gelagert waren als diejenigen ihrer Kollegen aus der Unterhaltungsbranche.⁵ Zum anderen wird deutlich, dass die Zukunftsstrategien der Orchestermusiker langfristig von Erfolg gekrönt waren. Dies hebt sie ein Stück weit von vergangenen Zukunftshoffnungen in anderen Berufsfeldern ab, die oftmals enttäuscht worden sind. Der detaillierte Einblick in die musikalische Arbeitswelt macht darauf aufmerksam, dass die Geschichte der vergangenen Zukunft im 20. Jahrhundert viele Facetten hat und sich daher nicht auf eine Meistererzählung enttäuschter Erwartungen und gescheiterter Visionen reduzieren lässt.⁶ Rüdiger Grafs und Benjamin Herzogs Plädoyer für eine Pluralisierung vergangener Zukunftsvorstellungen folgend, müssen auch solche Zukünfte in den Blick genommen werden, die sich früher oder später in vergangene Gegenwarten wandelten.⁷

Um 1960 an einem Wendepunkt der beruflichen Professionalisierung angekommen und zugleich mit einem bis dahin nicht gekannten gesellschaftlichen Aufbruch konfrontiert, sahen Orchestermusiker ihre eigene Musikkultur akut gefährdet. Sie reagierten darauf, indem sie versuchten, gestaltend auf die Zukunft des klassischen Musiklebens Einfluss zu nehmen. Dass dies weit gehend gelang, hatte viel mit einem breiten Konsens politischer und gesellschaftlicher Eliten in Deutschland zu tun, der seinen Ursprung im späten 19. Jahrhundert hatte und seitdem die Bewahrung und Pflege des musikkulturellen Erbes als quasi dauerhaftem Zukunftsauftrag beinhaltete. Zugleich war der relative Erfolg einem graduellen Kulturwandel innerhalb des Be-

---

4   Vgl. zu diesem Verständnis von Kulturerbe, wie es dann später auch dem UNESCO Weltkulturerbe zugrunde gelegt wurde. Stefan Willer, Kulturelles Erbe und Nachhaltigkeit, in: Paul Klimpel/Jürgen Keiper (Hg.), Was bleibt? Nachhaltigkeit der Kultur in der digitalen Welt, Berlin 2013, S. 139-152; hier: S. 139-141.
5   Vgl. dazu den Aufsatz von Klaus Nathaus in diesem Band.
6   Lucian Hölscher, Theoretische Grundlagen der historischen Zukunftsforschung, in: ders. (Hg.), Die Zukunft des 20. Jahrhunderts. Dimensionen einer historischen Zukunftsforschung, Frankfurt a. M./New York 2017, S. 7-37; hier: S. 8; Joachim Radkau, Geschichte der Zukunft. Prognosen, Visionen, Irrungen in Deutschland von 1945 bis heute, München 2017.
7   Rüdiger Graf/Benjamin Herzog, Von der Geschichte der Zukunftsvorstellungen zur Geschichte ihrer Generierung. Probleme und Herausforderungen des Zukunftsbezugs im 20. Jahrhundert, in: Geschichte und Gesellschaft [GG], 42 (2016), S. 497-515.

rufsfelds zu verdanken, der sich seit Ende der 1960er-Jahre abzeichnete und punktuell auch die Arbeitsbedingungen von Orchestermusikern veränderte.

Um Zukunftsbezüge der Orchestermusiker in der frühen Bundesrepublik adäquat darzustellen, ist es notwendig, sich in deren Perspektive hineinzuversetzen und im Anschluss an Lucian Hölscher die »verkörperte Zeit« der Berufsgruppe im Sinne einer distinkten Zeitrelation zwischen vergangener Vergangenheit, Gegenwart und Zukunft zu erfassen. Denn erst der historisch gewachsene Erfahrungsraum der Musiker und ihrer alarmierenden Gegenwartsdiagnosen machen deren Zukunftsbezüge plausibel und nachvollziehbar.[8] Der Aufsatz verfährt deshalb in drei Zeitschritten: Zunächst werde ich anhand eines Rückblicks bis ins späte 19. Jahrhundert hinein erläutern, wie sich das spezifische Berufsbild des Orchestermusikers aus dem allgemeineren musikalischen Berufsfeld herauskristallisierte. Anschließend werden Faktoren erörtert, die in der vergangenen Gegenwart der 1960er-Jahre die klassische Musikkultur und das Berufsfeld tatsächlich oder vermeintlich bedrohten. Abschließend werden drei Zukunftsentwürfe in den Blick genommen, die sehr unterschiedliche Vorstellungen davon spiegeln, was sich an der klassischen Musikkultur hätte ändern müssen und was an ihr zu erhalten sei. Im Ausblick binde ich diese Zukunftsvorstellungen zurück an die Entwicklung des Orchestermusikerberufs bis in die Gegenwart, die nicht zuletzt aufgrund des umfassenden Gestaltungswillens der Berufsgruppe einem Weg zurück in die Zukunft glich.

2 Rückblick: Zur Etablierung des Orchestermusikerberufs seit dem 19. Jahrhundert

Das heutzutage vorherrschende Berufsbild des Orchestermusikers im Sinne eines Musikers, der bei einem Sinfonieorchester fest angestellt ist und dort ausschließlich oder wenigstens ganz überwiegend klassische Musik spielt, setzte sich in Deutschland erst im Laufe des 20. Jahrhunderts durch. Ausgehend vom 19. Jahrhundert können im Rückblick vier Phasen dieses Spezialisierungsprozesses unterschieden werden.[9]

Im 19. Jahrhundert wurde das musikalische Berufsfeld wesentlich von zwei Entwicklungen geprägt: von der Liberalisierung des Arbeitsmarktes und von der Militarisierung der Gesellschaft. Mit dem Zerfall zünftiger Ordnungen und dem Vormarsch der Gewerbefreiheit nach 1806 veränderten sich auch überkommene Anstellungsverhältnisse im Musikleben. Der musikalische Arbeitsmarkt liberalisierte sich im Laufe

---

8 Hölscher, Theoretische Grundlagen, in: ders. (Hg.) 2017, S. 30-34; hier: S. 31; Reinhart Koselleck, »Erfahrungsraum« und »Erwartungshorizont«. Zwei historische Kategorien, in: ders., Vergangene Zukunft. Zur Semantik geschichtlicher Zeiten, Frankfurt a. M. 1989, S. 349-375.
9 Vgl. zu diesem Abschnitt: Martin Rempe, Kunst, Spiel, Arbeit. Musikleben in Deutschland, 1850 bis 1960, Göttingen 2020.

des 19. Jahrhunderts so durchgreifend, dass Musiker ganz überwiegend nur noch saisonweise oder für noch kürzere Zeit eine Anstellung fanden. Neben der Liberalisierung des Arbeitsmarktes bereitete die Expansion der Militärmusik im letzten Drittel des 19. Jahrhunderts zivilen Berufsmusikern die größte Sorge, weil sie auf dem ohnehin stark umkämpften Markt des Musikgewerbes eine zusätzliche und zudem unlautere Konkurrenz darstellte. Dabei erstreckte sich die militärmusikalische Konkurrenz auf sämtliche Genres und Anlässe, von der Opernaufführung bis zur Grabmusik.[10] Beide Entwicklungen standen im 19. Jahrhundert jedweden Bemühungen entgegen, das Berufsbild des Orchestermusikers zu profilieren.

Die erste Etappe einer solchen Profilierung zeichnete sich in den letzten dreißig Jahren des Deutschen Kaiserreichs ab. Sie war durch Bemühungen des 1872 gegründeten *Allgemeinen Deutschen Musikerverbandes* geprägt, die Militärmusikerkonkurrenz einzudämmen und zugleich die öffentliche Hand zu einem stärkeren Engagement im Musikleben zu verpflichten.[11] Während die Einhegung der Kollegen in Uniform trotz erstrittener gesetzlicher Beschränkungen in der Praxis wenig änderte, zeichnete sich beim Lobbying für eine größere finanzielle Unterstützung durch Städte und Kommunen ein klarer Trend ab: Waren in Deutschland zwischen 1852 und 1887 gerade einmal sechs städtische Orchester gegründet oder von privater in öffentliche Trägerschaft übernommen worden, so kamen in den folgenden 25 Jahren bis 1913 doppelt so viele hinzu. Ungeachtet dessen blieben Orchestermusiker eine kleine Minderheit innerhalb der Berufsgruppe, die zu jener Zeit etwa 50.000 Musiker und 18.000 Militärmusiker umfasste.[12]

In der zweiten Phase, die sich über die 1920er-Jahre bis zur Weltwirtschaftskrise erstreckte, verfestigte sich der Trend öffentlicher Orchesterförderung: Nachdem fast alle Hoftheater von den Ländern übernommen worden waren, erlebte Deutschland eine beispiellose Expansion der subventionierten Orchesterlandschaft, sodass gegen Ende des Jahrzehnts über hundert feste Klangkörper existierten. Eine klare Trennung zwischen Orchester- und sonstigen Musikern etablierte sich jedoch noch nicht, auch weil es für Streicher wie Bläser neben dem Sinfonieorchester weitere Verdienstmöglichkeiten gab, insbesondere als Kinomusiker beim Stummfilm oder in den zahlreichen Etablissements der blühenden Vergnügungskultur.[13] In der Praxis blieb das Berufsbild des Orchestermusikers während der Weimarer Republik demnach relativ

---

10 Josef Eckhardt, Zivil- und Militärmusiker im Wilhelminischen Reich. Ein Beitrag zur Sozialgeschichte des Musikers in Deutschland [= Studien zur Musikgeschichte des 19. Jahrhunderts, Bd. 49], Regensburg 1978.
11 Martin J. Newhouse, Artists, Artisans, or Workers? Orchestral Musicians in the German Empire, New York 1979.
12 Zahlen aus: Präsidium des Allgemeinen Deutschen Musiker-Verbandes, Recht verlangen wir, nichts als Recht! Ein Notschrei der deutschen Zivilmusiker, Berlin 1904, S. 6-9.
13 Heribert Schröder, Tanz- und Unterhaltungsmusik in Deutschland 1918–1933 [= Orpheus-Schriftenreihe zu Grundfragen der Musik, Bd. 58], Bonn 1990, S. 248-250.

fluide. In der Theorie dagegen wurde es mit dem Konzept des »Kulturorchesters« schon deutlicher konturiert.[14]

Die dritte Phase war durch die Herrschaft des NS-Regimes gekennzeichnet. Erst die Nationalsozialisten verhalfen dem Konzept des Kulturorchesters zu jener Geltung, die es in Deutschland bis in die Gegenwart hinein weit gehend unverändert beansprucht. Die im März 1938 erlassene Tarifordnung Kulturorchester definierte diese als »Orchesterunternehmen, die regelmäßig Operndienst versehen oder Konzerte ernst zu wertender Musik spielen.«[15] Ensembles, die regelmäßig Operette spielten, fielen schon nicht mehr unter diese neue Ordnung. Neben dem Ziel, klassische Musik und damit auch klassische Orchestermusiker von allen anderen Musikkulturen fein säuberlich zu trennen, ging es den nationalsozialistischen Kulturfunktionären auch darum, eine klare Hierarchie innerhalb der herbeigesehnten Kulturorchesterlandschaft zu begründen.[16] Beide Intentionen scheiterten vorerst. Gerade in kleineren Kommunen hatten Orchester vielfältigere musikalische Aufgaben, als ausschließlich klassische Musik darzubieten. Zudem hielt sich fast die Hälfte der Kulturorchester, die in der Wintersaison »Hochkultur« darboten, im Sommer in Kurorten auf, um dort für die musikalische Unterhaltung der Badegäste zu sorgen. Schließlich beeinträchtigte der Zweite Weltkrieg die personelle Integrität der Klangkörper mehr und mehr und ließ die Idee einer künstlerischen Hierarchisierung Makulatur wurden.[17]

In der Breite erfuhr das Berufsbild des klassischen Orchestermusikers so erst im Laufe der frühen Bundesrepublik seine Vollendung. In dieser vierten und letzten Phase gingen Orchestermusiker in der Berufsorganisation endgültig eigene Wege: 1953 spalteten sie sich vom *Deutschen Musikerverband* ab, der seit dem Kaiserreich Musiker jeglicher Couleur repräsentiert hatte, und riefen die *Deutsche Orchestervereinigung* (DOV) ins Leben. Voraussetzung der Mitgliedschaft war ein »Nachweis künstlerischer Betätigung«, der in der Praxis nichts anderes meinte als eine feste Anstellung im Stadt- oder Staatsorchester, am Theater oder beim Rundfunk.[18] Bis zum Ende der 1950er-Jahre wechselten mehr als 5.000 Orchestermusiker zur neuen Ver-

---

14 Erstmals tauchte der Begriff 1920 in einer schriftlichen Forderung der früheren Hoforchester Berlin, Wiesbaden, Kassel und Hannover an die preußische Landesregierung auf, Orchestermusiker als vollwertige Beamte zu behandeln und entsprechend zu besolden. Seitdem gehörte er fest zum berufsständischen Diskurs, in dem dieser als Sammelbegriff für solche Klangkörper zum Einsatz kam, die von der öffentlichen Hand finanziert wurden: C. Draegert, Den Manen Albert Diedrichs, in: Deutsche Musikerzeitung, 47, 21.11.1925, S. 1147 f.
15 Tarifordnung für die deutschen Kulturorchester, in: Reichsarbeitsblatt, VI (1938) 14, S. 597.
16 Vgl. dazu auch Lutz Felbick, Das »hohe Kulturgut deutscher Musik« und das »Entartete«. Über die Problematik des Kulturorchester-Begriffs, in: Zeitschrift für Kulturmanagement, 2 (2015), S. 85–115. Er verkennt allerdings, dass der Begriff seine Wurzeln in der frühen Weimarer Republik hat.
17 Rempe, Musikerleben, 2020, S. 245–252.
18 Hermann Voss, Deutsche Orchestervereinigung, in: Das Orchester, 1 (1953) 1, S. 1 f.

einigung. Dies bedeutete einen Organisationsgrad von über neunzig Prozent.[19] Unter ihrem ersten Geschäftsführer Hermann Voss, einem Juristen und früheren hochrangigen Funktionär der Reichsmusikkammer[20], machte sich die *Deutsche Orchestervereinigung* die Tarifordnung Kulturorchester von 1938 unverändert zu eigen und damit zur Grundlage ihrer berufsständischen Politik. Sie besiegelte so ihren Alleinvertretungsanspruch für die Kunstmusik genauso wie ihre grundsätzliche Nichtzuständigkeit für all jene Klänge, die im Verdacht der bloßen Unterhaltung standen.[21]

Ein klar abgegrenztes Berufsbild des Orchestermusikers setzte sich in Deutschland früher durch als in anderen westeuropäischen Staaten oder in den USA, und auch im Vergleich zu den freischaffenden Musikern in Deutschland standen Orchestermusiker gegen Ende der 1950er-Jahre in jederlei Hinsicht deutlich besser dar: Sie hatten einen sichereren Arbeitsplatz, verdienten in der Regel mehr Geld und genossen ein höheres gesellschaftliches Ansehen.[22] Angesichts dieser relativen Erfolgsgeschichte wies der Erfahrungsraum von Orchestermusikern um 1960 Licht und Schatten auf. Dass der Weg zum eigenständigen Berufsbild ein recht zäher und steiniger gewesen war, hatte sich schon länger im kollektiven Gedächtnis festgesetzt als die eher rezente Erfahrung eines raschen sozialen Aufstiegs. Vor diesem Hintergrund müssen die in jener Zeit immer lauter werdenden Klagen über einen Orchestermusikermangel betrachtet werden, der die Zukunft einer ganzen Musikkultur in Frage zu stellen schien.

3   Vergangene Gegenwart: Bedrohte Musikkultur?

Die Auffassung, dass die klassische Musikkultur in Deutschland bedroht sei, rückte im Laufe der frühen 1960er-Jahre immer stärker in den Fokus öffentlicher Aufmerksamkeit. 1964 veröffentlichte der *Deutsche Musikrat*, die 1953 eingerichtete Spitzenorganisation des deutschen Musiklebens, eine Denkschrift mit dem alarmierenden Titel »Gefahren für das deutsche Musikleben und Wege zu ihrer Überwindung«. Die zwölf Punkte umfassende Gefahrenliste des Memorandums, das sich explizit an die Bundesregierung und den Bundestag ebenso wie an Vertreter von Ländern und Gemeinden richtete, hatte es in sich. Der *Deutsche Musikrat* klagte darin über einen »bedrohlichen Rückgang des Singens und Musizierens im Unterricht und Gemeinschaftsleben der Volksschulen«, über die Wahlfreiheit der musischen Fächer an den Gymnasien und über »verspäteten Beginn und vorzeitiges Abbrechen des Instrumen-

---

19 Organisationsangelegenheiten, in: Verbandsnachrichten der DOV, Dez. 1959, S. 15.
20 Hermann Voss war unter anderem seit 1941 stellvertretender Leiter des Reichspropagandaamtes im neu eingerichteten Reichsgau Danzig-Westpreußen. Vgl. zu ihm auch: Fred K. Prieberg, Handbuch deutsche Musiker 1933–1945, Version 1.2 – 3, CD-ROM 2005, S. 7444 f.
21 Die Geschichte der DOV ist bislang noch nicht geschrieben. Vgl. einstweilen Rempe, Musikerleben, 2020, S. 304-329.
22 Vgl. auch den Beitrag von Klaus Nathaus in diesem Band.

talunterrichts der Jugendlichen«. Ferner wurde ein Ausbildungsdefizit unter Privatmusiklehrer_innen, eine »weitgehende Verarmung des Musiklebens in kleineren Städten und Landgemeinden« infolge fehlender »qualifizierter musikalischer Anleitung« und eine signifikante Abnahme der Hausmusik diagnostiziert, die auch auf neue, hellhörige Baustoffe und »musizierfeindliche« Lärmschutzregeln zurückzuführen sei. Schließlich fehle es an einer systematischen Auslese und Frühförderung, an fähigem Orchesternachwuchs, an international konkurrenzfähigen Solisten und an Berufsmusikern überhaupt: Ihr Anteil an der Gesamtbevölkerung sei zwischen 1933 und 1950 um 30 Prozent geschrumpft.[23]

Insgesamt erweckte das Memorandum den Eindruck, als stehe die klassische Musikkultur kurz vor dem Zusammenbruch. Deren Zukunft entscheide sich an der Frage der musikalischen Bildung, wie bereits im Vorwort unter Verweis auf den Pädagogen Georg Picht betont wurde, der im Frühjahr desselben Jahres mit seiner Artikelserie über »Die deutsche Bildungskatastrophe« eine breite Schulreformdebatte ausgelöst hatte. Zur Stellung der Musik in der Bildung hatte Picht allerdings schon zuvor eindeutig Position bezogen. Bei ihr, so das Memorandum Picht zitierend, handele es sich nicht einfach um die »Einordnung eines Faches in die Lehrpläne unserer Unterrichtsanstalten; es geht vielmehr um eine Grundfrage unserer gesamten Kultur, die Frage nämlich, ob in Zukunft die Musik ihre überlieferte Stellung in unserem geistigen Leben und damit auch in unserer Bildung noch einnehmen kann.«[24]

So wie Picht in seinen Artikeln zur Bildungskatastrophe etwas über das Ziel hinausgeschossen war, so sah auch die Realität im klassischen Musikleben etwas differenzierter aus.[25] Zwar bargen die aufgelisteten Gefahren insgesamt einige Körnchen an Wahrheit, doch zum Teil waren sie auch einem verengten Wahrnehmungshorizont geschuldet, zum Teil sogar bewusst überspitzt dargestellt, um die Aufmerksamkeit der politisch Verantwortlichen zu erheischen. Diese Nuancierungen gilt es herauszuarbeiten, um ein adäquates Bild von der bedrohten klassischen Musikkultur in den 1960er-Jahren zu erhalten und sie mit der Lage anderer Arbeitswelten vergleichen zu können.

---

23 Deutscher Musikrat, Gefahren für das deutsche Musikleben und Wege zu ihrer Überwindung, Hamburg 1964, S. 9. Zu dessen Entstehungshintergründen: Herbert Sass, Der Weg des Deutschen Musikrates zu seiner nationalen und internationalen Wirksamkeit. Die ersten 20 Jahre, in: ders./ Andreas Eckhardt (Hg.), 40 Jahre Deutscher Musikrat. Auftrag und Verwirklichung, Regensburg 1993, S. 21-32.

24 Ebd., S. 6. Zitat n. Georg Picht, Die Stellung der Musik im Aufbau unserer Bildung, in: Neue Sammlung, (Mai/Juni 1963), o. S.

25 Vgl. zur Debatte: Georg Picht, Die deutsche Bildungskatastrophe. Analyse und Dokumentation, Olten/Freiburg i. Br. 1964; insbesondere darin auch die Reaktion von Hans Heckel, Kritische Bemerkungen zu der Artikelserie von Georg Picht, in: ebd., S. 233-244. Zusammenfassend zur Schulreform: Ulrich Herbert, Geschichte Deutschlands im 20. Jahrhundert [= Europäische Geschichte im 20. Jahrhundert], München ²2017, S. 765-769.

In der Tat war das Berufsfeld bis 1950 deutlich geschrumpft, und dieser Trend setzte sich auch in den darauffolgenden Dekaden fort, wofür verschiedene Gründe ins Feld geführt werden können. Zum einen war da der Verlust derjenigen Musiker, die während des nationalsozialistischen Regimes vertrieben, ermordet oder im Krieg getötet worden waren. Die antijüdische Politik riss vor allem in die künstlerische Spitzengruppe des klassischen Musikbetriebs große Lücken.[26] Der Zweite Weltkrieg ließ die Berufsgruppe auch in der Breite kleiner werden. Allerdings strömten infolge der Zwangsmigrationen nach dem Krieg etwa 5.000 Heimatvertriebene Berufsmusiker nach Westdeutschland, darunter auch viele hervorragende Orchestermusiker, die etwa beim Aufbau der Orchester in Bamberg oder am Bayerischen Rundfunk in München eine gewichtige Rolle spielten.[27] Als alleiniger Erklärungsgrund reichen nationalsozialistischer Terror und Kriegstreiberei ohnehin nicht aus, denn viele andere Berufsgruppen hatten in den späten 1950er-Jahren keine Nachwuchsprobleme mehr.

Zum anderen war da die technische Konkurrenz durch Tonträger und Rundfunk, doch auch hier hoben sich Orchestermusiker ein Stück weit von großen Teilen der übrigen Arbeitswelt ab: Sie hatten sich in den 1950er-Jahren längst daran gewöhnt, mit dieser Herausforderung an den eigenen Arbeitsplatz umzugehen. Dies war womöglich auch der Grund dafür, dass die technische Entwicklung in der Liste des Musikrats gar nicht mehr explizit auftauchte. Denn während Debatten über die elektronisch geleitete Automatisierung und deren Gefahren zu jener Zeit Arbeiter_innen in Industrie und Gewerbe so stark wie nie zuvor aufschrecken ließen, waren Musiker_innen bereits seit den 1920er-Jahren mit diesem Problem vertraut. War es in den 1950er-Jahren die Erfindung von Computern und das Aufkommen der Kybernetik als Wissenschaft, die insbesondere mechanische Arbeit zu ersetzen drohten, so hatten viele Musiker_innen solche Ängste spätestens seit der Einführung des elektrischen Mikrofons fünfundzwanzig Jahre zuvor begleitet.[28] Musikergewerkschaften wie der *Deutsche Musikerverband* hatten bereits zu dieser Zeit einen nicht zu gewinnenden Feldzug gegen die zunehmende »Mechanisierung« der Musik geführt, die schon damals einschneidende Rationalisierungseffekte zur Folge gehabt hatte. Besonders krass

---

26 Vgl. zusammenfassend zuletzt Pamela Potter, The Art of Suppression. Confronting the Nazi Past in Histories of the Visual and Performing Arts [= Weimar and Now: German Cultural Criticism, Bd. 50], Oakland 2016, S. 64-68; Peter Gay, »We miss our Jews«. The Musical Migration from Nazi Germany, in: Reinhold Brinkmann/Christoph Wolff (Hg.), Driven Into Paradise. The Musical Migration from Nazi Germany to the United States, Berkeley/Los Angeles/London 1999, S. 21-32.

27 Alan E. Steinweis, Art, Ideology & Economics in Nazi Germany. The Reich Chambers of Music, Theater, and the Visual Arts, Chapel Hill/London 1993, S. 168-173; Heinrich Simbriger, Musik und Musikalität, in: Eugen Lemberg/Friedrich Edding (Hg.), Die Vertriebenen in Westdeutschland, Bd. 3, Kiel 1959, S. 356-365.

28 Zur Automatisierung: Martina Heßler, Zur Persistenz der Argumente im Automatisierungsdiskurs, in: Aus Politik und Zeitgeschichte, 18/19 (2016), S. 17-24.

hatte sich die Verbreitung des Tonfilms seit Ende der 1920er-Jahre ausgewirkt, die in Deutschland in kürzester Zeit etwa 12.000 Arbeitsplätze vernichtet hatte.[29]

In den 1950er-Jahren richtete sich das Lamento dann verstärkt gegen das Magnettonband, die Langspielplatte und das Fernsehen. Dabei ging es den Repräsentanten der Berufsgruppe nicht allein um die sozialen Auswirkungen dieser technischen Entwicklung. Vielmehr schwang in ihren Stellungnahmen stets auch eine gehörige Portion Kulturkritik mit. Der Geschäftsführer der *Deutschen Orchestervereinigung*, Hermann Voss, war schon Mitte der 1950er-Jahre überzeugt, dass 99 Prozent der dargebotenen Musik aus der Konserve komme: »Da die Verwendung des Tonträgers […] billig und bequem ist, findet ständig eine Übersättigung statt, die mehr und mehr unempfindlich gegen Musik macht.«[30]

Zweifelsohne trugen die Verbreitung dieser neuen Medien und qualitativ immer bessere Möglichkeiten der Klangreproduktion dazu bei, dass die Berufsgruppe langfristig schrumpfte. 1933 gab es in Deutschland einschließlich der Musiklehrer_innen fast 85.000 hauptberufliche Musiker_innen, wovon allerdings damals etwa 30.000 arbeitslos gemeldet waren; 1950 hatte sich die Anzahl in der Bundesrepublik, freilich auch aufgrund der Verkleinerung der Landesfläche, etwa halbiert; weitere zehn Jahre später waren es nicht einmal mehr 30.000 Personen, die als Musiker_in oder Musiklehrer_in arbeiteten.[31]

Allerdings: Orchestermusiker waren von der technischen Durchdringung des Musiklebens im Vergleich zu ihren Kollegen im Feld der Unterhaltungsmusik so gut wie gar nicht betroffen. Bei der *Deutschen Orchestervereinigung* hieß es in einer 1962 gemeinsam mit dem *Deutschen Komponistenverband* herausgegebenen Denkschrift über die »Schwindende Geltung der Deutschen Musikkultur« umständlich, dass die klanglich verbesserten Tonträger beim Publikum höhere Qualitätsansprüche hervorrufen würden, die nun auch auf kleinere Orchester angelegt und jene so in Verruf bringen würden.[32] Abgesehen davon führte der Geschäftsführer der *Deutschen Orchestervereinigung* Voss jedoch regelmäßig die sterbende Kultur der Kaffeehäuser und Konzertlokale (und nicht der klassischen Musikkultur) ins Feld, um die sozialen Folgen der Technisierung für die Berufsgruppe zu illustrieren.[33]

---

29 Deutscher Musiker-Verband (Hg.), Der Tonfilm. Eine Gefahr für den Musikerberuf und die Musikkultur, Berlin 1930, S. 1 f.
30 Hermann Voss, »Technisierung der Musik«. Gedanken zur Urheberrechtsreform, in: Das Orchester, 1 (1953) 3/4, S. 65-68; hier: S. 65.
31 Rempe, Musikerleben, 2020, S. 351 f.
32 Schwindende Geltung der deutschen Musikkultur. Eine Denkschrift der DOV und des Deutschen Komponistenverbandes zur Situation des musikalischen Bildungswesens und der Musikpflege in Deutschland, o. O. 1962, S. 4.
33 Voss, »Technisierung der Musik«, 1953, S. 3. Deren Verschwinden hing allerdings auch damit zusammen, dass in diesen Etablissements Musik ertönte, die genauso wie die alternden Musiker, die sie darboten, immer mehr aus der Mode kam. Vgl. dazu: Anonymus, Ensemble-Musiker – kein

Ganz im Gegenteil profitierten Orchestermusiker ab Ende der 1950er-Jahre vom sekundären Musikmarkt, sofern sie Schallplattenaufnahmen einspielten oder ihre Aufführungen im Radio übertragen wurden, weil es der *Deutschen Orchestervereinigung* gelang, die sogenannten Leistungsschutzrechte gegenüber den Funkanstalten und der Musikindustrie geltend zu machen. Sie wirkten wie ein Urheberrecht für ausübende Musiker, und zur Verwaltung und Ausschüttung der Tantiemen wurde 1959 eigens die *Gesellschaft zur Verwertung von Leistungsschutzrechten* ins Leben gerufen.[34] Die fortschreitende Technisierung des Musiklebens generierte so Gewinner und Verlierer innerhalb der Berufsgruppe, und die Orchestermusiker zählten ungeachtet anderslautender Klagen eindeutig zu ersteren. Mit der direkten finanziellen Beteiligung am technischen Fortschritt hoben sie sich nicht zuletzt etwas von anderen Berufsfeldern ab, in denen die Automatisierung in breiterem Ausmaß Arbeitsplätze gefährdete und es nicht gelang, mit ihr zusätzliche Einkünfte für die Beschäftigten zu generieren.

Weit schwerer als die technische wog demgegenüber die musikästhetische Entwicklung für das Problem des Orchesternachwuchses. In der Denkschrift des Musikrats wurde diese Dimension jedoch allenfalls indirekt berührt. Dass Jugendliche zu spät anfingen, ein Orchesterinstrument zu erlernen, und dies oftmals vorzeitig wieder aufgaben, wie der Rat bemängelte, kam nicht von ungefähr, sondern hatte klar benennbare Ursachen. Der Siegeszug der verschiedenen Ausprägungen des Jazz, des Rock'n'Roll und der Beatmusik entfernte die Jugend nicht nur in ästhetischer, sondern auch in praktischer Hinsicht von der klassischen Musikkultur: Die bald als Popmusik rubrizierten Genres setzten kaum mehr jene Instrumente ein, die im klassischen Sinfonieorchester gefragt waren.[35] Hinzu kam die klare Vergangenheitsorientierung der klassischen Musikwelt, die für Halbstarke und Beatfans keinerlei Anziehungskraft entfaltete. In deren Augen gehörte ganz klar dem Feld der Popmusik die musikalische Zukunft. Die heutzutage weit verbreitete und vielfach beklagte Wahrnehmung »klassischer« Musik als einer Musik für ältere Generationen nahm in dieser jugendlichen Absetzbewegung ihren Ausgangspunkt.

Verfügbare Daten zeichnen ein eindeutiges Bild. 1972 ergab eine Umfrage des Instituts für Sozialpsychologie der Universität Köln unter etwa 500 Kölner Schüler_innen aus unterschiedlichen Schultypen, dass 25 Prozent weniger Jugendliche aktiv ein Instrument spielten als noch 1955. Der Anteil der Streicher sank von 11 auf 2,

---

Beruf mehr?, in: Der Musiker, 3 (Sept. 1959), o. S., sowie die Klage eines unmittelbar Betroffenen: Theo Freitag, Die Not des alten Musikers, in: Der Artist, 13, 5.7.1950, S. 4 f.

34 Vgl. dazu den Überblick bei Erich Schulze, Urheberrecht in der Musik, Berlin/New York ⁵1981, S. 31-39.

35 Siehe dazu auch Peter Wicke, Zwischen musikalischer Dienstleistung und künstlerischem Anspruch. Der Musiker in den populären Musikformen, in: Helga de la Motte-Haber/Hans Neuhoff (Hg.), Musiksoziologie [= Handbuch der systematischen Musikwissenschaft, Bd. 4], Laaber 2007, S. 222-243.

derjenige der Geiger von 7 auf 1 Prozent. Nur die Gitarre und die Blockflöte, beides typische Instrumente der Jugendbewegung, in der ein Großteil der aktiven Musikpädagogen sozialisiert worden war, erfreuten sich erheblichen Zulaufs; sie konnten ihre Anteile verdoppeln. Noch klarer fielen die Daten zum Musikkonsum aus. Während es 1955 in etwa so viele Hörer_innen von Tanzmusik und Schlager gab wie 1972 Fans von Beat- und Popmusik und auch der Jazz seinen Hörer_innenanteil nahezu halten konnte, stürzte die Oper von 42 auf 9 Prozent und das Sinfoniekonzert von 32 auf 11 Prozent ab; auch die Popularität der Volksmusik fiel deutlich von 24 auf 7 Prozent zurück.[36] Kurzum: Die klassische Musikkultur erreichte die Jugend nicht mehr, weil sich die Welt der Unterhaltungsmusik kulturell, musikästhetisch und instrumententechnisch so weit von ihr entfernt hatte wie nie zuvor.

Dieser Befund ist weit weniger überraschend als die Beobachtung, dass die Hüter musikalischer Hochkultur diese Entwicklung offensichtlich systematisch ausblendeten. In der gesamten Debatte über den Nachwuchsmangel tauchen die gewandelten musikalischen Präferenzen der Jugend bis in die späten 1960er-Jahre hinein nicht auf. Auch Eckart Rohlfs, der erste Geschäftsführer des 1964 ins Leben gerufenen Musikwettbewerbs *Jugend musiziert*, konnte sich nicht daran erinnern, dass die Konkurrenz der U-Musik in diesem Zusammenhang oder in den Vorüberlegungen zum Wettbewerb einmal explizit thematisiert worden wäre.[37]

So dauerte es bis 1969, ehe die Beatmusik erstmals im *Orchester*, dem Branchenblatt der *Deutschen Orchestervereinigung*, ausführlich zur Sprache kam. Anlass dazu hatte die vielbeachtete Dissertation »Beat – die sprachlose Opposition« des Erziehungswissenschaftlers Dieter Baacke geboten, der sich nicht nur für die soziokulturellen Aspekte der Jugendbewegung interessierte, sondern im Beat auch ein gewisses pädagogisches Potenzial erkannte: Beat, so Baacke, biete die Möglichkeit einer »umfassenden ästhetischen Erziehung, in der die Kunst erlaubt, Erfahrungen zu machen, die nicht abgeleiteter Art sind, sondern der Welt immanent, in der wir leben.«[38] Wenig überraschend lehnte der Musikpädagoge Egon Kraus, der das Buch im *Orchester* rezensierte, Baackes Auffassung ab. Der Beat könne nicht »in unsere traditionellen Erziehungsfelder – am wenigsten in die musikalischen – eingeordnet werden«, lautete Kraus' Fazit.[39]

---

36 Josef Eckhardt, Mangelware: Musiker? Über eine Umfrage unter Jugendlichen zum Nachwuchsproblem der deutschen Orchester, in: Das Orchester, 21 (1973) 4, S. 203-210; hier: S. 205. Eckhardt, der selbst an der Durchführung beteiligt war, sah die Vergleichbarkeit mit der früheren Umfrage grosso modo als gegeben an.
37 Interview mit Eckart Rohlfs und Ingeborg Krause, geführt vom Verfasser, Gauting 12.1.2018.
38 Dieter Baacke, Beat – die sprachlose Opposition, München 1968, S. 227. Zum Kontext vgl. auch Detlef Siegfried, Time Is on My Side. Konsum und Politik in der westdeutschen Jugendkultur der 60er Jahre [= Hamburger Beiträge zur Sozial- und Zeitgeschichte, Bd. 41], Göttingen 2006, S. 239 f.
39 Egon Kraus, Der Beat ist mehr als ein musikalisches Phänomen, in: Das Orchester, 17 (1969) 12, S. 524-526; hier: S. 526.

Ausblendung und Verweigerungshaltung von Repräsentanten der klassischen Musikwelt gegenüber der musikkulturellen Entwicklung im Allgemeinen trugen sicherlich ihren Teil dazu bei, dass immer weniger Jugendliche in Deutschland zu einem Orchesterinstrument griffen. Ungeachtet dessen zeigt sich in der Gesamtschau der 1960er-Jahre, dass die Debatte über den Nachwuchsmangel in deutschen Sinfonieorchestern stark aufgebauscht und in erster Linie einer genderspezifischen als auch nationalen Lesart des Problems geschuldet war: Genau genommen mangelte es nicht am Orchesternachwuchs allgemein, sondern an männlichen, deutschen Orchestermusikern. Alarmierende Meldungen, wonach Probespiele wegen fehlender Anmeldungen nicht durchgeführt werden konnten und in manchen Jahren fast vierzig Prozent der Stellen mangels geeigneter Kandidat_innen unbesetzt blieben, erscheinen so in einem anderen Licht.[40] Im Rückblick auf das Jahrzehnt stieg die Zahl unbesetzter Planstellen lediglich von 1,5 Prozent 1960 auf 2,9 Prozent 1971. Der Anteil von Frauen in deutschen Orchestern stieg im selben Zeitraum von 3 auf 5,6 Prozent, derjenige von Ausländern von 1,5 auf 7,7 Prozent. Bedroht war in der Bundesrepublik der 1960er-Jahre also nicht so sehr die klassische Musikkultur an sich, sondern ein dominantes Selbstverständnis des Orchestermusikerberufs als spezifisch deutscher und männlicher Tätigkeit, wie es etwa die *Berliner Philharmoniker* als reiner und ganz überwiegend deutscher Männerclub nahezu idealtypisch verkörperten. Verallgemeinernd war dieser Idealtypus vor allem in größeren Kulturmetropolen anzutreffen. Je weiter man in die musikalische Provinz vordrang, desto weniger deutsche Männer saßen in den Stadtorchestern, desto weiblicher und internationaler gestaltete sich die Zusammensetzung der Ensembles.[41]

4 Umstrittene Zukünfte

Angesichts der komplexen Gegenwart der Orchestermusiker in der Bundesrepublik der 1960er-Jahre entwickelten sich nach und nach recht verschiedene Vorstellungen über deren Zukunft. Drei solcher Zukunftsentwürfe werden nun eingehend erörtert. Gemeinsam war ihnen, dass sie alle gestaltend in die Zukunft einzugreifen beabsichtigten. Sie unterschieden sich jedoch wesentlich im Hinblick auf das Verhältnis beziehungsweise das funktionale Zusammenspiel von Bewahrung und Veränderung und lassen sich als konservativ, radikal und progressiv-pragmatisch bezeichnen.

Die Anhänger des konservativen Zukunftsentwurfs sammelten sich in der *Deutschen Orchestervereinigung*. Dessen Geschäftsführer Voss gab maßgeblich den Ton

---

40 Schwindende Geltung, 1962, S. 15 f.; Hermann Voss, Kulturorchester-Vergütungsreform, in: Das Orchester, 13 (1965) 3, S. 165-170.
41 Der Nachwuchs für den Musikerberuf in der Bundesrepublik, in: Das Orchester, 19 (1971) 12, S. 581-587.

vor. Bereits die Denkschrift über die »schwindende Geltung der deutschen Musikkultur« von 1962 ließ keinen Zweifel darüber, dass dieser Schwund in naher Zukunft behoben werden müsse. Sechs Maßnahmen fasste Voss ins Auge, um, wie es hieß, »den Bestand der deutschen Musikkultur im Lande zu sichern und damit auch zur Erhaltung ihrer Weltgeltung beizutragen.« Hierzu zählte erstens die Förderung zeitgenössischer Werke deutscher Komponisten in ihrer ganzen Breite. Der Subtext war unschwer zu erkennen: In der Vergangenheit seien zu häufig Komponisten aus dem Ausland und zu einseitig experimentelle neue Musik gefördert worden. Voss verknüpfte damit die Forderung, auf staatliche Kosten solche neuen Werke mit deutschen Künstlern auf Schallplatte aufzunehmen und diese gezielt im Ausland zu verbreiten. Zweitens sollte der Orchestermusikerberuf durch Lohnerhöhungen insbesondere kleinerer und mittlerer Orchester finanziell lukrativer werden. Drittens wollte die *Deutsche Orchestervereinigung* den deutschen Solistennachwuchs durch eine Quotenregelung bei den Rundfunkanstalten gefördert sehen, wonach diese mindestens die Hälfte ihrer Engagements an Deutsche zu vergeben hätten. Viertens wurde ein Ausbau des musikalischen Bildungswesens gefordert, unter anderem mit der Einrichtung spezieller Musikgymnasien und dem Auf- beziehungsweise Ausbau des Musikschulwesens. Als fünfte Maßnahme schlug die *Deutsche Orchestervereinigung* vor, Auslandstourneen bedeutender Orchester mit größeren Summen zu unterstützen, und zwar »im wohlverstandenen Interesse des deutschen Ansehens.« Schließlich ging es der Orchestervereinigung sechstens darum, ein Informationsblatt über das deutsche Musikleben aufzulegen und in wichtigen Verkehrssprachen vierteljährlich global zu verbreiten.[42]

Den Fluchtpunkt dieser Argumentation bildete die Ansicht, dass sich die kulturpolitischen Rahmenbedingungen fundamental ändern müssten, damit das kulturelle Erbe des deutschen Sinfonieorchesters samt dem dazugehörenden musikalischen Kanon innerhalb Deutschlands erhalten werde und es darüber hinaus auch zu früherem internationalem Glanz zurückfinden könne.[43] Dass sich am Arbeitsplatz Orchester selbst, etwa an der Finanzierung und personellen Zusammensetzung, in der Kommunikation mit dem Publikum oder auch an der musikalischen Programmatik in Zukunft etwas ändern müsste: daran verschwendeten Mitglieder der *Deutschen Orchestervereinigung* in den frühen 1960er-Jahren noch kaum einen Gedanken.

Einen radikalen und viel diskutierten Gegenentwurf zu den Zukunftsvorstellungen der *Deutschen Orchestervereinigung* legte im Frühling 1969 der Musikkritiker Heinz Josef Herbort vor. Gebürtig aus Bochum, hatte Herbort neben Musikwis-

---

42 Schwindende Geltung, 1962, S. 5 f.
43 Vgl. zur Denkschrift und allgemein zum konservativen Klima im klassischen deutschen Musikleben jener Zeit auch: Matthias Pasdzierny, Wiederaufnahme? Rückkehr aus dem Exil und das westdeutsche Musikleben nach 1945 [= Kontinuitäten und Brüche im Musikleben der Nachkriegszeit], München 2014, S. 309–315.

senschaft unter anderem auch Dirigieren studiert. Er galt als äußerst beschlagener Vertreter seiner Zunft und gefürchteter Kritikerpapst. Herbort lag die sogenannte Neue Musik besonders am Herzen. Flüchtiges Hören war ihm dagegen genauso fremd wie die Popmusikwelt jener Zeit.[44] Und trotzdem oder vielleicht gerade deshalb ging er das deutsche Establishment der klassischen Musik in der Wochenzeitung *Die Zeit* unter dem provokanten Titel »Kein Geld mehr für Brahms!« scharf an. Herbort kritisierte die *Deutsche Orchestervereinigung* für ihr Gerede von der »Kulturdemontage« und warf dem *Deutschen Musikrat* vor, dass dieser sich weigere, »futurologische Analysen zu betreiben.« Seine eigene zukunftsgewandte Erörterung ging von der Annahme aus, dass die klassische Musikkultur längst ruiniert sei und sich die Frage stelle, ob sich der Wiederaufbau überhaupt lohne und wenn ja, wie. Herbort meinte damit die einseitige Verwendung öffentlicher Gelder, die nur dem kleinen Kreis der Klassikhörer_innen zugutekomme, an denen er zudem kein gutes Haar ließ: »Lethargie, Beifallsmechanismus, unreflektiertes Konsumieren, blinde Buchung, Abonnementstraditionen, Prestigedenken, Statussymbolik« lauteten seine Attribute für durchschnittliche Konzertbesucher_innen. Er kritisierte damit zugleich die rückwärtsgewandte Programmatik, die ganz überwiegend auf klassische und romantische Musik setze und der Neuen Musik kaum Platz lasse. All das, so Herbort, »hat mit ›Kulturpflege‹ nichts mehr zu tun.«

Herbort wollte freilich die Subventionen nicht einfach streichen, sondern gänzlich anders zuweisen und, seinem Titelmotto folgend, nur noch für die Produktion und Aufführung zeitgenössischer Werke vorsehen. Junge Komponisten sollten Stipendien erhalten, und der Staat sollte dafür Sorge tragen, dass die so entstandenen Kompositionen auch dargeboten würden. Das Opfer, das Herbort nur zu gern zu bringen bereit war, bestand in einer radikalen Umstrukturierung der deutschen Orchesterlandschaft: »Das typische deutsche ›Städtische Orchester‹ ist reformbedürftig, eine große Zahl von ihnen ist zu liquidieren und in andere Funktionen zu transformieren«. Mit Blick auf die vierzehn Orchester, die damals zwischen Münster, Düsseldorf und Mönchengladbach nahezu 1.000 Musiker_innen beschäftigten, schlug Herbort vor, ein einziges großes Orchester zu bilden, das die »museale Betreuung der Klassik- und Romantik-Bedürfnisse« stillen würde. In den übrigen Städten sollten dagegen kleinere Ensembles von bis zu 36 Mitgliedern gebildet werden, die sowohl die Register der Alten als auch der Neuen Musik bespielen könnten und entsprechend Subventionen erhalten sollten. Um jene Musiker_innen, die weder im großen noch in den kleinen Klangkörpern Platz finden würden, sorgte sich Herbort nicht. Sie würden sich ähnlich verhalten wie Bergleute, deren Zechen geschlossen wurden, oder wie Kleinhändler, denen der Supermarkt in die Quere kam; es gebe sowieso noch jede Menge Bedarf an Musiklehrern.

---

44 Pressemitteilung: DIE ZEIT trauert um ihren Musikkritiker Heinz Josef Herbort, 8.11.2006, URL: <https://www.presseportal.de/pm/9377/897887> (7.3.2019).

Hier wie auch allgemein ruhten Herborts Gedankenspiele auf einem erstaunlichen Fortschrittsoptimismus, insbesondere mit Blick auf die damals relativ neue Stereophonie der Schallplatte, die ihm zufolge Klassikhörern ein besseres Musikerlebnis verschaffen würde, als diese es je im Konzertsaal bekommen könnten: »Wer handgebackenes Brot immer noch für schmackhafter hält«, so der Musikkritiker sarkastisch, »mag sich in Gottes Namen einen selbstfinanzierten Privatbäcker leisten«. Herbort sagte der lebendigen klassischen Musikkultur mit ihrem Schwerpunkt auf dem klassisch-romantischen Repertoire demnach alles andere als eine rosige Zukunft voraus – selbst wenn sie unverändert subventioniert werden würde.[45]

Herborts radikale Zukunftsvision löste ein breites Echo aus und sorgte durchweg für Entsetzen unter Orchestermusikern ebenso wie beim *Deutschen Musikrat*. Sein Plädoyer für einen grundlegenden Strukturwandel der klassischen Musikkultur blieb aber keineswegs ohne Wirkung, wie sich an einem dritten Zukunftsentwurf zeigen sollte, den der Präsident des *Deutschen Musikrats*, Siegfried Borris, 1972 anlässlich der *Deutschen Orchesterkonferenz* skizzierte. Von Haus aus staatlich geprüfter Musikerzieher, hatte Borris aufgrund seines jüdischen Elternhauses im Laufe der nationalsozialistischen Herrschaft Anstellung und Staatsangehörigkeit verloren. Nach Kriegsende im Mai 1945 erhielt er noch im selben Jahr in Berlin eine Professur für Musikgeschichte und war maßgeblich am Aufbau des Musiklehrerseminars beteiligt, dessen Leitung er auch übernahm. Die Vermittlung musikalischer Inhalte in die breite Gesellschaft hinein lag ihm seitdem besonders am Herzen, wovon nicht zuletzt sein jahrzehntelanges Engagement für den Schulfunk zeugte.[46]

Aufbauend auf seine jahrzehntelange berufliche Erfahrung und auf vorangegangene Diskussionen innerhalb des Musikrates[47], ging Borris das Problem recht pragmatisch an und platzierte seine Vision bewusst zwischen die »Posaunen-Glissandi derer, die vom katastrophalen Kulturniedergang orakeln« und den radikalen Tönen à la Herbort. Er machte sich keine Illusionen darüber, dass die Zukunft anders aussehen könnte als die Vergangenheit, dass dies sogar auf deutsche Sinfonieorchester zutreffe, und dass auch die Planung nur ein menschengemachtes Instrument sei, das stets unerwartete Folgen zeitigen könne: »Die Zukunft ist offen; wir können sie nur entwerfen, nicht erzwingen. […] Da Zukunft immer im Gestern und Heute wurzelt,

---

45 Heinz Josef Herbort, Kein Geld mehr für Brahms!, in: Die Zeit, 11, 14.3.1969, URL: <http://www.zeit.de/1969/11/kein-geld-mehr-fuer-brahms/komplettansicht> (7.3.2019).

46 Vgl. Tobias Knickmann, Siegfried Borris, in: Claudia Maurer Zenck/Peter Petersen/Sophie Fetthauer (Hg.), Lexikon verfolgter Musiker und Musikerinnen der NS-Zeit, Hamburg 2017, URL: <https://www.lexm.uni-hamburg.de/object/lexm_lexmperson_00001716> (7.3.2019).

47 Im Musikrat hatte sich bereits 1968 eine Arbeitsgruppe gebildet, die ein Förderprogramm für Kulturorchester und Musiktheater entwickeln sollte und deren Ergebnisse sich grosso modo mit Borris Überlegungen deckten: Günther Engelmann, Berufspolitische Initiativen für die Musikberufe, in: Herbert Sass/Andreas Eckhardt (Hg.), 40 Jahre Deutscher Musikrat. Auftrag und Verwirklichung, Regensburg 1993, S. 162-178; hier: S. 163.

müssen wir mit unserer Analyse im Gestern und Heute beginnen.«[48] Mit dem pragmatischen Ansatz folgte Borris so ganz dem Zeitgeist der beginnenden 1970er-Jahre, als die Planungseuphorie einem etwas nüchterneren Zutrauen in die Möglichkeiten dieser Zukunftspraktik wich, das dessen Grenzen stets mitberücksichtigte.[49]

Obwohl Herborts Radikalentwurf schon zwei Jahre zurücklag, bildete dieser genauso einen Fluchtpunkt von Borris Argumentation wie die konservative Haltung der Orchestervereinigung. Der Präsident des *Deutschen Musikrates* warb demgegenüber für einen dritten Weg. Er war überzeugt, dass »das Orchester aus seinem vergangenheitsbezogenen Traditionalismus nur herausgelangen wird, wenn die Musiker ihr Selbstverständnis dem Zeitbewußtsein öffnen.« Was damit gemeint war, spiegelte sich in sechs stichpunktartigen Vorschlägen, die Elemente aus beiden anderen Zukunftsentwürfen enthielten: »Flexiblere Orchesterstrukturen, Nachwuchsbetreuung, Kooperation mit dem nicht-professionellen Bereich, intensive Arbeit mit neuen Musizierformen, Programm-Planung vom Kommunalen zum Regionalen, kulturpolitische Aktivitäten.«

Das »Orchester der Zukunft«, wusste sich Borris relativ einig mit Herbort, müsse zum »Inbegriff variabler Instrumenten-Ensembles« werden. Mit Blick auf den Nachwuchs stand Borris eher auf Seiten der *Deutschen Orchestervereinigung*, sah aber darüber hinaus auch ein großes Potenzial darin, Orchestermusiker an nicht öffentlichen Orten der Gesellschaft auftreten und beispielsweise in Krankenhäusern, Gefängnissen, Fabriken, vor allem aber in Schulen musizieren zu lassen. Gerade mit der musikbegeisterten Jugend müssten engste Kontakte geknüpft werden. Borris warb zudem für eine regionale Kommunikation benachbarter städtischer Orchester miteinander, um Programme zu koordinieren. Im »wirklich humanen Leben des Bürgers der zukünftigen Stadt« maß er Kultur und Musik eine herausgehobene Bedeutung bei und betonte, dass dabei Städteplaner und kommunale Bildungspolitiker stärker kooperieren müssten, um den vielfältigen Musikinteressen im urbanen Raum Rechnung zu tragen.

Vor diesem Hintergrund hielt Borris es für unerlässlich, dass die Orchester »den Weg zur Integration in die Gesellschaft finden«. Geradezu visionär glaubte Borris gar, am Orchester der Zukunft eine Demokratisierung der Kunst vorantreiben zu können, bei der diese »nicht mehr nur als Arabeske des Alltags fungiert, sondern als Spiegel des Lebens und als Initiator.« Derart gesellschaftlich integriert, würde niemand mehr die Existenzberechtigung von Sinfonieorchestern in Frage stellen, sondern ganz im Gegenteil Tariffragen und Gehaltserhöhungen, wie sie die *Deutsche Orchestervereini-*

---

48 Siegfried Borris, Orchester in der kulturpolitischen Planung, in: Das Orchester, 20 (1972) 12, S. 634-638.
49 Vgl. zu Konjunkturen der Planung in der Bundesrepublik: Dirk van Laak, Planung. Geschichte und Gegenwart des Vorgriffs auf die Zukunft, in: GG 34 (2008), S. 305-326.

gung seit ihrem Bestehen gebetsmühlenartig vorbrachte, als legitime kulturpolitische Anliegen anerkennen.

Insgesamt verlangte Borris von den Orchestermusikern künftig eine deutlich größere Reformbereitschaft und Beweglichkeit. Dabei gab er sich bemerkenswert optimistisch: »ich halte dies heute nicht mehr für eine Utopie«, schloss er seine Rede. Seine Zukunftsvorstellungen besaßen den vielleicht größten gestalterischen Gehalt, weil sich alle auf etwas Neues einlassen sollten: die Musiker_innen, die kommunalen Kulturdezernenten, das bewährte Publikum, und sogar die gesamte Stadtbevölkerung.[50]

Borris Visionen stießen selbst bei den Traditionalisten auf eine gewisse Resonanz und ließen eine vorsichtige Reformbereitschaft erkennen. In einem Vortrag bei der *Arbeitsgemeinschaft Musikerziehung und Musikpflege* des *Deutschen Musikrats* zur »Zukunft der deutschen Orchester« zeigte sich der Geschäftsführer der *Deutschen Orchestervereinigung*, Hermann Voss, im September 1973 bemerkenswert offen. Zwar betonte er, dass in der »Pflege aller überkommenen Formen des Musiklebens« eine wichtige Zukunftsaufgabe deutscher Orchester liege. Er forderte aber auch die Bereitschaft ein, sich neuen Entwicklungen nicht zu verweigern und sich insbesondere an neuen Formen des Musizierens zu beteiligen. Dabei hatte Voss nicht nur die Neue Musik und Kammermusikformationen im Kopf, sondern nannte explizit auch »leichte Musik« als etwaiges neues Betätigungsfeld. »Wer immer in diesem Land über die Zukunft unseres Musiklebens nachdenkt, soll wissen: Die deutschen Orchester sind bereit, ihre eigene Zukunft mit den Forderungen der Öffentlichkeit zu verbinden.«[51] Mit etwas Verspätung war der gesellschaftliche Wandel, den die Studentenbewegung und der 1969 erfolgte Regierungswechsel zur sozialliberalen Koalition unter Willy Brandt maßgeblich vorangetrieben hatten, damit auch in den konservativsten Kreisen des klassischen Musiklebens angekommen.

Freilich wusste sich die klassische Musikkultur nicht allein wegen solcher gesellschaftlicher Umarmungsstrategien aus ihrer relativen Bedrohungslage in den 1950er- und 1960er-Jahren umfassend zu befreien. Dass sie heute wieder einen einstmals als quasi natürlich angesehenen herausragenden Platz im deutschen Kulturleben einnimmt, verdankt sich vor allem einem energischen Zukunftshandeln seit den 1960er-Jahren in Form einer ganz überwiegend mit staatlichen Mitteln erbrachten und im internationalen Vergleich beispiellosen Nachwuchsförderung. Wichtige Maßnahmen bildeten unter anderem die Gründung der *Stiftung Deutsches Musikleben* unter ausdrücklicher Zustimmung von Bundespräsident Heinrich Lübke im September 1962, die talentierte Nachwuchsmusiker_innen unterstützte; der bereits erwähnte, 1964 ins Leben gerufene Wettbewerb *Jugend musiziert*, eine rasch wachsende Leistungsschau,

---

50 Alle voranstehenden Zitate n. Borris, Orchester, in: Das Orchester, 20 (1972) 12.
51 Hermann Voss, Die Zukunft der deutschen Orchester, in: Das Orchester, 21 (1973) 11, S. 641-646; hier: S. 646.

dem kaum ein späterer Klassikstar entging⁵²; die Einrichtung des *Bundesjugendorchesters* weitere fünf Jahre später, das bald zum musikpolitischen Aushängeschild und Träger internationaler Kulturdiplomatie wurde; nicht zuletzt die Neuordnung des Musikschulwesens unter Federführung des *Deutschen Musikrats* ebenfalls 1969. Mit dem Bericht der Bundesregierung über die wirtschaftliche und soziale Lage der künstlerischen Berufe von 1975 erhielt das Problem schließlich höchste Aufmerksamkeit, auch weil *Deutscher Musikrat* und *Deutsche Orchestervereinigung* weiterhin kräftig die Alarmglocken schlugen und gar die Dystopie vom »Aussterben des Musikerberufs« bemühten.⁵³

All diese Nachwuchsmaßnahmen trugen wesentlich dazu bei, dass der Orchestermusikerberuf langfristig wieder größeren Zulauf erhielt. Gerade weil diese Maßnahmen ganz im Picht'schen Sinne als bildungspolitische Notwendigkeit betrachtet und damit letztlich zu einem Teil des nationalen Gemeinwohls erklärt wurden, konnte dieses energische Zukunftshandeln sich parallel zu und weit gehend unabhängig von den umstrittenen Zukunftsvorstellungen entfalten. In gewisser Weise wurden so in den 1960er-Jahren die Weichen einer auf kompetitive Auslese und Spitzenförderung ruhenden Instrumentalausbildung gestellt, die auch durch eine auf Egalität abzielende sozialdemokratische Bildungspolitik des darauffolgenden Jahrzehnts nicht mehr von ihrem Weg abzubringen war.⁵⁴

5   Ausblick: Zurück in die Zukunft

Vom Blickpunkt der 1960er-Jahre aus betrachtet hat sich der Berufsstand nicht zuletzt aufgrund der Auseinandersetzungen und deren musikpolitischen Folgen in dieser Zeit zurück in die Zukunft bewegt, denn in den letzten dreißig Jahren hat der Konkurrenzkampf um eine feste Stelle im klassischen Sinfonieorchester wieder deutlich zugenommen. Das liegt nicht nur daran, dass seit der Wiedervereinigung zahlreiche Sinfonieorchester aufgelöst oder zusammengelegt wurden. Parallel dazu stiegen die Absolventenzahlen an den vierundzwanzig deutschen Musikhochschulen in den Inst-

---

52   Hermann Voss, Der Aufruf des Bundespräsidenten, in: Das Orchester, 10 (1962) 12, S. 389-392; Invention und Durchführung. 25 Jahre Wettbewerbe »Jugend musiziert«. Spektrum eines jugendkulturellen und musikpädagogischen Förderungsprogramms. Materialien und Dokumente 1963–1988, hg. im Auftrag des Deutschen Musikrats von Eckart Rohlfs, München 1991.

53   Zitat aus o. A., Nachwuchs, in: Das Orchester, 19 (1971) 12, S. 581. Vgl. auch Engelmann, Berufspolitische Initiativen, in: Sass/Eckhardt (Hg.) 1993, S. 163-165.

54   Interview Rohlfs. Rohlfs und seine Mitarbeiterin Krause erinnerten sich, dass es insbesondere in Nordrhein-Westfalen Schwierigkeiten gab, den Wettbewerb »Jugend musiziert« ordnungsgemäß durchzuführen, unter anderem weil sich aus dem Umfeld der Akademie Remscheid Widerstand gegen die Idee einer musikalischen Bestenauslese formierte.

rumentalfächern weiter an.⁵⁵ Gerade weil der Gestaltungswille der Orchestermusiker und ihrer kulturpolitischen Sachwalter in den langen 1960er-Jahren eine beachtliche Langzeitwirkung hatte, stellen sie ein hervorragendes Beispiel dafür dar, dass die historische Zukunftsforschung nicht in Störfällen und gescheiterten Visionen aufgeht, sondern durchaus auch Geschichten vergangener Gegenwarten bereithält, auf die so oder jedenfalls so ähnlich ziemlich gezielt hingearbeitet wurde.

Zugleich sind in allen drei vergangenen Zukunftsentwürfen Elemente zu finden, die weder gelöst noch einfach gescheitert sind, sondern in der einen oder anderen Weise auch noch den gegenwärtigen Diskurs über die Zukunft der Orchesterlandschaft in Deutschland prägen. Waren es damals in erster Linie Osteuropäer, sind es heute Asiaten, die den Gegenstand des kulturorchestralen Nationalismus bilden. Während sich die Frauenquote in deutschen Orchestern insgesamt deutlich verbessert hat, wird aktuell vor allen Dingen über Dirigentinnen diskutiert, derer es noch immer nur sehr wenige gibt. Den Forderungen nach einer größeren Öffnung der Orchester gegenüber allen gesellschaftlichen Schichten wird mit verschiedenen Formaten Rechnung getragen, von *Casual Concerts* über Education-Programme und Babykonzerte bis hin zu Cross-over-Veranstaltungen, in denen klassische Musikkultur und Clubkultur miteinander in einen Dialog eintreten. Dass solche Angebote nicht zuletzt unter den Musiker_innen selbst nicht unumstritten sind, zeigt nur, dass nach wie vor sehr unterschiedliche Vorstellungen über das Berufsbild des Orchestermusikers und dessen Zukunft kursieren.

---

55 Deutsches Musikinformationszentrum, Abschlussprüfungen in Studiengängen für Musikberufe, Bonn 2018, URL: <http://www.miz.org/statistiken-s1550-p0> (7.3.2019).

Sindy Duong

Zukunft gestalten, konservieren oder befürchten? Gewerkschaftliche Auseinandersetzungen um Lehrer_innenarbeitslosigkeit in der Bundesrepublik

1 Ausgesperrte Zukunft?

»Mit Gewalt«, so erinnerte sich der Vorsitzende Dieter Wunder, verschaffte sich eine Gruppe von arbeitslosen Lehrkräften am 16. November 1986 Zutritt zur Eröffnung des Gewerkschaftstages der *Gewerkschaft Erziehung und Wissenschaft* (GEW) in Osnabrück.[1] Die Gewerkschaftstage sind bis heute die wichtigsten Zusammenkünfte der Delegierten auf Länder- und Bundesebene, es wird Rechenschaft über die Leistungen abgelegt, anstehende Fragen werden diskutiert und Richtlinien für die künftige Arbeit formuliert. Es gibt einen festen und vollen Zeitplan, durch Geschäftsordnung geregelte Formalia des Sprechens, Gehörtwerdens und Beschlussfassens. An der Eröffnungsveranstaltung 1986 nahmen etwa sechshundert Delegierte und Gäste teil, und das erste Mal seit fünfzehn Jahren war mit Horst-Werner Franke wieder ein Kultusminister vor Ort.[2] Auch die arbeitslosen Lehrer und Lehrerinnen hatten ursprünglich eine Einladung mit entsprechender Redezeit erhalten, beides aber abgelehnt.[3] Nachdem sie nun allerdings die Veranstaltung gestürmt hatten, ergriff einer der Arbeitslosen das Wort, und »der Vorstand gab mit schlechtem Gewissen nach«.[4] In seiner Rede »beschimpft[e]« der arbeitslose Pädagoge die Gewerkschaftsführung: Die GEW müsse endlich eine Tarifpolitik verfolgen, die sich für einen Gehaltsverzicht der festangestellten Lehrkräfte einsetze, um dadurch zusätzliche Arbeitsplätze zu schaffen.[5]

---

1   Dieter Wunder, Erfahrungen der GEW mit der Arbeitslosigkeit von Lehrerinnen und Lehrern – Politik gegen den Strom, in: Lutz Reyher (Hg.), Resonanzen. Arbeitsmarkt und Beruf – Forschung und Politik. Festschrift für Dieter Mertens [= Beiträge zur Arbeitsmarkt- und Berufsforschung, Bd. 111], Nürnberg 1988, S. 506-515; hier: S. 509.
2   20. Ordentlicher Gewerkschaftstag. Nur beim Geld scheiden sich die Geister, in: Erziehung & Wissenschaft [E&W], 12 (1986), S. 6-9; hier: S. 6.
3   Wunder, Erfahrungen der GEW, in: Reyher (Hg.) 1988, S. 506-515; hier: S. 509.
4   Ebd.
5   Ebd.

Es läge nahe, diese Episode als Beispiel für eine in den 1980er-Jahren kulminierende Zukunftsverweigerung der einstigen Reformkraft GEW zu lesen. Gingen die GEW-Funktionäre dem Thema Arbeitslosigkeit aus dem Weg? Dieses Bild passt nicht so recht. Denn für die Bildungsgewerkschaft war das Thema Arbeitslosigkeit immer Bestandteil ihres Engagements gewesen. Die GEW war beispielsweise die erste und lange Zeit einzige DGB-Gewerkschaft, welche Arbeitslosen überhaupt die Möglichkeit einräumte, Mitglied zu werden.[6] 1975 – in dem Jahr, als es in der Bundesrepublik das erste Mal arbeitslose Lehrer_innen[7] gab – war es die GEW gewesen, die unter anderem mit der Gründung eines *Sekretariats für Arbeitslose Lehrer* (SAL) lautstark auf das Problem der Lehrer_innenarbeitslosigkeit aufmerksam gemacht hatte – lange und intensiver als alle anderen Berufsverbände und Interessenvertretungen. Zudem organisierte die Gewerkschaft in Sindelfingen 1981 den ersten Arbeitslosenkongress für Lehrkräfte in der Bundesrepublik.

Angesichts dieses frühzeitigen Engagements der GEW ist der Ausgangspunkt dieses Beitrages die These, dass Arbeitslosigkeit als Zukunftsvorstellung nicht nur bei den von Arbeitslosigkeit bedrohten Junglehrer_innen vorhanden war, sondern kontinuierlich auch bei den Gewerkschaftsfunktionären.[8] Nach Divergenzen sollte daher an anderer Stelle gesucht werden. Den Forschungsbeitrag von Rüdiger Graf und Benjamin Herzog aufgreifend, könnten ab etwa 1975 verschiedene Modi bei der gewerkschaftlichen Generierung von Zukunft eine Rolle gespielt haben und sollten in die Analyse miteinbezogen werden: Graf und Herzog schlagen eine Typologie entlang von Erwartung, Gestaltung, Risiko und Erhaltung vor.[9] Wenn es beispielsweise zutrifft, dass eine optimistische Gestaltungszukunft auf eine pessimistische Risikozukunft traf, dann war eine produktive Diskussion und ein gemeinschaftliches Agieren von Funktionären und arbeitslosen Junglehrer_innen innerhalb der Organisation von vornherein zum Scheitern verurteilt – selbst wenn *beide* ihre volle Aufmerksamkeit auf das ab den späten 1970er-Jahren zunehmende Problem der nicht mehr sicheren Übergänge zwischen Studium und Lehrberuf richteten.

Weiterhin läge es nahe, den Vorfall auf dem Gewerkschaftstag 1986 als Beispiel für einen in den 1980er-Jahren kulminierenden Generationenkonflikt innerhalb der GEW zu deuten. Unbestritten ist, dass der Lehrer_innenberuf wie kein anderer Be-

---

6 Arbeitslos gewordenen Mitgliedern wurde zwar nicht die Mitgliedschaft gekündigt, aber formal war der Mitgliedsstatus von Arbeitslosen in den DGB-Gewerkschaften umstritten: Heinz Putzhammer, Von der Arbeitslosenbetreuung zur Beschäftigungspolitik – Zur Arbeitslosenarbeit der Gewerkschaft Erziehung und Wissenschaft (GEW), in: Friedhelm Wolski-Prenger (Hg.), Arbeitslosenarbeit. Erfahrungen. Konzepte. Ziele, Wiesbaden 1996, S. 119-125; hier: S. 119 f.
7 Im Folgenden wird die gendersensible Schreibweise nur dann gewählt, wenn nachweislich auch Frauen mit zur betreffenden Gruppe gehörten.
8 Siehe Fußnote 7.
9 Rüdiger Graf/Benjamin Herzog, Von der Geschichte der Zukunftsvorstellungen zur Geschichte ihrer Generierung. Probleme und Herausforderungen des Zukunftsbezugs im 20. Jahrhundert, in: Geschichte und Gesellschaft [GG], 42 (2016), S. 497-515.

ruf in der zweiten Hälfte des 20. Jahrhunderts von generationsspezifischen Chancen geprägt war[10]; die durch die Ausweitung des öffentlichen Dienstes hohe Nachfrage nach Lehrpersonal in den 1960er- bis größtenteils in die 1970er-Jahre hinein unterschied sich gravierend von der hohen Arbeitslosigkeit in dieser Berufsgruppe Mitte der 1980er-Jahre.[11] Ein Einblick in die Altersstruktur der GEW-Mitglieder sowie Eindrücke von Verantwortlichen zeigen zudem, dass die Gewerkschaft in den 1980er-Jahren vor der Herausforderung einer kontinuierlichen Überalterung ihrer Basis stand.[12] Für die Funktionäre kann nur gemutmaßt werden, dass sie ebenfalls einer bestimmten Alterskohorte angehörten, weil Daten der Alterszusammensetzung aufwändig rekonstruiert werden müssten. Doch fällt schon auf den ersten Blick auf, dass sich entscheidende Akteure auf Funktionärsseite nicht in das generationale Schema einordnen lassen. Mit dem vorliegenden Aufsatz kann stattdessen untersucht werden, ob sich in den Zukunftsgenerierungen Hinweise auf Generationszugehörigkeit finden lassen und ob unterschiedliche Generierungsmodi verantwortlich für die eingangs geschilderte Situation auf dem Gewerkschaftstag in Osnabrück waren: Nicht die unterschiedliche Generationszugehörigkeit, so die Ausgangsthese, führte per se zu Konflikten[13], sondern die Konflikte offenbarten sich darin, wie unterschiedlich sich die Gewerkschaftsangehörigen aufgrund ihres je spezifischen Verhältnisses zur Zukunft verhielten. Dies hing wiederum wesentlich davon ab, ob die Akteure verbeamtete Lehrkräfte (beziehungsweise festangestellte Funktionäre) waren oder von Arbeitslosigkeit bedroht (beziehungsweise betroffen). Diese analytisch schärfere Unterteilung

---

10 Peter Lundgreen (unter Mitarbeit von: Jürgen Schallmann), Datenhandbuch zur deutschen Bildungsgeschichte, Bd. XI: Die Lehrer an den Schulen in der Bundesrepublik Deutschland 1949–2009, Göttingen 2013; Rainer Bölling, Lehrerarbeitslosigkeit. Historische Erfahrungen, gegenwärtige Situation und Zukunftsperspektiven, in: Aus Politik und Zeitgeschichte, 21 (1987), S. 3-14; Hartmut Titze, Der Akademikerzyklus. Historische Untersuchungen über die Wiederkehr von Überfüllung und Mangel in akademischen Karrieren, Göttingen 1990; Heinz Bude, »Generation« im Kontext. Von den Kriegs- zu den Wohlfahrtsstaatsgenerationen, in: Ulrike Jureit/Michael Wildt (Hg.), Generationen. Zur Relevanz eines wissenschaftlichen Grundbegriffs, Hamburg 2005, S. 28-44; hier: S. 42 f.
11 Auffallend ist beispielsweise, dass noch bis etwa 1980 der Lehrberuf ein sehr junger Beruf war, in dem unter Dreißigjährige dominierten. Die vor 1980 eingestellten unter Dreißigjährigen waren dann auch im weiteren zeitlichen Verlauf die quantitativ hervorstechende Kohorte, was sukzessive zu einer Überalterung des Lehrpersonals führte: Lundgreen, Datenhandbuch, 2013, S. 109 f.
12 Seit spätestens Mitte der 1980er-Jahre traten nicht nur viele Mitglieder aus, sondern es traten auch immer weniger Studierende und Referendar_innen in die Gewerkschaft ein. Die Folge war eine zunehmende Überalterung der Gewerkschaft: Von 1985 zu 1989 halbierte sich die Zahl der unter Dreißigjährigen GEW-Mitglieder, und die Zahl der in der GEW organisierten Studierenden reduzierte sich um ein Drittel: Gewerkschaft Erziehung und Wissenschaft im DGB (Hg.), Geschäftsbericht 1989–1993, Frankfurt a. M. 1993, S. 206.
13 Zu den Grenzen der Erklärung historischen Wandels durch die Analysekategorie Generation: Ulrike Jureit, Generation, Generationalität, Generationenforschung, Version: 2.0, in: Docupedia-Zeitgeschichte, 3.8.2017, URL: <http://docupedia.de/zg/jureit_generation_v2_de_2017> (29.3.2019).

verschweigt nicht die unterschiedlichen Erfahrungs- und Verarbeitungszusammenhänge zwischen den Gruppen, vermag aber die Selbstinszenierung der arbeitslosen Pädagog_innen in der GEW als Generationenkonflikt etwas abzuschwächen. Denn in der Realität war ein immer geringer werdender Prozentsatz von studierten Lehrkräften gewerkschaftlich organisiert – die schwindende Attraktivität einer gewerkschaftlichen Organisierung unter Jüngeren stellte in diesem Sinne den eigentlichen »Generationenkonflikt« dar.

Mit einer integrierten Perspektive von Historischer Zukunftsforschung und Geschichte der Arbeit kann somit auch ein Schlaglicht auf die Frage geworfen werden, wie in den 1980er-Jahren aus einer gesellschaftlichen Reformkraft eine eher konservierende Kraft wurde. Zentrale Erkenntnisse der Historischen Zukunftsforschung, zum Beispiel die prinzipielle Offenheit des Zukunftshorizonts für die Zeitgenoss_innen[14], könnten helfen, nicht lediglich das Bild einer Organisation zu schreiben, die sich der Realität und der Zukunft verschloss. Stattdessen könnte stärker berücksichtigt werden, wie die stark zunehmende Arbeitslosigkeit die konkreten Bedingungen gewerkschaftlichen Handelns veränderte. In den Vordergrund rückt die Perspektive der Gewerkschaft als eines Zusammenschlusses unterschiedlicher Akteure, die ihre Positionen in teils heftigen innerorganisatorischen Diskussionen aushandelten.

Der Aufsatz beschäftigt sich also damit, wie Zukunft erzeugt und wie diese handlungsleitend für die jeweiligen Akteure wurde. Dabei finden sowohl die bereits erwähnten unterschiedlichen Generierungsmodi von Zukunft (wie Gestaltung und Risiko)[15] als auch Zukunftspraktiken (wie Planung und Prognose)[16] Aufmerksamkeit. In Abhängigkeit davon, ob Lehrer_innenarbeitslosigkeit beispielsweise überhaupt als Zukunftsszenario eingeplant oder sogar befürchtet wurde, ergaben sich unterschiedliche Möglichkeitsräume für Handlungen in der Gegenwart. Im Anschluss an Stefan Brakensiek kann so auch offengelegt werden, wie die Zeitgenossen in der Praxis mit der ungewissen Zukunft umgingen und welches Wissen in ihr konkretes Handeln einfloss.[17] Mit der GEW lässt sich konkret am Beispiel eines Akteurs das Verhältnis von Planungen, Prognosen und – wie bei der Stürmung des Gewerkschaftstages – eher aktionistischen Handlungen zeigen.

---

14 Lucian Hölscher, Theoretische Grundlagen der Historischen Zukunftsforschung, in: ders. (Hg.), Die Zukunft des 20. Jahrhunderts. Dimensionen einer historischen Zukunftsforschung, Frankfurt a. M. 2017, S. 7-37; hier: S. 33.
15 Graf/Herzog, Von der Geschichte der Zukunftsvorstellungen, in: GG 42 (2016), S. 497-515.
16 Andreas Reckwitz, Zukunftspraktiken. Die Zeitlichkeit des Sozialen und die Krise der modernen Rationalisierung der Zukunft, in: ders. (Hg.), Kreativität und soziale Praxis. Studien zur Sozial- und Gesellschaftstheorie, Bielefeld 2016, S. 115-135; hier: S. 126.
17 Stefan Brakensiek, Ermöglichen und Verhindern – Vom Umgang mit Kontingenz. Zur Einleitung, in: Markus Bernhardt/Stefan Brakensiek/Benjamin Scheller (Hg.), Ermöglichen und Verhindern. Vom Umgang mit Kontingenz [= Kontingenzgeschichten 1], Frankfurt a. M. 2016, S. 9-22; hier: S. 12 f.

Mit diesen Erkenntnisinteressen reiht sich der vorliegende Aufsatz in solche Arbeiten ein, die nach Kontinuitäten und Brüchen zwischen den 1960er- und 1980er-Jahren fragen – eine der schon seit einigen Jahren produktivsten Fragen innerhalb der Zeitgeschichte. Wann schlug sich der »Strukturbruch« in den Zukunftswahrnehmungen der Gewerkschaften so nieder, dass sie ihre Praktiken veränderten? Wie wirkten sich im Zuge des Strukturbruchs eintretende Veränderungen hinsichtlich der Zukünfte der Arbeit(slosigkeit) von Lehrer_innen auf ihre Interessenvertretung aus? Warum wurde die GEW zunehmend als rückwärtsgewandte Kraft wahrgenommen, obwohl in der Gewerkschaft auch in den 1980er-Jahren die Rede über Zukunft omnipräsent war?

Um diesen Fragen nachzugehen, beginnt der Beitrag zunächst mit einem Blick auf die 1960er-Jahre als dem Zeitpunkt, in dem eine bestimmte Art, Zukunft zu generieren, innerhalb der GEW institutionell verankert wurde (2). Dass diese Gestaltungszukunft selbst dann noch richtungsweisend blieb, als sich die Einstellungssituation für Referendar_innen veränderte, zeigt der dritte Abschnitt. Während ein 1975 von offizieller GEW-Seite geprägter Slogan wie »Auch 1985 wird es keinen Lehrerüberschuß geben!« das anhaltende Vertrauen in die eigene Gestaltungskraft von Zukunft belegt, pluralisierte sich in der konkreten Praxis die Zukunftsgenerierung von Gewerkschaftsmitgliedern: Arbeitslosigkeit wurde für diejenigen, die nicht mehr so selbstverständlich wie zuvor in den Lehrberuf übernommen wurden, zu einer persönlichen Zukunftsangst. Diese Risikozukunft konkurrierte mit der noch von den Funktionären gelebten (und für eine Gewerkschaft essenziellen) selbstbewussten Generierung von eigenen Gestaltungsmöglichkeiten der Zukunft. Diese entwickelte sich allerdings zunehmend zu einer Spielart der Erhaltungszukunft, wie im Aufsatz gezeigt wird.

2 Die Institutionalisierung der Gestaltungszukunft

2.1 Prägende Erfahrungen der 1960er-Jahre

Lenken wir unseren Blick erneut auf den eingangs erwähnten Gewerkschaftstag 1986 und darauf, wie der GEW-Vorsitzende Dieter Wunder im Laufe der Versammlung auf den Vorwurf der arbeitslosen Pädagog_innen reagierte. Wunder plädierte vor den sechshundert Teilnehmenden für eine Kontinuität der Zukunftsentwürfe der Vergangenheit: »Unsere Reformkonzeptionen der 60er und 70er Jahre sind tragfähig für die kommenden 20 Jahre.« Der GEW-Pressesprecher Steffen Welzel fasste Wunders Positionen auf dem Gewerkschaftstag so zusammen:

> »D. h. unsere Analysen waren richtig, unsere Ziele haben nicht an Wert verloren. D. h. aber auch, wir haben Bringschulden in Sachen Um- und Durchsetzung unse-

rer Forderungen. Gestalten ist allemal attraktiver als Verhindern. Gewerkschaften müssen die Handlungsoffensive wieder zurückgewinnen. Auch die GEW.«[18]

Bereits mit ihrer Wortwahl plädierten Dieter Wunder und Steffen Welzel sehr deutlich dafür, Zukunft als offenen Gestaltungsspielraum zu begreifen. Laut Graf und Herzog zeichnet sich die Gestaltungszukunft dadurch aus, dass sie »gerade durch die Logiken, Praktiken und Anstrengungen ihrer Herbeiführung produziert« wird: »Die Gestaltungszukunft wird nicht erwartet oder erhofft, sondern festgelegt und gesetzt, sie wird nicht beschrieben und vorgestellt, sondern entschieden.«[19] Auch bei Wunder ist die Rede über die Zukunft inhärent verknüpft mit dem Anspruch, diese selbst zu gestalten. Doch wie konstituierte sich die gewerkschaftliche Gestaltungszukunft der 1960er- und 1970er-Jahre im Hinblick auf Arbeitslosigkeit konkret? Im Wesentlichen formten drei Elemente das Verhältnis von Gegenwart und Zukunft und damit den Zukunftsbezug der GEW in den 1960er-Jahren: Erstens richtete sich der temporale Blick der GEW – und damit befand sie sich im gesellschaftlichen Mainstream – generell von der Gegenwart in die Zukunft. Den Fluchtpunkt bildete das Jahr 1970 mit dem Negativszenario eines virulenten Mangels an Lehrkräften im Schulbereich: »Es steht uns ein Bildungsnotstand bevor, den sich nur wenige vorstellen können. [...] [Es] müßten sämtliche Hochschulabsolventen Lehrer werden, wenn unsere Schulen ausreichend mit Lehrern versorgt sein sollen«[20], schrieb Georg Picht 1964 in seiner bekannten zeitgenössischen Prophezeiung einer »deutsche[n] Bildungskatastrophe«. Der prospektive Lehrer_innenmangel bis zum Jahr 1970, der angesichts rapide steigender Schüler_innenzahlen nicht mehr zu vermeiden sei, werde einen wirtschaftlichen Notstand Deutschlands auslösen, so Picht weiter.[21] Für den Theologen und Pädagogen wie auch für die GEW bildete die von der Kultusministerkonferenz (KMK) im Jahr 1962 vorgelegte erste quantitative Feststellung des Lehrer_innenbedarfs in der Bundesrepublik die Folie, vor der Gegenwart und Zukunft gedeutet wurden.[22] Diese KMK-Zahlenwerte waren in den gesamten 1960er-Jahren extrem einflussreich, denn erstmals beruhten die Ergebnisse nicht mehr auf ungenauen Schätzungen, sondern auf einer vermeintlich wissenschaftlich verlässlichen Fortschreibung der Schüler_in-

---

18 Für beide Zitate: Dieter Wunder, Tendenzgewerkschaft in Sachen Reformpolitik. Markierungspunkte zur Bildungs- und Organisationspolitik. Beiträge des GEW-Vorsitzenden Dr. Dieter Wunder auf dem 20. Ordentlichen GEW-Gewerkschaftstag in Osnabrück vom 16. bis 20. November 1986, Frankfurt a. M. 1987, S. 3, 16.
19 Graf/Herzog, Von der Geschichte der Zukunftsvorstellungen, in: GG 42 (2016), S. 497-515; hier: S. 508.
20 Georg Picht, Die Deutsche Bildungskatastrophe. Analyse und Dokumentation, Freiburg i. Br. 1964, S. 16, 22.
21 Ebd.
22 Ständige Konferenz der Kultusminister der Länder in der Bundesrepublik Deutschland [KMK], Bedarfsfeststellung 1961 bis 1970 für Schulwesen, Lehrerbildung, Wissenschaft und Forschung, Kunst und Kulturpflege. Dokumentation, Stuttgart 1963.

nenentwicklung seit den 1950er-Jahren.[23] Die KMK-Bedarfsfeststellung war die erste langfristig orientierte Bildungsplanung auf Bundesebene – allerdings betonte die KMK gleich im Vorwort, dass es sich um »keine Planung im dirigistischen Sinne« handele.[24] Nebenbei bemerkt ist in der Sekundärliteratur umstritten, ob die KMK-Analyse tatsächlich eine Prognose darstellte.[25] Unstrittig ist allerdings, dass sie in den Bereich der wissenschaftlichen Zukunftsaussagen eingeordnet werden kann und teilweise prognostische Elemente enthielt. Werden Prognosen allgemein als wissensbasierte Aussagen über erwartbare zukünftige Trends definiert, beziehungsweise als eine wissensbasierte Erschließung der Zukunft[26], so lässt sich die KMK-Bedarfsfeststellung dort einordnen.[27]

Zweitens war die eigentlich pessimistische Zukunftsprognose einer Bildungskatastrophe durchweg mit positiven Gegenwartserfahrungen für die Gewerkschaft verknüpft: Sie erfuhr ein sehr hohes Mitgliederwachstum und einen hohen gesellschaft-

---

23 Hans-Georg Herrlitz/Wulf Hopf/Hartmut Titze/Ernst Cloer, Deutsche Schulgeschichte von 1800 bis zur Gegenwart. Eine Einführung, Weinheim ⁵2009, S. 172.
24 KMK, Bedarfsfeststellung, 1963, S. 4.
25 Klaus Hüfner/Jens Naumann/Helmut Köhler/Gottfried Pfeffer, Hochkonjunktur und Flaute. Bildungspolitik in der Bundesrepublik Deutschland 1967–1980, Stuttgart 1986, S. 220; Manfred Tessaring, Akademikerprognosen als Grundlage der Individual- und Politikberatung, in: Jan Kluczynski/Ulrich Teichler/Christian Tkocz (Hg.), Hochschule und Beruf in Polen und in der Bundesrepublik Deutschland, Kassel 1983, S. 64-79.
26 Elke Seefried, Zukünfte. Aufstieg und Krise der Zukunftsforschung 1945–1980 [= Quellen und Darstellungen zur Zeitgeschichte, Bd. 106], Berlin 2015, S. 5; Heinrich Hartmann/Jakob Vogel, Prognosen. Wissenschaftliche Praxis im öffentlichen Raum, in: dies. (Hg.), Zukunftswissen. Prognosen in Wirtschaft, Politik und Gesellschaft seit 1900, Frankfurt a. M. 2010, S. 7-29. Vgl. auch: Georg Picht, Prognose, Utopie, Planung. Die Situation des Menschen in der Zukunft der technischen Welt, Stuttgart 1967, S. 13 f., der die Prognose definierte als »Versuch, unter Verwertung aller verfügbaren Informationen festzustellen, welche künftigen Entwicklungen in einem genauer zu definierenden Feld unter bestimmten Voraussetzungen […] nach zu berechnenden Wahrscheinlichkeitsgraden eintreten werden.« Siehe auch: Armin Grunwald, Prognostik statt Prophezeiung. Wissenschaftliche Zukünfte für die Politikberatung, in: Daniel Weidner/Stefan Willer (Hg.), Prophetie und Prognostik. Verfügungen über Zukunft in Wissenschaften, Religionen und Künsten [= Trajekte], München 2013, S. 81-95; hier: S. 89. Laut Grunwald stützen sich Prognosen allerdings »nur zum Teil auf Wissen«, denn bestimmte Randbedingungen werden angenommen oder Berechnungen werden unter der Annahme angestellt, »dass gegenwärtiges Wissen in die Zukunft extrapoliert werden darf.«
27 Methodisch trug die KMK Zahlenwerte aus der Vergangenheit zusammen, nahm dabei allerdings an, dass sich die vergangene Entwicklung einfach in die Zukunft fortsetzen werde: Franz Scherer, Ökonomische Beiträge zur wissenschaftlichen Begründung der Bildungspolitik [= Studien und Berichte des Instituts für Bildungsforschung in der Max-Planck-Gesellschaft, Bd. 16], Berlin 1969, S. 24. Zudem wurden bildungspolitische Zielwerte zunächst festgesetzt und darauf basierend Vorausschätzungen, zum Beispiel über den Personalbedarf im Schulwesen, angestellt: Helmut Köhler, Quellen der Bildungsstatistik. Eine kommentierte Zusammenstellung statistischer Veröffentlichungen, in: Materialien aus der Bildungsforschung, 8 (1977), S. 149, URL: <https://dlc.mpdl.mpg.de/dlc/view/escidoc:32319/recto-verso> (29.3.2019).

lichen Einfluss, sowie eine sehr hohe Nachfrage nach dem Lehrberuf, verbunden mit einem entsprechenden Selbstbewusstsein. Bildung wurde zur Zukunftsfrage.[28]

Prägnant war ebenso, drittens, dass Gegenwart und Zukunft der 1960er-Jahre eng miteinander verknüpft waren und gewissermaßen ineinander verschmolzen. Dies führte zu einer scheinbar paradoxen Situation: Das gewerkschaftliche Handeln konnte seine Legitimität sowohl aus dem Primat von Gegenwartsproblemen vor Zukunftsfragen beziehen wie auch andersherum. Denn einerseits sollte (und konnte) die Zukunft nur durch gegenwärtiges Handeln gestaltet werden: Eine prospektive Fehlentwicklung war das Ergebnis versäumten Handelns in der Gegenwart. Andererseits wurden erste drohende Einstellungsprobleme von Lehrkräften im Zuge der Rezession 1967 mit dem Argument abgewehrt, dass die politisch Verantwortlichen nun nicht »die Sorgen der Gegenwart« über »die Notwendigkeiten der Zukunft« stellen dürften.[29] Auf den ersten Blick könnte der GEW unterstellt werden, in ihren zeitlichen Bezügen opportunistisch, wenn nicht sogar beliebig gewesen zu sein. Naheliegender ist es allerdings, dass der gewerkschaftliche Zukunftsentwurf mit der Gegenwart seines Entstehungszeitraumes in den 1960er-Jahren so eng verknüpft war, dass Sprünge zwischen beiden Zeitebenen gar nicht als solche wahrgenommen wurden.

Die prinzipielle Austauschbarkeit von Erfahrungsraum und Erwartungshorizont der 1960er-Jahre in Kombination mit der vorwärtsorientierten Blickrichtung aus einer positiven Gegenwartserfahrung heraus kann die Wirkmächtigkeit der Gestaltungszukunft in den 1960er-Jahren begründen. Dies erklärt allerdings noch nicht, warum die Gestaltungszukunft bei der GEW ihren historischen Entstehungszeitraum überdauerte. Dies soll im Folgenden gezeigt werden.

2.2 »1970« als entzeitlichter Zukunftshorizont

Waren es wirklich Reformkonzeptionen der 1960er- *und* 1970er-Jahre, auf die sich Dieter Wunder in seiner Reaktion auf den Protest der arbeitslosen Pädagog_innen berief? Vieles deutet darauf hin, dass die Zukunftsfixierung auf das Jahr 1970 und der gestalterische Anspruch organisatorisch festgeschrieben worden waren und die Zukunft der 1960er-Jahre, die von einer nicht zu befriedigenden Nachfrage nach Lehrkräften geprägt war, dadurch eine überzeitliche und universalistische Dimension entwickelte, die das gewerkschaftliche Handeln noch über die kalendarische Zielmarke des Jahres hinaus prägte.

---

28 Wilfried Rudloff, Bildungsplanung in den Jahren des Bildungsbooms, in: Matthias Frese/Julia Paulus/Karl Teppe (Hg.), Demokratisierung und gesellschaftlicher Aufbruch. Die sechziger Jahre als Wendezeit der Bundesrepublik [= Forschungen zur Regionalgeschichte, Bd. 44], Paderborn 2003, S. 259-282.
29 Lehrermangel noch nicht beseitigt, in: Allgemeine Deutsche Lehrerzeitung [ADLZ], 7 (1967), S. 2.

So deutete sich die künftige Symbolträchtigkeit des Jahres 1970 bereits Ende der 1960er-Jahre an, als das Prognosejahr 1970 immer näher rückte und gleichzeitig die Rezession von 1967 erste zarte Risse an der Naht zwischen Bildungsexpansion und Beschäftigungssicherheit des Lehrberufs zu Tage förderte. In einigen Bundesländern drohte die Gefahr, dass nicht mehr alle ausgebildeten Lehrkräfte sofort in den Schuldienst übernommen werden sollten – und das, obwohl bei weitem noch nicht die Gesamtzahl an Lehrkräften erreicht worden war, die Anfang der 1960er-Jahre von mehreren Seiten als notwendig vorausberechnet worden war. Nicht zufällig fragte der promovierte ehemalige Studienrat Günter Pröbsting gerade 1967 in einem Gastbeitrag für die GEW-Mitgliederzeitschrift, ob »die Prognosen […], die für 1970 einen hohen Fehlbedarf [an Lehrkräften] voraussagten, so falsch« gewesen seien.[30] Pröbsting selbst hatte 1962 zusammen mit seinem Bruder Helmut im Auftrag des Ettlinger Kreises (dem im Übrigen auch Georg Picht angehörte) den Bedarf an Volksschullehrer_innen für die Zukunft errechnet.[31] Sie prognostizierten ebenso wie die KMK (1963) und Picht (1964) einen massiven Fehlbedarf an Lehrer_innen bis zum Jahr 1970. In seinem fünf Jahre später erschienenen GEW-Gastbeitrag argumentierte Pröbsting nun damit, dass es auch in denjenigen Bundesländern mit Einstellungsproblemen weiterhin überfüllte Klassen und einen Lehrer_innenmangel geben und sich letzterer in den nächsten Jahren bundesweit sogar noch verschärfen werde.[32] In der Realität sei man nämlich noch weit von den ursprünglich durch die KMK aufgestellten Zielwerten und sogar den Mittelwerten für das Jahr 1970 entfernt.[33]

Pröbstings Argumentation entsprach der Haltung der GEW: Lehrer_innenbedarfsfragen wurden als unabhängig von der wirtschaftlichen Situation entworfen. Nicht finanzpolitische Erwägungen sollten die Einstellungspolitik prägen, sondern pädagogische Notwendigkeiten. In dieser Situation ging es darum, die Situation der Lernenden und der verbeamteten Lehrer_innen zu gestalten – und nicht darum, eine potenziell künftige Arbeitslosigkeit von Lehrkräften abzuwehren. Bereits begrifflich gab es keine Möglichkeit, an Arbeitslosigkeit zu denken, ohne gleichzeitig auf pädagogisch notwendige Reformmaßnahmen einzugehen. Dies drückte auch der zeitgenössische Begriff des »Lehrermangels« (und auch der des »Lehrerbedarfs«) aus: Laut Volker Starr wurden in dieser Zeit der pädagogische und der beschäftigungspolitische Bedarf begrifflich stets zusammengedacht, so zumindest die Aussage in seiner umfangreichen Untersuchung, die Mitte der 1980er-Jahre in einem gemeinsam von der *Hans-Böckler-Stiftung* und der GEW geförderten Gutachten erschien.[34] Allerdings

---

30 Günter Pröbsting, Lehrermangel, Lehrerbedarf, in: ADLZ 7 (1967), S. 2.
31 Günter Pröbsting/Helmut Pröbsting, Beiträge zum Problem des Lehrermangels an den Volksschulen in den Ländern der Bundesrepublik, Weinheim 1962.
32 Ebd.
33 Ebd.
34 Volker Starr, Lehrerarbeitslosigkeit in der Bundesrepublik Deutschland, in: Martin Baethge/Dirk Hartung/Rudolf Husemann/Ulrich Teichler (Hg.), Studium und Beruf. Neue Perspektiven für

mag es aus der zeitgenössischen Perspektive um 1970 zutreffender gewesen sein, dass der beschäftigungspolitische Bedarf noch kein eigenständiges politisches Handlungsfeld war, denn die Rezession 1967 blieb ohne erwähnenswerte Konsequenzen für den schulischen Arbeitsmarkt. Nur sehr vereinzelt berichtete die Mitgliederzeitschrift der GEW Ende der 1960er-Jahre über Proteste von Lehramtsstudierenden (angesichts möglicher Einstellungsschwierigkeiten) und über Warnrufe (wie jenen von Pröbsting). Die Denkrichtung war vielmehr: Wenn die pädagogisch als sinnvoll erachteten Zielmarken noch nicht erreicht worden sind, konnte es theoretisch keine Arbeitslosigkeit geben, und es bestand weiterhin eine beschäftigungspolitische Nachfrage nach Lehrkräften. Erst in den 1970er-Jahren sollten zwei separate Begriffe für den pädagogischen und beschäftigungspolitischen Bedarf üblich werden – allerdings nicht bei der GEW.

Der Begriff des Lehrermangels und die Diskussion um den Bedarf an Lehrkräften waren für die Gewerkschaft somit nicht das Resultat beschäftigungspolitischer Ängste. Es ging nicht darum, Arbeitslosigkeit abzuwehren, sondern darum, den in der Vergangenheit einmal festgelegten zukünftigen Bedarf an Lehrkräften in Gegenwart und Zukunft mit planerischen Mitteln umzusetzen. Als sich die 1960er-Jahre dem Ende neigten und immer deutlicher wurde, dass die 1963 von der KMK aufgestellten Zielwerte für das Jahr 1970 nicht erreicht werden konnten, verabschiedete der GEW-Hauptvorstand im März 1969 ein Aktionsprogramm zur »Sicherung« des Lehrer_innenbedarfs.[35] Gemäß den ursprünglich aufgestellten Zielwerten fehlten nun, im Jahr 1969, laut GEW-Schätzung etwa 150.000 Lehrer_innen für das Jahr 1970. Kern der GEW-Kritik war, daß »es den Kultusministern offenbar noch nicht gelungen sei, ein Instrumentarium für die Vorausberechnung der Bedarfssteigerung und die Planung der Bedarfsdeckung zu entwickeln«.[36]

Nach 1970 machte die GEW zunächst mit Arbeitslosigkeit als Dystopie Bekanntschaft. Denn die Arbeitslosigkeit von Lehrkräften war Anfang der 1970er-Jahre kein eigentliches Gegenwartsproblem. Es häuften sich allerdings Deutungskämpfe darüber, ob es in Zukunft arbeitslose Lehrer_innen geben werde. Diese Diskussion um eine mögliche Beschäftigungslosigkeit von Lehrkräften war auch eine Auseinandersetzung darum, wie die Zukunft von Arbeit und Arbeitslosigkeit gedacht werden sollte: Das Risiko einer potenziellen Arbeitslosigkeit abwehrend oder die Arbeits- und Lernbedingungen aktiv gestaltend? In dieser Situation nahm die GEW-Spitze jegliche Bezugnahme auf eine drohende Beschäftigungslosigkeit von Akademiker_innen und speziell auf die von Lehrer_innen als reine Abschreckungskampagne wahr. In der

---

die Beschäftigung von Hochschulabsolventen. Denkanstöße für eine offensive Hochschul- und Beschäftigungspolitik. Ein von der Hans-Böckler-Stiftung und der Gewerkschaft Erziehung und Wissenschaft gefördertes Gutachten, Freiburg i. Br. 1986, S. 339-442; hier: S. 347.
35 GEW (Hg.), Geschäftsbericht 1968–1971, Darmstadt 1971, S. 16.
36 Ebd., S. 82.

Märzausgabe 1972 der GEW-Mitgliederzeitschrift war es das erste Mal, dass Arbeitslosigkeit von Lehrer_innen in der Bundesrepublik direkt erwähnt wurde, allerdings nur im Kontext eines nicht eingetretenen Schreckensszenarios.[37] Und 1974, genau zehn Jahre nach Georg Pichts Appell, wandte sich der damalige GEW-Vorsitzende Erich Frister mahnend an den DGB-Bundesvorstand, an die Gewerkschaftszeitungen sowie an die Mitglieder des GEW-Hauptausschusses, um auf die »Abschreckungskampagne« hinzuweisen, die sich hinter dem »Schlagwort vom akademischen Proletariat beziehungsweise der Arbeitslosigkeit der Akademiker« verstecke: »Ziel ist es, die Angehörigen der oberen Sozialschichten bei der Verteilung der führenden Positionen möglichst ungestört unter sich zu lassen.«[38]

Insbesondere mittels Prognostik wurde die Deutung der Zukunft (und dadurch auch die gegenwärtige Politik) verhandelt. Neue Prognosen und damit neue Zukunftsentwürfe, die von den bis 1970 aufgestellten Prognosen des eklatanten Lehrkräftemangels abwichen, wehrte die GEW ab. Gängig war die Begründung, dass damit nur die eigentlichen Gegenwartsprobleme vertuscht werden sollten. So war es denn auch ein gängiger Vorwurf seitens der GEW, dass eine um 1970 von den Kultusministern häufig prognostizierte »Lehrerschwemme« jeglicher empirischer Grundlage entbehre. Denn aktuell gebe es überfüllte Schulklassen, und sogar ausländische Hilfslehrer_innen würden zur Bekämpfung des Lehrer_innenmangels nach Deutschland geholt. Als sich mitten im Bundestagswahljahr 1972 die Ankündigungen der Kultusminister häuften, dass nicht alle vorhandenen Lehrer_innen eingestellt werden konnten, antwortete die GEW damit, reale Gegenwartsprobleme (überfüllte Klassen) und fiktive prognostische Zukunftsbilder (arbeitslose Lehrkräfte) gegenüberzustellen und so die Absurdität einer möglichen Lehrer_innenarbeitslosigkeit darzustellen. Die Zukunftsprognose des Lehrer_innenmangels wurde von der GEW als Ausdruck gegenwärtiger politischer Prioritäten für zukünftige gesellschaftliche Bedingungen bewertet, und eine künftige Lehrer_innenarbeitslosigkeit sei daher ein durch die Regierung absichtlich in Kauf genommenes Übel: Eine geläufige Argumentation war, dass Warnungen vor einem Überangebot nicht das Ende des Lehrer_innenmangels ankündigten, sondern offensichtlich das Ende der Bereitschaft, ihn zu beheben.[39]

Auf die Prognosen eines künftigen Überschusses reagierte die Gewerkschaft mit eigenen Mangel- und Bedarfsberechnungen, die von einer gegenwärtigen Mangelsituation ausgingen und diese Entwicklung ungeachtet eventuell auftretender Ver-

---

37 Alle Lehrer einstellen. Entschließung des HV der GEW, in: E&W 3 (1972), S. 2.
38 Erich Frister, Brief an die Mitglieder des DGB-Bundesvorstandes, Chefredakteure der Gewerkschaftszeitungen, Mitglieder des Hauptausschusses der GEW, Redakteure der GEW-Landeszeitungen vom 10. September 1974, AdsD, 5/GEWA0117001.
39 GEW, Dokument Nr. 515: »Kein Ende des Lehrermangels in Sicht. Dokumentation der GEW zum Lehrermangel, September 1971«, Reprint in: GEW (Hg.), Geschäftsbericht 1971–1974, Darmstadt 1974, S. 327-333; hier: S. 333.

änderungen auch in die Zukunft hinein fortschrieben.[40] Dies war zum Beispiel die Reaktion auf den um 1971 geprägten Begriff des »Pillenknicks«, der auf einer Bevölkerungsvorausschätzung des Statistischen Bundesamtes vom Februar 1971 basierte.[41] Ein weiteres Mittel, um den Prognosen der Bund-Länder-Kommission für Bildungsplanung (BLK) und der Kultusminister ihre Legitimation zu entziehen, war es, unterschiedliche Studien und Prognosen gegenüberzustellen. Das erste Mal, dass dies in besonders ausgiebiger Form angewandt wurde, war in Folge des 1972 von der BLK verabschiedeten »Prioritätenkatalogs«. Dieser markierte eine entscheidende Wende in der Diskussion um den nur ein Jahr später verabschiedeten Bildungsgesamtplan. Penibel wurden in einer Vielzahl von Zeitschriftenartikeln einzelne Prognosewerte aus dem Prioritätenkatalog, aus einem Entwurf zum Bildungsgesamtplan und den Prognosen einzelner Kultusministerien auseinandergenommen. Dabei wurden der BLK Intransparenz und Zahlenmanipulationen bei der Berechnung eines »angebliche[n] Lehrüberhang[s]« ab 1975 vorgeworfen: Dieser werde »durch Annahme von Daten ermittelt, die im Widerspruch zu allen Erfahrungen und nachprüfbaren Tatsachen bestehen.«[42]

Wichtig ist, dass die Auseinandersetzungen mit der BLK sich nicht darum drehten, die Idee der Planung als solche abzulehnen. Im Gegenteil, wie die GEW war die BLK ein maßgeblicher Akteur der Gestaltungszukunft. Es ging vielmehr um das Wesen der Gestaltungszukunft: Sollte diese auf neuen oder auf den ursprünglich in den 1960er-Jahren erstellten Prognosen fußen? Dadurch waren die äußerst detailliert geführten Auseinandersetzungen um Zahlenwerte mehr als nur rein mathematisch-technischer Natur: Noch vor dem erstmaligen Auftreten der Lehrer_innenarbeitslosigkeit 1975 hatten sich die Vorstellungen der BLK und der GEW auseinanderentwickelt, obwohl beide die Zukunft als offenen Gestaltungsraum betrachteten. Die GEW kritisierte an den Prognosen der BLK, dass diese versuchten, eine tendenziöse Version der Gegenwart zu fixieren. Es war ein Konflikt zwischen zwei vermeintlich wissenschaftlichen Zukünften. Gestritten wurden über die Ex-ante-Kriterien, die in die BLK-Prognosen einflossen. Laut Grunwald bemisst sich die wissenschaftliche Geltung von Zukunftsaussagen an gegenwärtigen Zukunftskonstruktionen.[43] In diesem Sinne kritisierte die GEW die Ex-ante-Kriterien und deren intransparentes und willkürliches Zustandekommen.[44]

In der Art und Weise, wie Zukunft von der GEW als Gesamtorganisation generiert wurde, gab es in den 1960er- und 1970er-Jahren keinen Bruch, sondern – wenn

---

40 Ebd., S. 327-333.
41 Ebd., S. 329.
42 Erich Frister, GEW aktiv gegen die Verewigung der Bildungsmisere. Sondersitzung des Hauptausschusses einberufen. Brief an den Vorsitzenden der Bund/Länder-Kommission, in: E&W 8 (1972), S. 1.
43 Grunwald, Prognostik, in: Weidner/Willer (Hg.), Prophetie, 2013, S. 81-95; hier: S. 92.
44 Ebd., S. 81-95.

überhaupt – nur Sollbruchstellen. Zwar änderte sich Mitte der 1970er-Jahre der konkrete Zukunftsbezug der GEW von »1970« zu »1985«. Doch die Zukunftsvorstellungen, die das Prognosejahr 1970 symbolisierte, blieben auch im weiteren Verlauf der 1970er- und 1980er-Jahre erhalten. Besonders prägnant zeigte sich dieses Festhalten an den Vorstellungen der 1960er-Jahre im Begriff des Lehrermangels. Ab 1974 bis Ende der 1970er-Jahre warb die Gewerkschaft mit dem Slogan: »Auch 1985 wird es einen Lehrermangel geben!«[45] und alternativ: »Auch 1985 gibt es keinen Lehrerüberschuß«.[46] Mit dem Verweis auf das Jahr 1985 rekurrierte der Slogan auf den ursprünglichen Planungszeitraum des 1973 veröffentlichten Bildungsgesamtplans. Hauptkritikpunkt waren die in der BLK-Prognose vom Juni 1974 zu hoch angesetzten »Zahlen für die zu erwartenden Lehrer« und der zu niedrig angesetzte Lehrer_innenbedarf.[47] Man habe, so die GEW, »[w]esentliche bildungspolitische Reformforderungen« außer Acht gelassen.[48] Stattdessen würden »scheingenaue Planungsverfahren« der BLK den Bedarf an mehr Lehrer_innen einfach wegrechnen.[49]

Die GEW konservierte in der ersten Hälfte der 1970er-Jahre nicht einfach die Vergangenheit, sondern wehrte sich gegen eine bestimmte Richtung, »Zeit« zu denken: Anders als noch 1967, als finanzielle Engpässe größere Zukunftsfragen nicht behindern sollten, wollte man die vergangene Gegenwart nun nicht von den neu auftauchenden Zukunftsvorstellungen bestimmen lassen. Stattdessen sollten die Herausforderungen der Gegenwart handlungsleitend für die Zukunft sein. Zwar basierten auch die Prognosen der BLK auf statistischen Daten, die in der Vergangenheit oder der Gegenwart erhoben und nun für die Zukunft fortgeschrieben wurden, doch dienten Prognosen weniger der Lösung gegenwartsbezogener Probleme, sondern eher solchen Konstellationen, die als zukünftig relevant eingeschätzt wurden. Die Gewerkschaft wollte dagegen die Zukunft der Arbeit im Hier und Jetzt der frühen 1970er-Jahre festlegen.

---

45 Gerd Köhler, »Auch 1985 wird es einen Lehrermangel geben«, 7. Oktober 1974, Reprint in: o. A., GEW: Lehrerschwemme oder Lehrermangel?, in: GEW (Hg.), Im Brennpunkt, Frankfurt a. M. 1975, S. 2-9; hier: S. 2.
46 Zum Beispiel: GEW, Auch 1985 gibt es keinen Lehrerüberschuß. GEW-Stellungnahme zu den Lehrerbedarfsberechnungen des Kultusministeriums Nordrhein-Westfalen, Reprint in: GEW (Hg.), GEW-Aktion Lehrermangel. Überfüllte Klassen – Arbeitslose Lehrer, Frankfurt a. M. [ca. 1975], S. 131-134.
47 Köhler, Auch 1985, 7. Oktober 1974, Reprint in: GEW (Hg.) 1975, S. 2-9; hier: S. 2.
48 Ebd.
49 Ebd.

3 Pluralisierung der Zukunftsarten ab 1975

3.1 Arbeitslosigkeit als Frage nach der Zukunft der Gewerkschaft

Wie veränderte sich der Zukunftsbezug der Gewerkschaft, als die Arbeitslosigkeit Realität wurde? Im Januar 1975 gab es die ersten Meldungen über ausgebildete Lehrer_innen, die unter anderem in Baden-Württemberg, Hessen und Rheinland-Pfalz nicht in den Schuldienst übernommen werden sollten.[50] Dies führte dazu, dass die GEW die bisher nur abstrakt geführten Auseinandersetzungen um Deutung und Entwicklung der Lehrer_innenarbeitslosigkeit nun mit konkreten Maßnahmen ergänzte. Die Gewerkschaft erklärte die Arbeitslosigkeit zu ihrem Schwerpunktthema für das Jahr 1975 und startete ein Sofortprogramm zu ihrer Bekämpfung. Mit Beschluss vom August 1975 wurde auf GEW-Bundesebene das *Sekretariat Arbeitslose Lehrer* (SAL) offiziell eingerichtet und beim Hauptvorstand der Bundes-GEW mit Sitz in der Frankfurter Geschäftsstelle angesiedelt.[51] Die beim SAL registrierten Bewerber_innen sollten ursprünglich einerseits zwecks Stellenvermittlung monatlich namentlich in der GEW-Mitgliederzeitschrift veröffentlicht werden und andererseits in unregelmäßigen Abständen Informationen zu Beschäftigungs-, Umschulungs- und Unterstützungsmöglichkeiten erhalten.[52] Wie bedeutsam die statistischen Fragen aber weiterhin waren, zeigt das ursprüngliche Ziel des SAL, nämlich alle Personen nach dem Ersten oder Zweiten Staatsexamen statistisch zu erfassen, die »keinen Ausbildungs- beziehungsweise Arbeitsplatz im Schuldienst« erhielten.[53] Das SAL wurde also aus der Idee der Gestaltungszukunft heraus eingerichtet: Es ging darum, mit aktuellen statistischen Daten politischen Druck auszuüben.

Die Situation, in der sich die GEW Mitte der 1970er-Jahre befand, war alles andere als leicht. Bereits der 1973 von der BLK verfasste Bildungsgesamtplan hatte die Prioritätenverschiebung in der Politik der Bundesrepublik und den Einflussverlust der GEW eingeläutet. Mit diesem politischen Einflussverlust ging ein nur geringes Mitgliederwachstum in den 1970er-Jahren einher[54], das sich in den 1980er-Jahren so-

---

50 GEW (Hg.), GEW-Aktion Lehrermangel. Überfüllte Klassen – Arbeitslose Lehrer, Frankfurt a. M. [ca. 1975], S. 78.
51 GEW (Hg.), Geschäftsbericht 1974–1977, Darmstadt 1977, S. 34: Das SAL war personell allerdings erst seit April 1976 eigenständig besetzt, seit April 1977 mit dem promovierten Lehrer Christoph Heise, der das SAL bis zum Ende dieses Bereichs Anfang der 1990er-Jahre prägte.
52 GEW richtet Sekretariat »Arbeitslose Lehrer« ein, in: E&W 9 (1975), S. 3.
53 Ebd.
54 Durch die GEW wurde im weiteren Verlauf der 1970er-Jahre immer wieder angesprochen, dass »die Zahl der Neuzugänge an Mitgliedern nicht unerheblich hinter der Personalvermehrung im gesamten Bildungsbereich zurückgeblieben ist«: vgl. u. a. GEW (Hg.), Geschäftsbericht 1977–1980, Viernheim 1980, S. 176.

gar teilweise in rückläufige Mitgliederzahlen verwandelte.[55] Der inner- und außergewerkschaftliche Handlungsspielraum wurde enger. Die konkrete Arbeitslosigkeit drohte auch zu einem Glaubwürdigkeitsverlust der Gewerkschaft zu werden. Denn im Gegensatz zur GEW hatte die BLK bereits im Sommer 1972 im erwähnten »Prioritätenkatalog« einen (leichten) Lehrer_innenüberhang für 1975 vorausgesagt.[56] Zwar besaßen die Prognosen der BLK auch deshalb realitätsbildende Kraft, weil in der BLK die Kultusministerien der Bundesländer (und das Bundesministerium für Bildung und Wissenschaft) vertreten waren, die letztlich auch für die Lehrer_inneneinstellungen verantwortlich waren. Doch einige Kultusminister konnten jetzt medienwirksam auf ihre frühzeitigen Warnungen vor einer »Lehrerschwemme« verweisen und so der Gewerkschaft direkt oder indirekt die Schuld an der Arbeitslosigkeit geben.

Mitte der 1970er-Jahre hatte das Thema Arbeitslosigkeit für die GEW auf Bundesebene somit eine hohe politisch-strategische Bedeutung und wurde zur entscheidenden Frage für die Zukunft der Gewerkschaft. Der spezifische Blickwinkel auf Arbeitslosigkeit war der einer Organisation, die um ihren gesellschaftlichen Einfluss rang; Arbeitslosigkeit wurde von den GEW-Funktionären insofern nicht problembezogen, aus der Perspektive der betroffenen Lehrer_innen gedacht. So fasste 1982, also sieben Jahre später, ein im Hauptvorstand zirkulierendes GEW-Papier die Haltung der Bildungsgewerkschaft zum Thema Arbeitslosigkeit treffend zusammen: »Lehrerarbeitslosigkeit ist – leider – Thema Nr. 1 der GEW und beansprucht einen Großteil ihrer Energien und Aktivitäten.«[57] Dieser Satz veranschaulicht die Situation, in der sich die GEW in den frühen 1980er-Jahren wiederfand; es führte kein Weg daran vorbei, sich dem Thema Arbeitslosigkeit zu widmen. Wiederum ein paar Jahre später resümierte der Vorsitzende Dieter Wunder rückblickend, warum Gewerkschaften generell beim Thema Arbeitslosigkeit nur einen begrenzten Aktionsradius besaßen: »Arbeitslosigkeit mindert ihre Verhandlungsposition, damit auch ihren Rückhalt bei Mitgliedern und potenziellen Mitgliedern.«[58] Während Arbeitslosigkeit bei den Funktionären auf diskursiver Ebene sehr präsent war, fehlte es an praktischen Einflussmöglichkeiten, da Arbeitslosigkeit nicht als Gegenstand der Tarifpolitik betrachtet wurde.

---

55 Vgl. diverse Geschäftsberichte, zum Beispiel: Bundesvorstand des Deutschen Gewerkschaftsbundes [DGB], Geschäftsbericht des Bundesvorstandes des Deutschen Gewerkschaftsbundes 1986 bis 1989, Frankfurt a. M. 1990, S. 814.
56 Der »Prioritätenkatalog« trug den offiziellen Namen »Vorschläge für die Durchführung vordringlicher Maßnahmen«. Dort ist von einem nur geringen Mangel an Lehrer_innen für 1975 die Rede, wenn Fachschullehrer mit in die Berechnung einbezogen werden: Bund-Länder-Kommission für Bildungsplanung [BLK], Vorschläge zur Durchführung vordringlicher Maßnahmen, beschlossen am 6. Juli 1972, – K 28 – 29/72 –, Stuttgart 1972, S. 148. In der Anlage zum Prioritätenkatalog wird allerdings spezifisch für einzelne Schulformen, für einzelne Unterrichtsfächer und einzelne Bundesländer ein Ende des Lehrermangels festgestellt und teilweise für 1975 schon ein Überangebot in einzelnen Bereichen festgestellt: BLK, Vorschläge, 1972, S. 159-165.
57 GEW, Internes Schreiben des SAL vom 30. August 1982, 1 Seite, AdsD, 5/GEWA01090027.
58 Wunder, Erfahrungen der GEW, in: Reyher (Hg.) 1988, S. 506-515; hier: S. 506.

Selbst als es kaum noch Neueinstellungen in den Schuldienst gab, lag die Zukunft der Arbeit von studierten Lehrkräften für die GEW im staatlichen Schulsektor. Dies zeigte sich bereits bei der Definition, was eine arbeitslose Lehrkraft war. Für eine Vielzahl von Akteuren existierten unterschiedliche Definitionsversuche von Arbeits- beziehungsweise Erwerbslosigkeit, und es wurde diskutiert, ob Studierende sich bereits nach dem 1. oder erst nach dem 2. Staatsexamen als Lehrer_in bezeichnen durften. Für die GEW zählten zu den arbeitslosen Lehrer_innen alle Personen mit abgeschlossenem Lehramtsstudium, die keine reguläre Beschäftigung an einer staatlichen Schule fanden. Als arbeitslos galten demnach beispielsweise auch diejenigen, die nach einem Lehramtsstudium an einer Universität arbeiteten und sich weiter für den Schuldienst bewarben. Solch eine Definition von Arbeitslosigkeit basierte auf der traditionellen und ausschließlichen Orientierung am Arbeitsmarkt Schule.

Mit diesem Fokus blieb auch der gestalterische Einfluss auf Zukunft verbunden. Lehrer_innenarbeitslosigkeit wurde ausschließlich als eine Frage politischer Prioritäten gewertet. Mit diesem Verständnis von Arbeitslosigkeit konnte die GEW kontinuierlich politischen Druck ausüben – selbst zu einem Zeitpunkt, als der Arbeitsmarkt für diesen Bereich enger wurde: Bis zum Wechsel des GEW-Vorsitzes von Erich Frister zu Dieter Wunder 1981 forderte die GEW sehr offensiv die Einstellung aller Lehrer_innen, und gab diese Forderung auch darüber hinaus offiziell nie auf.

3.2 Arbeitslosigkeit als persönliche Zukunftsangst

Während die Zukunft für die Organisation trotz der ersten arbeitslosen Lehrer_innen ein offener Gestaltungsraum blieb, verengte sich für die Studierenden und Referendar_innen der Zukunftshorizont unerwartet. In der Geschichte der Bundesrepublik waren nach Jahren einer sehr hohen Nachfrage erstmals 1975 angehende Lehrer_innen von Arbeitslosigkeit betroffen, was auch den übrigen Studierenden, Referendar_innen und Examenskandidat_innen der Lehrämter die Möglichkeit eigener Arbeitslosigkeit konkret vor Augen führte. Dies war, leicht zeitversetzt, ein bundesländerübergreifendes Phänomen. Zum 1. Februar 1975 wurden beispielsweise in Hamburg insgesamt 115 Studierende nicht in das Referendariat eingestellt.[59] Der *Ausschuss junger Lehrer und Erzieher* (AjLE) der GEW war dort, häufig in Kooperation mit anderen studentischen Gruppierungen (wie dem AStA), vor Ort schon früh aktiv und führte Veranstaltungen und Demonstrationen durch. Im Rahmen der Aktionstage der GEW fand in Hamburg bereits am 10. Februar 1975 eine »Informationsveranstaltung für Lehrer und alle, die es werden wollen!« statt, unter dem

---

59 AStA, AjLE (GEW) und Examensgruppen, Trotz bestandenem Examen: 115 Lehramtskandidaten nicht ins Referendariat übernommen! Das Volksbildungswesen verrottet weiter, Flugblatt vom 10. Februar 1975, 2 Seiten, S. 1, Hamburger Bibliothek für Universitätsgeschichte, Flugblattordner: WS 1974/75 (2) SS 1975 (1).

Titel »Lehrerberuf ohne Perspektive«.[60] Die »drohende Arbeitslosigkeit« war neben anderen Themen Teil der Informations- und Diskussionsveranstaltung: »Besonders als Lehrerstudent sieht man einer unsicheren Zukunft entgegen. Und das trotz eklatantem Lehrermangel, trotz überfüllter Schulklassen, trotz Stundenausfall.«[61] Neben der Streichung von dreihundert Vertretungslehrerstellen hatten über hundert Lehramtskandidaten keinen Ausbildungsplatz für die zweite Phase der Lehrerausbildung erhalten und seien so dazu gezwungen, »ein halbes Jahr Arbeitslosigkeit mitten in der Ausbildung« zu überbrücken.[62]

Letztlich fiel die Arbeitslosigkeit in dieser Anfangszeit geringer aus als ursprünglich befürchtet, und eine weitere Zuspitzung der Situation wurde immer weiter in die Zukunft verlagert: Im Oktober 1975 gab es in Hamburg dann doch nur einundzwanzig arbeitslose Lehrer_innen. Allerdings wurden auch viele der letztlich eingestellten Bewerber_innen nicht in das Beamtenverhältnis übernommen, sondern bekamen erstmalig nur befristete Angestelltenverträge (zum Teil in Teilzeit), oder sie mussten in ein anderes Bundesland wechseln.[63] Von der *A.G. Lehrerarbeitslosigkeit* an der Universität Hamburg wurde dies als Beleg dafür gewertet, dass die »Schwemme der arbeitslosen Lehrer« erst an ihrem Anfang stand[64]: »Hoffst Du, daß sich bis zum Ende Deiner Ausbildung die Lage ohne Deinen Einsatz entscheidend gebessert haben wird? Wir sind da anderer Meinung, denn heute haben wir 21 arbeitslose Lehrer, am 1. Februar 1976 werden es 300 sein und am Ende Deiner Ausbildung (1980) wahrscheinlich 1.700 ...«[65] Dieses Bild einer risikobehafteten Zukunft, welches die *A.G. Lehrerarbeitslosigkeit* am Pädagogischen Institut zeichnete, kann als repräsentativ für die studentischen Gruppen gewertet werden und ließe sich sicherlich so auch in den anderen Bundesländern wiederfinden. Die in solchen Studierendenflugblättern und Broschüren verwendeten Zahlen deuten darauf hin, dass für die betroffenen Studierenden und Referendar_innen anders als für die Gewerkschaftsspitze die Prognosen eine hohe Bedeutung bei der Einschätzung der eigenen Zukunftschancen besaßen. Zudem belegt die Übernahme solcher Begriffe wie beispielsweise der »Lehrerschwemme«, die von der GEW eigentlich kritisiert wurden, eine grundsätzlich andere Sicht auf das Thema Arbeitslosigkeit.

---

60 AStA und AjLE (GEW), Lehrerberuf ohne Perspektive, Flugblatt vom 6. Februar 1975, 2 Seiten, S. 1, Hamburger Bibliothek für Universitätsgeschichte, Flugblattordner: WS 1974/75 (2) SS 1975 (1).
61 Ebd., S. 2.
62 Ebd.; Marxistischer Studentenbund Spartakus, Alarm für Lehrerstudenten. 115 Bewerber am Studienseminar abgelehnt, Flugblatt vom 6. Februar 1975, 2 Seiten, S. 1, Hamburger Bibliothek für Universitätsgeschichte, Flugblattordner: WS 1974/75 (2) SS 1975 (1).
63 A.G. Lehrerarbeitslosigkeit (in Zusammenarbeit mit dem AStA und dem Fachschaftsrat PI), Lehrerstudenten heute – Arbeitslose von morgen?, Flugblatt vom 24. Oktober 1975, 2 Seiten, S. 1, Hamburger Bibliothek für Universitätsgeschichte, Flugblattordner: SS 1975 (2) WS 1975/76 (1).
64 Ebd.
65 Ebd.

3.3 Um wessen Zukunft geht es? – Das Beispiel der Selbsthilfeprojekte

Die Positionen der Gewerkschaftsfunktionäre und der in der GEW organisierten ausgebildeten Lehrer_innen stießen in den 1980er-Jahren bei der Diskussion um die sogenannten Selbsthilfeprojekte aufeinander. Deshalb lässt sich anhand der Selbsthilfeprojekte zeigen, wo die Konfliktlinien zwischen beiden Parteien lagen und inwiefern dies konkret mit unterschiedlichen Zukunftsgenerierungen und -vorstellungen von Arbeit (und Arbeitslosigkeit) zu tun hatte.

Doch zunächst ein kurzer Blick auf die Situation Anfang der 1980er-Jahre, die für beide Lager Ausgangspunkt ihrer jeweiligen Reaktion war: 1982 prognostizierte Klaus-Dieter Schmidt, Wissenschaftler am renommierten *Institut für Weltwirtschaft* (IfW) in Kiel, dass die Arbeitslosigkeit von Lehrer_innen »zu einem nahezu unlösbaren Problem« werden würde.[66] Als Gründe nannte Schmidt in seiner viel referierten Prognose den weiteren Rückgang der Schülerzahl, die gleichbleibend geringe Anzahl von Personen, die aus dem Dienst ausschieden und die Zunahme der Lehramtsbewerber_innen.[67] Die Verbesserung der Schüler-Lehrer-Relation – das zentrale Reformthema der GEW – könne auch bei »einer zurückhaltenden Einstellungspolitik erreicht« werden, und selbst eine Ausweitung der Stellen im öffentlichen Dienst sei nicht ausreichend, um die Arbeitslosigkeit zu mindern.[68]

Es war das erste Mal in ihrer Geschichte, dass sich die GEW auf Bundesebene einer solchen Prognose anschloss. In der Folge hob die GEW die besondere Relevanz der Arbeitslosigkeit für die eigene Politik heraus. Der Leiter des SAL, Christoph Heise, betonte beispielsweise in einem Thesenpapier vom Juni 1982, dass sie »für die nächsten (ca. zehn) Jahre Hauptthema für die GEW bleiben« werde.[69] Die von Heise angeführte zeitliche Befristung der Problematik war allerdings ebenso paradigmatisch für die Haltung der GEW, weshalb Arbeitslosigkeit auf der Ebene der Organisation auch in den 1980er-Jahren nicht zum Ausgangspunkt des eigenen Zukunftsentwurfs von Arbeit wurde.

Die Selbsthilfeprojekte waren kein auf die Zukunft vorgreifendes, gestaltendes Element. Sie entstanden vielmehr aus der konkreten Notsituation heraus, initiiert von den arbeitslosen Lehrkräften als Reaktion auf ihre schlechten Einstellungschancen im Schuldienst.[70] Die betroffenen Arbeitslosen profitierten zwar oftmals von den vor

---

66 Klaus-Dieter Schmidt, Zum Problem der Lehrerarbeitslosigkeit, in: Kieler Diskussionsbeiträge, 87 (März 1982), S. 1-33; hier: Titelblatt.
67 Ebd.
68 Ebd.
69 Christoph Heise, Zur Organisation arbeitsloser Lehrer in der GEW, 15. Juni 1982, Reprint in: Jürgen Burger, Selbsthilfeprojekte arbeitsloser Pädagoginnen und Pädagogen. Ein Beitrag zur praktischen Kritik der Lehrerarbeitslosigkeit [= Schriftenreihe des Bildungs- und Förderungswerkes e. V. der Gewerkschaft Erziehung und Wissenschaft, Bd. 1], Frankfurt a. M. 1986, S. 39.
70 Vgl. auch: Burger, Selbsthilfeprojekte, 1986, S. 12.

Ort vorhandenen Strukturen der GEW-Arbeitslosenarbeit, den zahlreichen GEW-Arbeitslosengruppen und den gewerkschaftlichen Gruppen an Studienseminaren, denn überall dort trafen sich Gleichgesinnte, um sich für Selbsthilfeprojekte zusammenzufinden.[71] Doch es dauerte vergleichsweise lange, bis diese Projekte die Aufmerksamkeit von übergeordneten Stellen der Gewerkschaft erlangten: Erst im Juni 1982 brachte das SAL die Zusammenarbeit mit (pädagogischen) Selbsthilfegruppen überhaupt in die offizielle GEW-Diskussion ein[72], und das, obwohl es sie bereits seit der zweiten Hälfte der 1970er-Jahre gegeben hatte.

Doch wodurch lässt sich die zurückhaltende Position der Gewerkschaftsführung gegenüber den Selbsthilfeprojekten erklären? Schließlich hätten die hier oftmals prekären Arbeitsbedingungen einen konkreten Ansatzpunkt liefern können, um sich für bessere Beschäftigungsbedingungen einzusetzen: In den Projekten waren unter anderem befristete ABM-Stellen üblich, die nicht im Einklang mit traditionellen gewerkschaftlichen Beschäftigungszielen standen.[73] Zudem zeichneten sich viele Selbsthilfeprojekte durch eine geringe Überlebensdauer und eine immense Fluktuation aus, waren also ihrerseits durch eine sehr hohe Zukunftsunsicherheit für die dort Beschäftigten geprägt.[74]

Eine plausible Erklärung könnte sein, dass die Selbsthilfeprojekte die Zukunftskompetenz der Funktionäre herausforderten. Denn ein entscheidender Unterschied zwischen den arbeitslosen Mitgliedern und den Funktionären waren ihre konkreten Vorstellungen des Verhältnisses von Vergangenheit, Gegenwart und Zukunft. Wie bereits erwähnt, plädierte beispielsweise der GEW-Vorsitzende Dieter Wunder auf dem Gewerkschaftstag 1986 für eine Kontinuität von vergangenen Zukunftsentwürfen und wollte so einen neuen Aufbruch signalisieren. Er tat dies allerdings mit den Zukunftsannahmen der Reformzeit vor 1970.[75] Während damals der Blick auf eine künftige Zukunft gerichtet worden war, blieb nun in den 1980er-Jahren der Blick der Organisation auf diese mittlerweile vergangene Zukunft fixiert. Dagegen fragten sich

---

71 Heise bemerkt dazu, dass »die Unterstützung und Kooperation« auf GEW-Kreis- und GEW-Bezirksebene »im übrigen oft recht gut« funktioniere: »Je näher an der praktischen Arbeit diskutiert wird, desto eher verschwinden auch gruppenspezifische Konkurrenzprobleme und abgehobene Grundsatzdebatten«: Christoph Heise, Überlegungen zur Arbeitslosen- und Beschäftigungspolitik der GEW (Beschäftigung von Lehrerinnen und Lehrern), Stellungnahme vom 3. Januar 1989, 10 Seiten, S. 5, AdsD, 5/GEWA01090028. Vgl. auch: Jochen Hoselmann (Aktionsgemeinschaft Humane Welt e. V.), Brief, Reprint in: Sekretariat Arbeitslose Lehrer [SAL], GEW-Fachtagung LehrerInnenarbeitslosigkeit, 13.–15. Oktober 1988 [in] Osnabrück, in: SAL Materialien, 5 (1988), S. 14.
72 Burger, Selbsthilfeprojekte, 1986, S. 33. Ebenso: Heise, Zur Organisation arbeitsloser Lehrer, 15. Juni 1982, Reprint, in: Burger, Selbsthilfeprojekte, 1986, S. 39.
73 Burger, Selbsthilfeprojekte, 1986, S. 12.
74 Ebd., S. 10 f., 29.
75 Wunder, Tendenzgewerkschaft 1987, S. 3, 16.

die arbeitslosen Pädagog_innen: »Wozu noch in der GEW?«[76] Denn angesichts der Tatsache, dass Mitte der 1980er-Jahre Neueinstellungen im staatlichen Schuldienst stagnierten, vermissten sie »zukunftsweisende Perspektiven der GEW zur Weiterentwicklung des Bildungswesens in Verbindung mit entsprechend abgeleiteten Forderungen zur Beschäftigung des dafür notwendigen pädagogischen Personals«.[77]

Die unterschiedlichen Haltungen zur Zukunft – Furcht vor der (künftigen und anhaltenden) Betroffenheit durch Arbeitslosigkeit einerseits und das nostalgische Festhalten an einer früheren Gestaltungsmacht im staatlichen Schulbereich andererseits – beeinflussten die Art und Weise, wie das gegenwärtige Problem der Arbeitslosigkeit der Lehrkräfte eingeschätzt wurde. Selbst in dem Moment, in dem sie längst Realität war, wurde Arbeitslosigkeit nie eine Zukunftsvorstellung für die GEW; die Selbsthilfeprojekte waren für die Gewerkschaftsfunktionäre nicht der Ort, um die Zukunft der Arbeit zu projizieren. Dies zeigte sich insbesondere in den Beschlüssen des GEW-Hauptvorstandes aus den Jahren 1983 und 1984[78]: Es wurde zwar ein Solidaritätsfonds zur gewerkschaftlichen Selbsthilfe eingerichtet und an die Landesverbände eine entsprechende Aufforderung übermittelt. Doch erstens wurden gewinnorientierte Projekte aus der finanziellen Förderung ausgeschlossen, zweitens durfte dort generell niemand direkt als Arbeitnehmer_in beschäftigt werden.[79] So war es das Ziel der Gewerkschaft, dass die arbeitslosen Lehrer_innen durch die Selbsthilfeprojekte vor allen Dingen ihre pädagogischen Fähigkeiten aufrechterhielten[80], bis sie eine reguläre Beschäftigung im staatlichen Schulwesen erhielten. Selbsthilfeprojekte sollten also dazu dienen, gewerkschaftliche Forderungen durchzusetzen. Es war an dieser Stelle somit die Perspektive der Organisation, von der aus die GEW sich dem Problem der Arbeitslosigkeit stellte.

Die Verantwortlichen innerhalb der GEW befürchteten, dass durch die Selbsthilfeprojekte eine Risikozukunft festgeschrieben wurde und so die eigene Gestaltungskraft verloren ging. Der Vorsitzende Dieter Wunder machte in diesem Sinne deutlich, wo die GEW ihre Grenzen setzen musste, nämlich dort, »wo es um die dauerhafte Einrichtung von zusätzlichen privaten Bildungseinrichtungen geht«.[81] Im Gegensatz dazu verwiesen die arbeitslosen Pädagog_innen auf die bereits vorhandene Vielfalt an Beschäftigungsformen, die sich in Form von ABM-Stellen, Honorartätigkeiten, der

---

76 GEW, Fachtagung Lehrer*innen*arbeitslosigkeit, 13.–15.10.1988, Tagungsbericht, Osnabrück 1988, S. 4.
77 Christoph Heise, Fachtagung in Osnabrück. »Feste Stellen für alle Pädagoginnen und Pädagogen!«, November 1988, Reprint in: Sekretariat Arbeitslose Lehrer [SAL], GEW-Fachtagung LehrerInnenarbeitslosigkeit, 13.–15. Oktober 1988 [in] Osnabrück, in: SAL Materialien 5 (1988), S. 11.
78 Putzhammer, Von der Arbeitslosenbetreuung zur Beschäftigungspolitik, in: Wolski-Prenger (Hg.) 1996, S. 119-125; hier: S. 122.
79 Ebd.
80 Ebd.
81 Wunder, Erfahrungen der GEW, in: Reyher (Hg.) 1988, S. 506-515; hier: S. 513.

Arbeit bei freien Trägern, Volkshochschulen und in Selbsthilfeprojekten entwickelt hatte.[82] Diese Vielfalt an Teilarbeitsmärkten, so ihr Argument, erfordere auch jeweils »unterschiedliche Beschäftigungsstrategien«.[83] Während sich der beschäftigungspolitische Blickwinkel der GEW also von seiner Verengung auf den Arbeitsmarkt Schule loslösen müsse, könnte es ja gerade bei den vielen neuen Beschäftigungsformen darum gehen, gewerkschaftlich abgesicherte Beschäftigungsverhältnisse durchzusetzen.[84]

Durch das Denken in Kategorien der Gestaltungszukunft wurde die Zukunft der eigenen Gewerkschaft von einer bestimmten Zukunft der Arbeit abhängig gemacht. Es ging um die grundsätzliche Ausrichtung der GEW: Wollte sie eine traditionelle Interessensvertretung für den staatlichen Schulsektor und für Normalarbeitsverhältnisse sein oder eine breite Interessenvertretung für den gesamten Bildungsbereich mit seiner ganzen Vielfalt an mitunter durchaus prekären Beschäftigungsverhältnissen? Die Funktionäre wollten der Privatisierung und Entnormalisierung von Arbeitsverhältnissen im Schulbereich keinen Vorschub leisten, während für die betroffenen arbeitslosen Lehrer_innen der Arbeitsmarkt außerhalb des öffentlichen Schulsystems oder sogenannte »entnormalisierte« Beschäftigungsformen ein Weg aus der Arbeitslosigkeit waren. Es prallten also abstrakte Idealvorstellungen und die konkrete Erfahrung persönlicher Zukunftsängste aufeinander. Die Mittlerposition zwischen arbeitslosen Lehrer_innen und Funktionären, wie sie der SAL-Leiter Heise vertrat, verschob das Argument etwas: »Es geht darum, ob [die arbeitslosen Kolleg_innen] in und mit der GEW eine Zukunft haben; es geht aber auch um die Zukunft der GEW selbst.«[85] Denn angesichts der verringerten Einstellungen im Schuldienst könnten nur arbeitslose Mitglieder der GEW »die notwendige personelle Kontinuität« und »gewerkschaftliche Auffrischung« geben.[86]

In der zweiten Hälfte der 1980er-Jahre flüchtete sich die GEW in eine bessere Zukunft – zu einem Zeitpunkt, als eine »bessere Zukunft« gesamtgesellschaftlich nicht mehr allzu viele Träger hatte. Ein Ergebnis eines von der GEW im Jahr 1986 in Auftrag gegebenen Gutachtens von Hermann Budde und Klaus Klemm war, dass die Arbeitslosigkeit ab Ende der 1980er-Jahre abnehmen werde.[87] Laut Putzhammer verkomplizierte das die gegenwärtige Situation, denn der prognostizierte bevorstehende Lehrer_innenmangel werde »den Pädagogenarbeitsmarkt leerfegen«. Allerdings gab der Funktionär auch zu bedenken: »Es handelt sich eben immer noch um einige Jahre, und die GEW hat auch keine Möglichkeit, den jetzt Arbeitslosen eine finanziell

---

82 Hoselmann, Brief, Reprint in: SAL Materialien 5 (1988); hier: S. 14.
83 Ebd.
84 Ebd.
85 Christoph Heise, Fachtagung in Osnabrück, November 1988, Reprint in: SAL Materialien 5 (1988), S. 12.
86 Ebd.
87 Hermann Budde/Klaus Klemm, Der Teilarbeitsmarkt Schule in den neunziger Jahren. Gutachten im Auftrag der Max-Traeger-Stiftung, Frankfurt a. M. 1986, S. 7.

erträglich abgesicherte Warteschleife anzubieten.«[88] Die Spannungen zwischen den arbeitslosen Pädagog_innen und den Funktionären lösten sich nicht, sondern erübrigten sich mit der steigenden Nachfrage nach Lehrer_innen ab den frühen 1990er-Jahren.

4 Vergangenheitsverwalter statt Zukunftsgestalter?

Während die derzeit noch spärlich aufgearbeitete Gewerkschaftsgeschichte nach dem »Boom« zunächst den Eindruck einer ausschließlichen Verlustgeschichte erweckt, zeigt der analytische Zugriff über Fragen der Zukunftsgenerierung, dass die Situation, in der sich die GEW Ende der 1980er-Jahre befand, Ergebnis eines für Gewerkschaften typischen permanenten Aushandlungsprozesses war. Mit der Kombination der beiden Forschungsstränge konnte ein Beitrag zu der Frage geleistet werden, wie aus einer reformorientierten eine eher konservierende Kraft wurde: Verantwortlich dafür war in den 1970er- und 1980er-Jahren nicht das Fehlen von Zukunftsvorstellungen, sondern dass es sich mehrheitlich um vergangene Zukunftsvorstellungen handelte, die immer weniger von den nachfolgenden Generationen übernommen werden konnten, da sich die gesellschaftlichen Rahmenbedingungen und Kräfteverhältnisse geändert hatten.

Warum spitzte sich die Lage auf dem eingangs beschriebenen Osnabrücker Gewerkschaftstag also zu? Es ging darum zu entscheiden, welche Zukunft wichtiger war und wessen konkrete Erwartungen die GEW deshalb zu erfüllen hatte. Aufgrund der speziellen Struktur der Arbeitslosigkeit als Berufseinstiegsgefahr blieb Zukunftsangst ein Thema von Examenskandidat_innen und Referendar_innen und existierte bei den Funktionären (und den beschäftigten Mitgliedern) lediglich im Hinblick auf die Angst vor weiter fallenden Mitgliederzahlen und einem sinkenden gewerkschaftlichen Einfluss. Eine Analyse über die Frage der Zukunftsgenerierung – anstelle vornehmlich nach Generationszugehörigkeiten zu fragen – eignet sich besonders, denn auch Angehörige der älteren Generation, wie Putzhammer und Wunder, die in verantwortlichen Positionen saßen, oder Vertreter in Kreis- und Bezirksverbänden setzten sich für arbeitslose Lehrer_innen ein. Der Zugriff über die Zukunft hat auch offengelegt, dass es sich um eine offene Situation handelte und nach den Gründen dafür gesucht werden muss, warum sich Leitbilder änderten.[89] Die Zukunftsentwürfe der Funktionäre erscheinen uns erst im Rückblick rückwärtsgewandt. Denn die Art und Weise,

---

88 Heinz Putzhammer, Das große Ausschlachten, in: Bildungs- und Förderungswerk der Gewerkschaft Erziehung und Wissenschaft (Hg.), Abschied vom Arbeitsplatz Schule. Bestandsaufnahme und Einschätzung von Maßnahmen zur beruflichen Umorientierung arbeitsloser Pädagoginnen und Pädagogen, Frankfurt a. M. 1989, S. 10-12; hier: S. 11.
89 Hölscher, Theoretische Grundlagen, in: ders. (Hg.) 2017, S. 7-37; hier: S. 7.

wie Zukunft bis dahin gestalterisch gedacht worden war, verband sich durchaus mit Hoffnungen und mit der Zuversicht und dem Festhalten an Zukunftsvorstellungen, die sich in der Vergangenheit bewährt hatten.

Während sich die konkreten Zukunftsentwürfe und zeitlichen Bezüge in den Dekaden voneinander unterschieden, verharrte die GEW durchweg in der Kategorie der Gestaltungszukunft. Dadurch wurde Arbeitslosigkeit nie wirklich in die eigenen Zukunftsentwürfe der Organisation eingebettet: In den 1960er-Jahren, als keine Arbeitslosigkeit existierte, waren bei der GEW Gegenwart und Zukunft so aneinandergekoppelt, dass beide gleichzeitig gestaltet werden konnten. In weiten Teilen der 1970er-Jahre sollten die Gegenwartsprobleme gelöst werden, um die Zukunft der Arbeit zu gestalten – Arbeitslosigkeit wurde als bloßes Schreckbild der Zukunft diffamiert. In den 1980er-Jahren offenbarte sich in der Ablehnung von Selbsthilfeprojekten die Weigerung, die problembehaftete Gegenwart zu akzeptieren. Stattdessen wartete die Gewerkschaft auf eine bessere Zukunft, um wieder im eigenen Sinne gestalterisch aktiv werden zu können. Es handelte sich nun allerdings um eine andere Spielart der Gestaltungszukunft – eine, die nicht mehr versuchte, mit einem aktiven Impetus Gegenwartsprobleme zu lösen, sondern eine, für die die Flucht in die Zukunft der Ausweg war. Dadurch konnte auch die Forderung der arbeitslosen Pädagog_innen auf dem Gewerkschaftstag 1986 nach einem Gehaltsverzicht der beschäftigten Lehrer_innen, um dadurch Arbeitsplätze zu schaffen, nicht in die Zukunftsvorstellung der Gewerkschaft integriert werden. In der Realität pluralisierte sich somit die Art der Zukunftsgenerierung, was allerdings dazu führte, dass sich die arbeitslosen Pädagog_innen nicht mehr von der Gewerkschaft repräsentiert sahen und deshalb austraten beziehungsweise gar nicht erst eintraten.

Die GEW befand sich ab etwa 1980 in einer ausweglosen Situation. Denn aufgrund ihrer Rhetorik war die Arbeitslosigkeit von Lehrer_innen bereits hochgradig politisch und emotional aufgeladen und schürte die Erwartungen der von Arbeitslosigkeit bedrohten Lehrer_innen. Als abstraktes theoretisches Konzept passte die Lehrer_innenarbeitslosigkeit in die bildungs- und arbeitsmarktpolitische Programmatik der GEW und die dahinterliegenden Zukunftsvorstellungen der Reformzeit. Als neues, praktisch zu lösendes Problem war sie schwieriger zu fassen und erforderte weitaus komplexere Antworten. Allerdings wurden beide Seiten der Arbeitslosigkeit – nämlich ihre theoretische Dimension und ihre Auswirkungen auf den Alltag – von Anfang an von der GEW adressiert. Aufgrund der Zukunftsvorstellungen der Organisation war die GEW allerdings nicht darauf vorbereitet, dass sich die Lehrer_innenarbeitslosigkeit zur Massenarbeitslosigkeit entwickeln würde. Es lag schließlich generell an der unterschiedlichen Art, wie Zukunft generiert wurde, dass die praktische Arbeitslosenarbeit der GEW mit der faktischen Arbeitslosigkeit von Lehrer_innen unter keinem guten Stern stand: Gewerkschaften müssen eine optimistische Zukunft erschaffen (es ist Geld vorhanden für Lohnerhöhungen), während es bei den arbeitslosen Junglehrer_innen um die eigene Zukunft und Existenzsicherung ging.

Zukunft der Arbeit

Aus den divergierenden Zukunftsentwürfen ergaben sich ambivalente Praktiken, die ihre Dynamik aus der Beziehung zueinander erhielten. Die Frage, wie eine gewerkschaftliche Interessensvertretung für die Gruppe der arbeitslosen Lehrer_innen hätte aussehen können – und ob diese überhaupt sinnvoll war – wurde in den 1980er-Jahren nicht gelöst.

Arbeit der Zukunft

Karsten Uhl

Visionen der Arbeit im Nationalsozialismus. Automatisierung und Menschenführung in der Leistungsgemeinschaft

Der Artikel, der am 27. Februar 1944 im *Völkischen Beobachter* erschien, wagte einen im Kontext des Kriegsverlaufs überraschend optimistischen, geradezu eskapistischen Blick auf die Zukunft der Arbeit im nationalsozialistischen Deutschland. Der Ausblick galt gleichermaßen dem anvisierten technischen Wandel als auch erwünschten Änderungen der Arbeitsorganisation. Die große Leitidee gab dem Artikel seine Überschrift: »Menschenleere Fabriken«. Die Vorstellungen von einer solchen Zukunft waren durchaus plastisch:

> »Das hier letzten Endes vorschwebende Bild ist die menschenleere Fabrik, wo unzählige Maschinenhände fleißig und unermüdlich, in gleichmäßigem Takt und mit einer unübertrefflichen Genauigkeit tätig sind und – produzieren. Der Mensch tritt nur auf als die Gewalt, welche Maß und Richtung der Produktion angibt, tritt auf als Beherrscher der Maschinenkräfte, die er nach seinem Willen anlaufen läßt und wieder abstellt. [...] Über dieser Maschinenwelt, sie instandhaltend, ihren Herzschlag regelnd und überwachend thront der Facharbeiter.«[1]

Besonders interessant ist der Artikel in seiner Verknüpfung von technischer Automatisierung, spezifisch nationalsozialistischen Vorstellungen über die richtige »Menschenführung« und der Vision einer Freizeit- und Konsumgesellschaft. Das grundsätzlich proklamierte Ziel, den »Volksgenossen« in der »Betriebsgemeinschaft« die Möglichkeit zur »Entfaltung der Persönlichkeit bei der Arbeit« zu bieten und damit zur höchsten Leistungsfähigkeit zu bringen, drohte nämlich im sich anbahnenden technologischen Wandel unerreichbar zu werden. Selbst das »Talent des tüchtigsten Menschenführers« werde angesichts der voranschreitenden Rationalisierung nicht ausreichend sein, um zu verhindern, dass einige Tätigkeiten in der Fabrik zunehmend anspruchslos werden würden. Nur eine weitere Forcierung der Rationalisierungsmaßnahmen mit einer »Vollautomatisierung der betrieblichen Fertigungsvorgänge« verspreche in der Zukunft die »Befreiung des Menschen von eintöniger und seelenloser Arbeit«. Während die Facharbeiter mit Instandhaltungs-, Regelungs- und Überwachungsfunktionen in der »Maschinenwelt« betraut werden könnten, müsse für ungelernte Arbeiter ein anderer Weg gefunden werden. Technisch bedingt stell-

---
1 Helmut Stein, Menschenleere Fabriken, in: Völkischer Beobachter, 27.2.1944.

te ihre Arbeitstätigkeit nur geringe Ansprüche, weshalb das eigentliche Ziel einer »Vertiefung und Entfaltung in der Arbeit« unmöglich werden würde. Folglich müsse für sie eine andere Lösung gefunden werden: »Ablenkung und Entspannung«. Die Freizeit wurde daher als ein wesentlicher Teil der Zukunft der Arbeit konzipiert, explizit erwähnte der Artikel die Punkte »Feierabendgestaltung« und »Kraft durch Freude«, verwies also auf die Aktivitäten der Teilorganisation der *Deutschen Arbeitsfront* (DAF) *Kraft durch Freude* (KdF).[2]

Damit blieb das nationalsozialistische Konzept von der Zukunft der Arbeit in der letzten Phase des Regimes grundsätzlich nah an den Überlegungen, die der Leiter der *Deutschen Arbeitsfront*, Robert Ley, bereits bei der *Kraft-durch-Freude*-Gründungstagung im November 1933 verkündet hatte: Weil die Rationalisierung als ein unumkehrbarer Prozess verstanden wurde, der zudem noch an Dynamik gewinnen werde, müsse sich die NS-Politik verstärkt dem Bereich der Freizeit widmen. Die Organisation *Kraft durch Freude* sollte dieses Mittel zur Ausweitung und Gestaltung der Freizeit darstellen.[3] Dabei blieben sowohl der Massentourismus in Gestalt der *Kraft-durch-Freude*-Reisen als auch eine nationalsozialistische Konsumgesellschaft bis zum Ende des Regimes hauptsächlich ein Zukunftsversprechen, das nur in Ansätzen realisiert wurde. Allerdings zeigte bereits das Versprechen einer solchen Zukunft integrative Wirkungen.[4]

Der Artikel im *Völkischen Beobachter* von 1944 hatte jedoch eine andere Qualität als die politischen Verlautbarungen und Zukunftsversprechungen der *Deutschen Arbeitsfront*. Das liegt weniger in der Vision menschenleerer Fabriken begründet; dies war für den Nationalsozialismus in dieser expliziten Form zwar ungewöhnlich, lässt sich aber letztlich im Kontext des zeitgenössischen Verständnisses einer sich dynamisierenden Rationalisierung verstehen. Hingegen hob sich der Autor des Artikels in seiner Person von den üblichen NS-Funktionären ab: Er kam aus der Praxis des Industriebetriebs. Der Autor Helmut Stein war Betriebsdirektor beim Kölner Motorenhersteller *Klöckner-Humboldt-Deutz* (KHD). Stein stellte nicht allein Mutmaßungen über die technische Entwicklung der zukünftigen Arbeitswelt an, über die damit einhergehenden Probleme und ihre mögliche Lösung, sondern verkörperte selbst die Zukunft der Arbeit. *Klöckner-Humboldt-Deutz* wurde 1942 zum NS-Musterbetrieb ernannt, und Stein wurde darüber hinaus persönlich einige Wochen nach der Veröffentlichung des Artikels mit der seltenen NS-Auszeichnung »Pionier der

---

2   Ebd.
3   Hasso Spode, Fordism, Mass Tourism and the Third Reich. The »Strength through Joy« Seaside Resort as an Index Fossil, in: Journal of Social History [JSH], 38 (2004) 1, S. 127-155; hier: S. 131.
4   Wolfgang König, Volkswagen, Volksempfänger, Volksgemeinschaft. »Volksprodukte« im Dritten Reich: Vom Scheitern einer nationalsozialistischen Konsumgesellschaft, Paderborn 2004, S. 10, 259. König weist jedoch darauf hin, dass dieses Versprechen einer Konsumgesellschaft irgendwann hätte eingelöst werden müssen, um nicht doch politisch destabilisierend zu wirken: ebd., S. 260.

Arbeit« geehrt.⁵ Solchen Kennzeichnungen als Wegbereiter der Zukunft kam im Nationalsozialismus eine besondere Bedeutung zu; die ausgezeichneten Betriebe oder Personen sollten in der Gegenwart ein Beispiel für die Zukunft geben, also direkt auf die konkrete Gestaltung der Zukunft einwirken.

Eine Untersuchung der Zukunft der Arbeit im Nationalsozialismus sollte sich also nicht auf die Rekonstruktion der expliziten Zukunftsentwürfe in Form der Zukunftserwartung beschränken. Wie die Historiker Rüdiger Graf und Benjamin Herzog betont haben, kann eine Geschichte der Zukunft darüber hinausgehen und neben dieser »Erwartungszukunft«, die beispielsweise in Ideologien, Programmatiken oder Technikvisionen zum Ausdruck kommt, auch Formen der »Gestaltungszukunft« in den Blick nehmen. Die Forschung konzentriert sich in diesem Zusammenhang bisher vor allem auf die Tätigkeit von Planungsexperten.⁶ Graf und Herzog weisen allerdings darauf hin, dass im Nationalsozialismus ein aktivistischer Modus des Zugriffs auf die Zukunft besonders weit verbreitet war: die Behauptung, die Zukunft sei bereits in der Gegenwart realisiert.⁷ Im vorliegenden Beitrag soll diese Form der vergangenen Zukunft anhand der Zukunftsbezüge analysiert werden, die in der Ernennung von Betrieben zu Vorreiterinstitutionen impliziert waren. Quellen dafür bieten neben der Auszeichnung von »NS-Musterbetrieben« durch die *Deutsche Arbeitsfront* die Schriftenreihe »Musterbetriebe deutscher Wirtschaft« und die topoiartige Anwendung von Einst-jetzt-Vergleichen, wie sie vor allem im Kontext der Propagierung von »Schönheit der Arbeit« eine zentrale Rolle spielten.

In einem ersten Abschnitt soll jedoch zunächst die Erwartungszukunft untersucht werden; zum einen anhand expliziter Zukunftsentwürfe, zum anderen anhand des Prozessbegriffs Rationalisierung und seiner spannungsgeladenen Beziehung zur Vorstellung von deutscher Qualitätsarbeit. In einem abschließenden Abschnitt soll an einem Einzelbeispiel die Wirkmächtigkeit von Entwürfen der Zukunft der Arbeit im Nationalsozialismus analysiert werden. Dabei kehren wir zum Fall *Klöckner-Humboldt-Deutz* zurück und nehmen Maßnahmen von der Neugestaltung der Personalführung bis zu räumlichen Entwurfsskizzen in den Fokus, die im Unternehmen selbst als Pionieraktionen zur Gestaltung der gesamtgesellschaftlichen Zukunft betrachtet wurden. Mit Lucian Hölscher wird, unabhängig vom späteren Eintreten der Zukunftsentwürfe, davon ausgegangen, dass bereits die Entfaltung eines spezifischen

---

5   Gebhard Aders, Die Firma Klöckner-Humboldt-Deutz AG im Zweiten Weltkrieg. Teil 1: Vom letzten Vorkriegsjahr bis zum Sommer 1942, in: Rechtsrheinisches Köln, 14 (1988), S. 89-143; hier: S. 141 f. Die Auszeichnung »Pionier der Arbeit« wurde lediglich an 19 Personen vergeben, darunter die Reichsminister Ohnesorge und Funk sowie die Industriellen Messerschmidt, Bosch, Heinkel und Porsche: Heinrich Doehle, Die Auszeichnungen des Großdeutschen Reichs. Orden, Ehrenzeichen, Abzeichen, Berlin 1943, S. 79 f.
6   Rüdiger Graf/Benjamin Herzog, Von der Geschichte der Zukunftsvorstellungen zur Geschichte ihrer Generierung, in: Geschichte und Gesellschaft [GG], 42 (2016), S. 497-515; hier: S. 505, 508.
7   Ebd., S. 510.

»Möglichkeitsraums« von großer Bedeutung dafür ist, was einen spezifischen historischen Gegenstand – hier die Arbeit im Nationalsozialismus – ausgemacht hat.[8]

1 NS-Erwartungen an die Zukunft der Arbeit

Die Erwartung einer automatisierten Fabrik war in der Mitte des 20. Jahrhunderts keinesfalls eine neue Erscheinung; bereits die frühen Fabrikexperten des 19. Jahrhunderts hatten diese Vision. So zeichnete der Naturwissenschaftler Andrew Ure 1835 in seiner sehr einflussreichen Abhandlung über die Textilfabriken seiner Zeit das Bild einer – nahen – Zukunft, in der eine automatisierte Organisation der Fabrikarbeit – der »automatic plan« – qualifizierte Arbeit nach und nach überflüssig machen würde. In dieser künftigen automatischen Fabrik würden dann die Facharbeiter durch reine Maschinenaufseher ersetzt worden sein.[9] Auch Karl Marx folgte fünfzig Jahre später im ersten Band des »Kapitals« dieser Vision, wie er überhaupt Ures Beschreibung und Vorstellung der Fabrik recht nahe blieb und nur dessen politischer Bewertung widersprach. Ebenso wie der von ihm spöttisch als »Pindar der automatischen Fabrik« bezeichnete Ure erwartete Marx in der nicht allzu fernen Zukunft ein »automatisches System der Maschinerie«, das weit gehend ohne menschliche Arbeit auskäme und »nur noch menschlicher Nachhilfe« bedürfe.[10] Helmut Steins eingangs zitierte Vision einer menschenleeren Fabrik, in der dem Menschen vorrangig Überwachungsaufgaben zukamen, schloss also recht passgenau an vergangene Visionen der Automatisierung an.

Auch in internationaler Perspektive unterscheidet sich Steins Zukunftsentwurf von 1944 in vielen Bereichen nicht fundamental von Visionen, die Experten auf der anderen Seite des Atlantiks publizierten. Großen Einfluss erreichte vor allem der in einer Publikumszeitschrift im Jahr 1946 veröffentlichte Aufsatz der kanadischen Physiker John Brown und Eric Leaver. Stark vom kybernetischen Denken beeinflusst und wissenschaftlich deutlich fundierter als Stein, zogen Brown und Leaver für das liberale Nordamerika eine ähnliche soziale Schlussfolgerung wie Stein für die vermeintliche Zukunft des nationalsozialistischen Deutschlands: Eine Degradierung des Arbeiters zu unqualifizierten Tätigkeiten könne nur durch eine vollkommene Automatisierung verhindert werden, weil dann nur noch hochqualifiziertes Personal benötigt werden würde. Diese neue automatisierte industrielle Ordnung bringe also einen Qualifizie-

---

8 Lucian Hölscher, Theoretische Grundlagen der historischen Zukunftsforschung, in: ders. (Hg.), Die Zukunft des 20. Jahrhunderts. Dimensionen der historischen Zukunftsforschung, Frankfurt a. M./New York 2017, S. 7-37; hier: S. 12, 18, 36.
9 Andrew Ure, The Philosophy of Manufactures: or, an Exposition of the Scientific, Moral, and Commerical Economy of the Factory System in Great Britain, London 1835, S. 18.
10 Karl Marx, Das Kapital. Kritik der politischen Ökonomie, Bd. 1: Der Produktionsprozeß des Kapitals, Berlin 1972, S. 401 f., 441.

rungsschub mit sich. Gleichzeitig werde eine kürzere Arbeitswoche möglich und – aufgrund der technologisch bedingten Freisetzung von Arbeitskräften – auch notwendig. Auch in dieser Vision zeichnete sich die Arbeitsgesellschaft der Zukunft wie bei Stein durch ein Mehr an Freizeit aus.[11]

Ebenso war der Anschluss an die Rationalisierungsbewegung der Zwischenkriegszeit mehr oder minder bruchlos möglich. Bereits Taylor verstand nämlich den Kerngedanken seines Scientific Managements, es gelte für jeden Arbeitsvorgang die jeweils beste Ausführung – »the one best way« – zu finden, explizit als dynamisches Modell. Die »beste Methode« sei nicht als Endergebnis misszuverstehen, vielmehr gehe es um ihre permanente Verbesserung: »Diese beste Methode wird zur Norm und bleibt Norm, bis sie ihrerseits wieder von einer schnelleren und besseren Serie von Bewegungen verdrängt wird.«[12] Taylor verstand also die Rationalisierung als einen sich zunehmend dynamisierenden Prozess der Optimierung; die Vorstellung einer automatischen Fabrik war auch hier nicht weit entfernt, wenngleich bei Taylor noch die körperliche Tätigkeit des Menschen im Zentrum der Überlegungen gestanden hatte.

Selbst Zukunftsvisionen aus der Vergangenheit der sozialdemokratischen Arbeiterbewegung wurden teilweise von nationalsozialistischen Arbeitsexperten als anschlussfähig ausgewiesen. So wies der Soziologieprofessor Heinz Marr, der nach der Vertreibung des bedeutenden Soziologen Karl Mannheim durch die Nationalsozialisten dessen Nachfolge an der Universität Frankfurt angetreten hatte, in seinem 1940 im Handbuch »Die Deutsche Arbeitskunde« erschienenen Artikel zur Industriearbeit darauf hin, dass August Bebel in seiner Vision des »Zukunftsstaats« zwar den Kapitalismus abgelehnt, aber den »Industrialismus« ausdrücklich bejaht hatte. Das von Bebel skizzierte »Paradies der großen Fabrikbetriebe« stellte mithin eine Tradition der Zukunftsvision dar, zu der sich auch Marr bekennen konnte.[13]

Was machte dann aber bei all dieser vielfältigen Anschlussfähigkeit die Spezifität der nationalsozialistischen Vision einer Zukunft der Arbeit aus? Die Besonderheit liegt in der spezifischen Aneignung des Begriffs der Rationalisierung im Nationalsozialismus und der Art und Weise, wie er zur Qualifikation der arbeitenden Menschen in Beziehung gesetzt wurde. Bereits Manager und Ingenieure, die sich in der Weimarer Republik mit Fordismus und Taylorismus auseinander gesetzt hatten, hatten Zweifel daran bekundet, dass deutsche Qualitätsarbeit und deutsche Facharbeiter eine Zukunft haben könnten.[14] Das *Arbeitswissenschaftliche Institut*, der »Think Tank«

---

11 John J. Brown/Eric W. Leaver, Machines without man, in: Fortune, 5.11.1946, S. 165, 192, 194, 196, 199 f., 203 f.; vgl. Martina Heßler, Kulturgeschichte der Technik [= Historische Einführungen, Bd. 13], Frankfurt a. M./New York, S. 60 f.
12 Frederick W. Taylor, Die Grundsätze wissenschaftlicher Betriebsführung, München 1913, S. 127.
13 Heinz Marr, Die Industriearbeit (Das Fabriksystem), in: Karl Peppler (Hg.), Die Deutsche Arbeitskunde, Leipzig/Berlin 1940, S. 115-138; hier: S. 129.
14 Mary Nolan, Visions of Modernity. American Business and the Modernization of Germany, New York/Oxford 1994, S. 83.

der *Deutschen Arbeitsfront*[15], hat dann zunächst 1936 versucht, mit der Begriffsprägung »echte Rationalisierung« zu kaschieren, dass letztlich weiterhin vor allem amerikanische Bemühungen der Effizienzsteigerung das nachzueifernde Vorbild abgaben.[16] Eigene Akzente bestanden in erster Linie darin, dass die »Schönheit der Arbeit«, die Nachhaltigkeit der Leistungssteigerung ohne »Ruinierung der Arbeitskraft« und eine »zweckmäßige Freizeitgestaltung« als wesentliche Ziele der Rationalisierungsbemühungen benannt wurden.[17] Völlig neu waren diese Forderungen allerdings nicht; der Unterschied zu amerikanischen Rationalisierungszielen blieb diesbezüglich zunächst graduell.[18] Insbesondere die begleitenden ideologischen Postulate weisen darauf hin, dass weniger die tatsächlichen Rationalisierungsmaßnahmen als vielmehr die anvisierte Zukunft der Arbeit das Spezifikum des Nationalsozialismus ausmachten: »So wollen gerade wir Nationalsozialisten den Menschen mit seiner Arbeit verbinden und ihn mit ihr verwachsen lassen.«[19]

Hitler selbst gab im Februar 1938 das Ziel vor, dass deutsche Arbeiter künftig zunehmend mit anspruchsvollen Aufgaben betraut werden müssten. Die technologische Entwicklung verspreche dies zu ermöglichen: »Es muss unser Ziel sein, den hochwertigen deutschen Arbeiter immer mehr von der primitiven Arbeit wegzuziehen und einer hochwertigen Tätigkeit zuzuführen. Die primitivsten Arbeiten wollen wir dann der durch hochwertige Arbeit geschaffenen Maschine überlassen.«[20] Diese NS-Vision, deutsche Arbeiter von unqualifizierten Tätigkeiten zu befreien, war in eine Vorstellung einer künftig nach rassistischen Kriterien aufgebauten europäischen Gesellschaft eingebettet. Zum Teil wurde diese Vision während des Krieges durch das System der Zwangsarbeit bereits brutal umgesetzt.[21]

Neben dieser externen Erweiterung einer hierarchisierten Arbeitsgesellschaft sah das nationalsozialistische Zukunftsmodell aber auch eine zunehmende interne Hierarchisierung der Betriebsgemeinschaft vor, die immer als Leistungsgemeinschaft und als System der gezielten Ungleichheit mit implizierten Aufstiegsversprechen verstan-

---

15 Rüdiger Hachtmann, Arbeit und Arbeitsfront. Ideologie und Praxis, in: Marc Buggeln/Michael Wildt (Hg.), Arbeit im Nationalsozialismus, München 2014, S. 87-106; hier: S. 96.
16 Arbeitswissenschaftliches Institut der Deutschen Arbeitsfront [AWI], Die echte Rationalisierung, in: Jahrbuch des AWI, 1 (1936), S. 189-222; vgl. Hachtmann, Arbeit, in: Buggeln/Wildt (Hg.) 2014, S. 87-106; hier: S. 102.
17 AWI, Rationalisierung, in: Jahrbuch des AWI, 1 (1936), S. 189-222; hier: S. 198 f., 218.
18 Karsten Uhl, Humane Rationalisierung? Die Raumordnung der Fabrik im fordistischen Jahrhundert [= Histoire, Bd. 62], Bielefeld 2014, S. 132, 145, 156 f.
19 AWI, Rationalisierung, in: Jahrbuch des AWI, 1 (1936), S. 189-222; hier: S. 203.
20 Zit. n. Richard Schaller (Hg.), Arbeitsplätze im Gau Köln-Aachen. Einst und jetzt, Köln o. J. [1938], S. 21.
21 Rüdiger Hachtmann, Industriearbeit im »Dritten Reich«. Untersuchungen zu den Lohn- und Arbeitsbedingungen in Deutschland 1933-1945 [= Kritische Studien zur Geschichtswissenschaft, Bd. 82], Göttingen 1989, S. 84; Marc Buggeln/Michael Wildt, Arbeit im Nationalsozialismus (Einleitung), in: dies. (Hg.) 2014, S. IX-XXXVII; hier: S. XXIII.

den werden sollte.²² Ausführungen dazu finden sich in erster Linie in verschiedenen Publikationen der *Deutschen Arbeitsfront*, vereinzelt aber sogar in Tageszeitungen. So entwirft ein Artikel in der *Kölnischen Zeitung* im Februar 1939 eine NS-spezifische Lösungsvision für die Spannung zwischen Rationalisierung und Qualifikation. Den Ausgangspunkt bildet dabei der wirtschaftsliberale Grundsatz des »Gesetzes der großen Stückzahl«, das einen »Zwang zur Rationalisierung« in der industriellen Arbeitswelt ausübe. Der unbekannte Autor des Zeitungsartikels erwartete bereits für die »kommenden Jahre« in verschiedenen Branchen eine »Verlagerung zur großen, überaus leistungsfähigen Arbeitsmaschine«, die kaum noch Arbeitskräfte zur Bedienung benötige. An solchen »Fabrikautomaten« könnten keine Facharbeiter mehr tätig sein; allerdings würden diese weiterhin eine wichtige Rolle in der Industrie spielen, die an sie zu stellenden Ansprüche würden sogar noch steigen, weil sie in Konstruktionsbüros und Werkstätten mit der Produktion dieser Automaten betreut werden würden: »Die Anforderungen an den Arbeiter, der Maschinen baut, werden immer mehr wachsen, dagegen sind die Ansprüche an die Arbeiter, die nachher mit den Maschinen umgehen, verhältnismäßig gering.«²³

Dadurch werde sich in der gesamten deutschen Wirtschaft eine »neue Arbeitsaufteilung« ergeben, die vor allem durch eine »Spaltung der Anforderung der Arbeitskräfte« charakterisiert werden würde. Im nationalsozialistischen Deutschland der Zukunft werde diese fortgesetzte Form der Rationalisierung somit nicht wie in der Vergangenheit dazu führen, dass die Maschine die Facharbeiter ersetzen werde. Vielmehr käme es zu einer Hybridisierung von Facharbeit und neuer Technik: Der deutsche Arbeiter habe künftig »mit der Maschine zu leben«. In diesem Kontext einer verschärften Rationalisierung und einer Spreizung der individuellen Arbeitsanforderungen sei das Unternehmen *Klöckner-Humboldt-Deutz* »bahnbrechend« vorangegangen.²⁴ Auf die im Zeitungsartikel kurz erwähnten personalpolitischen Maßnahmen der »Selbstkontrolle« und »Selbstkalkulation« wird im letzten Abschnitt dieses Beitrages zurückzukommen sein.

Überhaupt wurde die Personalpolitik der Zukunft reflektiert. Überlegungen der *Deutschen Arbeitsfront* lassen sich dabei geradezu als eine Beschäftigung mit dem Thema Humankapital avant la lettre verstehen. In einem 1938 unter Betriebsleitungen verbreiteten »Ratgeber für den Leistungskampf der Deutschen Betriebe« wurde betont, dass die Arbeitskraft »heute das einzige und größte Kapital, das unser Volk besitzt«, sei. Folglich käme künftig der Pflege der Volksgesundheit eine gestiegene Be-

---

22 Frank Bajohr/Michael Wildt, Einleitung, in: dies. (Hg.), Volksgemeinschaft. Neue Forschungen zur Gesellschaft des Nationalsozialismus [= Die Zeit des Nationalsozialismus], Frankfurt a. M. 2009, S. 7-23; hier: S. 19; Frank Bajohr, Dynamik und Disparität. Die nationalsozialistische Rüstungsmobilisierung und die »Volksgemeinschaft«, in: ebd., S. 78-93; hier: S. 90.
23 CD, Mensch und Maschine. Der Zug zur Großmaschine, ein technisches und soziales Problem, in: Kölnische Zeitung, 12.2.1939, S. 8.
24 Ebd.

deutung zu: »In Zukunft soll jeder Arbeiter, der in eine Betriebsgemeinschaft eintritt, vorher untersucht werden.«[25] Zwei Jahre später konkretisierte sich dieses Problem scheinbar insofern, als die Zukunft nach dem (gewonnenen) Krieg wegen der erwarteten Zunahme der Produktion vor allem als von einem »Mangel an Arbeitskräften« gekennzeichnet betrachtet wurde. Folglich werde es für die Betriebsleitungen wichtig werden, auf die Bedürfnisse der Arbeiter einzugehen. Der Betrieb der Zukunft müsse den Beschäftigten »etwas zu bieten« haben.[26]

Zu diesen Beschäftigten wurden nun auch explizit Arbeiterinnen gezählt, auf deren spezifische Ansprüche einzugehen sei. Die NS-Floskel, Frauen verkörperten »die Zukunft des Volkes«, bekam nun – ebenfalls im Kontext des Leistungskampfes der Betriebe – eine zusätzliche Bedeutung. Die Bevölkerungspolitik stand explizit weiterhin im Vordergrund, allerdings kam nun auch der »Einsatzbereitschaft« der Frauen im Berufsleben eine wichtige Rolle für diese Zukunft zu. Die Erwerbstätigkeit von Frauen wurde im Kontext der Hochrüstungspolitik gutgeheißen, sofern dadurch »die bevölkerungspolitischen Ziele nicht beeinträchtigt« würden. Konkret war damit die Forderung nach der Schaffung von »Stillkrippen und Kindergärten« in größeren Betrieben verbunden.[27] Auch über den Krieg hinausgehend erwarteten Arbeitsexperten »auf lange Zeit« eine hohe Frauenerwerbstätigkeit.[28] Die Unterstützung erwerbstätiger Mütter durch eine betriebliche Kinderbetreuung zählte sogar zu den Kriterien für eine Auszeichnung zum NS-Musterbetrieb.[29] Der Frage, inwiefern diese Auszeichnung und die damit verbundenen Diskurse und Praktiken im Nationalsozialismus als Wegbereiter der Zukunft der Arbeit fungierten, wird im Folgenden nachzugehen sein.

---

25 Herman Textor, Die Sorge um die Volksgesundheit, in: DAF Gauwaltung Thüringen (Hg.), Ratgeber für den Leistungskampf der Deutschen Betriebe (1938), Nr. 2, S. 20-25; hier: S. 20. Ähnlich zum »wertvollsten Kapital [...], das wir überhaupt besitzen: Den schaffenden deutschen Menschen«, vgl.: o. A., Der Leistungskampf der deutschen Betriebe, Wien 1940, S. 25; Robert Ley, Vorwort, in: Theo Hupfauer (Hg.), Leistungskampf der deutschen Betriebe 1938/1939, Berlin o. J. [1939], o. P.

26 o. A., Leistungskampf, 1940, S. 20. Zum drohenden Arbeitskräftemangel der Nachkriegszeit: Theo Hupfauer, Mensch – Betrieb – Leistung, Berlin 1943, S. 74.

27 Deutsche Arbeitsfront, Gauwaltung München-Oberbayern (Hg.), Leistungskampf der Deutschen Betriebe. Anregungen und Vorschläge für die Betriebsgemeinschaften, München 1939, S. 48.

28 Erwin Bramesfeld, Die Bewährung der Frauen im industriellen Arbeitseinsatz, in: Werkstattstechnik und Werksleiter, 23/24 (1941), S. 397-400; hier: S. 399.

29 Tilla Siegel, Rationalisierung statt Klassenkampf. Zur Rolle der Deutschen Arbeitsfront in der nationalsozialistischen Ordnung der Arbeit, in: Ralph Angermund/Hans Mommsen/Susanne Willems (Hg.), Herrschaftsalltag im Dritten Reich. Studien und Texte, Düsseldorf 1988, S. 97-150; hier: S. 119. Zum Einsatz des Amtes Schönheit der Arbeit für betriebliche Kinderbetreuung: Shelley Baranowski, Strength Through Joy. Consumerism and Mass Tourism in the Third Reich, Cambridge 2004, S. 77; vgl. auch: Reichsamt Schönheit der Arbeit (Hg.), Schönheit der Arbeit. Sozialismus der Tat, Berlin 1936, S. 32.

2   NS-Wegbereiter der Zukunft

Ein enges Verhältnis zwischen Erwartungs- und Gestaltungszukunft war konstitutiv für den Nationalsozialismus. Dem generellen NS-Postulat von der Machbarkeit, von der Umsetzbarkeit der eigenen politischen Ziele entsprach auf dem Gebiet der Industriepolitik der Glaube an eine unabänderliche Dynamik der Rationalisierung. Direkt an diese Überzeugung schloss der Wille an, diese Dynamik zu forcieren. Dabei war weniger die Planung ein Spezifikum des Nationalsozialismus: Diese Hoffnung, mit einem Ausbau des Expertentums und Planungswesens aktiv auf die Zukunftsgestaltung einwirken zu können, teilten spätestens nach der Weltwirtschaftskrise von 1929 alle Industrieländer unabhängig vom politischen System.[30] Jenseits der Planungskommissionen war insbesondere die Tätigkeit der *Deutschen Arbeitsfront* von Aktionen gekennzeichnet, die darauf zielten, Vorbilder im Arbeitsleben hervorzubringen. Bereits die verwendeten Begriffe wie »Pionier«, »Musterbetrieb« oder »Stoßtrupp« deuten darauf hin, dass Einzelne als Voranschreitende aus der Gegenwart hervorgehoben werden sollten, um sie als Repräsentanten der anvisierten Zukunft auszuweisen.[31] In diesem Sinne entfaltete der NS-Propagandabegriff vom »Sozialismus der Tat« durchaus eine (auto-)suggestive Wirkung.

Der Wettbewerb lässt sich als ein »Strukturprinzip nationalsozialistischer Betriebspolitik wie auch der Politik des NS-Regimes« insgesamt verstehen, dessen Ziel die Verstetigung der Leistungssteigerung war.[32] In diesem Kontext verstand sich die *Deutsche Arbeitsfront* selbst als »Schule der Volksgemeinschaft«[33] und sah ihre Aufgabe darin, »eine wirkliche Volks- und Leistungsgemeinschaft heranzubilden«. Folglich wurde auch die Betriebsgemeinschaft als eine hierarchische Ordnung verstanden, in der jeder gemäß »seinen Fähigkeiten und erbbiologischen Voraussetzungen« einzusetzen sei.[34] Ein zentrales Mittel zur Gestaltung der Zukunft sollte der »Leistungskampf der deutschen Betriebe« darstellen. Der Amtsleiter der *Deutschen Arbeitsfront* Theo Hupfauer betonte, dieser Wettbewerb diene dem »sozialen Vormarsch«. Es gelte Vorbilder herauszustellen, um in der Praxis vorzuführen, inwiefern

---

30 Dirk van Laak, Planung. Geschichte und Gegenwart des Vorgriffs auf die Zukunft, in: GG 34 (2008), S. 305-326; hier: S. 309.
31 Diesbezüglich lässt sich eine gewisse Nähe der DAF-Aktionen zur sowjetischen Stachanow-Bewegung feststellen, die die Leistungen einzelner Arbeiter als Vorbild auswies: Lewis H. Siegelbaum, Stakhanovism and the Politics of Productivity in the USSR [= Soviet and Eastern European Studies, Bd. 59], 1935–1941, Cambridge 1988.
32 Matthias Frese, Betriebspolitik im »Dritten Reich«. Deutsche Arbeitsfront, Unternehmer und Staatsbürokratie in der westdeutschen Großindustrie 1933–1939 [= Forschungen zur Regionalgeschichte, Bd. 2], Paderborn 1991, S. 411.
33 Josef Petterka, Die soziale Selbstverantwortung im Betrieb (DAF-Redner Schulungsdienst, Folge 6, Ausgabe b, Februar 1940), Wien 1940, S. 4.
34 o. A., Leistungskampf, 1940, S. 8.

die richtige betriebliche »Menschenführung« leistungssteigernd wirke.[35] Die »wirkliche« Menschenführung fungierte dabei als Pfad in die erfolgreiche betriebliche Zukunft: »Ausschlaggebend für den Erfolg wird jedoch sein, daß für die Zukunft mehr als bisher der Betriebsführer und seine Unterführer zu wirklichen Menschenführern werden.«[36] Die im Wettbewerb ausgezeichneten Unternehmen seien Wegbereiter der Zukunft; ihr Einzelbeispiel werde in der nahen Zukunft viele Nacheiferer finden und sich flächendeckend durchsetzen: »Was unsere ›Nationalsozialistischen Musterbetriebe‹ als Pioniere einer vernünftigen Ordnung schaffen, wird einmal, und zwar bald, Wesensmerkmal jeder deutschen Betriebsführung sein.«[37]

Im Wettbewerb, der erstmals 1936 von Hitler auf Antrieb Leys ausgerufen wurde, nahm der Aspekt der Leistungssteigerung eine immer größere Bedeutung ein.[38] Der *Deutschen Arbeitsfront* kam beim Leistungskampf der deutschen Betriebe die Aufgabe zu, die teilnehmenden Betriebe so zu beraten, dass sie sich »schrittweise« in Richtung der Ziele bewegten und »nach einigen Jahren« die Auszeichnung erhielten.[39] Insbesondere der »Politische Stoßtrupp« der *Deutschen Arbeitsfront* spielte eine aktive Rolle bei der angestrebten Gestaltung der Zukunft; er verkörpere »das Wollen der DAF«.[40] Die drei Arbeitsgruppen des Stoßtrupps »Berufserziehung«, »Volksgesundheit und Arbeitsschutz« und *Kraft durch Freude* würden es Betrieben überhaupt erst ermöglichen, am Leistungskampf teilzunehmen.[41] Auch hier wurden also konzeptionell Rationalisierung, Menschenführung und Freizeitgestaltung zusammengefasst; der menschliche Faktor nahm einen zentralen Stellenwert innerhalb der Bemühungen zur als Leistungssteigerung verstandenen Rationalisierung ein.

Obwohl die Nationalsozialisten bemüht waren, die Neuartigkeit und Zukunftsgewandtheit ihrer Gegenwart – der »neuen Zeit« – zu betonen, und Ley den Leistungskampf sogar als »einmalig in der Sozialgeschichte aller Völker« bezeichnete[42], schließt der Leistungskampf der Betriebe sogar schon begrifflich bei einer Schriftenreihe an, die in der Weimarer Republik begann: »Musterbetriebe deutscher Wirtschaft«. Diese Form der NS-Gestaltungszukunft hatte also eine nicht nationalsozialistische Tradition in der Zeit vor 1933. Seit 1928 erschienen in dieser Schriftenreihe Portraits besonders vorbildlicher Unternehmen der verschiedenen Branchen, anhand derer die Erfolge der Rationalisierung seit Ende des Ersten Weltkrieges präsentiert wurden. Die

---

35 Theo Hupfauer, Leistungsbericht des Kriegsleistungskampfes 1939/40 der deutschen Betriebe, in: Die Deutsche Arbeitsfront (Hg.), Betriebs-Information, 10 (1940), Sondernummer: »Leistungskampf im Kriege«, S. 343-346; hier: S. 343.
36 Ders., Mensch – Betrieb – Leistung, Berlin 1943, S. 94.
37 Ebd., S. 40.
38 Frese, Betriebspolitik, 1991, S. 421, 425.
39 o. A., Leistungskampf, 1940, S. 23.
40 Ebd., S. 11.
41 Ebd., S. 12.
42 Ley, Vorwort, in: Hupfauer (Hg.) 1939, o. P.

ausgewählten Betriebe seien »nicht nur für unser eigenes Land, sondern für die ganze Weltwirtschaft [...] vorbildlich«.[43] Bis 1936 erschienen 36 Bände, ab 1937 wurde die Serie in »Deutsche Großbetriebe« umbenannt. 1940 erschien der fünfundvierzigste und vorerst letzte Band, bis die Reihe unter gleichem Namen als Neue Folge zwischen 1957 und 1963 vier weitere Bände veröffentlichte. Während bis 1937 das Vorwort ankündigte, es werde aus jeder Branche »eines der größten und interessantesten Unternehmen« vorgestellt, ging es im leicht abgewandelten Vorwort ab 1937 nicht mehr um die Größe, sondern mit dem Austausch eines Wortes darum, dass der Betrieb auch zu den »bestgeleiteten« Unternehmen zählte.[44] Der Vorbildcharakter der in der Reihe präsentierten Betriebe wurde nach 1933 um die politische Dimension ergänzt. So erschien die *Thüringische Zellwolle AG* geradezu als Vorwegnahme der auszubauenden NS-Gesellschaft, weil in ihr die Ziele des *Amtes Schönheit der Arbeit* realisiert worden seien.[45] In einer Zeitlinie erschien die Gegenwart nur als ein kurzer Zwischenschritt in die nahende Zukunft: Die Vergangenheit habe »den Menschen vergessen«, die Nationalsozialisten wollten nun den Arbeitern die »Schönheit« am Arbeitsplatz zurückgeben.[46]

Insbesondere in den Publikationen des *Amtes Schönheit der Arbeit*, das als Unterorganisation von *Kraft durch Freude* selbst Teil der *Deutschen Arbeitsfront* war, zeigt sich, welche Rolle die Konstruktion einer spezifischen Vergangenheit für die Skizzierung der Zukunft hatte. Topoiartig zieht sich das Bild einer düsteren industriellen Vergangenheit, die von dunklen und schmutzigen Fabriken charakterisiert gewesen sei, durch die Veröffentlichungen des Amtes. Die Kontrastierung von Arbeitsplätzen »einst« mit den aktuellen Arbeitsplätzen im Nationalsozialismus (»jetzt«) implizierte einen nicht abgeschlossenen Prozess und das Versprechen einer noch helleren Zukunft. In Bildstrecken und in textlichen Gegenüberstellungen wurde immer wieder die Vergangenheit vor 1933 vom »Jetzt« abgegrenzt.[47] Diese Abgrenzung von den Fabriken der Vergangenheit zur Hervorhebung der Erfolge der Gegenwart lässt sich bereits am Anfang des 20. Jahrhunderts in den Diskussionen über die Industriearchitektur finden.[48] Neu im Nationalsozialismus waren der politische Stellenwert und die Breite der Debatte.

---

43 Diese Ausführungen finden sich im stets identischen Vorwort der Reihe: Walter Schwädke, Schokoladenfabrik Mauxion m.b.H. Saalfeld-Saale, Berlin 1931, S. 3.
44 Curt Piorkowski, Die Herstellung von Karton-Packungen, Werbedrucken und Tarso-Edelholznachbildungen. Druckerei und Kartonnagen vorm. Gebr. Opacher AG München, Leipzig 1938, S. 5.
45 Ders., Die Zellwollerzeugung der Thüringischen Zellwolle Aktiengesellschaft Schwarza/Saale, Leipzig 1938, S. 77.
46 Ebd., S. 80.
47 Vgl. z. B. Reichsamt Schönheit der Arbeit (Hg.), Schönheit der Arbeit. Sozialismus der Tat, Berlin 1936; Schaller (Hg.), Arbeitsplätze, 1938.
48 Uhl, Humane Rationalisierung, 2014, S. 103.

Auch im industriellen Expertendiskurs wurde diese Kontrastierung aufgegriffen. So setzte die Volkswirtin Angela Meister 1939 die Arbeitsorte der industriellen Vergangenheit – »dunkle, nasse, schmutzige, von verbrauchter, übelriechender Luft angefüllte Löcher« – von der vermeintlichen Situation im NS-Deutschland ab.[49] Dabei betonte sie, dass der aktuell erreichte Stand nur Teil eines dynamischen Prozesses sei, dass in der Zukunft also weitere Verbesserungen anstünden: »Heute zeigt die Industrie zu einem beträchtlichen Teil und in noch immer weiter zunehmenden Maße große, helle, saubere, luftige Arbeitsräume, die [...] die Errungenschaften der modernen Technik in den Dienst der körperlichen und geistigen Gesunderhaltung der Gefolgschaftsmitglieder stellen.«[50]

Unabhängig von tatsächlichen Verbesserungen an den Arbeitsplätzen erreichte bereits die öffentliche Thematisierung der Arbeitsbedingungen durch das *Amt Schönheit der Arbeit* eine positive Resonanz bei der Arbeiterschaft.[51] Generell lag die besondere Attraktivität der »Volksgemeinschaft« in ihrer Verheißung, also im Zukunftsversprechen.[52] »Schönheit der Arbeit« versprach den Weg aus einer finsteren Vergangenheit in eine strahlende NS-Zukunft. Dabei forderte die *Deutsche Arbeitsfront* einen Bruch mit der Vergangenheit, eine bereitwillige Unterordnung unter die Ziele der »neuen Zeit« sowie deren praktische Umsetzung: »Wesentlich ist dabei, daß sich von so genannten überlieferten Anschauungen endgültig losgerissen wird und den Zielen der neuen Zeit in allen Dingen Verständnis durch die praktische Tat entgegengebracht wird. ›Schönheit der Arbeit‹ durchzuführen ist nicht schwer, dazu gehören nur Überzeugung, Vernunft und guter Wille.«[53] In einer Dissertation über die »Überwindung nachteiliger Folgen der Rationalisierung durch das Amt Schönheit der Arbeit« wurden »optimistische Schlüsse für die Zukunft« nur wegen der Bemühungen des Amtes gezogen: Im »Laufe der Zeit« werde trotz der beträchtlichen Altlasten »allmählich« die Herstellung schöner Arbeitsplätze möglich werden.[54] Der stark betonte diskursive Bruch mit der Vergangenheit erfüllte mithin eine ganz praktische politische Funktion, weil auf diese Weise die Maßnahmen zur »Schönheit der Arbeit« überhaupt erst der »Zukunft« zugeordnet werden konnten.

---

49 Angela Meister, Die deutsche Industriearbeiterin. Ein Beitrag zum Problem der Frauenerwerbsarbeit, Jena 1939, S. 57.
50 Ebd., S. 58 f.
51 Alf Lüdtke, Eigen-Sinn. Fabrikalltag, Arbeitererfahrungen und Politik vom Kaiserreich bis in den Faschismus, Hamburg 1993, S. 333.
52 Bajohr/Wildt, Einleitung, in: dies. (Hg.) 2009, S. 7-23; hier: S. 8; vgl. Michael Schneider, In der Kriegsgesellschaft. Arbeiter und Arbeiterbewegung 1939 bis 1945 [= Geschichte der Arbeiter und der Arbeiterbewegung in Deutschland seit dem Ende des 18. Jahrhunderts, Bd. 13], Bonn 2014, S. 365.
53 o. A., Ist Schönheit der Arbeit Luxus für den Kleinbetrieb?, in: DAF Gauwaltung Thüringen (Hg.), Ratgeber für den Leistungskampf der Deutschen Betriebe, 4 (1938), S. 51-52; hier: S. 52.
54 Wiltraut Best, Die Überwindung nachteiliger Folgen der Rationalisierung durch das Amt Schönheit der Arbeit, Großenhain 1935, S. 50.

Das wird besonders deutlich, wenn die Selbstdarstellung von Unternehmen zum Vergleich herangezogen wird: Diese eigene Präsentation der Betriebe unterschied sich stark von denjenigen des *Amtes Schönheit der Arbeit*. Die Unternehmen waren nämlich bemüht, Maßnahmen der betrieblichen Sozialpolitik und der Verbesserung der Arbeitsbedingungen als die kontinuierliche Fortführung der jeweiligen Unternehmenskultur darzustellen. Auf diese Weise erscheinen Maßnahmen zur »Schönheit der Arbeit« nicht als eine spezifische, neue und zukunftsgerichtete NS-Politik, sondern als eine gute Tradition des einzelnen Betriebes. So hieß es im Band der »Musterbetriebe deutscher Wirtschaft« über *Henkel & Cie.*, der Mensch werde dort »schon seit Jahrzehnten« als »Subjekt im Arbeitsprozess« betrachtet.[55] Die Personalpolitik wurde mithin als fortschrittlich aus Tradition gekennzeichnet; die Linearität der Entwicklung tritt an die Stelle des von den Publikationen der *Deutschen Arbeitsfront* bevorzugten Stilmittels der Diskontinuität. Ähnliche Selbstdarstellungen finden sich sogar in einer Publikation der *Deutschen Arbeitsfront*, die einzelnen Unternehmen jeweils Platz zur eigenen Vorstellung des Betriebes einräumte.[56]

Jenseits dieses Bereichs der Repräsentation von Arbeit strebte die *Deutsche Arbeitsfront* nach einer Selbstmobilisierung der Arbeiterschaft: Die Arbeiter_innen sollten den Zielen des Regimes entgegen arbeiten. Die beruflichen Wettkämpfe, die Aktionen unter dem Slogan »Schönheit der Arbeit« und die ersten Ansätze zu einer Massenkonsumgesellschaft durch die sogenannten Volksprodukte sind im diesem Kontext zu betrachten.[57] Es ist Anselm Doering-Manteuffels These zuzustimmen, dass die »Zeitordnung des Dritten Reichs« zu einem weiten Teil aus einer »Verschmelzung von tagtäglicher Rastlosigkeit und der Utopie einer immerwährenden Ordnung« bestand.[58] Die Nationalsozialisten erzeugten gezielt »Unrast«, sie organisierten Beschleunigungserfahrungen, um den Eindruck von Fortschritt zu erzeugen.[59] Der bereits angesprochene Leistungskampf der Betriebe lässt sich in diesem Zusammenhang einordnen. Noch wichtiger für die alltägliche Wirkung war aber vermutlich das Einsickern solchermaßen Unrast erzeugender Aktionen in den betrieblichen Alltag: So gab es beispielsweise beim Uhrenhersteller *Thiel* einen monatlichen Wettbewerb um den schönsten Arbeitsplatz. Das als Auszeichnung verliehene Schild wies dann die Kolleg_innen darauf hin, dass dieser Arbeitsplatz zum Beispiel genommen werden sollte.[60]

---

55 Elisabeth Schmitt, Henkel & Cie. A.G. Chemische Produkte Düsseldorf, Leipzig 1934, S. 44.
56 Schaller (Hg.), Arbeitsplätze, 1938, S. 79.
57 Hachtmann, Arbeit, in: Buggeln/Wildt (Hg.) 2014, S. 87-106; hier: S. 100.
58 Anselm Doering-Manteuffel, Die Ordnung der Zeit im nationalsozialistischen Herrschaftssystem, in: Lucian Hölscher (Hg.), Die Zukunft des 20. Jahrhunderts. Dimensionen einer historischen Zukunftsforschung, Frankfurt a. M./New York 2017, S. 101-120; hier: S. 102.
59 Ebd., S. 110.
60 Friedrich Bauer, Taschen- und Armbanduhren-Erzeugung und Sondermaschinen für den Werkzeugbau der Gebrüder Thiel GmbH Ruhla Thüringen, Leipzig 1938, S. 52. Hinweise auf ähnliche

Die Unrast des NS-Regimes drückt sich auch in der Überzeugung des tonangebenden NS-Arbeitsexperten Franz Horsten aus.[61] Für diesen begann der »Weg der eigentlichen nationalsozialistische Leistungsauslese« erst am Ende der dreißiger Jahre: Zunächst habe die Erziehung der *Deutschen Arbeitsfront* einen »neuen Typus des Arbeitersoldaten« hervorbringen müssen, bevor nun die Volks- und Betriebsgemeinschaft sich noch stärker als Leistungsgemeinschaft ausprägen könnten.[62] Das wurde als nahe Zukunft der Arbeit im Nationalsozialismus verkündet. Flankierend, so hielt eine weitere Arbeitsexpertin fest, leiste das *Amt Schönheit der Arbeit* einen »Ausgleich zur Mechanisierung der Arbeit«. Materielle Verbesserungen für die Arbeiter_innen waren in dieser nahen Zukunft nicht vorgesehen. Erst »in besserer Wirtschaftslage«, also in der etwas ferneren Zukunft, werde eine »Erhöhung des Lohnes und Lebensniveaus der breiten Schichten folgen«.[63] Auch generell sprach sich die *Deutsche Arbeitsfront* zwar im Bereich der Sozialpolitik ein propagandistisches Eigenlob für die vermeintlich erzielten Erfolge aus, verwies diesbezüglich aber noch stärker auf die Nachkriegszukunft.[64]

3 Pioniere der Arbeit bei Klöckner-Humboldt-Deutz

Horstens Ausführungen zur Leistungsauslese führen uns zurück zu *Klöckner-Humboldt-Deutz* und dem Betriebsdirektor Helmut Stein. Die »nationalsozialistische Leistungsauslese im Bereich der Arbeit« stand für Horsten zwar noch »ganz am Anfang«, aber gerade *Klöckner-Humboldt-Deutz* gebe ein Vorbild für deren »praktische Verwirklichung« ab.[65] Dieses Beispiel wurde breit in der NS-Presse rezipiert[66], das SS-Organ *Das Schwarze Korps* sah darin sogar den Keim »jener wahren Volksgemeinschaft der Zukunft«.[67] Zwei personalpolitische Maßnahmen, die Ein-

---

Wettbewerbe: Erich Kupke, Jeder denkt mit! Innerbetrieblicher Erfahrungsaustausch und lebendige Mitarbeit der Gefolgschaft – Wege zur Leistungssteigerung in deutschen Betrieben, Berlin/Wien/Leipzig 1939, S. 57.

61 Horsten war Leiter des Instituts für Arbeitspolitik, einer NS-Neugründung an der Universität Köln: Frank Golczewski, Kölner Universitätslehrer und der Nationalsozialismus. Personengeschichtliche Ansätze [= Studien zur Geschichte der Universität zu Köln, Bd. 8], Köln 1988, S. 315 f.

62 Franz Horsten, Die nationalsozialistische Leistungsauslese. Ihre Aufgaben im Bereich der nationalen Arbeit und praktische Vorschläge für ihre Durchführung, Würzburg-Aumühle ²1939, S. 88.

63 Wiltraut Best, Die Überwindung nachteiliger Folgen der Rationalisierung durch das Amt Schönheit der Arbeit, Großenhain 1935, S. 66.

64 Schneider, Kriegsgesellschaft, 2014, S. 342.

65 Horsten, Leistungsauslese, 1939, S. 83, 102.

66 Karsten Uhl, Die nationalsozialistische »Volksgemeinschaft« im Fabrikalltag. »Menschenführung« zwischen Selbstverantwortung und Disziplinierung, in: Geschichte in Wissenschaft und Unterricht [GWU], 64 (2013), S. 298-315.

67 o. A., Auf dem richtigen Wege, in: Das Schwarze Korps, 11.5.1939.

führung von »Selbstkontrolleuren« und »Selbstkalkulatoren«, wurden als »sittliches Leistungsprinzip« und als »verwirklichter Nationalsozialismus«, also als bereits in der Gegenwart realisierte Zukunft, gefeiert: »Hier ist der Nationalsozialismus zur Tat geworden.«[68]

Zu Selbstkontrolleuren wurden einzelne ausgewählte Facharbeiter ernannt, die nach dieser Ernennung für die Qualität ihrer Arbeitsprodukte selbst verantwortlich waren; sie wurden also von der nachträglichen externen Kontrolle befreit. Auf dieser Maßnahme aufbauend konnten Selbstkontrolleure zu Selbstkalkulatoren aufsteigen, die dann zusätzlich selbstverantwortlich den Akkord ändern, also die benötigte Arbeitszeit für eine Tätigkeit festlegen durften. Sie unterstanden dann nicht mehr der Abteilung Vorkalkulation. Insgesamt wurden im Konzern einige hundert Arbeiter mit dieser Auszeichnung versehen.[69] Horsten behauptete, wiederum den Charakter einer »neuen Zeit« betonend, dass es sich um eine spezifisch nationalsozialistische Maßnahme handle, die 1935 eingeführt worden sei.[70] In einer regionalen Publikation der *Deutschen Arbeitsfront* wurde die »Selbstkontrolle« bei *Klöckner-Humboldt-Deutz* sogar als Resultat des Einflusses der »neuen Auffassung von Schönheit der Arbeit« dargestellt.[71] Allerdings belegen Quellen aus dem Unternehmensarchiv, dass die ersten Selbstkontrolleure bereits 1926 von Helmut Stein in der zum Konzern gehörenden Motorenfabrik Oberursel ernannt worden waren.[72]

Für Stein selbst ergab dies die Möglichkeit, sich noch deutlicher als Vorbote der neuen Zeit zu präsentieren. In einem vermutlich zu Publikationszwecken angefertigten, aber nach dem Ende des NS niemals veröffentlichten, autobiografisch geprägten Manuskript über »Fertigungs- und Führungsaufgaben der Gegenwart« stellte er die Selbstkontrolleure als Wegbereiter des künftigen Betriebslebens dar. Durch das Tragen des »Ehrenabzeichens« wirke ein solcher Selbstkontrolleur im Betrieb als »Schrittmacher und Pionier der Arbeit«. Er müsse dann noch lernen, sich als Pionier zu fühlen und für »die neue Idee« einzutreten. Nachdem das gelungen sei, seien die Ausgezeichneten zu den gewünschten »Vorkämpfern« geworden.[73] Auch diese Maßnahme lässt sich also als gezielte Erzeugung von Unrast verstehen: Die Selbstkontrolleure und -kontrolleurinnen (während des Krieges wurde es auch für Frauen

---

68 o. A., Das ist Sozialismus!, in: Das Schwarze Korps, 5.1.1939.
69 Uhl, Volksgemeinschaft, in: GWU 64 (2013), S. 298-315; hier: S. 303-310.
70 Horsten, Leistungsauslese, 1939, S. 102.
71 Schaller (Hg.), Arbeitsplätze, 1938, S. 17.
72 Uhl, Volksgemeinschaft, in: GWU 64 (2013), S. 298-315; hier: S. 303 f.
73 Helmut Stein, Fertigungs- und Führungsaufgaben der Gegenwart. Erfahrungen in einer Motorenfabrik. Unveröffentl. Ms. 1944/45, S. 138. Rheinisch-Westfälisches Wirtschaftsarchiv [RWWA], Sign. 107-VII-16c.

möglich, diesen Status zu erreichen) hätten laut Stein »in die Betriebsgemeinschaft ein mitreißendes Element der Leistung« eingebracht.[74]

Keinesfalls war allerdings eine Befreiung aller Arbeiter von der Fremdkontrolle vorgesehen. Vielmehr lag der anvisierten Betriebs- und Leistungsgemeinschaft ein Konzept der Ungleichheit zugrunde: Stein unterschied zwischen den »wertvollen und zuverlässigen Mitarbeitern«, die Selbstkontrolleure werden könnten, und denjenigen, die »stets einer Fremdkontrolle bedürfen«.[75] In Horstens Darstellung wurde diese Leistungsgemeinschaft rassistisch grundiert: Er habe beobachtet, dass »sowohl die Selbstprüfer, als auch die Selbstkalkulatoren in ihrem äußeren Erscheinungsbild durchweg nordische und fälische Rassenmerkmale aufweisen. Wir sehen hierin die Bestätigung, dass echte Leistung gerade im Hinblick auf die in ihr ausgeprägten charakterlichen Werte, Ausdruck germanisch-deutscher Rassenseele ist.«[76]

Diese personalpolitische Maßnahme war Teil eines größeren Konzepts Steins zur »betrieblichen Menschenführung«. Er war überzeugt, dass dieses Thema »in Zukunft auf den technischen Hochschulen wie auf den Ingenieurschulen einen bemerkenswerten Platz einnehmen« werde. Die Schulung der Führungskräfte bis hin zu den Meistern sollte künftig eine hohe Priorität genießen.[77] Im abschließenden Kapitel seines unveröffentlichten Manuskripts führte Stein seine Überlegungen zu »Mensch und Wirtschaft der Zukunft« aus.[78] Im Zentrum der »heutigen Wandlung« stehe die Entwicklung des Arbeiters zu einem »Arbeitnehmer«, vom »nur lose an seinen Arbeitsplatz gebundenen Tagelöhner zum anerkannten und vollwertigen Mitarbeiter in der nationalen Produktion«.[79]

Das Präfix im Begriff »Mitarbeiter« war Stein durchaus wichtig. Sein Konzept des Mitarbeiters umfasste neben der symbolischen und sprachlichen Komponente wie gesagt auch die praktische Maßnahme der Übertragung von Verantwortung. Darüber hinausgehend wurden bauliche Veränderungen im Betrieb anvisiert. Bezeichnenderweise verschwammen in einem Beitrag Steins über die »alte und die neue Fabrik«, der im Mai 1939 in der *Zeitschrift für Organisation* erschien, die Gegenwart und die Zukunft. Während die »Fabrik in der Zeit des Klassenkampfs« im Text und ergänzt von einer Bildstrecke deutlich von der »nationalsozialistischen Fabrik« abgegrenzt wurde, bestand das Bild dieser »neuen Fabrik« aus Fotografien der Gegenwart und

---

74 Ebd., S. 186. Eine weitere Aktion zur Erzeugung von Unrast stellte neben der Teilnahme des Konzerns am landesweiten Leistungskampf ein zusätzlicher innerbetrieblicher Leistungskampf im Jahr 1939 dar: Helmut Stein, Ein innerbetrieblicher Leistungskampf und sein Erfolg, in: Zeitschrift für Organisation [ZfürO], 13 (1939), S. 281-287.
75 Helmut Stein, Leistungssteigerung und Leistungshemmung, in: ZfürO, 13 (1939), S. 163-172; hier: S. 171.
76 Horsten, Leistungsauslese, 1939, S. 116.
77 Helmut Stein, Fertigungs- und Führungsaufgaben der Gegenwart. Erfahrungen in einer Motorenfabrik. Unveröffentl. Ms. 1944/45, S. 154. RWWA, Sign. 107-VII-16c.
78 Ebd., S. 178.
79 Ebd., S. 182.

ergänzend aus einer Skizze der »künftigen Krankenkasse und Arbeiterannahme«. Sprachlich unterschied der Text nicht zwischen Gegenwart und Zukunft, auch die Skizze wurde im Präsens beschrieben, obwohl sie explizit als Entwurf gekennzeichnet wurde.[80]

Abb. 1 Entwurfszeichnung von F. Hardt für eine Neugestaltung: »So bauen wir unsere neue Krankenkasse und Arbeiterannahme«, Klöckner-Humboldt-Deutz, Köln, 1939. RWWA, Sign. 107-231.10/Bild12427

Auf der rechten Seite ist die Aufnahmestelle für neue Beschäftigte, die in der Skizze als »Arbeiter-Personal-Amt« bezeichnet wird, zu sehen. Im gleichen Raum links waren die Schalter für die Krankenkasse vorgesehen. Direkt an diese beiden Bereiche angrenzend sollte in einem separaten Raum die Lohnkasse untergebracht werden, deren Wände in dieser Skizze aus darstellerischen Gründen entfernt wurden. Auffallend sind die großflächige räumliche Gestaltung, die hohen Wände und die gläsernen Türen, die sich deutlich von den dunklen und engen Räumen der Vergangenheit abgrenzen sollten.[81] Auch die an verschiedenen Stellen aufgestellten Pflanzen entsprachen den Idealen des *Amtes Schönheit der Arbeit*; ein großes Porträt Hitlers vor wehender Hakenkreuzfahne komplettiert die NS-Vorstellungen. Darüber hinausgehend fällt auf, dass sowohl bei der Krankenkasse als auch beim »Arbeiter-Personal-Amt« eine möglichst offene und freundliche Atmosphäre erzeugt werden sollte, die

---

80 Stein, Leistungssteigerung, in: ZfürO 13 (1939), S. 163-172; hier: S. 163, 165 f.
81 Vgl. dazu insbesondere die Abbildungen: ebd., S. 164.

die hierarchischen Unterschiede zwischen den Angestellten hinter den Schaltern und den Arbeitern vor den Schaltern so weit wie möglich ausblendet. Während für die vermutlich meist kurzen Wartezeiten bei der Krankenkasse nur einfache Sitzbänke vorgesehen waren, ist die Warteecke bei der Arbeiteraufnahme aufwändiger gestaltet: Die längeren Wartezeiten bei den umfangreicheren Einstellungsformalitäten sollten an einem Tisch mit Stühlen verbracht werden. Die neuen Mitarbeiter sollten sich dort künftig bereits in ausliegenden Büchern und Zeitschriften über den Betrieb und seine Grundsätze informieren können.[82]

Dieser Entwurf, der in Steins Zeitschriftenartikel vom Mai 1939 bereits im Präsens existierte, wurde niemals umgesetzt, da der wenige Monate später beginnende Krieg andere Prioritäten setzte. Überhaupt verging Steins eigene Zukunft sehr schnell: Als er im Februar 1944 über die Zukunft menschenleerer Fabriken schrieb, war seine Zeit bei *Klöckner-Humboldt-Deutz* in Köln bereits Vergangenheit. Stein war im Herbst 1943 vom Konzern zur Lösung einer vermeintlichen »Sonderaufgabe« zu einem Zweigwerk nach Brünn versetzt, im Klartext also weggelobt worden.[83] Gerade Steins Konzepte der »Menschenführung«, Selbstkontrolle und Selbstkalkulation, gingen nach Ansicht des Vorstands nicht mehr auf. Im Kontext des Krieges verwundert das kaum: An die Stelle einer festen Facharbeiterschaft trat nun eine hohe Fluktuation unter den Beschäftigten mit einem steigenden Anteil von dienstverpflichteten Frauen und Zwangsarbeiter_innen. Von diesen konnte kaum die gleiche Selbstmotivation wie von der bisherigen Stammarbeiterschaft verlangt werden.[84] Steins Ausrichtung auf die Zukunft, seine nach Außen getragene Selbstdarstellung als Wegbereiter künftiger Arbeitswelten erregte nun den Spott des Konzernvorstands: Der Jahresbericht hielt fest, dass bedauerlicherweise nur wenige Beschäftige die »Ideen unseres Pioniers der Arbeit, Direktor Stein, richtig verstanden« hätten.[85] Die ideologische Rückendeckung, die Stein für seine auf die NS-Zukunft ausgerichtete Personalpolitik noch wenige Jahre zuvor von der NS-Presse und den Arbeitsexperten des Regimes erhalten hatte, war nun angesichts der eindeutigen Kriegslage nicht mehr viel wert.

---

82 Ebd., S. 165.
83 Ilzhöfer, Jahresbericht Klöckner-Humboldt-Deutz für das Geschäftsjahr 1943/44, Bl. 2. RWWA, Sign. 107-VII/15; vgl. Gebhard Aders, Die Firma Klöckner-Humboldt-Deutz AG im Zweiten Weltkrieg. Teil 2: Vom Sommer 1942 bis zum Kriegsende, in: Rechtsrheinisches Köln, 15 (1989), S. 129-176; hier: S. 155.
84 Uhl, Volksgemeinschaft, in: GWU 64 (2013), S. 298-315; hier: S. 312.
85 Ilzhöfer, Jahresbericht Klöckner-Humboldt-Deutz für das Geschäftsjahr 1943/44, Bl. 3. RWWA, Sign. 107-VII/15.

4 Fazit und Ausblick

Die Zukunftsversprechungen führender Nationalsozialisten wurden während des Krieges fast immer von dem Gegenbild der völligen Vernichtung im Falle der Niederlage ergänzt: Eine Zukunft nach dem Nationalsozialismus sollte nicht mehr vorstellbar sein.[86] Gleichwohl gab es natürlich Planungen verschiedener historischer Akteure für unterschiedliche Kriegsverläufe. Unternehmen planten dabei insofern die Nachkriegszukunft, als sie darauf setzten, die Produktion so lange wie möglich fortzusetzen und deutsche Arbeiter im Werk zu halten, damit die Arbeitskräfte im Frieden sofort wieder zur Verfügung stünden. Nachdem die anstehende Niederlage offensichtlich wurde, gab es durchaus konkrete Planungen für eine Zukunft nach dem Nationalsozialismus. Die *Reichsgruppe Industrie* handelte ab Januar 1945 verstärkt Regelungen zur Rückgabe von KZ-Häftlingen und Zwangsarbeitern aus, um in den Augen der Alliierten nicht als Sklavenhalter zu gelten.[87]

Die Zukunft der Arbeit für einen fortwährenden Nationalsozialismus war eine andere: Neben der rassistisch-exkludierenden Grundierung der Volks- und Betriebsgemeinschaft war auch für die »Volksgenossen« keine egalitäre Arbeitswelt vorgesehen. In NS-Zukunftsentwürfen der Arbeit sollte die Ungleichheit sogar noch zunehmen, die endgültige Etablierung einer Leistungsgemeinschaft sah neue Ungleichheiten auf einer im NS-Sinne objektivierten Grundlage vor. Die Zukunft der Arbeit beinhaltete kein »völkische[s] Gleichheitsversprechen«[88], sondern setzte ganz explizit auf die Attraktivität von Ungleichheit und dem damit einhergehenden Versprechen neuer Aufstiegschancen.

Dennoch waren sozial nivellierende Elemente in der NS-Verheißung einer Zukunft der Arbeit vorhanden. Allein die Bezeichnungen »Mitarbeiter« und »Arbeitnehmer« bemühten sich, ein Ende der Klassengesellschaft zu symbolisieren. Allerdings gingen die Konzepte von Arbeitsexperten und Betriebsdirektoren wie Stein über die rein rhetorische Ebene hinaus: Gerade die Leistungsgemeinschaft der Ungleichheit versprach – nach der rassistischen Exklusion – allen deutschen Arbeitern potenziell bei Erbringung der erforderten Leistung eine Befreiung von den traditionellen Unterordnungen am Arbeitsplatz, indem ihnen künftig mehr Eigenverantwortung bei der Arbeit in Aussicht gestellt wurde. Konstituierend sollte im Betrieb jedoch eine Hierarchie nach vermeintlich objektivierter Leistung sein. Das Egalitätsversprechen der NS-Volksgemeinschaft der Zukunft beschränkte sich vor allem auf den Bereich

---

86 Lucian Hölscher, Die Entdeckung der Zukunft [= Europäische Geschichte], Frankfurt a. M. 1999, S. 215.
87 Buggeln/Wildt, Arbeit (Einleitung), in: dies. (Hg.) 2014, S. IX-XXXVII; hier: S. XXXIII f.
88 Götz Aly, Hitlers Volksstaat. Raub, Rassenkrieg und nationaler Sozialismus, Frankfurt a. M. 2005, S. 358.

von Kultur, Freizeit und Konsum; die NS-Gegenwart war freilich noch weit von einer Massenkonsumgesellschaft entfernt.[89]

Wie verhielt sich nun die vergangene Zukunft der Arbeit im Nationalsozialismus zur späteren Realität der Arbeit in der Bundesrepublik der Nachkriegszeit? Zwar war der Begriff der »Führung« weit gehend desavouiert, inhaltlich jedoch lassen sich durchaus gewisse Überschneidungen der Nachkriegsdebatten zu den Diskussionen der *Deutschen Arbeitsfront* um die rechte Menschenführung im Betrieb feststellen. So wurde in der bundesdeutschen Arbeitswissenschaft eine Schwerpunktverlagerung von einer alleinigen Problematisierung der Arbeiter_innen, die noch in der Weimarer Republik vorherrschend war, hin zum »Vorgesetztenproblem« vorgenommen.[90] Die starke Konzentration der NS-Diskussion über die künftige Gestaltung der Arbeit auf den Faktor Mensch lässt sogar Kontinuitäten zur späteren Debatte um die Humanisierung der Arbeit erkennen. Allerdings beschränken sich diese Kontinuitäten weit gehend auf die Art der Problematisierung – die Frage, welche Rolle der Mensch in der Rationalisierung einnehmen könne –, während sich die Lösungswege deutlich voneinander unterschieden. Die Vision der Nationalsozialisten von einer »Humanisierung« der Arbeit war das autoritäre und rassistische Gegenbild zur späteren sozialliberalen Umsetzung, in der die betriebliche Mitbestimmung und die Gewerkschaften eine bestimmende Rolle spielten. Vor allem sah diese NS-spezifische Lösungsvision für die Spannung zwischen Rationalisierung und Qualifikation eine weitere Spreizung der »Betriebsgemeinschaft« mit neuen Hierarchien vor. Generell sollte nach der rassistischen Exklusion der »Gemeinschaftsfremden« und weiteren Rationalisierungsmaßnahmen das Niveau der Industriearbeit für die »Volksgenossen« steigen. Ein wesentlicher Bestandteil dieser Vision einer dynamischen Entwicklung war dabei die »Leistungsauslese« innerhalb der Betriebsgemeinschaft, die folglich als eine Leistungsgemeinschaft mit inhärenten Ungleichheiten verstanden wurde.

---

89 Spode, Fordism, in: JSH 38 (2004) 1, S. 127-155; hier S. 135.
90 Uhl, Rationalisierung, 2014, S. 216, 340.

Mirko Winkelmann

Vom Risiko zur Verheißung?
Zukünfte des Arbeitens von zu Hause seit den 1980er-Jahren

1 Einführung[1]

Noch kurz vor dem Zubettgehen per Mobiltelefon eine berufliche E-Mail beantworten, im Zug zum nächsten Kunden auf dem Laptop eine Präsentation vorbereiten, oder auch zwei Tage die Woche ganz von zu Hause arbeiten, im Home Office: All diese Tätigkeiten lassen sich unter dem Begriff »Telearbeit« subsumieren. Dass dieser Begriff heute kaum noch Verwendung findet, gar ein wenig antiquiert wirkt, zeigt, wie selbstverständlich diese Arbeitsform mittlerweile ist. Dass diese Entwicklung nicht als unproblematisch wahrgenommen wird, beweisen wiederum aktuelle Diskussionen über das Verschwimmen der Grenzen von Arbeits- und Privatleben und dahin gehender Folgen für die psychische Gesundheit.[2]

Die ersten Diskussionen über Telearbeit in Deutschland setzten mit dem Aufkommen der neuen Informations- und Kommunikationstechniken in den 1980er-Jahren ein. Im Kontext der damaligen Debatte zur »Krise der Arbeitsgesellschaft«[3] wurde Telearbeit kontrovers diskutiert und überwiegend abgelehnt. In den 1990er-Jahren sah dies anders aus: Im Zusammenhang mit den Diskussionen zur Zukunft der Arbeit stieß Telearbeit nunmehr auf immer größere gesellschaftliche Zustimmung und wurde geradezu zum Heilsbringer der kommenden »Informationsgesellschaft«[4]

---

1   Die Arbeit basiert weit gehend auf meiner im Oktober 2015 an der FU Berlin eingereichten Masterarbeit mit dem Titel »Von der »elektronischen Einsiedelei« zum Heilsbringer der »Informationsgesellschaft«: Telearbeit in Deutschland seit den 1980er Jahren«. Mein Dank gilt Rüdiger Hachtmann vom Zentrum für Zeithistorische Forschung in Potsdam für die kritische Begleitung dieser Arbeit.
2   Vgl. bspw. Günther Voss, Krank durch Arbeit. Mehrheit der Deutschen klagt über Stress im Job, in: Der Spiegel, 27.3.2012.
3   So der Titel des Bamberger Soziologentages 1982, der die hier skizzierten Veränderungen aufgriff: Joachim Matthes (Hg.), Krise der Arbeitsgesellschaft? Verhandlungen des 21. Deutschen Soziologentages, Frankfurt a. M. 1983.
4   Der Begriff »Informationsgesellschaft« wird hier als Schlagwort gesellschaftlicher Selbstbeschreibung dieser Zeit verstanden, welches vor allem das Phänomen der zunehmenden Nutzung von Informations- und Kommunikationstechniken diskussionsfähig machte, durch den Grad seiner Abstraktion jedoch letztlich recht wenig aussagt. Eine kohärente Theorie der Informationsgesellschaft gibt es nicht, häufig wird hier jedoch auf die Theorie der »Postindustriellen Gesellschaft« (Touraine/Bell) oder auf jene der »Netzwerkgesellschaft« (Castells) verwiesen (vgl.

stilisiert. Der vorliegende Beitrag untersucht die Gründe für diesen grundlegenden Bewertungswandel und beleuchtet dabei die Frage, wie sich dieser gestaltete, beziehungsweise wie er gestaltet wurde.

Telearbeit sei hier als Erwerbsarbeit abseits der Betriebsstätte mithilfe von Informations- und Kommunikationstechnik definiert. So einfach diese Definition auf den ersten Blick scheinen mag, so problematisch wird sie, nimmt man sich ihrer Details an: Ist der Erwerbstätige formal selbstständig oder befindet er sich in einem regulären Angestelltenverhältnis? Was genau ist unter Informations- und Kommunikationstechnik zu verstehen – zählt hierzu bereits ein Telefon, oder muss es ein Computer sein? Wenn letzteres zutrifft: Muss dieser mit dem Betrieb verbunden sein, und wenn ja: dauerhaft oder nur temporär? Was überhaupt gilt als Betrieb?

Es sind damit vor allem arbeitsrechtliche, räumliche, zeitliche und technische Parameter, nach denen Telearbeit definiert werden kann, wobei vor allem die der Telearbeit zugrundeliegenden Informations- und Kommunikationstechniken in den letzten dreißig Jahren eine rasante Entwicklung erfahren haben. Daher verwundert es nicht, dass sich bis heute keine einheitliche Definition der Telearbeit etabliert hat und der Begriff über den untersuchten Zeitraum hinweg beinahe genauso fluide war, wie es für die Grenzen von Berufs- und Privatleben konstatiert wird. Das Interesse dieser Untersuchung gilt insofern nicht *der* Telearbeit, sondern vorrangig den mit Telearbeit verknüpften Vorstellungen und Diskursen.

Der Beitrag versteht sich damit als Teil einer Geschichte der Zukunft der Arbeit von den 1980er-Jahren bis zum Anfang des neuen Jahrtausends. Räumlich konzentriert er sich – neben einem kurzen Exkurs zum Ursprung der Telearbeit in den USA – auf die Bundesrepublik Deutschland. Der Fokus liegt dabei vor allem auf der bundesdeutschen Politik und den Gewerkschaften.[5] Im Sinne neuerer Arbeiten zur historischen Zukunftsforschung fragt der Beitrag nach den Praktiken, mit denen Zukunft erzeugt wurde. Hierbei wird auch diskutiert, inwiefern sich die von Rüdiger Graf und Benjamin Herzog vorgeschlagenen Kategorien Erwartung, Gestaltung, Risiko und Erhaltung als Modi der Zukunftsgestaltung im Fall der Telearbeit zur Anwendung bringen lassen.[6]

Jochen Steinbicker, Zur Theorie der Informationsgesellschaft. Ein Vergleich der Ansätze von Peter Drucker, Daniel Bell und Manuel Castells, Wiesbaden ²2011, S. 8 f.). Betrachtet man die Konjunktur der Begriffe »Telearbeit« und »Informationsgesellschaft« in deutschsprachigen Publikationen mittels Googles Ngram Viewer, so zeigt sich hier eine erstaunliche Parallelität: Google Ngram Viewer, URL: <https://books.google.com/ngrams/interactive_chart?content=Informationsgesellschaft%2CTelearbeit&year_start=1975&year_end=2008&corpus=20&smoothing=3> (26.4.2019).

5 In meiner Masterarbeit erhalten zusätzlich Parteien, Unternehmen und ihre Verbände sowie wissenschaftliche Experten stärkere Beachtung: Winkelmann, Telearbeit, 2015, S. 26-30, 55-69.

6 Rüdiger Graf/Benjamin Herzog, Von der Geschichte der Zukunftsvorstellungen zur Geschichte ihrer Generierung. Probleme und Herausforderungen des Zukunftsbezugs im 20. Jahrhundert, in: Geschichte und Gesellschaft [GG], 42 (2016), S. 497-515.

2 Amerikanische Visionen

Das Konzept der Telearbeit stammt aus den USA. Wegweisend waren hier die Studien von Jack Nilles (* 1932) an der *University of Southern California* in Los Angeles. Nilles beschäftigte sich in den 1970er-Jahren mit einem Kernproblem amerikanischer Städte, der Zentralisierung. In Folge des starken Zuschnitts der Städte auf die innerstädtischen Zentren und die Ausbreitung der Vorstädte kam es laut Nilles zu einer steten Zunahme des Berufsverkehrs. Dies wiederum führe zu einer starken Luftverschmutzung und zu Staus, hohen Kosten für den Bau und Erhalt von Straßen und nicht zuletzt zu einer starken Abhängigkeit der amerikanischen Wirtschaft von Treibstoffen. Angesichts der ersten Ölkrise des Jahres 1973 plädierte Nilles deshalb für eine Dezentralisierung der Wirtschaft.

Im Blick hatte Nilles vor allem große Firmen, deren Sachbearbeiter sich mit Terminalcomputern über das Telefonnetz in die Zentralrechner der Unternehmen einwählen könnten, anstatt große Distanzen zur Arbeit zurücklegen zu müssen. Die Arbeit würde auf diese Weise zu den Beschäftigten kommen und nicht umgekehrt. Er wählte für diese Form der Substitution von Verkehr durch Telekommunikation demnach den Begriff »telecommuting«, also »Telependeln«.[7]

Analog zu den Ideen der amerikanischen Gegenkultur(en) der 1960er- und 1970er-Jahre[8] standen für Nilles die Dezentralisierung der Wirtschaft und die Lösung von Umwelt- und Verkehrsproblemen im Vordergrund – die Veränderung der Arbeitswelt war für ihn allenfalls ein Nebenprodukt. Obwohl die ersten Studien von Nilles kaum Gehör fanden, sind seine Arbeiten für die Geschichte der Telearbeit von großer Bedeutung: Zum einen prägte er mit »telecommuting« den bis heute in den USA gebräuchlichen Terminus für das Arbeiten abseits der Räumlichkeiten des Arbeitgebers. Dabei wurden seine Arbeiten auch international rezipiert.[9] Zum anderen entwickelte er eine Typologie der Telearbeit anhand ihres Dezentralisierungsgrades, welche die Diskussionen maßgeblich beeinflusste.[10]

Mit der Veröffentlichung von Alvin Tofflers Bestseller »The Third Wave« (1980) setzte eine breitere Diskussion von Nilles Forschungen und dem Konzept des Telecommutings ein. Der amerikanische Futurologe Toffler (1928–2016) beschrieb

---

7 Jack M. Nilles/F. Roy Carlson, Paul Gray/Gerhard G. Hanneman, The telecommunications-transportation tradeoff. Options for tomorrow, New York 1976.
8 Vgl. bspw. Fred Turner, From counterculture to cyberculture. Stewart Brand, the Whole Earth Network, and the rise of digital utopianism, Chicago 2006.
9 Schon 1977 erschienen bspw. eine japanische und eine brasilianische Ausgabe seines Telecommunication-Transportation-Tradeoffs; vgl. Jack M. Nilles./JALA International Inc., Electronic Commerce and New Ways of Working. Penetration, Practice and Future Development in the USA and Around the World, Los Angeles (CA) 1999, S. 31.
10 Zur Typologie und wie diese auch die deutschen Diskussionen beeinflusste: Winkelmann, Telearbeit, 2015, S. 9.

hierin den Weg von »der Industriegesellschaft zu einer humaneren Zivilisation« – so der Untertitel der deutschen Übersetzung.[11] Neben positiven Auswirkungen auf Umwelt, Verkehr und Energieverbrauch beleuchtete Toffler zusätzlich die sozialen Aspekte des Arbeitens von zu Hause. Er schrieb, dass die neue Sesshaftigkeit »weniger erzwungene Mobilität, weniger Stress für den Einzelnen, weniger flüchtige zwischenmenschliche Beziehungen« bedeute.[12] Das Werk Tofflers hatte damit die frühen Diskussionen über Telearbeit entscheidend erweitert und alle wesentlichen Fragen aufgeworfen, die mit dem Thema in Verbindung standen.

Beide frühen Entwürfe von Telearbeit lassen sich gemäß der Typologie von Rüdiger Graf und Benjamin Herzog als Erwartungszukünfte charakterisieren.[13] Das Arbeiten von zu Hause war hier nicht nur Selbstzweck, sondern Teil größerer Entwürfe von einer anderen, zukünftigen Gesellschaft. Der Anspruch, verschiedene Lebensbereiche in einem gemeinsamen Fluchtpunkt zu integrieren, wird vor allem bei Toffler deutlich, beispielsweise wenn dieser schrieb: Das »elektronische Heim« biete außerdem die »Chance, mit dem Ehepartner und vielleicht sogar den Kindern gemeinsam zu arbeiten« und trage damit zu einer »Stärkung des Familienlebens« bei, bis hin zur Entstehung einer »elektronischen Großfamilie« oder »Kommune«.[14] Diese Argumente schlugen sich auch in der amerikanischen Literatur zur Telearbeit nieder; die dortigen Diskussionen kreisten aufgrund der zweiten Ölkrise 1979 jedoch weiterhin vorrangig um energie- und umweltpolitische Themen.[15]

3   Die frühen deutschen Debatten

Die frühen deutschen Debatten über Telearbeit unterschieden sich ganz wesentlich von denen in den USA. Maßgebend hierfür waren drei andere Themen der 1980er-Jahre: Erstens, die allmähliche Ausbreitung der neuen Informations- und Kommunikationstechniken, vor allem des Personal Computers. Zweitens, die Fragen nach der »Zukunft der Arbeit«, ihrer Flexibilisierung, sowie die Zunahme neuer Beschäftigungsformen. Schließlich, drittens, die Diskussion über die Rolle der Frauen und die zunehmende Frauenerwerbstätigkeit, wobei alle drei Themenstränge jeweils wieder mit anderen Debatten jener Zeit verflochten waren (beispielsweise die Aus-

---

11   Alvin Toffler, Die Zukunftschance. Von der Industriegesellschaft zu einer humaneren Zivilisation, München 1980.
12   Ebd., S. 212.
13   Graf/Herzog, Von der Geschichte der Zukunftsvorstellungen, in: GG 42 (2016), S. 497-515; hier: S. 504 f.
14   Toffler, Zukunftschance, 1980, S. 212, 230.
15   Vgl. bspw. den Artikel des Vizepräsidenten und Chefökonomen des wirtschaftsnahen Committee for Economic Development: Frank B. Schiff, Working at Home Can Save Gasoline, in: Washington Post, 2.9.1979.

breitung des Computers mit der Angst vor einem digitalen Überwachungsstaat, das Thema Frauenerwerbstätigkeit mit der befürchteten Auflösung von Familienwerten et cetera). Der gemeinsame Nenner aller drei Themenkomplexe war die mit ihnen verbundene Skepsis, wenn nicht gar Angst gegenüber diesen Entwicklungen.[16]

Ausgangspunkt der frühen Debatten über Telearbeit war eine im Auftrag des *Bundesministeriums für Forschung und Technologie* (BMFT) erstellte »Studie über Auswahl, Eignung und Auswirkungen von informationstechnisch ausgestalteten Heimarbeitsplätzen« aus dem Jahr 1982.[17] Im Glauben an die Planbarkeit technischer Entwicklungen und ihrer gesellschaftlichen Auswirkungen wurde die Studie aufgrund der sich anbahnenden Verbreitung neuer Informations- und Kommunikationstechniken durchgeführt. Die Projektleitung hatte der promovierte Soziologe Eike Ballerstedt vom *Battelle-Institut* in Frankfurt am Main inne. Für das Kapitel über Telearbeitsplätze im Programmierbereich war hingegen der Berater und IT-Spezialist Wolfgang Heilmann als Chef der *Integrata GmbH* verantwortlich.[18]

Für die Diskussionen über Telearbeit war diese Studie maßgebend – und hoch problematisch. Zum einen schenkten ihre Autoren der Arbeit von zu Hause die meiste Beachtung. Sie verwendeten hierfür den Begriff der »elektronischen Heimarbeit«, wobei »Heimarbeit« freilich weit reichende Assoziationen weckte.[19] In den amerikanischen Diskussionen dieser Zeit wurden dagegen andere Nutzungsszenarien, wie beispielsweise sogenannte Nachbarschaftsbüros, die in etwa den heutigen Co-Working-Spaces ähneln, stets in gleichem Maße thematisiert. Zum anderen machten die Autoren der Studie als potenzielle Anwendungsfelder aus technischen Gründen hauptsächlich einfache Arbeiten wie Schreibarbeiten aus, die damals vornehmlich von

---

16 Vgl. bspw. »Uns steht eine Katastrophe bevor« [Titelstory], in: Der Spiegel, 17.4.1978; oder auch: Wolfgang Hoffmann, Den Job-Killern auf der Spur, in: Die ZEIT, 19.8.1978.
17 Eike Ballerstedt u. a., Studie über Auswahl, Eignung und Auswirkungen von informationstechnisch ausgestalteten Heimarbeitsplätzen [= BMFT-Forschungsbericht DV 82-002], Karlsruhe 1982.
18 Das Battelle-Institut war seinerzeit die größte private Forschungseinrichtung der Welt. Sein deutscher Ableger war formal unabhängig, hatte zu Spitzenzeiten etwa 700-800 Mitarbeiter_innen und führte schwerpunktmäßig naturwissenschaftlich-technische Auftragsforschungen durch. Mitte der 1990er-Jahre wurde das Frankfurter Institut geschlossen. Die Tübinger Integrata GmbH war wiederum seinerzeit ein stark expandierendes Unternehmen für Weiterbildungsmaßnahmen und Beratung im Bereich der Informationstechnologie. Wolfgang Heilmann (*1930) hatte das Unternehmen 1965 gegründet, nachdem er zuvor mit einer Arbeit über »Sozialutopien der Neuzeit« promoviert wurde und für die IBM tätig war. Die Kooperation beider Unternehmen kam auf Anregung des BMFT zustande: Winkelmann, Telearbeit, 2015, S. 17.
19 Zu Beginn der 1980er-Jahre war auch die »klassische Heimarbeit« noch immer regelmäßig Gegenstand der Berichterstattung. In den Stellenanzeigen der Tageszeitungen oftmals als »lohnender Nebenverdienst« angepriesen, verstand man hierunter allgemein recht prekäre, schlecht entlohnte und wenig sinnstiftende Beschäftigungen ohne soziale Absicherung, beispielsweise die Anfertigung von Christbaumschmuck oder gar die Montage von Kugelschreibern: Winkelmann, Telearbeit, 2015, S. 16 f.

Frauen erbracht wurden. Es überrascht deshalb nicht, dass in dieser Studie auch die Bedeutung der Telearbeit für die Familie gesondert besprochen wurde. Die Autoren referierten hier ausführlich die Überlegungen Tofflers, standen seiner Vision von einer »elektronischen Großfamilie« jedoch eher skeptisch gegenüber. Viel stärker als Toffler sahen sie in der Telearbeit eine Möglichkeit für Frauen, den »Wunsch nach einer Beschäftigung mit [...] häuslichen Pflichten in Einklang zu bringen.«[20]

Zementiert wurde diese verengte Sicht von Telearbeit auf Heimarbeit, die von Frauen erbracht wird, im ersten deutschen Modellversuch zur Telearbeit in Baden-Württemberg, für den im Jahr 1984 insgesamt einundzwanzig Telearbeitsplätze eingerichtet wurden.[21] Die Probandinnen waren allesamt weibliche Sachbearbeiterinnen oder Sekretärinnen. Während vorgeblich untersucht werden sollte, inwieweit ein »Mangel an qualifizierten Schreibkräften in Ballungsgebieten durch die Schaffung dezentraler Arbeitsplätze [...] kompensiert werden kann«[22], machte die Untersuchung der sozialen Auswirkungen dieser Arbeitsform den größten Teil der Studie aus, und Themen wie »mögliche Veränderungen in der Mutter-Kind-Beziehung« oder die »Auswirkungen auf die innerfamiliale Aufgabenteilung« fanden einige Beachtung.[23]

Von Beginn an wurde dem Modellversuch großes mediales Interesse zuteil.[24] Telearbeit wurde hier recht emotional diskutiert und inspirierte zu ausschweifenden Berichten über die vermeintliche Wirklichkeit der Telearbeit. In einem Artikel der *taz* erfuhr man beispielsweise von Frau Schneider, die als Sachbearbeiterin einer Versicherungsgesellschaft ein halbes Jahr nach der Geburt ihres Kindes an einem »Modellversuch mit neuer Heimarbeit« teilnahm:

»Die ersten Wochen hatte es ihr noch richtig Spaß gemacht. [...] Sie arbeitete päckchenweise, immer fünf, sechs Verträge, wenn Felix schlief, vormittags, nachmittags, manchmal abends noch ein, zwei Bögen. Tagsüber war der Zentralrechner, den sie über das Telefon anwählen konnte, aber häufig ziemlich ausgelastet, [...] [a]lso musste sie öfters abends arbeiten. Da gings zwar mit dem Zentralrechner schneller, aber es gab immer häufiger Spannungen mit ihrem Mann, der gern fernsehen wollte. [...] Nach vier Monaten kriegte Frau Schneider ihren ersten Koller. Immer

---

20 Ballerstedt u. a., Studie über Auswahl, 1982, S. 254.
21 Hans-Jörg Bullinger/Hans-Peter Fröschle/Barbara Klein, Telearbeit. Schaffung dezentraler Arbeitsplätze unter Einsatz von Teletex [= AIT-Transfer-Programm, Bd. 2], Hallbergmoos 1987.
22 Ebd., S. VII.
23 Zu den sozialen Auswirkungen: ebd., S. 115-210, bes. S. 150-180.
24 Ein Höhepunkt war hier sicherlich die Berichterstattung in der vierteiligen Senderreihe des Hessischen Rundfunks über »Neue Medien, Neue Märkte, Neue Macht« von Dieter Prokop, deren dritte Folge über »Die Revolution unserer Arbeit« (Ausstrahlung am 23.3.1984) sich schwerpunktmäßig der Telearbeit widmete. Die Begleitpublikation war dann gänzlich auf die Arbeitswelt zugeschnitten, wobei allein zehn Seiten davon den Modellversuch in Baden-Württemberg thematisieren. Vgl. Dieter Prokop, Heimliche Machtergreifung. Neue Medien verändern die Arbeitswelt, Frankfurt a. M. 1984, S. 173-182.

in der engen Bude, keinen Menschen sehen, nur mal eben bis zum Einkaufszentrum raus und abends zwischen den beiden Bildschirmen eingeklemmt. [...] [Als Felix] in einem unbewachten Moment sein Milchfläschchen in die Tastatur leerte, drehte Frau Schneider endgültig durch, sie riss Felix zur Seite, so dass er sich am Wohnzimmerschrank eine Beule holte und nicht mehr aufhören wollte zu brüllen. Danach brach Frau Schneider in Tränen aus. [...] Mit der Telearbeit war Schluss!«[25]

Kritik an der Telearbeit kam zu dieser Zeit vor allem von den Gewerkschaften und der politischen Linken: Nicht nur führe diese Arbeitsform zu Selbstausbeutung und Stress sowie zur Isolation und Vereinsamung der Arbeitnehmer; sie sei auch ursächlich für die Vermischung von Beruflichem und Privatem und würde mithin das Familienleben negativ beeinflussen.[26] Die Gewerkschaften spitzten ihre Argumentation dahin gehend zu, dass die »neue Heimarbeit« zu »elektronischer Einsiedelei« und einem »Rückfall in schlesische Verhältnisse« führe, und forderten deshalb schon früh ein Verbot der Telearbeit.[27]

Ganz offensichtlich bildete eine verengte Sichtweise von Telearbeit als Heimarbeit, die von Frauen erbracht wird, die Grundlage ihrer Argumentation. Konsequenterweise hielten die Gewerkschaften am Begriff der »elektronischen Heimarbeit« fest, während sich vor allem in der wissenschaftlichen Literatur dieser Zeit allmählich der Begriff Telearbeit durchzusetzen begann.[28] Die Kritik an den (imaginierten) Auswirkungen der Telearbeit auf Frauen wurde wiederum vor allem von den Frauenbeauftragten der Gewerkschaften hervorgebracht und geradezu zur Umkehrung der Frauenemanzipation stilisiert. So mutmaßte beispielsweise die Gewerkschaftssekretärin Angelika Bahl-Benker von der *IG Metall*, dass »elektronische Heimarbeit gerade deshalb so als [sic!] frauenfreundlich propagiert« werde, »weil sie mit dem alten Leitbild der ›Frau am Herd‹ ... relativ problemlos vereinbar« sei, und fragte provokant, ob sie nur dazu diene, »die patriarchalische Arbeitsteilung noch über weitere Generationen

---

25 Imma Harms, »Noch'n Fernseher im Wohnzimmer ...«, in: taz, 1.8.1983. Frau Harms teilte mir am 20.7.2015 per Email mit, dass sie die Protagonist_innen der Geschichte vermutlich erfunden habe.
26 Eine Zusammenfassung der Argumente der Gewerkschaften bspw. bei: W. Schubert, Frauen sollen angelockt werden. Kinder, Küche, Computer, in: Vorwärts, 16.2.1984; sowie: Eugen Loderer, »Neue Heimarbeit« durch Informations- und Kommunikationstechniken, in: Gewerkschaftliche Monatshefte, 34 (1983) 6, S. 385-387.
27 So auf den Gewerkschaftstagen der IG Metall 1983 und der Gewerkschaft Handel, Banken, Versicherungen (HBV) 1984. Entschließung 9, Abs. 6, 14. Ord.Gew.tag, in: Der Gewerkschafter Extra 11 (1983), S. 51.
28 Zu den unterschiedlichen Bezeichnungen des frühen Telearbeitsdiskurses (dezentraler Arbeitsplatz, elektronische Fernarbeit, informationstechnisch ausgestaltete Heimarbeit usw.): Thomas Lenk, Telearbeit. Möglichkeiten und Grenzen einer telekommunikativen Dezentralisierung von betrieblichen Arbeitsplätzen [= Betriebswirtschaftliche Schriften, Bd. 130], Berlin 1989.

zu retten«.[29] Es entbehrt nicht einer gewissen Ironie, dass die Gewerkschaften in der Debatte über Telearbeit Frauen nun ebenso patriarchalisch bevormunden wollten, obwohl die Teilnehmerinnen des Modellversuchs diesen überwiegend positiv beurteilt hatten.[30]

Die Telearbeitsdebatte war insofern auch ein Kampfplatz, auf dem die oben erwähnten Aushandlungsprozesse zur Rolle der Frauen eine Zuspitzung fanden. Für die starke Ablehnung der Telearbeit durch die Gewerkschaften gab es jedoch noch andere Gründe: Zunächst einmal waren sie im Verlauf der 1980er-Jahre angesichts der zunehmenden Arbeitslosigkeit, im Kampf um die 35-Stunden-Woche oder auch in den Auseinandersetzungen um die Privatisierung der Bahn und der Post in fast jeder Hinsicht in die Defensive geraten.[31] Wurden sie außerdem bereits von der Einführung der Mikroelektronik in den Unternehmen nahezu überrumpelt[32], erkannten sie in der Telearbeit nun ein Thema, das zwar »noch nicht so drängend« sei, »aber zukünftig von großer Bedeutung sein« werde und es deshalb nötig erscheinen ließ, ihre »Gegenwehr langfristig dazu [zu] planen.«[33]

Telearbeit wurde hier stellvertretend für die Ausbreitung der neuen Informations- und Kommunikationstechniken und die mit ihnen einhergehenden Veränderungen des Arbeitslebens gesehen. Mit ihrem Potenzial, die Arbeitsverhältnisse zeitlich und räumlich zu individualisieren, wurde Telearbeit von den Gewerkschaften dabei als radikalste der möglichen Ausprägungen dieser neuen Arbeitswelt und Angriff auf die Grundfesten des eigenen Selbstverständnisses wahrgenommen, untergrub sie doch

---

29 Angelika Bahl-Benker, »Telearbeit« – Ein Beitrag zur Humanisierung der Arbeits- und Lebensbedingungen der Arbeitnehmer/innen?, in: Hans Robert Hansen (Hg.), GI/OCG/ÖGI-Jahrestagung 1985. Übersichtsbeiträge und Fachgespräche zu den Themenschwerpunkten Softwaretechnologie, Standardsoftware, Büroautomation, Bildschirmtext, Berlin/Heidelberg 1985, S. 1012-1024; hier: S. 1016.
30 Vgl. Winkelmann, Telearbeit, 2015, S. 19 f.
31 Zu den Auseinandersetzungen um die 35-Stunden-Woche als »Kampf um das industriegesellschaftliche Lebensmodell« vgl. bspw. Dietmar Süß, Stempeln, Stechen, Zeit erfassen. Überlegungen zu einer Ideen- und Sozialgeschichte der »Flexibilisierung« 1970–1990, in: Archiv für Sozialgeschichte, 52 (2012), S. 139-162; hier: S. 155. Zur Privatisierung von Bahn und Post: Karl Lauschke, Staatliche Selbstentmachtung. Die Privatisierung von Bahn und Post, in: Norbert Frei/Dietmar Süß (Hg.), Privatisierung. Idee und Praxis seit den 1970er Jahren [= Jena-Center Geschichte des 20. Jahrhunderts: Vorträge und Kolloquien, Bd. 12], Göttingen 2012, S. 108-123. Zur zeitgenössischen Beurteilung: Wolfgang Lecher, Überleben in einer veränderten Welt, in: Die ZEIT, 26.4.1985.
32 Rüdiger Hachtmann, Gewerkschaften und Rationalisierung. Die 1970er Jahre – ein Wendepunkt?, in: Knud Andresen/Ursula Bitzegeio/Jürgen Mittag (Hg.), Nach dem Strukturbruch? Kontinuität und Wandel von Arbeitswelten [= Politik- und Gesellschaftsgeschichte, Bd. 89], Bonn 2011, S. 181-209; hier S. 195.
33 Eckhard Scholz, Referat Kaufmännische und Verwaltungsangestellte im DGB-Bundesvorstand auf einer Tagung am 5.12.1987 in Hamburg, in: Deutscher Gewerkschaftsbund (Hg.), Telearbeit. Elektronische Einsiedelei oder neue Form der persönlichen Entfaltung?, Düsseldorf 1988, S. 5 f.

anscheinend die Möglichkeit der kollektiven Interessenvertretung gegenüber den Arbeitgebern.[34]

Der Kampf der Gewerkschaften gegen die Telearbeit war insofern auch ein symbolischer Kampf um ihre zukünftige Bedeutung. Ihr Umgang mit Telearbeit in den 1980er-Jahren kann damit geradezu als prototypisch für das gesehen werden, was Graf und Herzog als Risikozukunft bezeichnen: Anders als bei den amerikanischen Zukunftsentwürfen von Nilles und Toffler sollte hier »nicht auf das gewiss Erwartete hingelebt, sondern auf das je Befürchtete oder gar Unerwartete vorbereitet« werden.[35] Der alarmistische Ton, mit dem die Gewerkschaften das Thema Telearbeit aufgriffen, und die nur relativ kurze Dauer der Debatte mit ihrem Höhepunkt um das Jahr 1987 sprechen ebenfalls für eine solche Einordnung. Die verengte Sicht auf Telearbeit und der Rekurs auf die klassische Heimarbeit sollten insofern nicht nur als Ausdruck mangelnden Wissens über diese Arbeitsform gesehen werden, sondern gleichfalls als Mittel der Selbstvergewisserung und als politisches Manöver.

Für Arbeitgeberverbände und Unternehmen war das Thema dagegen eher zweitrangig. Aufgrund der hohen Kosten der noch kaum entwickelten Technik erachteten sie eine baldige Implementierung dieser Arbeitsform als nicht realistisch. Die hitzige Debatte über Telearbeit brachte es zudem mit sich, dass sich Unternehmen aus Angst vor Imageschäden nicht öffentlich zu diesem Thema äußern wollten.[36]

Anders die bundesdeutsche Politik. Hatten die Studie des *Bundesministeriums für Forschung und Technologie* (BMFT) und der erste Modellversuch in Baden-Württemberg die Diskussion über Telearbeit ins Rollen gebracht, so wurde sie durch eine weitere, spätere Studie wieder beendet. Doch der Reihe nach: Ursprünglich sollte die Untersuchung für das *Bundesministeriums für Forschung und Technologie* den Weg für eine »labormäßige« Realisierung von Heimarbeitsplätzen bahnen – nach ihrer Publikation im August 1982 wurden hierfür jedoch auf Bundesebene keine öffentlichen Gelder mehr bereitgestellt.[37] Es ist zu vermuten, dass der Regierungswechsel im glei-

---

34 Schon in der Verbotsforderung wurde dies deutlich, wenn dafür plädiert wird, »andere arbeitsorganisatorische Arbeitsformen neuer Telekommunikationssysteme durchzusetzen, wie z. B. die Schaffung betriebsratsfähiger Organisationseinheiten anstelle von Heimarbeit«, Entschließung 9, Abs. 6, 14. Ord.Gew.tag, in: Der Gewerkschafter Extra 11 (1983), S.51. Vorstellbar waren hier vor allem Satellitenbüros. Vgl. auch das Gespräch mit Elisabeth Becker-Töpfer (HBV), in: Helmut Drüke/Günter Feuerstein/Rolf Kreibich, Büroarbeit unterwegs, daheim und anderswo. Gespräche mit Experten über Telearbeit und Teleheimarbeit, Eschborn 1988 [= RKW-Schriftenreihe Mensch und Technik], S. 141-153; hier: S. 152.
35 Graf/Herzog, Von der Geschichte der Zukunftsvorstellungen, in: GG 42 (2016), S. 497-515; hier: S. 511.
36 Vgl. Winkelmann, Telearbeit, 2015, S. 26-28.
37 Vgl. Winkelmann, Telearbeit, 2015, S. 30 f.

chen Jahr dabei eine Rolle spielte, genauso wie eine veränderte Forschungspolitik und die reduzierten Mittel hierfür.[38]

Die zunehmende Politisierung der Debatte über Telearbeit machte es allerdings nötig, den nach Ansicht vieler Beobachter strittigsten Aspekt dieses Themas zu klären: die rechtliche Beurteilung der Telearbeit. Die Bundesregierung ließ deshalb am *Institut für Rechtsinformatik* der *Universität Hannover* eine Untersuchung zu diesem Thema anfertigen.[39] Für die Geschichte der Telearbeit war diese Studie aus zwei Gründen von großer Bedeutung: Zum einen legten sich die Autoren dezidiert auf den Begriff der »Telearbeit« fest, in Abgrenzung zu dem der »Heimarbeit«, der eine Anwendung des Heimarbeitergesetzes suggerieren würde.[40] Zum anderen legten sie nahe, dass auch Telearbeiter als Arbeitnehmer zu klassifizieren seien und deshalb im Rahmen des Arbeits- und Sozialrechts geschützt sein würden.[41] Sie entkräfteten damit das Hauptargument der Telearbeitskritiker und trugen ganz entscheidend zur Versachlichung der Debatte bei. Nicht zuletzt prägten ihre Ergebnisse fortan die Haltung der Bundesregierung zum Thema Telearbeit als »ein Phänomen mit hohem Aufmerksamkeitswert und geringer Realisierung«, das kein weiteres Handeln verlange.[42] Die Bundesregierung stand dem Thema insofern eher abwartend gegenüber und beschränkte sich darauf, durch die Förderung von Forschungsvorhaben Wissen hierüber zu generieren und damit Unsicherheiten auszuräumen. Es fällt deshalb schwer, hierfür die Typologie von Graf und Herzog in Anwendung zu bringen. Angesichts fehlender Programme zur Implementierung der Telearbeit – wie sie zur gleichen Zeit im amerikanischen Kalifornien bereits anliefen[43] – ließe sich für das Handeln der Bundesregierung geradezu von einer Zukunftsenthaltung sprechen.

---

38 Die deutsche Wissenschafts- und Technologiepolitik unterlag im Bereich der Informationstechnologie Anfang der 1980er-Jahre einem Paradigmenwechsel: Der Versuch, mit großzügiger Industrieforschung »nationale Champions« (Siemens, AEG-Telefunken) auf dem Computermarkt zu etablieren, galt als gescheitert, da sich die nötigen Fördersummen als zu groß erwiesen. Priorität hatten nun die Stärkung der Grundlagenforschung und die Entwicklung von Anwendungen in kleinen und mittelständischen Unternehmen. Vgl. Edgar Grande/Jürgen Häusler, Industrieforschung und Forschungspolitik. Staatliche Steuerungspotentiale in der Informationstechnik [= Schriften aus dem Max-Planck-Institut für Gesellschaftsforschung Köln, Bd. 15], Frankfurt a. M. 1994, S. 132-151, v. a. S. 139 f., S. 150 f.
39 Wolfgang Kilian/Wolfgang Borsum/Uwe Hoffmeister, Telearbeit und Arbeitsrecht. Forschungsbericht im Auftrag des Bundesministers für Arbeit und Sozialordnung, Bonn 1987.
40 Ebd., S. 3.
41 Ebd., S. 363.
42 Antwort der Bundesregierung auf die Große Anfrage der Abgeordneten Frau Männle et al. und der Fraktion der FDP zur Situation der Frauen in der Bundesrepublik Deutschland, Bundestagsdrucksache 10/6340 vom 5.11.1986, S. 17 f. Die Bundesregierung beruft sich hier explizit auf die Untersuchung von Kilian, Borsum und Hoffmeister und übernimmt teilweise gar den Wortlaut der Arbeit.
43 Southern California Association of Governments (Hg.), Implementation Plan Telecommuting Pilot Project, Los Angeles (CA) 1986.

Kam die öffentliche Debatte über Telearbeit nach Klärung der Arbeitsrechtsfrage zum Erliegen, hielt die Beschäftigung mit diesem Thema in Expertenkreisen und der Wissenschaft weiter an. Gerade auf Wirtschafts- und Sozialwissenschaftler_innen übte das Thema eine große Faszination aus, barg es doch das Potenzial, typische Hervorbringungen der Industriemoderne, wie die Trennung von Arbeits- und Privatsphäre, grundlegend auf den Kopf zu stellen. Manche dieser Expert_innen verstiegen sich gar in Prognosen, wonach es im Prinzip möglich sei, zwei Drittel aller Jobs zu dezentralisieren und damit die Gesamtzahl potenzieller Telearbeiter_innen in Europa knapp 80 Millionen betrage.[44] Angesichts der 175 Telearbeiter_innen, die im Rahmen einer Studie Mitte der 1980er-Jahre in Deutschland gezählt wurden, war diese Zahl freilich beeindruckend.[45] Die Fülle der – häufig sehr redundanten – Publikationen zur Telearbeit stand damit in einem krassen Missverhältnis zu ihrer tatsächlichen Anwendung. Man unkte deshalb damals gar, dass auf jeden Telearbeiter drei Begleitforscher kämen.[46]

4 Die Anfänge der Implementierung

In den 1990er-Jahren erlebte das Thema eine neue Konjunktur. Relativ unbeachtet von der Öffentlichkeit hatten seit Ende der 1980er-Jahre verschiedene Unternehmen die neue Arbeitsform versuchsweise implementiert. Hervorzuheben sind hier die Aktivitäten der *IBM*, die 1991 mit ihrem Gesamtbetriebsrat eine Betriebsvereinbarung über Telearbeit abschloss, den Begriff selbst jedoch vermied und stattdessen von »außerbetrieblichen Arbeitsstätten« (ABA) sprach.[47] Im Jahr darauf wurde *IBM* hierfür mit dem Innovationspreis der Deutschen Wirtschaft ausgezeichnet. Erstmals wurde damit eine organisatorische Neuerung ausgezeichnet, keine technische. Da das Unternehmen aus anderen Gründen seinerzeit in der Kritik stand, entpuppte Telearbeit sich auch als Chance, das Image des Unternehmens aufzupolieren. Aus diesem Grund, aber freilich auch, weil das Unternehmen als Computerhersteller ganz allgemein von der Einrichtung weiterer Computerarbeitsplätze profitierte, warb das Unternehmen seitdem offensiv für diese Arbeitsform.[48]

---

44 empirica, Profiles of the Population Potentially Concerned with Telework. The supply of Teleworkers. Results of the Employed People Survey, 1987.
45 empirica, Trends and prospects of electronic home working. Results of a survey in four major European countries, 1985, S. VI.
46 Joseph Huber, Telearbeit. Ein Zukunftsbild als Politikum [= Sozialverträgliche Technikgestaltung, Bd. 2], Opladen 1987, S. 59.
47 Die Vereinbarung wurde dabei vor allem kraft der Stimmen der freien Betriebsräte und jener der Deutschen Angestelltengewerkschaft, jedoch gegen den Widerstand der IG Metall verabschiedet: Winkelmann, Telearbeit, 2015, S. 39 f.
48 Vgl. bspw. Ulrich Viehöfer, Heim ins Büro. IBM probt die Zukunft, in: Wirtschaftswoche, 24.1.1992.

Es zeigte sich, dass Telearbeit von Seiten der Beschäftigten mehr als begrüßt wurde.[49] Es waren jedoch nicht Verwaltungsangestellte und Sekretärinnen, die telearbeiten durften, sondern Führungskräfte und Spezialisten wie Programmierer. Zahlreiche Anträge auf einen außerbetrieblichen Arbeitsplatz wurden daher abgeblockt, wobei die hohen Telekommunikationsgebühren zur damaligen Zeit für die langsame Implementierung ausschlaggebend waren: Für jeden einzelnen Arbeitsplatz musste *IBM* von der *Deutschen Post* eine eigene Standleitung zwischen Unternehmen und außerbetrieblichem Arbeitsplatz schalten lassen.[50]

Die Einführung der Telearbeit bei *IBM* ebnete den Weg für weitere Implementierungsmaßnahmen, zuerst bei Unternehmen der IT-Branche, dann vorrangig im Sektor der Versicherungs- und Finanzwirtschaft. Der Begriff Telearbeit wurde dabei meist vermieden; die rechtliche Ausgestaltung der Telearbeitsarrangements orientierte sich wiederum stark an der Betriebsvereinbarung von *IBM*. Auf ihrer Grundlage etablierte sich bis zur Mitte der 1990er-Jahre eine Telearbeitspraxis, bei der die Mitarbeiter_innen in regelmäßigen Phasen ihren Arbeitsplatz im Betrieb mit dem heimischen Schreibtisch tauschten (»alternierende Telearbeit«).

Die Motive für die Einführung von Telearbeit waren dabei recht unterschiedlich. Mal ging es darum, Mitarbeiterinnen auch während des Erziehungsurlaubes im Unternehmen zu halten, mal entstanden Personalknappheiten im Zuge der Expansion eines Unternehmens in die Neuen Bundesländer, die durch das Angebot an die Mitarbeiter_innen, dezentral tätig zu sein, behoben werden sollten. In anderen Fällen waren schlicht die bestehenden Bürokapazitäten nicht mehr ausreichend. Allen Implementierungsvarianten war jedoch gemein, dass Telearbeit auf freiwilliger Basis stattfand und im Arbeitnehmerverhältnis ausgeführt wurde. Dies waren auch die Eckpunkte des ersten Pilottarifvertrags zur Telearbeit zwischen der *Deutschen Telekom* und der *Deutschen Postgewerkschaft* (DPG) im Jahr 1995.[51]

Im gleichen Maße wie die praktischen Erfahrungen mit Telearbeit im Zuge der frühen Implementierungsversuche zunahmen, verschwanden auch die vereinzelten Berichte, die Telearbeit noch immer ausschließlich als Frauenarbeit oder gar Fortschreibung der klassischen Heimarbeit des 19. Jahrhunderts verstanden. Gleichsam entwickelte sich nun eine sehr breite Vorstellung von Telearbeit, bei der gewissermaßen jede Tätigkeit mittels eines Computers außerhalb der klassischen Betriebsumgebung als Telearbeit klassifiziert werden konnte. So heißt es beispielsweise im frühen

---

49 Vgl. die Begleituntersuchung: Wilhelm R. Glaser/Margrit O. Glaser, Telearbeit in der Praxis. Psychologische Erfahrungen mit außerbetrieblichen Arbeitsstätten bei der IBM Deutschland GmbH [= Personalwirtschaft professionell], Neuwied 1995.
50 Winkelmann, Telearbeit, 2015, S. 42.
51 Ebd., S. 43-45.

Standardwerk zur Telearbeit, dass auch »Formen ... der elektronischen Selbstbedienung« (also etwa eine Onlineüberweisung) als Telearbeit gefasst werden könnten.[52]

5 Telearbeitspolitik für die Informationsgesellschaft

Telearbeit wurde in den 1990er-Jahren häufig als Indikator für die Verbreitung der neuen Informations- und Kommunikationstechniken gesehen. Maßgebend hierfür waren die Aktivitäten der Europäischen Union, welche diesen Techniken eine immense Bedeutung für die wirtschaftliche Entwicklung Europas, vor allem im Wettbewerb mit den USA beimaß. Ob sie sich durchsetzen würden, stand anders als in den 1980er-Jahren nicht mehr zur Debatte; vielmehr sei die Entwicklung hin zu einer »Informationsgesellschaft« ein »unabwendbarer, grundlegender Trend«.[53]

In diesem Zusammenhang beauftragte der Europäische Rat eine Gruppe hochrangiger Vertreter von Unternehmen der Informations- und Kommunikationswirtschaft damit, ein Programm für den Übergang Europas zur Informationsgesellschaft zu entwickeln – unter ihnen beispielsweise Hans-Olaf Henkel, der damals gerade vom Vorsitzenden der deutschen *IBM* zu deren europäischem Präsidenten ernannt wurde, Lothar Hunsel, als Noch-Chef des Pay-TV-Senders *Premiere* und designierter Geschäftsführer der Mobilfunksparte der *Deutschen Telekom*, sowie Heinrich von Pierer, Vorstandsvorsitzender der *Siemens AG*. Den Vorsitz dieser Gruppe hatte EU-Kommissar Martin Bangemann (FDP) inne. Das 1994 hieraus hervorgegangene Papier wurde demnach bald als »Bangemann-Bericht« bekannt.[54]

Primär ging es in diesem um die Schaffung ordnungspolitischer und rechtlicher Rahmenbedingungen der kommenden Informationsgesellschaft, allen voran um die rasche und vollständige Liberalisierung des Telekommunikationssektors als Basis für die weitere Entwicklung der Informations- und Kommunikationstechniken. Anschließend könne »[n]ach Ansicht der Gruppe [...] die Schaffung der Informationsgesellschaft in Europa dem Privatsektor und den Marktkräften überlassen wer-

---

52 Birgit Godehardt, Telearbeit. Rahmenbedingungen und Potentiale [= Materialien und Berichte der ISDN-Forschungskommission des Landes Nordrhein-Westfalen, Bd. 15], Opladen 1994, S. 48 f.
53 Europäische Kommission, Wachstum, Wettbewerbsfähigkeit, Beschäftigung. Herausforderungen der Gegenwart und Wege ins 21. Jahrhundert, Luxemburg 1993, S. 103.
54 Bzw. im Englischen »Bangemann-Report«. Bangemann sollte sich in der Folgezeit vor allem durch die sogenannte Dienstwagen-Affäre einen Namen machen: So hatte er sich jahrelang auf Kosten der EU in seinem Dienstwagen zu seiner Yacht in Polen chauffieren lassen. Darüber hinaus geriet er in die Kritik, als er unmittelbar nach seinem Rücktritt als EU-Kommissar für den Bereich Telekommunikation im Jahr 2000 in den Vorstand des spanischen Telefonanbieters Telefonica wechselte: Sylvia Schreiber, Bangemann-Affäre. Dienstwagen und Gottesgnadentum, in: Der SPIEGEL, 8.4.2003.

den.«⁵⁵ Aufgrund der unentwegten Beschwörung dieser Marktkräfte und des Wettbewerbs nannten kritische Beobachter den Bangemann-Bericht gar ein »neoliberalistisches [sic!] Manifest«.⁵⁶ Konträr hierzu forderten die Wirtschaftsvertreter von der öffentlichen Hand zudem, »möglichst im größten Maßstab« Projekte zu initiieren, welche die Anwendung der neuen Technologien demonstrieren und damit die Nachfrage nach ihnen stimulieren sollten.

An erster Stelle der zehn von der Gruppe vorgeschlagenen Anwendungen zur Förderung der Informations- und Kommunikationstechniken stand wiederum die Telearbeit. Als Zielvorgabe wurde festgehalten: »In 20 Städten sollen bis 1995 Pilot-Telearbeitszentren geschaffen werden, in denen mindestens 20.000 Arbeitnehmer tätig sind. Bis 1996 sollen 2 % der leitenden Angestellten in der Telearbeit tätig sein und bis zum Jahr 2000 10 Mio. Telearbeitsplätze geschaffen werden.«⁵⁷

Der Bericht benannte damit eine Zahl, die angesichts der damaligen Arbeitsmarktsituation eine hohe Attraktivität besaß und zu einer enormen Aufwertung der Telearbeit führte. Das offizielle Motto für dieses Thema lautete demnach »Mehr Arbeitsplätze und neue Arbeitsplätze für eine mobile Gesellschaft«. Dass hier von neuen Arbeitsplätzen die Rede war, obwohl es bei der Telearbeit doch primär um eine Reorganisation der Arbeit geht, mag etwas verwundern – gerade auch weil der Gruppe mit Hans-Olaf Henkel von *IBM* ein ausgewiesener Experte für diese Arbeitsform angehörte. Die Verfasser des Berichts mutmaßten jedoch, dass mit dem Sinken der Telekommunikationskosten im Zuge der Liberalisierung quasi automatisch »neue Dienstleistungsunternehmen entstehen [würden], die Telearbeitsdienste anbieten«.

Die beschäftigungspolitischen Effekte, mit denen Telearbeit nunmehr in Verbindung gebracht wurde, können damit auch als Vehikel gesehen werden, um die Liberalisierung der Telekommunikationsmärkte voranzutreiben. Die EU-Regierungschefs billigten schließlich den Bericht der Bangemann-Gruppe auf dem Gipfeltreffen von Korfu und beauftragten die Kommission mit der Umsetzung der vorgeschlagenen Maßnahmen. Der Bericht wurde damit faktisch zur Grundlage für eine erste gemeinsame europäische Informationspolitik.⁵⁸

Das hatte freilich auch Auswirkungen auf die bundesdeutsche Politik. Spielte Telearbeit hier bis Mitte der 1990er-Jahre keine Rolle, änderte sich das mit der zuneh-

---

55 Martin Bangemann, Europa und die globale Informationsgesellschaft. Empfehlungen für den Europäischen Rat, Brüssel 1994, S. 30.
56 Stefan Krempl, Die Informationsgesellschaft in Europa und ihre Macher. People first?!, in: heise online, 19.10.1997, URL: <http://www.heise.de/tp/artikel/1/1307/1.html> (26.4.2019).
57 Hier und alle folgenden Zitate: Bangemann, Europa, 1994, S. 25 f.
58 Das Zustandekommen des Bangemann-Berichts und seine Folgewirkungen sind damit ein Paradebeispiel für das Funktionieren der EU-Politik bzw. den Einfluss demokratisch nicht legitimierter Organisationen (Verbände, Unternehmen) hierauf: Petra Schaper-Rinkel, Zur politischen Produktion von Sachzwängen. Die europäische Informationsgesellschaft als regulativer Rahmen zur Sicherung der Wettbewerbsfähigkeit, in: PROKLA. Zeitschrift für kritische Sozialwissenschaft, 29 (1999) 114, S. 29-54.

menden öffentlichen Debatte über Computer, das Internet und »Multimedia« ab etwa 1995. Den Anfang machte Jürgen Rüttgers (CDU) als Chef des *Bundesministeriums für Bildung, Wissenschaft, Forschung und Technologie* (BMBF) und mutmaßlicher »Zukunftsminister«. Für ihn stand die Frage im Vordergrund, wodurch die Förderung der neuen Technologien und der Ausbau der Kommunikationsnetze überhaupt legitimiert sei. In der *Zeit* ließ er deshalb verlauten, dass er »Bauchschmerzen« bekomme, wenn er »als Begründung für diese Riseninvestition Homeshopping, Video-on-Demand oder 500 Fernsehkanäle höre.« Er forderte deshalb dazu auf, erst einmal festzustellen, »wo die Anwendungen für die Datenautobahn sind.«[59] Schon bald hatte er hierfür die Telearbeit im Blick. Er schlug vor, sie durch Steuererleichterungen zu fördern oder Unternehmen gesetzlich dazu zu verpflichten, diese Arbeitsform einzuführen.[60]

Konkurrenz machte ihm hier Wirtschaftsminister Günter Rexrodt (FDP). Wie auch Rüttgers sah dieser in der Telearbeit »eines der zentralen Anwendungsfelder der Informationsgesellschaft« und referierte stets die Zielvorgaben des Bangemann-Berichts, wonach es allein in Deutschland bis zum Jahr 2000 möglich sein sollte, 800.000 Telearbeitsplätze zu schaffen. Dies würde nicht nur gesamtwirtschaftlich zu »Investitionen in Höhe von mehreren Milliarden DM« führen, sondern fördere auch die Vereinbarkeit von Beruf und Familie der Arbeitnehmer, die Produktivität der Unternehmen und würde der Umwelt zugutekommen. Die Bundesregierung wolle deshalb »diese Entwicklung [...] nach Kräften vorantreiben.«[61] Die beiden Minister überboten sich rhetorisch geradezu in ihrem Engagement für die Telearbeit, zeugte dies doch vor dem Hintergrund des Multimediabooms und der prekären Beschäftigungslage vom Willen zur Gestaltung und von Kompetenz auf einem Feld, dessen Ausmaße längst niemand zu überblicken vermochte. Beide konkurrierten sie zudem darum, dieses zukunftsträchtige Feld mit ihren Ministerien zu besetzen.

Es kann deshalb nicht überraschen, dass Telearbeit im Regierungsbericht »Info 2000 – Deutschlands Weg in die Informationsgesellschaft« vom Februar 1996 bei den »Anwendungsmöglichkeiten der neuen Informationstechnik« ebenfalls an erster Stelle stand.[62] Auch hier wurde auf die Zielvorgaben des Bangemann-Berichts verwiesen und das Umsatzvolumen von Telearbeitsplätzen auf »über 50 Mrd. DM« geschätzt. Während die Bundesregierung deshalb zwar ankündigte, die Nutzung von Telearbeit in der Verwaltung zu erweitern, sah sie den Handlungsbedarf jedoch ganz überwiegend bei der Wirtschaft und forderte diese auf, die »Potentiale der Telearbeit

---

59 Uwe Jean Heuser, Aufbruch ins Ungewisse, in: Die ZEIT, 17.2.1995.
60 Telearbeit. Rüttgers schlägt Subventionen vor, in: Wirtschaftswoche, 6.7.1995.
61 Günter Rexrodt, Zukunftsoption Telearbeit. Herausforderung für die Wirtschafts- und Gesellschaftspolitik, in: empirica (Hg.), Telearbeit Deutschland '96. neue Formen und Wege zu Arbeit und Beschäftigung, Heidelberg 1997, S. 4-8; hier S. 4 f.
62 Bericht der Bundesregierung »Info 2000 – Deutschlands Weg in die Informationsgesellschaft«, Bundestagsdrucksache 140/96 vom 13.2.1996, S. 10 f.

weitestgehend auszuschöpfen.«[63] Die noch im gleichen Jahr gestartete »Initiative Telearbeit der Bundesregierung« förderte daher lediglich eine Informationsbroschüre, ein weiteres Gutachten zu den arbeitsrechtlichen Rahmenbedingungen sowie eine Handbuch zur Implementierung von Telearbeit zutage.[64]

Deutlich wichtiger für die (zumindest indirekte) Förderung der Telearbeit scheint daher eine andere Maßnahme: Die ebenfalls im Bangemann-Bericht geforderte Liberalisierung der Telekommunikationsmärkte durch Inkrafttreten des neuen Telekommunikationsgesetzes im Jahr 1996, welches die Telekommunikationsgebühren sinken ließ. Davon abgesehen wurde Telearbeit seit 1994 auch von der zu diesem Zeitpunkt noch im Bundesbesitz befindlichen *Deutschen Telekom* gefördert. Wie bereits *IBM* hatte diese freilich ein doppeltes Interesse an Telearbeit, zum einen als potenzieller Anwender im eigenen Unternehmen, zum anderen als Lieferant der Infrastruktur hierfür. Die *Telekom* galt deshalb als Ansprechpartner Nummer eins und führte mit ihrem Tochterunternehmen *DeTeBerkom* selbst eine Reihe von Telearbeitsprojekten durch.[65]

Zusammen mit der *Telekom* rief das *Bundesministerium für Wirtschaft* 1997 schließlich die Initiative »Telearbeit im Mittelstand« als größtes Pilotprojekt des Bundes zur Telearbeit ins Leben. Die Überlegung war hier, dass sich Telearbeit – wie die Informations- und Kommunikationstechniken allgemein – in großen Unternehmen gewissermaßen von allein durchsetzen würde, jedoch gerade kleineren und mittleren Unternehmen erst demonstriert werden müsse, dass sich diese Arbeitsform lohne. Erwartet wurde außerdem, dass die Initiative »Impulse für den Arbeitsmarkt« setze und zur »Auslösung einer Gründungsoffensive von Telearbeitsplätzen im Mittelstand« führe.[66] Die Initiative wurde als voller Erfolg gewertet: Auf Basis einer Förderung mit insgesamt mehr als 20 Millionen DM wurden bei den 400 teilnehmenden

---

63 Ebd., S. 129 f.
64 Bundesministerium für Arbeit und Sozialordnung/Bundesministerium für Wirtschaft (Hg.), Telearbeit. Chancen für neue Arbeitsformen, mehr Beschäftigung, flexible Arbeitszeiten. Ein Ratgeber für Arbeitnehmer, Freiberufler und Unternehmen, Bonn 1996; Bundesministerium für Arbeit und Sozialordnung, Entwicklung der Telearbeit. Arbeitsrechtliche Rahmenbedingungen. Forschungsbericht Band 269 und 269a, Bonn 1997; sowie: Bundesministerium für Arbeit und Sozialordnung/Bundesministerium für Wirtschaft/Bundesministerium für Bildung, Wissenschaft, Forschung und Technologie (Hg.), Telearbeit. Ein Leitfaden für die Praxis, Bonn 1998.
65 Wilhelm Ottenbreit, Telearbeit bei der Deutschen Telekom AG, in: empirica (Hg.), Telearbeit Deutschland '96, 1997, S. 68-78, v. a. S. 77 f. Die Berkom war eine Art Forschungsunternehmen der Telekom, welche möglichst anspruchsvolle, also bandbreitenlastige Anwendungen der Informationstechnik entwickeln sollte. Seit 1999 gehörte sie zur T-Nova GmbH, die 2001 wiederum an die T-Systems übertragen wurde: Winkelmann, Telearbeit, 2015, S. 53.
66 Ausschreibungstext von »Telearbeit im Mittelstand« auf den Seiten der TA Telearbeit GmbH, Abbild vom 4.7.2002, URL: <http://web.archive.org/web/20020704215734/http://www.ta-telearbeit.de/tim/htdocs/foerderrichtlinie.htm> (26.4.2019). Vgl. auch die Berichterstattung hierüber, bspw.: Neues Förderprogramm für Telearbeit. Rüttgers: 50 000 DM je Unternehmen, EU: 800 000 Stellen im Jahr 2000, in: Frankfurter Allgemeine Zeitung [FAZ], 11.3.1997.

Unternehmen insgesamt 1.700 Telearbeitsplätze eingerichtet, 500 davon waren neue Arbeitsplätze. Zudem wurde im Rahmen der Begleituntersuchung festgestellt, dass Telearbeit tatsächlich Impulse für die Verbreitung von Informations- und Kommunikationstechniken setze, von den Unternehmen und ihren Mitarbeitern gleichermaßen positiv bewertet werde und den Berufsverkehr reduziere.[67]

»Telearbeit im Mittelstand« kann damit als das große Demonstrationsprojekt gesehen werden, das die Vertreter der Industrie im Bangemann-Bericht gefordert hatten. Ebenso wurde nun die Implementierung der Telearbeit in den Ministerien forciert: Hatte Arbeitsminister Norbert Blüm (CDU) hier den Anfang gemacht, indem er bereits seit August 1995 im Rahmen eines Pilotversuchs zwei hohe Beamte seines Ministeriums zeitweise von zu Hause aus arbeiten ließ[68], führten ab 1998 auch das Innen- sowie das Wirtschaftsministerium sukzessive Telearbeit ein. Nach Abschluss der Modellversuche wurde Telearbeit schließlich zu einem wesentlichen Element der 1999 beschlossenen Verwaltungsmodernisierung erklärt.[69]

Parallel zu den Aktivitäten des Bundes nahmen in der zweiten Hälfte der 1990er-Jahre auch Länder und Kommunen zahlreiche Telearbeitsprojekte in Angriff. Zum Ende des Jahrzehnts gab es kaum ein Bundesland, das ohne einen Ansprechpartner hierfür auskam.[70] Neben Modellversuchen zur Implementierung von Telearbeit in der öffentlichen Verwaltung, der Herausgabe von Informationsmaterialien und Ausrichtung von Veranstaltungen war hier vor allem die Gründung sogenannter Telearbeitszentren von Bedeutung. Meist im Zusammenhang mit Fördermöglichkeiten der Europäischen Union als Möglichkeit zur Stimulation strukturschwacher Regionen oder zu beschäftigungspolitischen Zwecken gedacht, entwickelten sich diese rasch zu Anlaufstellen für die Erprobung der neuen Informations- und Kommunikationstechniken. Unter dem Label einer Qualifizierung zum Telearbeiter und häufig in Zusammenarbeit mit den örtlichen Arbeitsämtern oder Handelskammern wurden hier Maßnahmen und Workshops durchgeführt, die den Teilnehmenden den Umgang mit Computerhard- und -software ganz allgemein näherbrachten. Teilweise hatten diese Zentren auch den Charakter früher Internetcafés, bei denen man stunden- oder tageweise einen Computerarbeitsplatz mieten konnte. Dass sie für die Praxis der Tele-

---

67 Bundesministerium für Wirtschaft und Technologie (Hg.), Telearbeit im Mittelstand. Erfahrungen aus der Praxis, Bonn 1999, S. 225-231.
68 Vgl. ausführlich: Hans-Werner Loose, Als Heimwerker arbeiten Beamte streßfrei, in: Die Welt, 2.11.1995.
69 Vgl. die Broschüre des Bundesinnenministeriums: Moderner Staat, moderne Verwaltung. Initiative Telearbeit der Bundesregierung, Berlin 2000.
70 Anhang B des Projektberichts zu Telearbeit im Mittelstand (»Kontaktadressen: Landesinitiativen und Kommunale Initiativen«, Anm. 67), S. 261-275.

arbeit kaum eine Rolle spielen sollten, zeigte sich, als ihre öffentliche Förderung auslief und die meisten dieser Zentren wieder schließen mussten.[71]

Der Regierungswechsel 1998 zeigte, dass Telearbeit zum Ende des Jahrzehnts von allen im Bundestag vertretenen Parteien gleichermaßen befürwortet wurde – denn nichts veränderte sich. Wurde unmittelbar nach der Vereinbarung des Koalitionsvertrags noch moniert, dass der neuen rot-grünen Koalition ein klares Konzept für die »Informationsgesellschaft« fehle, das Thema IT-Politik gar gänzlich ausgeklammert werde[72], so präsentierte die Regierung im Jahr 1999 ein Aktionsprogramm für »Innovation und Arbeitsplätze«, das »zu weiten Teilen deckungsgleich« mit dem Info-2000-Konzept der Regierung Kohl war.[73] Auch hier wurde folglich die weitere Verbreitung der Telearbeit als sehr wichtig erachtet.[74] Als wesentliche Initiative rief die neue Regierung wiederum eine »Internet-Börse für Telearbeit« ins Leben, die sich erneut vor allem an mittelständische Unternehmen richtete.[75]

War der Umgang mit Telearbeit in der bundesdeutschen Politik in den 1980er-Jahren noch sehr verhalten, gab es ab der zweiten Hälfte der 1990er-Jahre also ein klares Bekenntnis zu dieser neuen Arbeitsform. Insofern könnte man fragen: Von der Zukunftsenthaltung zu ihrer Gestaltung? Die Antwort auf diese Frage ist jedoch nicht so einfach, wie es scheint. Zwar waren die Rufe in der Politik nach mehr Telearbeit zu dieser Zeit sehr deutlich. Das Ausmaß der Telearbeitsförderung war jedoch insgesamt betrachtet eher zurückhaltend. Nur schwer ließe sich deshalb die bundesdeutsche Politik nach den Überlegungen von Graf und Herzog als Gestaltungszukunft klassifizieren: Auch wenn die praktischen Tätigkeiten der Bundesregierung sowie die Institutionalisierung des Themas auf Länderebene der Telearbeit faktische Relevanz ver-

---

71 Werner B. Korte, Erfahrungen mit Telezentren in Deutschland und im Ausland – Top oder Flop?, in: Wilhelm Glaser (Hg.), Telezentren. Zukunft oder schon Vergangenheit? [= Kohlhammer Recht und Verwaltung], Stuttgart 2000, S. 108-117.
72 Christiane Schulzki-Haddouti, Koalitionsvertrag – Vom Internet keine Rede, in: Der Spiegel, 23.10.1998.
73 Stefan Scholz, Internet-Politik in Deutschland. Vom Mythos der Unregulierbarkeit [= Medien & Politik, Bd. 25], Münster i. Westf. 2004, S. 70.
74 Aktionsprogramm der Bundesregierung »Innovation und Arbeitsplätze in der Informationsgesellschaft des 21. Jahrhunderts«, Bundestagsdrucksache 14/1776 vom 29.9.1999, S. 18.
75 Auch die Motivation zur Gründung einer solchen Initiative unterschied sich nicht von der Vorgängerregierung. So ließ der parlamentarische Staatssekretär im BMWi, Siegmar Mosdorf, verlauten: »Ich hoffe sehr, dass der Regelbetrieb [der Telearbeitsbörse, M. W.] deutliche Impulse zur Verbreitung von Telearbeit in Deutschland auslöst und damit einen Beitrag zur dringend notwendigen Belebung des Arbeitsmarktes leistet.« Allein die Anschubfinanzierung des »Telejobservice« betrug eine halbe Million DM: Birgit Bott, Erfolgreicher Start der Internetboerse für Telearbeit, in: Informationsdienst Wissenschaft, 23.11.1999. Vgl. auch Michael Jäckel/Christoph Rövekamp, Alternierende Telearbeit. Akzeptanz und Perspektiven einer neuen Form der Arbeitsorganisation, Wiesbaden 2001, S. 15.

schafften[76], fehlte – wie auch bei den Informations- und Kommunikationstechniken insgesamt – eine konkrete Vorstellung davon, zu welchem Ergebnis diese Tätigkeiten führen sollten.

So vermied es die Bundesregierung stets, in puncto Telearbeit zahlenmäßig konkrete Ziele auszugeben. Stattdessen war beispielsweise das erste Ziel der Initiative Telearbeit der Bundesregierung das »Setzen des klaren politischen Signals, die Vorteile und Chancen von Telearbeit in Deutschland verstärkt zu nutzen, um mögliche Beschäftigungspotenziale am Standort umfassend auszuschöpfen.«[77] Auch als Teil einer Erwartungszukunft, nämlich der erwarteten (oder herbeigeredeten) Informationsgesellschaft, ließe sich die bundesdeutsche Telearbeitspolitik nur schwer fassen, fehlte es hier doch an einer normativ definierten Vision dieser Gesellschaft, die mehr versprach, als bloß einen Rückgang der Arbeitslosigkeit. Die Telearbeitspolitik dieser Jahre ist damit ein Sinnbild auch der folgenden beiden Jahrzehnte bundesdeutscher Zerrissenheit bei der Frage, wie der »digitale Wandel« gestaltet werden sollte. Sie speiste sich einerseits aus großen Erwartungen und ein bisschen Symbolpolitik, ließ aber andererseits, aufgrund der kaum abschätzbaren Risiken und Konsequenzen, weitergehende Maßnahmen und verbindliche Vorgaben vermissen.

6   Der Richtungswechsel der Gewerkschaften

Der allmähliche Wandel der gewerkschaftlichen Position zur Telearbeit setzte schon Ende der 1980er-Jahre ein und fand erstmals Ausdruck beim Abschluss der Betriebsvereinbarung über die »Außerbetrieblichen Arbeitsstätten« bei *IBM* im Jahr 1991. Ganz wesentlich war hierfür eine veränderte Vorstellung von Telearbeit, wie sie auch in der Betriebsvereinbarung zum Ausdruck kam: Sie wurde nun als vorwiegend hochqualifizierte Arbeit gewertet, die abwechselnd im Betrieb und von zu Hause erbracht wurde. Wichtig war zudem – wie die *IG Metall* in einer viel beachteten Publikation zur Telearbeit Anfang der 1990er-Jahre einräumte –, dass sich unterdessen »eine Reihe von Bedingungen« verändert hätten, die nunmehr »in der gewerkschaftlichen Diskussion eine sehr viel größere Rolle spielen« würden, »als vor zehn Jahren«. Allen voran wurden hier die Wünsche und Bedürfnisse der Arbeitnehmer genannt, wobei festgehalten wurde, dass vor allem Angestellte kollektive Regelungen »weniger denn je« akzeptieren würden.[78] Es sei deshalb nicht mehr angebracht, an einem pauschalen Verbot der Telearbeit festzuhalten. Vielmehr gehe es darum, die

---

76 Graf/Herzog, Von der Geschichte der Zukunftsvorstellungen, in: GG 42 (2016), S. 497–515; hier: S. 508 f.
77 Bundesministerium für Arbeit und Sozialordnung/Bundesministerium für Wirtschaft (Hg.), Initiative Telearbeit der Bundesregierung, Bonn 1996, S. 3.
78 IG Metall (Hg.), Teils im Betrieb, teils zu Hause. Neue Formen der Telearbeit. Chancen und Risiken für die Beschäftigten. Positionen und Empfehlungen, Frankfurt a. M. 1993, S. 24.

»Bedingungen und Voraussetzungen zu definieren und zu gestalten, unter denen Telearbeit sozial akzeptabel« sei.[79]

Diese Mindestbedingungen waren nach Abschluss der ersten Betriebsvereinbarung recht schnell definiert. Sie umfassten das Prinzip der Freiwilligkeit, den Erhalt des Arbeitnehmerstatus, das Verbot der Benachteiligung von Telearbeitern sowie ein »Rückkehrrecht« auf einen konventionellen Arbeitsplatz.[80] Im Laufe der 1990er-Jahre beschäftigten sich die Gewerkschaften deshalb vorrangig mit arbeits- und sozialrechtlichen Detailfragen der Telearbeit, beispielsweise mit der ergonomischen Ausstattung der häuslichen Arbeitsplätze oder der Etablierung fester Bürotage zur Erhaltung sozialer Kontakte. Immer wieder brachten sie hierfür auch die Möglichkeit eines Telearbeitsgesetzes ins Gespräch.[81] Die Befürwortung der Telearbeit als einheitliche gewerkschaftliche Strategie hatte ihren Ursprung bei den Betriebsräten und ging nur allmählich vonstatten.[82] Auch hier war nie ganz klar, was denn unter Telearbeit genau zu verstehen sei, ihre Ausbreitung wurde jedoch als unvermeidlich erachtet.

Diese Einschätzung ging einher mit einer grundlegenden Richtungsänderung der Gewerkschaften: Sahen sie in den 1980er-Jahren die Flexibilisierung der Arbeit allgemein sowie Telearbeit im Speziellen als Angriff auf die gewerkschaftlichen Errungenschaften des Industriezeitalters, erklärten nun auch sie, dass sich das »klassische Normalarbeitsverhältnis [...] auflösen« und die Trennung von Beruf und Freizeit »relativieren« werde.[83] Dieses Umdenken war dabei auch der anhaltenden Krise der Gewerkschaften in den 1990er-Jahren geschuldet: Angesichts der enormen Arbeitslosigkeit und der grenzübergreifenden Standortkonkurrenz deutscher Unternehmen erreichte ihre Verhandlungsposition einen neuen Tiefpunkt. Zusätzlich machte ihnen zu schaffen, dass traditionell stark gewerkschaftlich organisierte Industriezweige im Zuge des wirtschaftlichen Strukturwandels vermehrt wegbrachen. Hinzu trat der allmähliche Bedeutungsrückgang der Flächentarifverträge sowie das Phänomen, dass eine zunehmende tarifpolitische »Verbetrieblichung« – wie sie ja auch in den

---

79 Ebd., S. 38.
80 Ebd., S. 40. Vgl. auch: Deutsche Postgewerkschaft/IG Medien, Memorandum zur Gestaltung der Informationsgesellschaft. Vorgelegt auf dem Kongress »Multimedia gestalten. Vorfahrt für Arbeit und Menschlichkeit« am 1./2. Juni 1995 in Frankfurt a. M.
81 So erstmals in: DGB (Hg.), Für eine soziale Gestaltung der Telekommunikation. Thesen und Vorschläge des DGB, Düsseldorf 1991.
82 Die Frauenbeauftragten der Gewerkschaften zählten beispielsweise recht lange zu den Kritiker_innen der Telearbeit und bemühten manchmal noch die Argumente aus den 1980er-Jahren. Die auch innergewerkschaftlichen Aushandlungsprozesse zur Rolle der Frauen waren also auch in den 1990er-Jahren längst nicht abgeschlossen. Vgl. bspw. Cornelia Brandt [DAG], Den Multis Netze und Medien, den Frauen die Heimarbeit? Eine Polemik, in: Senatsverwaltung für Arbeit, Berufliche Bildung und Frauen, Berlin (Hg.), telekooperation, telearbeit, tele-learning, virtuelle arbeitswelten. Reader zur Fachtagung 18./19. Juni 1997 in Berlin, Berlin 1997, S. 18.
83 Michael Sommer, Vorstand der Deutschen Postgewerkschaft, zit. n.: Uwe Jean Heuser, Das Modell der Industriegesellschaft zerfällt. Wo sind die Jobs der Zukunft?, in: Die Zeit, 14.2.1997.

Betriebsvereinbarungen zur Telearbeit zum Ausdruck kam – die Legitimationsgrundlage einer kollektiven Lohnpolitik grundsätzlich unterminierte. Enttäuschte Mitglieder, ein angestaubtes, eher schlechtes Image, Rekrutierungsprobleme und sinkende Mitgliederzahlen waren die Folge.[84] So ging die Zahl der im *Deutschen Gewerkschaftsbund* (DGB) organisierten Gewerkschaftsmitglieder in den 1990er-Jahren um fast ein Drittel zurück.[85]

Der Anspruch, die nun als unvermeidlich erkannte Veränderung der Arbeit in sozialverträgliche Bahnen lenken zu wollen, war insofern nur mehr ein Strohhalm, an dem sich die Gewerkschaften festhielten, um ihre Handlungsfähigkeit nicht gänzlich zu verlieren. Wie schon in den 1980er-Jahren war die Telearbeit hierbei von hohem symbolischem Wert für sie. Zum einen wurden Telearbeiter nunmehr als Inbegriff eines neuen Arbeitnehmertypus angesehen: dem des jungen, gut ausgebildeten Multimediaarbeiters, der sehr flexibel agierte und sich nur wenig an klassische Betriebsstrukturen binden ließ – deshalb jedoch auch nur schwer von den Gewerkschaften rekrutiert werden konnte.[86] Zum anderen wurde am Umgang der Gewerkschaften mit diesem Thema der oben beschriebene Prozess des Umdenkens hin zu einer Bejahung der Flexibilisierung der Arbeit gemessen.

Es kann nicht überraschen, dass die *Deutsche Postgewerkschaft* in der gewerkschaftlichen Auseinandersetzung mit Telearbeit eine Vorreiterrolle einnahm – nicht nur, weil viele ihrer Mitglieder in der neu entstehenden Multimediabranche beschäftigt waren, sondern auch, weil sie durch den Wegfall der Monopole und die rasche Liberalisierung der Telefondienste im Zuge der Postreformen in den 1990er-Jahren wie keine andere Gewerkschaft mit gänzlich veränderten Bedingungen zu kämpfen hatte. So sah sie sich im Widerstand gegen den politisch verordneten Stellenabbau, der die *Deutsche Post* auf dem Weg der Privatisierung »zukunftsfähig« machen sollte, schon bald dem Vorwurf der Besitzstandswahrung um jeden Preis ausgesetzt.[87] Der Abschluss des ersten Regeltarifvertrages zur Telearbeit zwischen der Postgewerkschaft und der Telekom im Jahr 1998 wurde damit quasi zum Vehikel, um die Zukunftsfähigkeit der Gewerkschaft zu demonstrieren.

Selbst die wirtschaftsnahe *Frankfurter Allgemeine Zeitung* wertete dies als »sichtbares Umschwenken und die Anerkennung der Realitäten einer modernen Dienst-

---

84 Vgl. bspw. David F. Milleker, Die Krise der Gewerkschaften, in: Wirtschaftsdienst, 11 (1999), S. 660-664.
85 1991: ≈11,80 Millionen, 1999: ≈8,04 Millionen. Vgl. DGB-Mitgliederzahlen auf der Homepage des DGB, URL: <http://www.dgb.de/uber-uns/dgb-heute/mitgliederzahlen/> (26.4.2019).
86 So wird beispielsweise in einem Diskussionspapier verschiedener Gewerkschafter_innen zur ver.di-Gründung von den »neuen Angestellten und Telearbeiter/innen« gesprochen; vgl. Werner Albrecht/Steffen Kühhirt/Frank Steibli/Uschi Tamm, »Manchmal müssen Dinge sich ändern, damit sich etwas bewegt«, in: Gewerkschaftliche Monatshefte 52 (2001) 1, S. 52-61.
87 Vgl. bspw.: Postkutsche in die Zukunft, in: Der Spiegel, 24.2.1997.

leistungsgesellschaft.«[88] Besonders hervor taten sich dabei der Leiter der Abteilung Technologiepolitik der *Deutschen Postgewerkschaft* und Initiator des Tarifvertrags, Lothar Schröder, sowie DPG-Hauptvorstand Veronika Altmeyer, die schon früh die Gewerkschaften dazu aufrief, sich den Veränderungen der Arbeitswelt zu stellen[89], »Telearbeitsfähigkeit« gar als »Schlüsselkompetenz in der Arbeitswelt der Zukunft« pries und deshalb auch bei den anderen Gewerkschaften für dieses Tarifvertragsmodell warb.[90] Nicht zuletzt der Vorsitzende der *Deutschen Postgewerkschaft*, Kurt van Haaren, bekannte schließlich: »Ich glaube, wir würden morgen in den Ruinen unserer eigenen Vorstellungswelt erwachen, wenn wir uns nicht telearbeitsfähig machen würden.«[91]

In der Folgezeit riefen vor allem die zahlenmäßig kleineren Gewerkschaften (neben der *Deutschen Postgewerkschaft* die *Deutsche Angestelltengewerkschaft*, die *Gewerkschaft Handel, Banken und Versicherungen* und die *IG Medien*) zahlreiche Telearbeitsprojekte ins Leben, beispielsweise das *Online-Forum Telearbeit* (OnForTe), das als arbeitnehmerorientierte Telearbeitsberatungsstelle Hilfestellung bei Fragen rund um die Telearbeit anbot.[92] Auf der gleichnamigen Internetseite fanden sich zudem zahlreiche Materialien zum Thema, beispielsweise Implementierungshilfen und ein Pflichtenheft für Betriebsräte.[93] Interessanterweise waren die sechs Mitarbeiter_innen von *OnForTe* selbst als Telearbeiter_innen beschäftigt und als »virtuelles Expertennetzwerk« von sechs unterschiedlichen Standorten in Deutschland aus tä-

---

88 Hans-Christoph Noack, Postler, Verkäufer, Drucker und Busfahrer, in: FAZ, 17.11.1999.
89 Erster Tarifvertrag zur Tele-Heimarbeit. Postgewerkschaft und Telekom AG verabreden Pilotabkommen, in: FAZ, 24.10.1995.
90 Veronika Altmeyer, zit. n.: Ulrike Meyer-Timpe, Einsamkeit und Recht und Freiheit, in: Die Zeit, 15.10.1998. Ausführlicher: Veronika Altmeyer, Telekooperation. Konsequenzen für die Arbeitswelt, in: Arnold Picot (Hg.), Telekooperation und virtuelle Unternehmen [= Forum Telekommunikation, Bd. 9], Heidelberg 1997, S. 213-222, bes. S. 218 f.
91 Kurt van Haaren, Vorsitzender der DPG, zit. n.: Claudia Mahnke, »Wir dürfen keine rechtlosen Nomaden am Netz schaffen«, in: General-Anzeiger, 8.10.1997.
92 Das erste arbeitnehmernahe Informationsportal zur Telearbeit mit Namen »Telewisa« wurde bereits 1996 vom Forum Soziale Technikgestaltung beim DGB Landesbezirk Baden-Württemberg initiiert – einem gewerkschaftsnahen Personennetzwerk, das 1991 von Welf Schröter ins Leben gerufen wurde. Kooperationspartner waren auch hier DPG, HBV und IG Medien. Schröter engagierte sich in der Folgezeit stark für das Thema. Unter seiner Leitung riefen verschiedene Institutionen, neben den Gewerkschaften, die Industrie- und Handelskammern, aber auch Unternehmen wie die Telekom Anfang 1999 die Anwenderplattform Telearbeit ins Leben. Im Gegensatz zu OnForTe hatte diese einen regionalen Fokus, mit dem Ziel, die Ausbreitung der Telearbeit durch einen Erfahrungsaustausch von Betrieb zu Betrieb zu befördern. Vgl. bspw. Nikola Wohllaib, Arbeitsleben Online, in: taz, 5.12.1996; vgl. außerdem Gesprächsprotokoll des Telefonats mit Welf Schröter vom 3.9.2015.
93 Vgl. OnForTe, Abbild vom 12.12.1998, URL: <http://web.archive.org/web/19981212031609/http://www.onforte.de/> (26.4.2019). Vgl. auch Deutsche Postgewerkschaft (Hg.), Basisinformation Telearbeit, Frankfurt a. M. 1997.

tig.⁹⁴ Angebote dieser Art von Seiten anderer Gewerkschaften und des *Deutschen Gewerkschaftsbundes* ließen nicht lange auf sich warten.⁹⁵ Als Ansatz zur Rekrutierung neuer Mitglieder stellten einige Gewerkschafter zudem gar die Forderung eines Rechtsanspruchs auf Telearbeit zur Debatte.⁹⁶

Gegen Ende der 1990er-Jahre hatten sich die Gewerkschaften damit vom größten Gegner der Telearbeit zu einem ihrer Wegbereiter gemausert. Diskutierten sie Telearbeit in den 1980er-Jahren vorrangig im Modus einer Risikozukunft, so lassen sich ihre Haltung zu diesem Thema und die daraus abgeleiteten Handlungen in den 1990er-Jahren nach dem Konzept von Graf und Herzog dem Modus der Erhaltungszukunft zuordnen. Als »positive[s] Gegenstück zu den Risikozukünften« geht es hier im Kern »um das normative Projekt, eine erhaltenswerte Substanz zu definieren und zu sichern.«⁹⁷ Erhalten werden sollte hier jedoch freilich nicht die Struktur der Arbeitswelt. Die Ausbreitung flexibler Arbeitsformen wurde nunmehr von den Gewerkschaften als unvermeidlich erachtet. Vielmehr ging es um ihre eigene Position und künftige Bedeutung in der Gesellschaft. Sie konzentrierten sich deshalb auf die Ausgestaltung dieser Entwicklung. Die Befürwortung der Telearbeit am Ende des Jahrzehnts war dabei eine Möglichkeit, ihre Zukunftsfähigkeit zu demonstrieren und auch in der »Informationsgesellschaft« einen Anspruch auf Geltung zu behaupten.

7   Telearbeit zu Beginn des neuen Jahrtausends

Wurde Telearbeit auf Seiten der Unternehmen zuvorderst von den Herstellern der hierfür nötigen Technologien und ihren Interessenverbänden propagiert und geradezu zum Sinnbild einer neuen Form des Wirtschaftens und Arbeitens erklärt, ließ ihre nur langsame Verbreitung zum Ende der 1990er-Jahren Zweifel an der »Innovationsfähigkeit« der deutschen Wirtschaft aufkommen. Dies verstärkte den Druck zur Implementierung. Unterstützung erhielten die Unternehmen dabei von verschiedenen Beratungsunternehmen, die sich auf Telearbeit spezialisiert hatten. Sie fungierten auch als Mittler zwischen den einzelnen Akteuren, trugen das Thema immer wieder in die Öffentlichkeit und profitierten hiervon wiederum durch neue Aufträge. Telearbeit entwickelte sich für diese Unternehmen in den 1990er-Jahren zu einer wahren »cash

---

94 Lothar Schröder, Neue Ökonomie, neue Arbeit, neue Wege für Gewerkschaften, in: Gewerkschaftliche Monatshefte, 51 (2000) 8-9, S. 508-517; hier: S. 511.
95 Vgl. bspw.: Online-Beratung zu Telearbeit, in: FAZ, 20.5.2000.
96 Frank Neumann, Verdi-Gewerkschaften dringen nur langsam in die Neue Ökonomie, in: FAZ, 2.10.2000.
97 Graf/Herzog, Von der Geschichte der Zukunftsvorstellungen, in: GG 42 (2016), S. 497-515; hier: S. 512.

cow«.⁹⁸ Gleichzeitig waren sie selbst Vorreiter bei der Verwendung flexibler Arbeitsformen.

Auch in der Wissenschaft hielt die Beschäftigung mit Telearbeit die gesamten 1990er-Jahre hindurch an, wobei Telearbeit gewissermaßen zum Standardbeispiel für die Zukunft der Arbeit im Kontext jeweils gängiger Theorien zum Wandel von Wirtschaft und Gesellschaft avancierte. Das war insofern paradox, weil bei näherer Betrachtung immer wieder festgehalten wurde, dass es keine einheitliche Definition der Telearbeit gebe. So urteilte Werner Dostal vom *Institut für Arbeitsmarkt- und Berufsforschung* der *Bundesanstalt für Arbeit* als ausgewiesener Kenner der Problematik: »Die Telearbeit scheint das Schicksal zu haben, Diskussionen auszulösen, die ins Grundsätzliche gehen und die kaum abgegrenzt werden können. Nicht nur eine neue Arbeitsform steht auf dem Prüfstand, sondern die Arbeits- und Lebenswelt insgesamt.«⁹⁹

Mithin war es genau diese Unabgrenzbarkeit, welche die langanhaltende Beschäftigung mit Telearbeit überhaupt ermöglichte. Faktisch führte sie dazu, dass theoretische Arbeiten zu diesem Thema auch in den 1990er-Jahren von einer hohen Redundanz geprägt waren, während es an empirischen Arbeiten weiter mangelte. So gab es zum Ende des Jahrzehnts weder verlässliche Aussagen über die Auswirkungen dieser Arbeitsform, noch über ihre Verbreitung. Häufig wurde hier die 1994 vom Beratungsunternehmen *empirica* ermittelte Zahl von 150.000 Telearbeiter_innen in Deutschland kolportiert. Von der amtlichen Statistik wurde Telearbeit jedoch lange nicht erfasst. Dies hing zum einen damit zusammen, dass die statistische Erfassung neuer Phänomene der tatsächlichen Entwicklung in der Regel hinterherhinkt. Zum anderen war dies auf das Grundproblem der Telearbeit schlechthin zurückzuführen, nämlich auf die fehlende verbindliche Definition.

Dies hat zur Folge, dass sich Ergebnisse der Untersuchungen zur Verbreitung der Telearbeit noch heute stark voneinander unterscheiden. Mal heißt es, die »Zahl der Personen, die ihrem Beruf von zu Hause aus nachgehen, [sei] heute nicht größer als vor 20 Jahren«¹⁰⁰, ein anderes Mal wird die Ausbreitung der Telearbeit als Erfolgsgeschichte gepriesen.¹⁰¹ Eigene Stichproben lassen eine klare Ausweitung der Telearbeit

---

98 Werner Korte, Geschäftsführer von empirica, dem ältesten Beratungsunternehmen für Telearbeit in Deutschland, zit. n.: Winkelmann, Telearbeit, 2015, S. 66.
99 Werner Dostal, Telearbeit in der Informationsgesellschaft [= Schriftenreihe Psychologie für das Personalmanagement, Bd. 18], Göttingen 1999, S. 5.
100 Karl Brenke, Heimarbeit. Immer weniger Menschen in Deutschland gehen ihrem Beruf von zu Hause nach, Berlin 2014, S. 138.
101 Christiane Flüter-Hoffmann, Erfolgsgeschichte Telearbeit. Arbeitsmodell der Zukunft, in: Bernhard Badura/Antje Ducki/Helmut Schröder (Hg.), Fehlzeiten-Report 2012. Gesundheit in der flexiblen Arbeitswelt. Chancen nutzen – Risiken minimieren. Zahlen, Daten, Analysen aus allen Branchen der Wirtschaft, Berlin 2012, S. 71-77. Im Rahmen des »Cisco World Telecommuting Survey 2010«, auf den sich die Autorin bezieht (und der im Übrigen den Titel »Cisco Connected World Report« trägt), wurden die Beschäftigten jedoch nicht gefragt, ob sie Telearbeit praktizie-

erkennen, besonders seit der zweiten Hälfte der 2000er-Jahre. So gab es beispielsweise im niedersächsischen Innenministerium im Jahr 2001 nur einen Telearbeitsplatz, 2007 waren es bereits 13 und 2014 insgesamt 51, was rund zehn Prozent der Beschäftigten ausmachte. Die Implementierung der Telearbeit erfolgte damit zu einer Zeit, als das Thema von der öffentlichen Bildfläche längst verschwunden war.[102] Eine weitere signifikante Ausweitung dieser Arbeitsform lässt sich seitdem für Deutschland nicht konstatieren.[103] Neueste Vorstöße der SPD für einen Rechtsanspruch auf Telearbeit zeigen jedoch, dass in dieser Sache das letzte Wort noch nicht gesprochen ist.[104]

8 Zusammenfassung und Schluss

Die Geschichte der Telearbeit in Deutschland lässt sich damit grob in drei Phasen einteilen: Erstens die 1980er-Jahre, in denen das Thema erstmals einige Aufmerksamkeit fand, aufgrund verengter Sichtweisen (»elektronische Einsiedelei«) jedoch weit gehend auf Ablehnung stieß oder mit Blick auf die technische Machbarkeit als irrelevant galt. Zweitens die 1990er-Jahre, als das Thema im Zuge der Ausbreitung der Informations- und Kommunikationstechniken als technisch machbar galt und im Kontext der sich am Horizont abzeichnenden (oder propagierten) Informationsgesellschaft geradezu als Heilsbringer begrüßt wurde. In beiden Phasen war das Maß der öffentlichen Auseinandersetzung mit Telearbeit weit größer als ihre tatsächliche Verbreitung. Drittens schließlich die Zeit nach der Jahrtausendwende, als die berufliche Arbeit mit Computern zur Selbstverständlichkeit wurde und auch die Telearbeit stetig mehr Verbreitung fand. Zugespitzt könnte man sagen: In den 1980er- und 1990er-Jahren gab es bezüglich der Telearbeit einen Diskurs ohne Anwendung, in der Zeit nach der Jahrtausendwende hingegen eine Anwendung ohne Diskurs.

Von der ersten zur zweiten Phase lässt sich ein gravierender Wandel der Bewertung von Telearbeit konstatieren. Dieser hatte nur wenig mit dieser Arbeitsform selbst zu tun. Vielmehr waren es die gesellschaftlichen Rahmenbedingungen, allen voran die

---

ren, sondern ob sie glauben, physisch an ihrer Arbeitsstelle anwesend zu sein, um produktiv zu sein. Vgl. Cisco Systems: Cisco Connected World Report 2010, S. 4, URL: <http://www.slideshare.net/Cisco/cisco-connected-worldreport> (26.4.2019).
102 Winkelmann, Telearbeit, 2015, S. 69-71.
103 Laut WSI Betriebsrätebefragung 2016 ist in 14 % der Betriebe das »Arbeiten von daheim mit PC und Telefon« sehr oder mäßig verbreitet; Elke Ahlers, Die Digitalisierung der Arbeit. Verbreitung und Einschätzung aus Sicht der Betriebsräte [WSI Report, Bd. 40], Düsseldorf 2018, S. 8. Aufgrund der Verordnung (EU) 2017/1515 der Europäischen Kommission zur Durchführung der Verordnung (EG) Nr. 808/2004 erfasst das Statistische Bundesamt nun ebenfalls »Telearbeit«. Die Zahl derjenigen, die »mindestens ein Mal pro Woche« von zu Hause aus arbeiten, wird hier mit 10 v. 100 angegeben: Statistisches Bundesamt, Private Haushalte in der Informationsgesellschaft – Nutzung von Informations- und Kommunikationstechnologien, Wiesbaden 2018, S. 50.
104 SPD plant Recht auf Home Office für alle Arbeitnehmer, in: FAZ, 4.1.2019.

Bewertung der neuen Informations- und Kommunikationstechniken insgesamt, die auch den Blick auf Telearbeit veränderten. Die Akzeptanz der Telearbeit entwickelte sich dabei parallel zur Verbreitung dieser Techniken. Das gibt Aufschluss über die Möglichkeiten einer Abschätzung von Technikfolgen und die Reichweite der Zukunftsforschung. Die Bewertung einer Technik und ihrer zukünftigen Bedeutung ist offensichtlich nicht nur stark von wie auch immer gearteten »rationalen« Interessen einzelner Akteure abhängig. Sie wird darüber hinaus von Ängsten und Hoffnungen beeinflusst, mitunter auch verzerrt.

Die Historisierung von Zukunftsentwürfen bietet die Möglichkeit, durch die Analyse der jeweiligen Kontexte ein Bewusstsein für diese Verzerrungen zu schaffen und auch gegenwärtige Debatten zu versachlichen. Hilfreich sind dabei die Methoden der historischen Zukunftsforschung, beispielsweise die Kategorien Erwartung, Gestaltung, Risiko und Erhaltung als Modi der Zukunftsgestaltung. Der vorliegende Beitrag hat gezeigt, dass sich diese freilich nicht eins zu eins auf die untersuchten Akteure und Diskurse übertragen lassen. Sie können jedoch den Blick für die Verbindungslinien zwischen den Diskursen schärfen und dabei helfen, das jeweils Eigene oder Besondere eines Diskurses hervorzuheben und diesen vor dem Hintergrund einer steigenden Komplexität von Zukunftsbezügen im 20. Jahrhundert vergleichbar zu machen.

So stand beispielsweise die hier schwerpunktmäßig untersuchte zweite Phase der Geschichte der Telearbeit auf besondere Weise im Zusammenhang mit dem Postulat der Informationsgesellschaft. Als vermeintliche Anwendung Nummer eins half Telearbeit, die Vorstellungen von dieser neuen Gesellschaft zu konkretisieren. Das war insofern paradox, als es damals (wie noch heute) keine feste Definition von Telearbeit gab. Die Diskussionen über Telearbeit und die Informationsgesellschaft waren deshalb von einem hohen Maß an Unsicherheit geprägt, welches wiederum das Bedürfnis nach Zukunftswissen verstärkte. Gleichwohl wurde in der zweiten Hälfte der 1990er-Jahre nicht mehr bezweifelt, dass die Informationsgesellschaft kommen würde – und mit ihr die Telearbeit.

Die unaufhörliche Beschwörung der Informationsgesellschaft von Seiten aller hier untersuchten Akteure erzeugte dabei einen diffusen, aber steten Druck zur Veränderung. Warum diese Veränderungen notwendig seien und ob beispielsweise Telearbeit tatsächlich nur Vorteile bieten würde, wurde nun jedoch nicht mehr hinterfragt. Die Herstellung der Informationsgesellschaft wurde gewissermaßen zum Selbstzweck, der ganz unterschiedlichen Interessen zugutekam. Die Geschichte der Telearbeit legt deshalb nahe, Schlagworte wie »Informationsgesellschaft« stärker zu hinterfragen und genau darauf zu achten, welche Inhalte sie eigentlich transportieren sollen. Sie gibt außerdem einige Hinweise auf die Mechanismen politischer Steuerung sowie ihrer gesellschaftlichen Durchsetzung für die Zeit nach 1990 und kann als Ausgangspunkt für die weitere Erforschung dieses Feldes genommen werden. Nicht zuletzt würde sich hier eine transnationale Perspektive anbieten, um die Besonderheiten der deutschen Diskurse herauszuarbeiten.

Vor allem die zweite und dritte Phase der Geschichte der Telearbeit lassen schließlich Rückschlüsse auf den Wandel von Arbeit und der Arbeitswelt zu. Abgesehen von Vertretern der Informationswirtschaft, denen unterstellt werden kann, dass sie bei der Förderung der Telearbeit in erster Linie den Absatz ihrer eigenen Produkte im Auge hatten, waren es überraschenderweise nicht die Unternehmensleitungen, welche die Flexibilisierung der Arbeit durch Einführung von Telearbeit vorantrieben, sondern politische Entscheidungsträger, wobei sich hier vor allem das stärker werdende Gewicht der Europäischen Union bemerkbar machte. Im Kontrast zum Postulat von einem grundlegenden, geradezu revolutionären Wandel der Arbeitswelt seit den 1970er-Jahren[105], verlief dieser – gemessen am Beispiel der Telearbeit – jedoch recht langsam; mithin überwiegen hier auch heute noch die Kontinuitäten.[106]

---

105 Anselm Doering-Manteuffel/Lutz Raphael, Der Epochenbruch in den 1970er-Jahren. Thesen zur Phänomenologie und den Wirkungen des Strukturwandels »nach dem Boom«, in: Knud Andresen/Ursula Bitzegeio/Jürgen Mittag (Hg.), Nach dem Strukturbruch? Kontinuität und Wandel von Arbeitswelten [= Politik- und Gesellschaftsgeschichte, Bd. 89], Bonn 2011, S. 25-40; hier: S. 38.
106 Rüdiger Hachtmann, Rationalisierung, Automatisierung, Digitalisierung. Arbeit im Wandel, in: Frank Bösch (Hg.), Geteilte Geschichte. Ost- und Westdeutschland 1970–2000, Göttingen 2015, S. 195-237, bes. S. 236 f.

Zukunft durch Arbeit

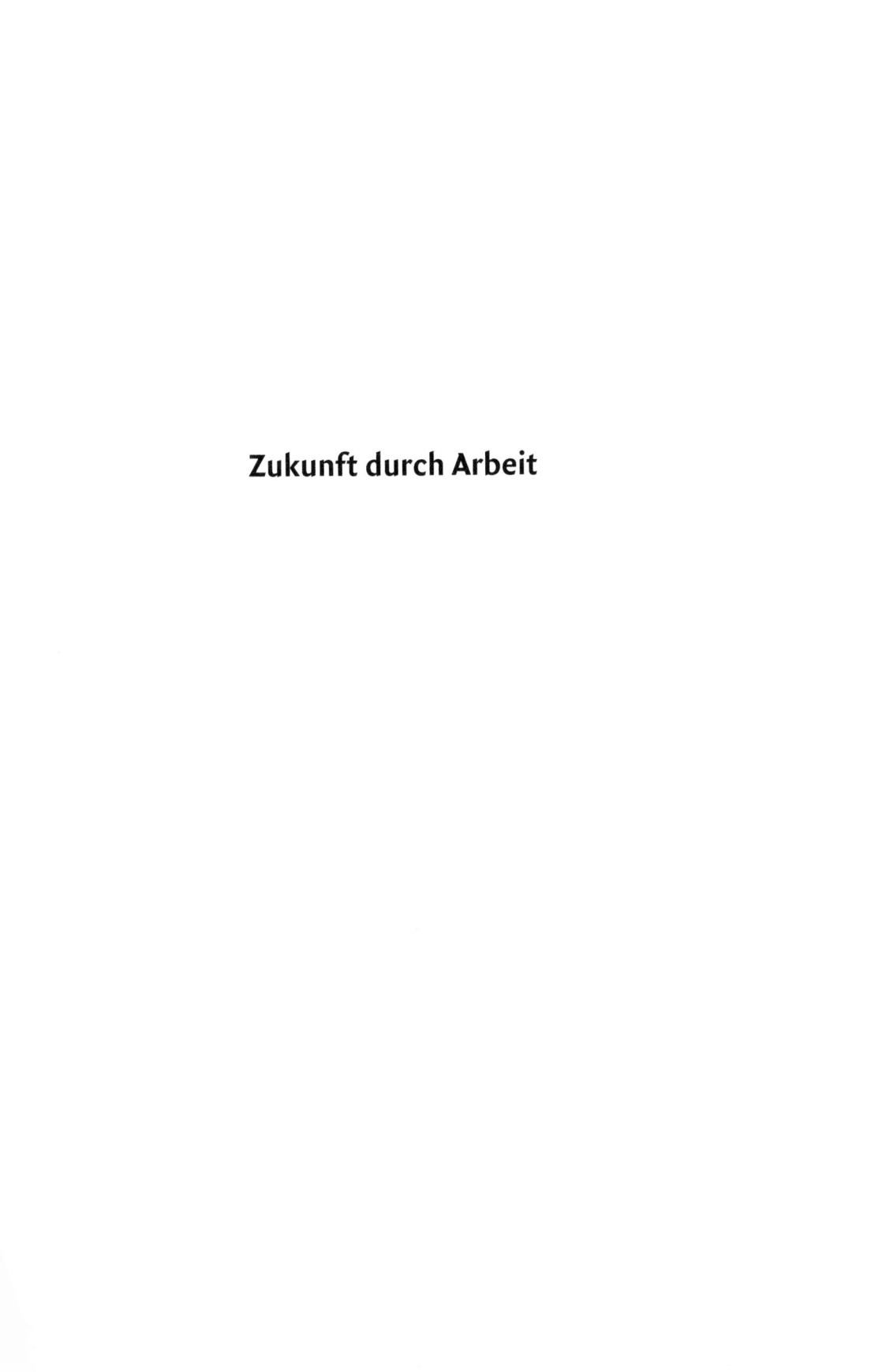

Annette Schuhmann

Die Zukunft der Arbeit in der Übergangsgesellschaft. Überlegungen zur Produktion von (Zukunfts-)Erwartungen in der DDR

1 Einleitung

Über das Thema Arbeit und Zukunft in der DDR zu schreiben, hat sich als komplizierter erwiesen als erwartet. Die Kombination der Begriffe Zukunft und DDR schien aus zwei Gründen irritierend: Zum einen weil die DDR, wie wir heute wissen, nur eine kurze Zukunft besaß. Zum anderen, weil sich die staatssozialistische Gesellschaft per definitionem als eine des Übergangs in die (kommunistische) Zukunft verstand und die Zukunftsrhetorik von der Gründung der DDR bis zu ihrer Abwicklung zum alltäglichen Hintergrundrauschen gehörte. Aus dieser rhetorischen Dauerschleife klar abgrenzbare Zukunftsvorstellungen zum ideologisch kontaminierten Begriff der Arbeit herauszufiltern, erschien zäh. Hinzu kam, dass über Zukunftsvorstellungen in staatssozialistischen Gesellschaften vielleicht noch nicht alles, jedoch vieles längst geschrieben ist.

So hat etwa Martin Sabrow in einem Aufsatz über das »Zukunftspathos als Legitimationsressource« den Begriff der »sozialistischen Erwartungsgesellschaft« geprägt, der, will man den DDR-typischen Zukunftsfuror analysieren, passender nicht sein könnte.[1] Das Zukunftsnarrativ und damit die permanente Produktion von hohen, oft von der Realität abgekoppelten Erwartungen bestimmten den gesellschaftlichen und individuellen Alltag in der DDR. Zwar änderten sich Form und Inhalt der Zukunftserwartungen im Laufe der Jahre, die Rhetorik der Eliten, die Wirtschaftsreformen und Kampagnen waren jedoch bis zum Ende auf eine kommende, eine zukünftige und selbstverständlich klassenlose Gesellschaft ausgerichtet. Die staatssozialistische Gesellschaft galt schließlich aufgrund der ihr zugeschriebenen »gesetzmäßigen Entwicklungsstufe« als in der Übergangsphase befindlich, auf dem Weg in die kommunistische Zukunft begriffen. Im Verlauf der 1980er-Jahre als einer Zeit wirtschaftlicher und politischer Stagnation verblassten jedoch die Farben, mit denen die sozialistischen Zukunftsbilder gemalt wurden. Irgendwann, so schien es, ermüdete angesichts eines

---

1 Martin Sabrow, Zukunftspathos als Legitimitätsressource. Zu Charakter und Wandel des Fortschrittsparadigmas in der DDR, in: Heinz Gerhard Haupt/Jörg Requate (Hg.), Aufbruch in die Zukunft. Die 1960er Jahre zwischen Planungseuphorie und kulturellem Wandel. DDR, CSSR und BRD im Vergleich, Weilerswist 2004, S. 165-184.

Lebens in der Übergangsgesellschaft nicht nur die Bevölkerung des Landes, auch die Zukunftseuphorie der Eliten wirkte nur noch trotzig.

Mit den folgenden Überlegungen zum Thema »Arbeit und Zukunft« wird der Versuch unternommen, das jeweils Zukünftige, die Erwartungen, die technokratischen Illusionen aus Programmen, Reformen und Kampagnen, die den Bereich der Arbeit, vor allem der Industriearbeit betrafen, zumindest punktuell herauszufiltern. Das heißt auch, dass sich eine Zukunft zweiter Ordnung, also unterhalb der eher utopischen Vision einer klassenlosen Gesellschaft, in der DDR vor allem an Wirtschaftsprogrammen und Planvorgaben ausmachen lässt, die wiederum von den permanenten Forderungen nach Produktivitätssteigerung, Effizienz und Qualifikation getragen waren. Augenfällig ist dabei der unauflösliche Widerspruch zwischen der extrem konservativen Politik der SED und dem permanenten Gebrauch von Revolutionsmetaphern.

Eine genauere Betrachtung der Zukunft beziehungsweise der Erwartungen, die an die Zukunft der Arbeit gerichtet wurden, ist für die DDR-Geschichte insofern interessant, als sie Aufschluss sowohl über die Realität der Arbeit als auch über die Vorstellungen der politischen Elite gibt. Schließlich richteten sich die (Zukunfts-) Projektionen der Einheitspartei vor allem auf die Industriearbeiterschaft, galt sie doch als Kern der »herrschenden« Arbeiterklasse. Gleichzeitig wurde diese soziale Schicht aufgrund des Protestpotenzials, das die SED-Führung in ihr vermutete, permanent argwöhnisch beobachtet.[2] Zukunftsideen bewegten sich daher in einem äußerst konfliktgeladenen Feld zwischen gesellschaftspolitischen und wirtschaftlichen Maßgaben auf der einen und der Befriedung der Arbeiterschaft auf der anderen Seite.

In der Rhetorik der Eliten spielten die marxistische Lehre und die daraus gefilterten Vorstellungen der sozialistischen Produktionsverhältnisse eine zentrale Rolle. In einem ersten Abschnitt wird kursorisch auf diesen Punkt eingegangen. Das Konzept der wissenschaftlich-technischen Revolution, die Vorgaben der Parteitage der KPdSU und schließlich der Blick auf die westliche Referenzgesellschaft beeinflussten die Wirtschaftspläne und Reformprogramme in hohem Maße. All diese Einflussfaktoren werden in den darauffolgenden Abschnitten erläutert. Im letzten Abschnitt wird der Versuch unternommen, Zukunftsvorstellungen und -erwartungen anhand ganz konkreter Programme und Reformen im Verlauf der 1950er- bis in die späten 1970er-Jahre nachzuweisen. Als beispielhaft gelten dafür das Chemieprogramm des Jahres 1958, das Neue Ökonomische System des Jahres 1963 und schließlich das Mikroelektronikprogramm von 1977.

---

2 Peter Hübner, Konsens, Konflikt und Kompromiß. Soziale Arbeiterinteressen und Sozialpolitik in der SBZ/DDR 1945–1970 [= Zeithistorische Studien, Bd. 3], Berlin 1995, S. 7.

2 Die Zukunft der Produktionsverhältnisse

Die Idee, dass sich Gesellschaften gemäß den in ihnen herrschenden Produktionsverhältnissen definieren, also unter anderem durch die Frage nach den Eigentumsverhältnissen an gesellschaftlichen Produktionsmitteln, ist eine der Grundannahmen des Marxismus. Die Orientierung der marxistischen Philosophie auf die Errichtung einer klassenlosen Gesellschaft, in der die Produktionsmittel Eigentum der Produzenten sind, galt nicht als Utopie. Vielmehr war der Weg dorthin in wissenschaftlich nachweisbare Entwicklungsetappen eingeteilt. Überhaupt hielten weder Marx noch Engels viel von den Utopien der Frühsozialisten: zu unwissenschaftlich ihre Theorien, zu bürgerlich ihre Ziele.[3] So warf Marx den Utopisten vor, die Interessen des Bürgertums neben jenen des Proletariats gelten zu lassen. Schlimmer noch: Ebenso wie die Aufklärer wollten die Utopisten, so der Vorwurf, keine bestimmte Klasse, »sondern gleich die ganze Menschheit befreien«.[4] Friedrich Engels' Schrift über »Die Entwicklung des Sozialismus von der Utopie zur Wissenschaft« gab hier die Richtung vor: Utopien stammten aus vormarxistischer Zeit und waren mithin unwissenschaftlich.[5]

Was für den gesetzmäßigen Entwicklungsprozess von Gesellschaften galt, hatte eine ebenso große Bedeutung für den Bereich der Arbeit. In den Schriften zum historischen Materialismus ist Arbeit die Grundlage aller menschlichen Entwicklung. Ziel der Lehre war es nie, die Arbeit abzuschaffen, vielmehr galt sie Marx als menschliches Entwicklungsmedium. In einem sozialistischen Zukunftsstaat werde sich Arbeit demnach zu einem der dringendsten Lebensbedürfnisse der Menschen entwickeln. Die sozialistische Zukunftsvision, die den Menschen aus der Knechtschaft zu befreien versprach, war vor dem Hintergrund der marxistischen Philosophie vor allem eine Gesellschaftsutopie, selbst wenn sie – mit Verweis auf ihren vorgeblich wissenschaftlichen Charakter – als solche nie bezeichnet werden durfte.[6]

Der Begriff der »Utopie« bewegt sich irgendwo zwischen Literatur, politischer Theorie und sozialwissenschaftlicher Analyse.[7] Utopien besitzen trotz ihrer Flüchtigkeit und Ferne immer auch eine gewisse gesellschaftliche Bindungskraft. Dies gilt auch und vor allem für die frühe Geschichte der DDR, wenngleich der Begriff der Arbeit in den Zukunftsprojektionen staatssozialistischer Provenienz selten explizit

---

3   Lucian Hölscher, Die Entdeckung der Zukunft, Frankfurt a. M. 1999, S. 122 ff.
4   Friedrich Engels, Die Entwicklung des Sozialismus von der Utopie zur Wissenschaft, in: Karl Marx/ders., Werke, Bd. 19, Berlin ⁴1973, S. 189-201; hier: S. 201.
5   Vgl. den Abschnitt »Arbeit als Last und Utopie«, in: Jürgen Kocka, Mehr Last als Lust. Arbeit und Arbeitsgesellschaft in der europäischen Geschichte (Reprint), in: Zeitgeschichte-online, Januar 2010, URL: <http://www.zeitgeschichte-online.de/thema/mehr-last-als-lust> (12.1.2019).
6   Vgl. dazu den Abschnitt: »Der sozialistische Zukunftsstaat«, in: Hölscher, Die Entdeckung, 1999, S. 122-126.
7   Andrea Maurer, Moderne Arbeitsutopien. Das Verhältnis von Arbeit, Zeit und Geschlecht [= Studien zur Sozialwissenschaft, Bd. 138], Opladen 1994, S. 25.

wurde. In der Regel ging es weniger um die Arbeit an sich als um die Produktionsverhältnisse, unter denen sie stattfand. Um den Zusammenhang von Zukunft (Utopie) und Arbeit in der DDR zu klären, bedarf es deshalb der Erweiterung des Begriffsarsenals um Begriffe wie Fortschritt, Reform und eben Utopie.

3 Zukunftsstaat DDR

In staatssozialistischen Gesellschaften wurden Zukunftsversprechen als wissenschaftlich begründete Zukunftsgewissheiten vermittelt. Dabei kam der Zukunft eine legitimierende Funktion zu, wie dies etwa für nationalgeschichtliche Narrative in anderen Ländern galt, die nicht selten ähnlich geschönt waren. Die gesetzmäßig zu erwartenden Zukunftsentwürfe gingen indes nicht, wie der Kulturwissenschaftler Dietrich Mühlberg es formulierte, aus dem Alltag der Vielen hervor, sie unterlagen vielmehr in Interpretation, Ausrichtung und Verwirklichung den Direktiven der Parteiführung.[8]

Traten die Debatten um die soziale und politische Zukunft der westdeutschen Gesellschaft mit der Gründung der Bundesrepublik vorübergehend in den Hintergrund, konnte das Missverhältnis zwischen dem utopischen Entwurf des sozialistischen Zukunftsstaates in der SBZ/DDR und dem realsozialistische Alltag kaum größer sein.[9] Ostdeutsche Zukunftsentwürfe nach 1945 transportierten ein Bild der noch fehlerhaften Gegenwart.[10]

Gleichheit, Gerechtigkeit, Frieden und Völkerfreundschaft galten dabei als systemspezifische Werte aller staatssozialistischen Gesellschaften. Vorausgesetzt wurde, dass diese Werte auch von allen getragen wurden. Durchzusetzen, so der Konsens der Eliten, war diese in die Zukunft projizierte Harmonie jedoch erst, wenn sich der wissenschaftlich-technische Fortschritt auf einem hohen Niveau der Produktivkraftentfaltung befinde.[11] Zukunftserwartungen im Bereich der Arbeit prägten deshalb maßgeblich das politische und soziale Handeln in der DDR.

---

8   Dietrich Mühlberg, Alltag und Utopie, in: Franziska Becker/Ina Merkel/Simone Tippach-Schneider (Hg.), Das Kollektiv bin ich. Utopie und Alltag in der DDR, Wien/Köln/Weimar 2000, S. 15-25; hier: S. 15.
9   Ebd., S. 17.
10 Ebd., S. 19.
11 Sigrid Meuschel, Legitimation und Parteiherrschaft in der DDR, Frankfurt a. M. 1992, S. 23.

4 Die Zukunft der Arbeit

Die Auffassung, dass die ökonomische Basis die Sozialstruktur einer Gesellschaft bestimme, entsprach der Interpretation der Marx'schen Lehre und gehörte zu den Dogmen der Einheitspartei. Danach wurde auch das Zukunftsbild der Arbeit gezeichnet: »Die Produzenten verfügen über ihre Produktionsmittel, sie eignen sich das Produkt ihrer Arbeit an und verteilen es auch selbst. Die Aufhebung der Entfremdung ist damit identisch mit der Aufhebung der Ausbeutung des Menschen durch den Menschen.«[12]

Die Realität der Eigentumsverhältnisse in der DDR indes sah anders aus. Spätestens im Verlauf der 1960er-Jahre hatte sich eine Form des parteibürokratischen Staatsmonopolismus etabliert, der auf dem verstaatlichten Eigentum an Produktionsmitteln basierte.[13] Um jedoch die Orientierung auf das utopische Ziel aufrecht zu erhalten und glaubwürdig zu vermitteln, wurde die Arbeiterschaft als führende Klasse im Arbeiter- und Bauernstaat hofiert. Zum Narrativ von der herrschenden Klasse des Proletariats gehörten ein unreflektierter Glaube an den Fortschritt auf der Grundlage von Wissenschaft und Technik ebenso wie die »Verherrlichung der Arbeit« – sowohl im Sprachgebrauch als auch auf der Ebene der visuellen Kommunikation.[14] Die »geschlossene Gesellschaft«, so Stefan Wolle, produzierte eine ebenso geschlossene Bilderwelt der Arbeit: Arbeiter in blauen Joppen an Maschinen, in weißen Kitteln auf dem Leitstand, in feuerfesten Schürzen vor den Hochöfen, im Dialog mit Ingenieuren, Bäuerinnen auf dem Traktor oder junge Frauen im Labor – so klischeehaft diese Sujets auch anmuten mögen, sie wurden bis in die 1970er-Jahre hinein massenhaft produziert und reproduziert, ob in der Bildenden Kunst, in der Kunst am Bau oder in den Printmedien. (← Abb. 1, S. 162)

Zwar hat die sozialhistorische Forschung der letzten zwanzig Jahre längst nachgewiesen, dass der ideologisch aufgeladene, inflationär genutzte Begriff des Arbeiters sich wenig mit den empirischen Daten der real existierenden Sozialstruktur in der DDR deckte. Dennoch dominierte die Gruppe der Arbeiter die gesamte Gesellschaft sozial und kulturell.[15] So beschreibt etwa Christoph Kleßmann in seiner Monografie »Arbeiter im Arbeiterstaat DDR« die »statistischen Seiltänze«, die dazu dienen sollten, die führende Klasse der Arbeiter auch quantitativ führen zu lassen. Dies gelang unter anderem durch die Integration der Angestellten und von Teilen der Intelligenz.

---

12 Fritz Behrens, Abschied von der sozialen Utopie, in: Klaus Steinitz/Dieter Walter (Hg.), Plan – Markt – Demokratie. Prognose und langfristige Planung in der DDR. Schlussfolgerungen für morgen, Hamburg 2014, S. 195.
13 Ebd.
14 Stefan Wolle, Aufbruch nach Utopia. Alltag und Herrschaft in der DDR 1961–1971, Berlin 2011, S. 112 ff.
15 Wolfgang Engler, Die Ostdeutschen. Kunde von einem verlorenen Land, Berlin 1999, S. 174 ff.

Abb. 1 Nordfries am Haus des Lehrers in (Ost-)Berlin. Das Mosaikbild wurde von Walter Womacka entworfen und zwischen 1962 und 1964 realisiert. © WBM, Foto Michael Lindner

Im Kern jedoch gehörte die Gruppe der Produktionsarbeiter im gesamten Verlauf der DDR-Geschichte zur Arbeiterklasse.[16]

Das Bild des Arbeiters (und seiner Klasse) sowie die Zukunftserwartungen und -vorstellungen von Arbeit waren von einigen Faktoren gekennzeichnet, die sich durch die gesamte vierzigjährige DDR-Geschichte hindurch nachweisen lassen. So hatte etwa der Arbeiterstaat Ziele der traditionellen sozialistischen Arbeiterbewegung einzulösen, und das nicht nur mittels ideologischem Überbau, sondern ganz konkret im Berufs- und Alltagsleben. Die Zukunftsvorstellungen, auf die sich die SED-Führung stets berief, stammten somit in großen Teilen aus dem 19. Jahrhundert.

Nicht nur geprägt, sondern vielmehr realpolitisch und ideologisch forciert wurde das Zukunftsbild zudem durch die Tatsache, dass das Land Teil des sowjetischen Machtbereichs und somit dessen Einflüssen, Reformideen und Kampagnen ausgesetzt war. Und nicht zuletzt waren die ständige Beobachtung durch die westliche Referenzgesellschaft und der daraus folgende Zwang zur Bezugnahme zentral für die Zukunftsprojektionen in der DDR. Der Wunsch, den Westen in jeder Hinsicht zu übertreffen, wirkte sich elementar auf Reformprogramme und Zukunftsentwürfe aus.[17]

---

16 Christoph Kleßmann, Arbeiter im Arbeiterstaat DDR [= Geschichte der Arbeiter und der Arbeiterbewegung in Deutschland seit dem Ende des 18. Jahrhunderts, Bd. 14], Bonn 2007, S. 654 f. Genauere Zahlen in: Peter Hübner, Arbeit, Arbeiter und Technik in der DDR. Zwischen Fordismus und digitaler Revolution [= Geschichte der Arbeiter und der Arbeiterbewegung in Deutschland seit dem Ende des 18. Jahrhunderts, Bd. 15], Bonn 2014, S. 236, 251.
17 Kleßmann, Arbeiter, 2007, S. 14 f.

5 Zukunftsvertrauen: Arbeit und Technik

Zukunftserwartungen wurden im Laufe der Geschichte häufig im Rahmen von Technikdiskursen diskutiert.[18] So gehörte zu den Zukunftsmythen des 20. Jahrhunderts die Idee, dass sich gesellschaftliche Probleme durch technischen Fortschritt lösen ließen. Bis ins letzte Drittel des 20. Jahrhunderts hinein, vor allem aber im nach 1945 beginnenden Atom- und Weltraumzeitalter, herrschte in Ost- und Westeuropa Konsens über die positive Gestaltungskraft technologischer Innovationen. In den staatssozialistischen Ländern war die Entwicklung der »Produktivkraft Technik« ohnehin an die Errichtung der klassenlosen Gesellschaft gekoppelt, die spätestens, so die Prognose der KPdSU zu Beginn der 1960er-Jahre, zur nächsten Jahrtausendwende Realität sein würde. Der Prozess der Automatisierung der Industriearbeit würde, so das utopisch klingende Parteiprogramm der KPdSU aus dem Jahr 1961, in der Sowjetunion bereits in den 1980er-Jahren abgeschlossen sein.

Immer wiederkehrende Metaphern für die Zukunft der Arbeit waren (und sind) die Ideen vom »papierlosen Büro« und der »menschenleeren Fabrik«.[19] Von Technikexperten und Unternehmern im Westen wurden entsprechende Szenarien entworfen, die die Fehlerquelle Mensch im Produktionsprozess ausschalten würden, im Osten hingegen sollte eine fortschreitende Automatisierung die Lösung des andauernden Arbeitskräftemangels herbeiführen. Mit dem Ende des Wirtschaftswunders sank allerdings das Potenzial der Technikutopien im Westen. Dagegen wuchs die Angst vor neuen Rationalisierungswellen in der Industrie und einer damit einhergehenden wachsenden Arbeitslosigkeit.[20]

So wird die Hochzeit der positiven Zukunftserwartungen zwar in beiden politischen Lagern auf die frühen 1960er-Jahre datiert, allerdings zeigten sich in den OECD-Ländern schon im Verlauf der zweiten Hälfte der Dekade erste Zeichen des Niedergangs im Bereich alter Industrien wie der Kohle-, Stahl- und Textilindustrie. Der Chemie- und Elektronikindustrie wurde dagegen in Ost und West eine glänzende Zukunft zugeschrieben. Neue Werkstoffe, eine fortschreitende Automatisierung und

---

18 Peter Hertner/Dieter Schott, Zukunftstechnologien der (letzten) Jahrhundertwende. Intentionen – Visionen – Wirklichkeiten, in: Jahrbuch für Wirtschaftsgeschichte, 2 (1999), S. 9-16; hier: S. 13; Bundesministerium für Bildung, Wissenschaft, Forschung und Technologie (Hg.), Delphi-Bericht 1995 zur Entwicklung von Wissenschaft und Technik (Mini-Delphi), Bonn 1996.
19 Vgl. hierzu den Beitrag von Karsten Uhl in diesem Band.
20 Dazu unter anderem: Peter Hübner, Menschen – Macht – Maschinen. Technokratie in der DDR, in: ders. (Hg.), Eliten im Sozialismus. Beiträge zu Sozialgeschichte der DDR [= Zeithistorische Studien, Bd. 15], S. 325-360; ders., Arbeit, Arbeiter und Technik, 2014; Hans-Erich Gramatzki/Fred Klinger/Hans G. Nutzinger (Hg.), Wissenschaft, Technik und Arbeit. Innovationen in Ost und West, Kassel 1990.

die damit einhergehende höhere Qualifikation der Beschäftigten versprachen schließlich Wohlstand und weniger harte und schmutzige Arbeit.[21]

Die Zukunft der Arbeit stellte sich vor dem Hintergrund des permanenten Arbeitskräftemangels in der DDR dagegen völlig anders dar. Niemals, so Stefan Wolle, war die »Zukunft so leuchtend schön und greifbar wie in jenen Jahren«.[22] Der erste bemannte Raumflug der Sowjetunion und die darauf folgende weltweite Publicity gaben der Technikbegeisterung in ganz Osteuropa einen ungeheuren Schub und sollten nicht zuletzt die Überlegenheit des Marxismus-Leninismus beweisen. Auf der Welle dieser positiven Zukunftserwartungen gerieten die Forcierung der Kernenergie, die Automatisierung industrieller Prozesse und die chemische Industrie in den Fokus neuer Planungen und Programme.

Aber auch die Länder des sowjetischen Blocks standen zu Beginn der 1970er-Jahre vor einem Wandel der Arbeitswelt. So hatten sich in sämtlichen sozialistischen Zentralplanwirtschaften nach dem Ende der Wiederaufbauphase die wirtschaftlichen Probleme verschärft. Den politischen Eliten in der DDR war bereits ab Mitte der 1950er-Jahre bewusst, dass eine gesellschaftliche Alternative zum Westen nur mit hohen Investitionen im Bereich der Entwicklung neuer Technologien zu erlangen war.[23] Dennoch wurde nie an den marxistischen Grundpositionen gerüttelt. Offensichtlich traten bis zum Ende der DDR keine Zweifel darüber auf, dass es möglich sein würde, entsprechende Kräfte im Rahmen des herrschenden Systems zu mobilisieren.[24]

Allerdings überstiegen bereits in den 1960er-Jahren die Ausgaben für die Sozialpolitik zunehmend die wirtschaftlichen Ressourcen. Die Industrie des Landes verlor ihre Konkurrenzfähigkeit auf internationalen Märkten, was zur Folge hatte, dass die Investitionskraft des Staates sank. Und schließlich war es dieser Investitionsrückstand, der die Verschleißquote bei Anlagen und Maschinen ansteigen ließ und deren Störanfälligkeit erhöhte. Der damit verbundene Personal- und Reparaturbedarf erforderte seit den 1970er-Jahren einen hohen Grad an Improvisation und einen Aufbau

---

21 Jürgen Kocka, Mehr Last als Lust, in: Zeitgeschichte-online, Januar 2010; ders., Arbeit früher, heute, morgen. Zur Neuartigkeit der Gegenwart, in: ders./Claus Offe (Hg.), Geschichte und Zukunft der Arbeit, Frankfurt a. M./New York 2000, S. 476-492; Peter Hübner, Arbeitsgesellschaft in der Krise? Eine Anmerkung zur Sozialgeschichte der Industriearbeit im ausgehenden 20. Jahrhundert, in: Zeitgeschichte-online, Januar 2010, URL: <http://www.zeitgeschichte-online.de/thema/arbeitsgesellschaft-der-krise> (12.1.2019).
22 Wolle, Aufbruch nach Utopia, 2011, S. 96.
23 André Steiner, Anschluss an den »Welthöchststand«? Versuche des Aufbrechens der Innovationsblockaden im DDR-Wirtschaftssystem, in: Johannes Abele/Gerhard Barkleit/Thomas Hänseroth (Hg.), Innovationskulturen und Fortschrittserwartungen im geteilten Deutschland [= Schriften des Hannah-Arendt-Instituts für Totalitarismusforschung, Bd. 19], Köln 2001, S. 71-88; hier: S. 73.
24 Hubert Laitko, Wissenschaftlich-technische Revolution. Akzente des Konzepts in Wissenschaft und Ideologie der DDR, in: Utopie Kreativ, 73/74 (1996), S. 33-50; hier: S. 49.

von Netzwerkstrukturen durch die Betriebsleitungen, die sich nicht selten in einem halblegalen Bereich abspielten.[25]

Und dennoch blieb das Jahr 2000 in der DDR ein euphorisch gefeierter Erwartungshorizont, kam der Jahrtausendwende eine ganz besondere Bedeutung zu.[26] Die Orientierung der politischen Elite auf die Zukunft blieb ungebrochen. Für den Bereich der Arbeit wurde prognostiziert, dass sich sowohl die tägliche Arbeitszeit als auch die Lebensarbeitszeit in nicht allzu weiter Ferne verringern würden. Sozialistische Zukunftsprognosen im Wirtschaftsbereich galten grundsätzlich als wissenschaftlich, wenngleich dem Nachweis der Wissenschaftlichkeit unter Umständen nachgeholfen werden musste. So erklärte der Vorsitzende der Staatlichen Plankommission Gerhard Schürer[27], dass seine Kommission entsprechend den Anweisungen Erich Honeckers vom Jahr 2000 aus »zurückrechnen« und so das Tempo zur Erreichung der Planvorgaben bestimmen sollte. Daraus gingen Pläne mit jährlichen Wachstumssteigerungen von 10 bis 12 Prozent hervor, die völlig unrealistisch waren.[28] In der Folge mussten die Pläne permanent »korrigiert« werden.

Dass die Leitlinien für die Zukunft der DDR aus der Sowjetunion kamen, versteht sich von selbst. So erschien auf der Titelseite des *Neuen Deutschland* vom 31. Juli 1961 der aktuelle Programmentwurf der KPdSU für den XXII. Parteitag. Die Ankunft in der Zukunft bekam hierin ein konkretes Datum: Im Jahr 1980 werde sich, so das Programm, zumindest in der Sowjetunion die kommunistische Gesellschaft durchgesetzt haben.[29] Der Entwurf stellte klar, dass sich der »unerbittliche Lauf der historischen Entwicklung« selbst mit den Atomwaffen der »Monopolbourgeoisie« nicht verhindern lassen werde. Die nächste Phase des Sozialismus hatte demnach in der Sowjetunion längst begonnen: Nun beginne der »Prozess des Hinüberwachsens des Staates in eine das ganze Volk umfassende Organisation der sozialistischen Gesellschaft«.[30] Dieser Prozess sollte schließlich auch auf die Zukunft der Satellitenstaaten unmittelbare Auswirkungen haben, verkürzte sich doch, so die Annahme, durch das Vorangehen der Sowjetunion die Zeit, die es für den Aufbau des Sozialismus in diesen

---

25 Annette Schuhmann (Hg.), Vernetzte Improvisationen. Gesellschaftliche Subsysteme in Ostmitteleuropa und der DDR [= Zeithistorische Studien, Bd. 42], Köln/Weimar/Wien 2008; Hübner, Arbeit, Arbeiter und Technik, 2014, S. 45 ff.; Hübner, Arbeitsgesellschaft, in: Zeitgeschichte-online, Januar 2010.
26 Dazu: Rainer Gries, »… Und der Zukunft zugewandt«. Oder: Wie der DDR das Jahr 2000 abhanden kam, in: Enno Bünz/Rainer Gries/Frank Möller (Hg.), Der Tag X in der Geschichte. Erwartungen und Enttäuschungen seit tausend Jahren, Stuttgart 1997, S. 309-333.
27 Schürer war von 1965 bis 1989 Leiter der staatlichen Plankommission beim Ministerrat der DDR.
28 Zit. aus: Günter Mittags Rolle in der DDR-Wirtschaft. Fritz Schenk im Gespräch mit Gerhard Schürer, in: Deutschland-Archiv, 27 (1994), S. 633-637. Siehe dazu: Gries, »… Und der Zukunft zugewandt«, in: Bünz/Gries/Möller (Hg.) 1997, S. 309-333; hier S. 329.
29 Programmentwurf der KPdSU verkündet die wahren Menschenrechte, in: Neues Deutschland [ND], 16, 31. Juli 1961, S. 1.
30 Ebd.

Ländern brauche.³¹ Entsprechend einer Art sozialistischer Konvergenztheorie würden sich, folgt man dem Programmentwurf, die nationalen Wirtschaften der einzelnen sozialistischen Länder einander annähern. Nationale Unterschiede würden zunehmend eingeebnet, »Tendenzen für die Schaffung einer zukünftigen kommunistischen Weltwirtschaft« verstärkt.³² Der Leitartikel listet zudem genau auf, wie die Zukunft in der Sowjetunion ab dem Jahr 1980 aussehen werde: Wohnraum, Verkehrsmittel, Gas, Heizung und die Kinderbetreuung seien ab dem Jahr 1980 kostenfrei.

Zur Zukunft der Arbeit finden sich ebenfalls einige Punkte im Parteiprogramm: In einer ersten Etappe des Aufbaus des Kommunismus von 1961 bis 1970 werde die UdSSR das Land »mit dem kürzesten Arbeitstag« der Welt sein (»teilweise Fünfstundentag«), schwere körperliche Arbeit werde es nicht mehr geben, die Industriearbeit werde durchgängig mechanisiert sein, die Arbeitsproduktivität verdoppelt, niedrige Lohn- und Gehaltsgruppen würden abgeschafft, die Realeinkommen der Arbeiter, Angestellten und Kolchosbauern würden sich verdoppeln. In der zweiten Phase, den Jahren bis 1980, werde die Produktivität der Industrieproduktion auf das Sechsfache, mindestens auf das Doppelte der Arbeitsproduktivität in den USA steigen. Die Industriearbeit wäre durchgängig automatisiert, die landwirtschaftliche Produktion werde auf das 3,5-Fache steigen. Überhaupt werde die Landwirtschaft vollständig industrialisiert sein und ihre »Abhängigkeit von den Naturelementen [...] auf ein Minimum zurück[gehen]«.³³ Arbeitstage würden weiter verkürzt, selbstverständlich bei steigenden Realeinkommen.³⁴

Das Parteiprogramm der KPdSU hatte naturgemäß Auswirkungen auf die programmatischen Debatten der kommunistischen Parteien in Ostmitteleuropa und der DDR. So finden sich alle wesentlichen Punkte des sowjetischen Programms im Parteiprogramm des VI. Parteitages der SED (1963) wieder. Nicht nur für die gesamtgesellschaftliche Entwicklung in der DDR, sondern auch für den Stellenwert der Arbeit innerhalb der Gesellschaft war die Entscheidung der Parteispitze für die Durchsetzung des Produktionsprinzips von enormer Bedeutung. Auch hier kam das Vorbild aus der Sowjetunion, wobei es ähnliche Vorhaben in Deutschland bereits in den 1930er-Jahren gegeben hatte. Infolge dieses Beschlusses wurden sämtliche Grundorganisationen der SED im Betrieb angesiedelt. Es entwickelte sich das, was die sozialhistorische Forschung der 1990er-Jahre als »Verbetrieblichung« der Gesellschaft bezeichnete.³⁵ Betriebe in der DDR waren somit weit mehr als Produktionsstätten. Sie waren der Ort, an dem Ressourcen unterschiedlichster Art verteilt wurden. Sie eröffneten den Zugang zu sozialen und kulturellen Dienstleistungen, sie stellten

---

31 Ebd.
32 Ebd.
33 Ebd.
34 Ebd.
35 Kleßmann, Arbeiter, 2007, S. 564.

Wohnraum und Urlaubsplätze zur Verfügung, wiesen Karrierechancen und materielle Güter zu. Die Einebnung der funktionalen Trennung von Wohn- und Arbeitsort seit den frühen 1960er-Jahren war so umfassend, dass sich von einer betriebszentrierten DDR-Gesellschaft sprechen lässt.[36]

Für die Zukunft der Arbeit oder, wie es im Parteijargon hieß, die »Entwicklung der Produktivkräfte« gab die reformwütige Parteielite unter Nikita Chruschtschow nun die Richtung vor. Das oben zitierte Parteiprogramm bildete den Ausgangspunkt für Konzepte, wie das der »wissenschaftlich-technischen Revolution« und der »Produktivkraft Wissenschaft«. Charakteristisch sowohl für die Vorgaben aus der Sowjetunion als auch für die Kopie des Programms in der DDR war die Verbindung zwischen einem positiven Zukunftsbild und der Entwicklung der Arbeitsproduktivität. Sozialismus, so die Rhetorik der Einheitspartei, »ist der Kampf um eine hohe Arbeitsproduktivität, die Erreichung und Mitbestimmung des Weltniveaus in der Produktion.«[37] Christoph Kleßmann hat jedoch davor gewarnt, das Parteiprogramm der SED lediglich als propagandistisch aufgeblasene Zukunftsvision zu deuten, vielmehr wurden hier die Rahmenbedingungen für die zukünftigen gesellschaftlichen Entwicklungspfade des Landes formuliert und abgesteckt.

6 Automatisierte Produktion = Kommunismus: Die wissenschaftlich-technische Revolution in der DDR

»... was sich jetzt ereignet, wird voll und ganz als eine der größten Umwälzungen im menschlichen Leben angesehen. Wir nennen sie die zweite wissenschaftlich-industrielle Revolution, welche die materielle und in hohem Grade die geistige Situation der Menschheit in einem nie gekannten Tempo verändert.«[38]

Das sozialistische Pendant zur westlichen Chiffre der »Dritten industriellen Revolution« war der Begriff der wissenschaftlich-technischen Revolution (WTR).[39] Im gesamten Ostblock wurde er zu einem Schlüsselbegriff im Systemwettstreit. Ein Blick auf Genese und Metamorphosen der WTR offenbart, welche strategische Sicht die Funktionseliten im Staatssozialismus auf das »Technologieproblem« entwickelt hatten.

---

36 Annette Schuhmann, Kulturarbeit im sozialistischen Betrieb. Gewerkschaftliche Erziehungspraxis in der SBZ/DDR 1946 bis 1970 [= Zeithistorische Studien, Bd. 36], Köln/Weimar/Wien 2006, S. 11.
37 Kleßmann, Arbeiter, 2007, S. 567.
38 Zit. aus: John D. Bernal, Die Wissenschaft in der Geschichte, Berlin ³1961, in: Laitko, Wissenschaftlich-technische Revolution, in: Utopie Kreativ 73/74 (2006), S. 33-50; hier: S. 36.
39 Vgl. dazu auch: Jürgen Danyel/Annette Schuhmann, Wege in die Digitale Moderne. Computerisierung als gesellschaftlicher Wandel, in: Frank Bösch (Hg.), Geteilte Geschichte. Ost- und Westdeutschland 1970–2000, Göttingen 2015, S. 283-320.

Der Begriff der wissenschaftlich-technischen Revolution wurde von dem irischstämmigen Physiker John Desmond Bernal eingeführt, dessen Werk »Science in History« 1961 in der DDR, später auch in anderen staatssozialistischen Ländern erschien und dort bald zum Kanon der wissenschaftlichen Literatur gehörte.[40] Bernal beschrieb hierin einen revolutionären Prozess, der im Verlauf des 20. Jahrhunderts wesentliche Lebensbereiche in den Industriegesellschaften verwissenschaftlichen werde. In Zukunft, so prognostizierte Bernal bereits in den 1950er-Jahren, werde die Handarbeit durch Maschinen und elektronengesteuerte Vorrichtungen ersetzt, wodurch schwere und monotone Arbeit entfalle, übrigens nicht nur in der Fabrik, sondern auch im Büro. Der Begriff der WTR dominierte die Parteisprache seit den frühen 1960er-Jahren, gehörte jedoch auch in der Ära Honecker zum Standardrepertoire parteioffizieller Rhetorik.[41] Die Zukunftsvisionen Bernals entsprachen der von Marx prognostizierten Technisierung und Verwissenschaftlichung der Arbeit und der daran geknüpften Erwartung einer Befreiung des Menschen von körperlicher Arbeit. Die Verbindung von Wissenschaft und Produktion, die Idee vom Wandel körperlicher Arbeit in geistige, vor allem aber die Hoffnung auf Produktivitätssteigerungen durch wissenschaftliche und technische Innovationen gehörten seit den frühen 1960er-Jahren zu den strategischen Zielen der WTR.[42] In diesem Erwartungshorizont verbanden sich marxistische Zukunftsvorstellungen mit einer für die 1960er-Jahre nicht nur im Ostblock typischen Fortschrittseuphorie und Technikgläubigkeit.

Man berauschte sich in diesen Jahren, so Stefan Wolle, an vollkommen irrealen Zahlenspielereien und modischen Begriffen, zu denen vor allem derjenige der automatisierten Produktion gehörte.[43] Und in der Tat galt der Einsatz elektronischer Steuerungssysteme in der Produktion als wesentliches Merkmal der WTR. Der erfolgreiche Revolutionsverlauf »werde es ermöglichen, den Produktivitätsrückstand der DDR-Wirtschaft gegenüber der Bundesrepublik wettzumachen«, so Walter Ulbricht in einem Beschlussentwurf für das Politbüro im Jahr 1970.[44]

Ähnliche Zukunftserwartungen finden sich zwar zur gleichen Zeit im Westen, nur wurde in der DDR vorausgesetzt, dass die sozialistische Automatisierung, ebenso wie die Elektrifizierungs- und Alphabetisierungsträume Lenins vierzig Jahre zuvor, den Sieg des Kommunismus herbeiführen würde. Zwar blieb die WTR bis zum Ende der DDR ein zentrales Element der SED-Rhetorik, verkam aber in den 1980er-Jahren zum Hintergrundrauschen offizieller Stellungnahmen. In den Zukunftskonstruktio-

---

40 Bernal, Die Wissenschaft, 1961.
41 Laitko, Wissenschaftlich-technische Revolution, in: Utopie Kreativ 73/74 (2006), S. 33-50; hier: S. 33.
42 Uwe Fraunholz, Revolutionäres Ringen für den gesellschaftlichen Fortschritt. Automatisierungsvisionen in der DDR, in: ders./Anke Woschesch (Hg.), Technology Fiction. Technische Visionen und Utopien in der Hochmoderne, Bielefeld 2012, S. 195-219; hier: S. 196 f.
43 Stefan Wolle, Aufbruch in die Stagnation. Die DDR in den sechziger Jahren, Bonn 2005, S. 55.
44 Hübner, Arbeit, Arbeiter und Technik, 2014, S. 47.

nen blieb der Begriff indes solange lebendig, wie sich die Hoffnung hielt, durch den technologischen Wandel im Systemwettstreit die Führung zu übernehmen.[45] In der realsozialistischen Gesellschaft dagegen mochte in den 1980er-Jahren kaum noch jemand daran glauben, vor allem jene nicht, die den Produktionsalltag kannten. Jeder, so Stefan Wolle, der »DDR-Betriebe von innen kennt, wird bestätigen, dass dort, wenigstens in peripheren Bereichen, Anlagen mit den alten Firmenzeichen von Krupp oder Siemens bis zum letzten Schnaufer« noch in der Nachwendezeit ihren Dienst taten.[46]

In beiden politischen Lagern herrschte in den 1960er-Jahren Konsens darüber, dass es im Zusammenhang mit den neuen Informationstechnologien eine immense Zahl an technologischen Neuerungen geben würde. Der Wandel kündigte sich vor allem im Westen bereits an, aber auch im Ostblock wurde deutlich, dass sich die Arbeitswelt der Zukunft verändern würde. So wurden für die Zukunft hochentwickelte Werkstoffe, neue Formen der Energieerzeugung und medizinische Anwendungen, automatisierte Fertigungstechniken und ein grundlegender Wandel der Transporttechnologien prognostiziert. Mit der Durchsetzung neuer Technologien würde es möglich, so die Idee, nicht nur die Produktivität effizient zu steigern, sondern zugleich die Bedürfnisse der breiten Masse zu befriedigen, allerdings ohne die negativen sozialen Folgen, die im Westen zu beobachten waren.[47]

Hinter den strategischen Intentionen der WTR stand die Idee, den globalen Herausforderungen des sozialen Wandels, hervorgerufen durch den technologischen Fortschritt in der Arbeitswelt, zu begegnen, indem die »spezifischen soziostrukturellen Vorzüge des Sozialismus dafür [...] mobilisiert werden.« Gelänge dies, könne man die aktuell »unleugbare Unterlegenheit gegenüber dem Produktions- und Produktivitätsniveau der kapitalistischen Länder durch einen intensiven Auf- und Überholprozess in Überlegenheit« verkehren.[48] Die Bewältigung und Durchsetzung dieses Konzepts gehörte also zu den Grundfragen, deren Lösung über die Existenz der DDR entscheiden sollte.

Der Wissenschaftshistoriker Hubert Laitko bestreitet weder den ideologischen Hintergrund des Konzepts noch die damit verbundenen Fortschrittsfantasien, er erläutert allerdings mögliche Potenziale, die es durchaus gegeben habe. Unter anderem trat im Zuge der Konsolidierung des Konzepts der WTR ein Wandel in den Vorstellungen darüber ein, wie und woran sich eine sozialistische Gesellschaft in Zukunft orientieren könne. Dabei stand zwar die Vormachtstellung der Einheitspartei nie in Frage, eine wissenschaftliche und ökonomische Eigenverantwortung innerhalb der

---

45 Laitko, Wissenschaftlich-technische Revolution, in: Utopie Kreativ 73/74 (2006), S. 33-50; hier: S. 33.
46 Wolle, Aufbruch nach Utopia, 2011, S. 159.
47 Meuschel, Legitimation, 1992, S. 125.
48 Laitko, Wissenschaftlich-technische Revolution, in: Utopie Kreativ 73/74 (2006), S. 33-50; hier: S. 33.

Betriebe wurde jedoch nicht mehr vollkommen negiert. Und zumindest in Ansätzen versachlichte sich ökonomisches Handeln im Zuge der Debatten um die WTR. All dies förderte den Reformwillen der politischen Eliten in den 1960er-Jahren maßgeblich.[49] An der Gesellschaftsform und ihrem politischen Kern wurde jedoch festgehalten: Ziel war die kommunistische Zukunftsgesellschaft, der Weg dorthin die wissenschaftlich-technische Revolution.[50]

Die Auswirkungen, die die wissenschaftlich-technischen Entwicklungen und ihre jeweiligen Folgen auf Wirtschaft und Gesellschaft hätten, würde man jedoch beherrschen, nicht zuletzt, so der Plan, mit den Mitteln der Prognostik.[51] Während im Zuge der dritten industriellen Revolution im Westen die sozialen Folgen der Automatisierung virulent und verstärkt diskutiert wurden, gab man sich in der DDR gelassen. In der Fabrik der Zukunft werde, so Erich Honecker noch bei einem Treffen mit Michael Gorbatschow am 7. Oktober 1989, die »Steigerung der Arbeitsproduktivität« zwischen 300 und 400 Prozent betragen, frei werdende Arbeitskräfte würden in der dritten Schicht eingesetzt, sodass auf diese Weise die sozialen Probleme für diesen Bereich gelöst werden.«[52] Mögliche negative Folgen der angestrebten Revolution für den Bereich der Arbeit (und die Arbeiterschaft) wurden gar nicht erst in Betracht gezogen. Schließlich sei, anders als in den westlichen Industriestaaten, nur der Sozialismus dazu in der Lage, die wirtschaftlichen und sozialen Konsequenzen der neuen Technologien zu bewältigen.[53]

7 Wohlstand und Schönheit, Freiheit und Mikrochip: Sozialistische Versuche, reale Probleme »zukünftig« zu lösen

7.1 Die Revolutionierung des Alltags: Das Chemieprogramm des Jahres 1958

Wie sich Zukunftserwartungen, technokratische Illusionen und die auf die Zukunft ausgerichteten Wirtschaftsreformen in Realpolitik übersetzten, mit welchen Kampagnen und Reformen Zukunft in die Gesellschaft diffundierte, sind Themen des letzten Abschnitts. Das Chemieprogramm des Jahres 1958, die Einführung des Neuen Ökonomischen Systems (NÖS) 1963 und schließlich das Mikroelektronikprogramm des Jahres 1977 stehen hier stellvertretend dafür, wie sich die politische und wirtschaftliche Elite die Zukunft der Gesellschaft jeweils vorstellten. Im Kern der

---

49 Meuschel, Legitimation, 1992, S. 127.
50 Wolle, Aufbruch in die Stagnation, 2005, S. 35.
51 Meuschel, Legitimation, 1992, S. 184.
52 Hübner, Arbeit, Arbeiter und Technik, 2014, S. 48.
53 Ebd., S. 56.

Projekte ging es um die Zukunft der Arbeit, oder besser, um die zukünftige Entwicklung der Produktivität in einem Land, in dem sich der technologische und wirtschaftliche Rückstand gegenüber dem Westen von Tag zu Tag vergrößerte.

Seit den 1950er-Jahren hatten sich die Arbeitskräfteressourcen in der DDR zunehmend verknappt. Diese Situation sollte sich auch nach dem Mauerbau nicht ändern, sie spitzte sich vielmehr weiter zu. Die Abwanderung von Arbeitskräften vor dem Mauerbau, Zulieferschwierigkeiten, Verlust- und Wartezeiten im Produktionsablauf und ein »entspannter« Umgang mit den Arbeitszeiten durch die Belegschaften verschärften Ende der 1950er-Jahre nicht nur die Versorgungslage der Bevölkerung, sie vergrößerten schließlich den stetig beobachteten Produktivitätsrückstand gegenüber dem Westen. Um diesen Problemen zu begegnen, löste seit dem Ende der 1950er-Jahre ein Reformprojekt das nächste ab.

Zu den spektakulärsten Initiativen im Jahrzehnt der Reformen gehörte das von Walter Ulbricht 1958 verkündete Chemieprogramm.[54] »Chemie ist künftig die wirtschaftliche Trumpfkarte« titelte die *Neue Zeit* im August 1958. Die Hintergründe für dieses hochambitionierte Programm lieferte der Leitartikel gleich mit: »Die äußerst angespannte Material- und Arbeitskräftelage sind die beiden Faktoren, mit denen sich der in der Wirtschaftspraxis Stehende angesichts der raschen Ausweitung des Produktionsvolumens Tag für Tag auseinandersetzen muß.«[55] Ungewöhnlich deutlich geht der Autor des Artikels auf die Schwierigkeiten ein, an denen sich Industriebetriebe auch in den kommenden dreißig Jahren abarbeiten würden: »Wenn gegenwärtig das Zahlenverhältnis zwischen Produktionsarbeitern und Reparaturarbeitern im Bunawerk bislang 1:1 und im Leunawerk gar 7:10 liegt, so deutet das auf große Reserven hin.«[56]

Mithilfe enormer Investitionssummen sollten nun die aus den 1930er-Jahren stammenden Anlagen überholt und die Produktion zumindest partiell automatisiert werden. Der Papierkrieg in den Betrieben, so ein wohl eher frommer Wunsch, sollte »zurückgeschraubt« werden, neue Werke entstehen (Chemiefaser- und Petrochemie), die Forschung intensiviert und »fachlich und politisch hochqualifizierte Kader« ausgebildet werden. Der Perspektivplan für das Bunawerk reichte bis in das Jahr 1970, die Produktion von Kunststoffen und Kondensationsprodukten, so der Plan, würde in den nächsten Jahren eine Steigerung von 250 % erfahren.[57] Der Slogan, der das Chemieprogramm begleitete – »Chemie bedeutet Brot Wohlstand Schönheit« – deutet auf ein ganzes Arsenal neuer Produkte hin, die in den neuen Werken in Zukunft

---

54 Kleßmann, Arbeiter, 2007, S. 429 ff.
55 Gerd Pfau, Chemie ist die künftige Trumpfkarte. Zwei Fliegen mit einer Klappe geschlagen – Völlig neue Wege für die Technik eröffnet, in: Neue Zeit, 14, 16. August 1958, S. 3.
56 Ebd.
57 Ebd.

produziert werden würden: »Gummi wird die Durchsichtigkeit von Glas, die Wärmebeständigkeit von Silikatsteinen, die Leichtigkeit von Federn« erhalten.[58]

Liest man sich durch die Leitartikel und offiziellen Verlautbarungen, die das Chemieprogramm mit großem propagandistischem Aufwand begleiteten, fühlt man sich an die Zukunftsvisionen der chemischen Industrie um die Wende vom 19. zum 20. Jahrhundert erinnert. Damals war es nicht »Plaste« (oder Gummi), die Design, Alltag und Gesellschaft revolutionieren sollten, es war die Kunstseide, die eine Entwertung des teuren und elitären Naturrohstoffs Seide mit sich bringen sollte und die gleichsam Luxus für alle versprach.[59]

Geplant war es, die Produktionszahlen der chemischen Industrie im Zuge des Chemieprogramms zu verdoppeln. Neben einer allgemeinen Modernisierungsstrategie, die mit dem Programm – immer auch mit Blick auf die westliche Referenzgesellschaft – verfolgt wurde, sollten mithilfe der Kunststoffproduktion die Konsumwünsche der Bevölkerung befriedigt werden. Standen zu Beginn der 1950er-Jahre Stahl- und Energieerzeugung im Zentrum ostdeutscher Wirtschaftsplanung, war das Ziel nun, einen »in großen Serien herstellbaren, materialsparenden und moderneren Ersatz für Teile und Endprodukte« zu schaffen.[60] Für Ökonomen und Designer bargen die neuen Möglichkeiten der Massenproduktion eines neuen Werkstoffes geradezu utopisches Potenzial.[61] Durch die ungeheuren Investitionen, die für die Errichtung neuer Werke und Anlagen eingesetzt wurden, versprach man sich nicht nur eine Revolutionierung im Bereich neuer Werkstoffe, sondern Strukturveränderungen, die auf den gesamten Industriebereich der DDR ausstrahlen sollten. Die Planung der neuen Anlagen sah automatisierte Produktionsstrecken vor, dazu brauchte es qualifiziertes Personal. An die Kampagnen um das Chemieprogramm schlossen sich daher auch immense Bemühungen um die Gewinnung der Jugend für Berufe in der Chemieindustrie an. Und auch hier waren die Erwartungen hoch: Nicht nur die jungen Chemiefacharbeiter sollten die Apparate und Grundbegriffe der Chemie beherrschen, »sondern die jungen Arbeiter in allen Zweigen der Industrie und Landwirtschaft, die ganze Jugend sollte sich die Grundbegriffe der Chemie aneignen«.[62]

---

58 Das große Gespräch: Unser Chemieprogramm, in: Wissenschaft und Fortschritt. Populärwissenschaftliche Zeitschrift der Freien Deutschen Jugend, 9 (1959) 1, S. 1-6; hier: S. 2.
59 Peter Hertner, Die Stoffe aus denen die Träume wurden: Zukunftstechnologien der Jahrhundertwende. Aluminium und Kunstseide als Beispiele, in: ders. (Hg.), Zukunftstechnologien der letzten Jahrhundertwende. Intentionen – Visionen – Wirklichkeiten [= Jahrbuch für Wirtschaftsgeschichte, Bd. 40,2], Berlin 1999, S. 17-29.
60 Andreas Ludwig/Katja Böhme, 50 Jahre Chemiekonferenz der DDR. Metaphorik eines Versprechens und Durchdringung des Alltags, in: WerkstattGeschichte, 3 (2008), S. 25-32; hier: S. 27.
61 Ebd., S. 29. Zum Traum von einem eigenen sozialistischen (Design-)Stil außerdem: Katja Böhme, Utopie aus dem Spritzgußautomaten. Sozialistische Moderne und Kunststoffe im Alltag der DDR, in: Uwe Fraunholz/Anke Woschech (Hg.), Technology Fiction. Technische Visionen und Utopien in der Hochmoderne, Bielefeld 2012, S. 221-246.
62 Das große Gespräch, in: Wissenschaft und Fortschritt 9 (1959) 1, S. 1-6; hier: S. 3.

7.2 Die Verknüpfung gesellschaftlicher und individueller Interessen: Das Neue ökonomische System der Leitung und Planung (NÖS)

Im Zuge des Neuen ökonomischen Systems der Leitung und Planung der Volkswirtschaft (NÖS) würde die Wirtschaft, so der Plan, zumindest teilweise aus einem selbstregulierenden System »ökonomischer Hebel« bestehen. Vorbild für die Reform waren die vom sowjetischen Partei- und Staatschef Chruschtschow »abgesegneten Ideen des Ökonomen Evsej Liberman«.[63] Der VI. Parteitag der SED im Jahr 1963 leitete das NÖS in der DDR ein. Inzwischen galt der umfassende Aufbau des Sozialismus als abgeschlossen, denn sowohl auf dem Land als auch in den Betrieben hatten die sozialistischen Produktionsverhältnisse »gesiegt«. Mit den Wirtschaftsreformen sollte nun ein System von Anreizen zur Leistungssteigerung und Innovation geschaffen werden.[64]

Betriebe, so der Plan, würden durch Effizienzsteigerung und den Einsatz neuer Technik, durch Senkung der Kosten und hohe Qualität ihrer Produkte einen eigenen Gewinn erwirtschaften, der wiederum dem Betrieb selbst und seinen Produzenten zugute käme. Novum des Konzepts war die Anerkennung des Wertgesetzes, das heißt eine neue, nunmehr realere Bestimmung der Industriepreise. Diese Kosten-Nutzen-Bilanz wurde zunächst auf der Ebene der *Vereinigung der Volkseigenen Betriebe* (VVB) und der Einzelbetriebe eingeführt, wobei die Planwirtschaft selbstverständlich nicht abgeschafft, aber flexibilisiert und durch marktwirtschaftliche Elemente ergänzt werden sollte.[65] Hinzu kam die Anerkennung eines persönlichen Anreizsystems als Motiv für Produktivitätssteigerungen, ein nach Ansicht der Soziologin Sigrid Meuschel geradezu revisionistischer Gedankengang. Ein Höchststand wissenschaftlich-technischer Ausstattung der Produktionsanlagen, die Steigerung der Arbeitsproduktivität, die Ausnutzung des Wertgesetzes, die planmäßige Übereinstimmung gesellschaftlicher und individueller Interessen, ein Leistungsprinzip, das materielle Interessiertheit fördern sollte, all dies gehörte zu den Zukunftsvisionen, die mit dem Neuen ökonomischen System verknüpft wurden.[66] Das Systemische des Konzeptes bestand, so die Initiatoren Günter Mittag und Erich Apel, in der Verbindung wissenschaftlich fundierter Führung in der Wirtschaft, zentralstaatlicher Planung auf wis-

---

63 Hübner, Arbeit, Arbeiter und Technik, 2014, S. 57.
64 In keinem Standardwerk zur DDR-Geschichte fehlt ein ausführliches Kapitel zum NÖS. Aus wirtschaftshistorischer Sicht: André Steiner, Von Plan zu Plan. Eine Wirtschaftsgeschichte der DDR, München 2004, S. 123-164. Außerdem: Meuschel, Legitimation, 1992, S. 183 ff.; Wolle, Aufbruch in die Stagnation, 2005, S. 146 ff.; Kleßmann, Arbeiter, 2007, S. 568 ff.; Hübner, Konsens, 1995, S. 163 ff.; Hübner, Arbeit, Arbeiter und Technik, 2014, S. 53 ff.
65 Wolle, Aufbruch in die Stagnation, 2005, S. 146 ff.
66 Meuschel, Legitimation, 1992, S. 185.

senschaftlicher Grundlage und der Motivierung mittels Prämien und Lohnsteigerungen der Betriebe und der Produzenten.[67]

Im Kern des Konzepts ging es um eine Entbürokratisierung und Modernisierung des planwirtschaftlichen Systems. Im Grunde, so Stefan Wolle, versuchten die Reformer, marktwirtschaftliche Mechanismen zu simulieren, ohne dabei marktwirtschaftliche Grundlagen einzuführen. Die den *Vereinigten Volkseigenen Betrieben* (VVB) zugewiesene Eigenverantwortung sollte aus ihnen »eine Art sozialistische Konzerne« machen.[68]

7.3 Verspätete Zukunft: Das Mikroelektronikprogramm des Jahres 1977

Der permanente Mangel an Arbeitskräften in der DDR und die geringe Arbeitsproduktivität wurden bereits mehrfach erwähnt. Diesen Problemen sollte in den 1970er-Jahren mit einer ganzen Reihe von Rationalisierungsmaßnahmen begegnet werden.[69] Die Entwicklung der Mikroelektronik als Bestandteil dieser Maßnahmen war erst am Ende der Dekade Teil des Rationalisierungsprogramms, gehörte fortan jedoch zum Kernbereich der wissenschaftlich-technischen Revolution.[70] Schon das von Walter Ulbricht forcierte Konzept der WTR sah eine annähernd flächendeckende Automatisierung industrieller Arbeitsprozesse vor. Diese technokratische Utopie war im Verlauf der 1950er- und 1960er-Jahre in Ost und West durchaus ähnlich. Die Computerisierung der Industrie- und Verwaltungsarbeit galt in beiden Systemen als zukunftsweisend und unumgänglich. Die Zukunftsvisionen Ulbrichts unterschieden sich jedoch von denen seines Nachfolgers. Der inzwischen fast achtzigjährige Ulbricht erkannte bereits frühzeitig die Notwendigkeit eines umfassenden industriellen Strukturwandels und die Dimensionen des Technologieschubs, der durch die elektronische Datenverarbeitung eingeleitet werden würde. Sein zwanzig Jahre jüngerer Nachfolger und dessen sowjetische Förderer indes zögerten und waren nicht sicher, wie man mit der »neuen elektronischen Schlüsseltechnologie« umgehen sollte.[71] Dabei, so Peter Hübner, deutete dieses Zögern nicht zuletzt »auf Unfähigkeit, Unwissen und sträfliche Ignoranz in der Parteispitze der SED« hin.[72] Überhaupt gehörten in der Ära Honecker Standardbegriffe der 1960er-Jahre wie Prognose, Wissenschaft und Technik kaum noch zur Parteisprache. Großforschungsprogramme wurden gestoppt, und ausgebildete Mathematiker, Physiker und Informatiker, selbst die noch ein paar

---

67 Ebd.
68 Ebd., S. 186.
69 Hübner, Arbeit, Arbeiter und Technik, 2014, S. 189.
70 Ebd., S. 197.
71 Ebd., S. 62.
72 Ebd., S. 198. Vgl. dazu auch: Steiner, Von Plan zu Plan, 2004, S. 180 f.

Jahre zuvor umworbenen Chemiker fanden nur noch mit Mühe einen Arbeitsplatz, der ihren Qualifikationen entsprach.[73]

Der Abbruch einer Reihe von innovativen Entwicklungen, so André Steiner, vergrößerte den ohnehin schon bestehenden technologischen Rückstand der DDR im internationalen Maßstab. Absatzprobleme vor allem im Exportbereich und ein weiterhin sich verschärfender Arbeitskräftemangel führten schließlich dazu, dass die Parteispitze 1977 beschloss, »die Kräfte auf die Entwicklung der Mikroelektronik zu konzentrieren«.[74] Allerdings wurden die Zukunftserwartungen bescheidener: So konstatierte der ZK-Sekretär für Wirtschaftsfragen 1976, dass man den Rückstand im Bereich der Mikroelektronik bis 1980 nicht aufholen werde.[75] Trotz des verspäteten Starts hielt die Mikroelektronik zu Beginn der 1970er-Jahre auch in die DDR-Betriebe und -Verwaltungen Einzug. Rechenzentren und Bürocomputer veränderten in erster Linie den Arbeitsalltag der Angestellten. Aber auch Produktionsarbeiter sahen sich zunehmend mit der neuen Technik konfrontiert, insbesondere die Beschäftigten der am Mikroelektronikprogramm beteiligten Hersteller- und Zulieferbetriebe. Andere kamen im Zuge der Rationalisierung erstmals mit Industrierobotern in Berührung. Im Mikroelektronikprogramm hatten die Produktion und der Einsatz von Industrierobotern hohe Priorität. Bis zum Jahr 1980 wurde gar eine Roboteroffensive anvisiert: 7.000 Roboter sollten bis dahin produziert werden. Die amtliche Statistik meldete für 1980 immerhin den Einsatz von 2.189 Industrierobotern.[76] Während der Diskurs im Westen seit Beginn der 1970er-Jahre von der Frage bestimmt war, ob Mikroelektronik für den Bereich der Arbeit ein Fluch oder ein Segen sei, erlitt die Fortschrittsrhetorik der SED kaum Blessuren. Allerdings hielten sich hier die spürbaren Folgen der technologischen Neuerungen in engen Grenzen. Im Unterschied zur Skepsis und zu den Befürchtungen in der bundesdeutschen Öffentlichkeit war der Einsatz der neuen Technologie in der DDR im offiziellen Sprachgebrauch ausschließlich von positiven Erwartungen begleitet. In der Praxis kam es jedoch aufgrund der mit der Einführung verbundenen Probleme zu nicht unerheblichen sozialen Konflikten, und die betroffenen Arbeiter reagierten darauf mit subtilen Formen der Resistenz.[77]

---

73 Steiner, Von Plan zu Plan, 2004, S. 180.
74 Ebd., S. 181 f.
75 Hübner, Arbeit, Arbeiter und Technik, 2014, S. 200.
76 Ebd., S. 203 f.
77 Olaf Klenke, Kampfauftrag Mikrochip. Rationalisierung und sozialer Konflikt in der DDR, Hamburg 2008. Zu resistentem Verhalten von Arbeiter_innen in DDR-Betrieben gibt es inzwischen eine Fülle einschlägiger Literatur. Exemplarisch hierfür stehen die Arbeiten von Renate Hürtgen, Konfliktverhalten der DDR-Arbeiterschaft und Staatsrepression im Wandel, in: Peter Hübner/Christoph Kleßmann/Klaus Tenfelde (Hg.), Arbeiter im Staatssozialismus. Ideologischer Anspruch und soziale Wirklichkeit [= Zeithistorische Studien, Bd. 31], Köln 2005, S. 383-403.

Die Erwartungen an eine Überwindung des Arbeitskräftemangels durch Rationalisierung erfüllten sich jedoch nicht. Zwar gab es auch hier, etwa in der Stahl- und Chemieindustrie, automatisierte und computerisierte Produktionsstrecken, jedoch stand der Einsparung an Arbeitskräften ein wachsender Bedarf an Reparatur- und Instandhaltungspersonal gegenüber. Die notwendige Aufrechterhaltung der Produktion in den völlig veralteten Anlagen erforderte von Jahr zu Jahr mehr Personal.[78] Für den Werkzeugmaschinenbau wurde nachgewiesen, dass bereits der Übergang zu numerischen Steuerungen (NC), die Befehle von Datenträgern ablasen, auf erhebliche Schwierigkeiten stieß, während die nächste Phase der automatischen CNC-gesteuerten industriellen Verarbeitungs- und Produktionsprozesse nie erreicht wurde.[79]

Innerhalb der DDR-Gesellschaft bestanden durchaus Zweifel an der Realisierbarkeit des propagierten technologischen Fortschritts. Als der 1-Megabit-Speicherchip 1988 im Rahmen einer öffentlichen Inszenierung an Erich Honecker übergeben wurde, war er längst veraltet. Die DDR habe den »ersten begehbaren Mikrochip der Welt« entwickelt, kommentierte dies ein populärer Witz.[80]

Die Zweifel an der Erreichbarkeit der hochgesteckten Ziele im Bereich der Mikroelektronik führten jedoch keineswegs in einen Technikpessimismus, wie er zumindest partiell in der Bundesrepublik zu beobachten war. Vielmehr konterkarierte die wirtschaftliche und technische Stagnation mehr und mehr die offizielle politische Fortschrittsrhetorik.[81]

8   Fazit: Das Scheitern der Zukunft an der Gegenwart

Kennzeichnend für die drei hier beschriebenen Reformprojekte – Chemieprogramm, NÖS und Mikroelektronikprogramm – war die jeweilige Verknüpfung wirtschaftlicher Strategien mit einem politischen Programm. Die geringe Durchsetzungskraft aller drei Projekte hatte zwar jeweils unterschiedliche Gründe, es lassen sich jedoch grundsätzlichere strukturelle Innovationshemmnisse ausmachen. Die wissenschaftlich-technische Revolution sollte einen Rahmen bilden, in dem sich Zukunftsprojekte im Bereich der Arbeit bewegten. In ihrer Dominanz und einer über vierzig Jahre aufrechterhaltenen, unantastbaren Führungsrolle agierte die SED extrem konservativ. Die Einheitspartei musste sich nie für das Scheitern, die Halbherzigkeit und

---

78 Hübner, Arbeit, Arbeiter und Technik, 2014, S. 189 f.
79 Ralf Ahrens, Spezialisierungsinteresse und Integrationsaversion im Rat für Gegenseitige Wirtschaftshilfe. Der DDR-Werkzeugmaschinenbau in den 1970er Jahren, in: Jahrbuch für Wirtschaftsgeschichte, 49 (2008) 2, S. 73-92, hier: S. 88. CNC = Computerized Numerical Control (dt.: rechnergestützte numerische Steuerung).
80 Schuhmann/Danyel, Wege in die Digitale Moderne, in: Frank Bösch (Hg.) 2015, S. 283-320; hier: S. 300.
81 Hübner, Arbeit, Arbeiter und Technik, 2014, S. 27.

Begrenztheit der Reformen rechtfertigen. Sie konnte Reformbemühungen initiieren oder forcieren, wie dies in der Ära Ulbricht geschah. Im gleichen Atemzug konnten Programme abgebrochen werden, oder man ließ sie versanden (Chemieprogramm), sie konnten aufgrund von Unwillen und Unwissenheit verzögert oder ihre Notwendigkeit konnte ignoriert werden (Mikroelektronikprogramm) und schließlich wie im Fall des NÖS ohne ein wirkliches Interesse an einer Reform unwirksam werden.

Zudem waren Veränderungen im politischen und wirtschaftlichen Bereich, die das Ausmaß einer Reform annehmen konnten, immer abhängig von der Zustimmung der sowjetischen Führung. So wurde ein großangelegtes Chemieprogramm in der UdSSR bereits ein halbes Jahr vor der Chemiekonferenz in Leuna initiiert.[82] Das NÖS wiederum ging auf Ideen des russischen Ökonomen Liberman zurück, dessen Vorschläge bereits von Chruschtschow abgesegnet waren, während das Mikroelektronikprogramm von 1977 einer weltweiten Entwicklung nur noch hinterherhinkte.

Eine Entbürokratisierung und Modernisierung des planwirtschaftlichen Systems ohne eine Veränderung der Machtverhältnisse glich der Quadratur des Kreises. Somit wichen revolutionäre Projekte, egal welchen Inhalts, nicht von der herrschenden marxistischen Philosophie ab, und es bestand weiterhin die Erwartung sozialistischer Harmonie und Interessenidentität, die keines der erwähnten Programme und keine der Reformen gewährleistet hätte.

Trotz aller Versachlichungs- und Ökonomisierungsbemühungen, die noch zu Beginn des NÖS zu beobachten waren, blieben die Anstrengungen, die zur Durchsetzung eines neuen Wirtschaftssystems hätte führen können, halbherzig. Durch das NÖS sollte auf eine »praktikable« Weise die wissenschaftlich-technische Revolution mit der Errichtung der klassenlosen Gesellschaft verbunden werden.[83] Dabei war die teilweise Lockerung der zentralistischen Strukturen und die Berücksichtigung ökonomischer Interessen der Betriebe durch Eigenerwirtschaftung der Mittel die eigentliche Utopie, weil sie ohne die wirkliche Souveränität der Betriebe über die Mittelverwendung und ohne eine wirkliche Demokratisierung der Gesellschaft vonstattengehen sollte. Der Mut zur realen Utopie fehlte allerdings. Hätte man, so Stefan Wolle, wirklich neue Wege beschreiten wollen, hätte die Frage lauten müssen: »Wie entwickelt man eine Wirtschaftsform, in der die offenbaren Schwächen der kapitalistischen Warenproduktion überwunden werden, ohne dass dies zu Einschränkungen des sozialen Wohlstandes, der Freiheit und der Mitbestimmung führt?«[84]

Heute, fast dreißig Jahre nach dem Ende der DDR, verweisen die aktuellen Debatten um die Zukunft der Arbeit auf ein umfangreiches Arsenal von Angst- und Erwartungsszenarien im Hinblick auf existente und zu erwartende technologische Entwicklungen. Die in diesen Debatten aufscheinenden Erwartungsszenarien wurden

---

82 Chemie-Programm der UdSSR, in: Berliner Zeitung, 14, 10. Mai 1958, S. 9.
83 Meuschel, Legitimation, 1992, S. 191.
84 Wolle, Aufbruch nach Utopia, 2011, S. 154.

nicht selten in das Gewand der Zukunftsprognose gekleidet, dabei immer wieder vom jeweils aktuellen Technikdiskurs evoziert. Aus historischer Perspektive und vor dem Hintergrund der aktuellen und kaum abreißenden Diskussionen um die Gefahren zukünftiger technologischer Entwicklungen erscheint die Frage nach den Intentionen, den beteiligten Interessengruppen und Institutionen, die diese Zukunftsdiskurse initiierten, gestalteten und lenkten, von Bedeutung. Diese Formen des gelenkten, konstruierten Zukunftsdiskurses sind vor allem deshalb spannend, weil sie einen wesentlichen Einfluss auf gesellschaftspolitische Entscheidungen in der Vergangenheit und in der Gegenwart hatten und haben.

Saskia Geisler

Die Zukunft bauen. Finnische Bauarbeiter in der Sowjetunion zwischen Utopie und Pragmatismus in den 1970er- und 1980er-Jahren

1 Einführung

Der Anstieg des Ölpreises in den 1970er-Jahren bedeutete für das sowjetisch-finnische Handelssystem eine Herausforderung: Der bilaterale Handel war nach dem Clearingsystem ausgerichtet. Um Währungsschwankungen zu entgehen und außerdem fest etablierte Absatzmärkte für eigene Produkte zu sichern, war das Ziel dieser Handelsabmachung, Im- und Export ausgeglichen zu gestalten. Dafür zeichnete ein komplexer bürokratischer Apparat verantwortlich, allen voran die ständige sowjetisch-finnische Handelskommission. Trotz dieser Ausgeglichenheit auf finanzieller Ebene war der Handel jedoch nicht ganz gleichwertig, da Finnland vor allem produzierte Güter in die Sowjetunion exportierte, um umgekehrt Rohstoffe zu importieren. Der gestiegene Ölpreis führte daher zu frei werdendem Volumen in der gegenseitigen Handelsbilanz, das schnell gefüllt werden musste, sollte die finnische Industrie nicht auf wichtige Rohstoffe verzichten müssen.[1] Große Bauprojekte, die von den Finnen in die Sowjetunion exportiert wurden, waren ein Teil der Lösung. Konkret bedeutete dies, dass finnische Staatsbürger_innen für ihre Arbeit hinter den sogenannten »Eisernen Vorhang« traten. Dies ist eines der zahlreichen Beispiele für die Durchlässigkeit einer lange auch in der Historiografie als starr beschriebenen Grenze, deren Überschreitungsmöglichkeiten in den letzten Jahren zunehmend in den Fokus der Geschichtswissenschaft geraten sind. In diesen Studien wird vor allem auf die direkten transnationalen Momente der Begegnung im Sinne von unmittelbaren Einflüssen auf Praktiken oder Einstellungen der Akteurinnen und Akteure geschaut.[2] Ein ex-

---
1 Für detailliertere Darstellungen zu finnisch-sowjetischen Handelsbeziehungen siehe z. B.: Tatiana Androsova, Economic Interest in Soviet Post-War Policy on Finland, in: Sari Autio-Sarasmo/Katalin Miklóssy (Hg.), Reassessing Cold War Europe [= Routledge Studies in the History of Russia and Eastern Europe, Bd. 14], London 2011, S. 33-48; Pekka Sutela, Finland's Eastern trade. What Do Interviews Tell?, in: Gertrude Enderle-Burcel/Piotr Franaszek/Dieter Stiefel/Alice Teichova (Hg.), Gaps in the Iron Curtain. Economic Relations between Neutral and Socialist Countries in Cold War Europe, Krakow 2009, S. 73-86; Simon-Erik Ollus/Heli Simola, Russia in the Finnish Economy [= Sitra Reports, Bd. 66], Helsinki 2006.
2 Siehe z. B.: Katalin Myklóssy/Sari Autio-Sarasmo, Introduction. The Cold War from a New Perspective, in: dies. (Hg.) 2011, S. 1-15; György Péteri, Nylon Curtain – Transnational and Transsystemic Tendencies in the Cultural Life of State-Socialist Russia and East-Central Europe,

pliziter Abgleich von Zukunftserwartungen, beziehungsweise der Auswirkungen auf die Zukunftserwartung einer Gruppe, ist dabei bisher nicht erfolgt. Für die für diesen Aufsatz untersuchte Gruppe der Bauarbeiter und Arbeiterinnen[3] aus Finnland liegen vor allen Dingen Reden und Zeitzeugeninterviews vor, aus denen die damaligen Zukunftserwartungen und -praktiken destilliert werden können. Die Frage nach den Wünschen und Hoffnungen der Arbeiter_innen gibt Einblicke in ihr Alltagserleben, aber auch in ihre Wahrnehmung der Sowjetunion. Wie Stefan Willer schreibt, »gehört [es] zum Charakteristikum vieler Wünsche, dass in ihnen das Erwünschte als noch nicht anwesend, aber als in Zukunft erreichbar vorgestellt wird.« Genau diese Qualität des Ungefähren, zugleich aber realistisch Erreichbaren spielt für diesen Aufsatz, vor allem für die zuletzt untersuchten privaten Zukünfte, eine entscheidende Rolle.[4] Dadurch geht die vorliegende Untersuchung über eine bloße Feststellung der graduellen Durchlässigkeit der vermeintlich starren Grenze hinaus und nutzt die Zukunftsvorstellungen als Folie für einen Systemvergleich, der möglicherweise weniger Unterschiede hervorbringt, als zunächst zu erwarten gewesen wären.

Die Begegnung zwischen Einwohner_innen sowjetischer Städte und finnischen Bauarbeitern bedeutete zugleich ein Aufeinandertreffen von Erwartungen und Zukunftsvorstellungen, die maßgeblich durch die verschiedenen Systemzugehörigkeiten geprägt waren. Andererseits zeigen die Wahlergebnisse der finnischen Bauarbeitergewerkschaft, dass diese in den 1970er-Jahren mehrheitlich kommunistisch geprägt war[5], was wiederum durchaus ähnliche, ideologisch geprägte Zukunftsvorstellungen erwarten ließe. Aber wie schlugen sich diese, durch die Institution der Bauarbeitergewerkschaft getragenen Zukunftsvorstellungen in den privaten Vorstellungen der Bauarbeiter nieder? Waren diese deckungsgleich? Und noch viel entscheidender: Was taten die jeweiligen Gruppen, um diese Zukünfte tatsächlich zu verwirklichen? Dieser Aufsatz geht damit auch der Frage nach, ob und inwiefern ideologische Zu-

---

in: Slavonica, 10 (2004), S. 113-123; Sari Autio-Sarasmo/Brendan Humphreys, Cold War Interactions Reconsidered, in: dies. (Hg.), Winter Kept Us Warm. Cold War Interactions Reconsidered [= Aleksanteri Cold War Series, Bd. 1], Jyväskylä 2010, S. 16-22; Simo Mikkonen/Pia Koivunen, Introduction. Beyond the Divide, in: dies. (Hg.), Beyond the Divide. Entangled Histories of Cold War Europe, New York/Oxford 2015, S. 1-19.

3   In einer soziologischen Studie von 1979 stellen die Autoren fest, dass 9,8 Prozent der in Kostomukša beschäftigten Finn_innen Frauen waren, wovon wiederum 42,7 Prozent Büroarbeiten tätigten. Die übrigen Frauen waren bspw. als Reinigungskräfte tätig. Im Folgenden wird vor allem auf die männliche Perspektive eingegangen, weshalb die weibliche Form nur noch dann verwendet wird, wenn explizit Frauen gemeint sind. Jussi Melkas/Pentti Luoma, Tornion Terästehtaan ja Kostamus-Työvoiman Rakenteesta, Taustasta ja Elinoloista [Über die Personalstruktur, Hintergründe und Lebensbedingungen des Stahlwerks Tornio und Kostamus], Oulu 1979.

4   Siehe dazu: Stefan Willer, Wunsch, in: ders./Benjamin Bühler (Hg.), Futurologien. Ordnungen des Zukunftswissens [= Trajekte], Paderborn 2016, S. 51-61; hier: S. 51.

5   Jyrki Helin, Rakentajien liitto. Rakennusalan työlaisten järjestötoiminta Suomessa 1880-luvulta vuoteen 1995 [Die Gewerkschaft der Bauleute. Die Organisationsarbeit der Arbeiter in der Baubranche in Finnland von den 1880er-Jahren bis 1995], Jyväskylä 1998, S. 357.

kunftsvorstellungen und eher auf den privaten Bereich ausgerichtete Praktiken der Zukunftsgenerierung in einem reflektierten Spannungsverhältnis standen. Dafür erscheint es einerseits sinnvoll, auf die von Benjamin Herzog und Rüdiger Graf entwickelten Modi der Zukunftsgenerierung, nämlich Erwartungs-, Gestaltungs-, Risiko- und Erhaltungszukunft, zurückzugreifen.[6] Wie agierten die finnischen Bauarbeiter mehrheitlich? Welche Zukünfte spielten für sie eine wichtigere Rolle? Stellten sie eine Gestaltungszukunft, die durch Institutionen wie ihre Gewerkschaft getragen wurde, vor eine Erwartungszukunft, die ihre privaten Interessen stärker spiegelte? Und unterschied sich ihr Vorgehen von demjenigen der Menschen, auf die sie in der Sowjetunion trafen?

Zum besseren Verständnis des ideologischen Hintergrundes wird zunächst auf die Situation linker politischer Gruppierungen in Finnland eingegangen. Anschließend erfolgen erste Überlegungen zur Einbettung der Erfahrungen und Praktiken der Bauarbeiter in die Forschungen zu Zukunftserwartungen und -generierungsmodi. Anschließend werden diese Überlegungen anhand der Entscheidung der Arbeiter, auf den Baustellen in der Sowjetunion zu arbeiten, und anhand ihrer Arbeitspraxis und der gewerkschaftlichen Arbeit vor Ort an entsprechendem Quellenmaterial exemplifiziert.

2   Finnische Kommunisten

Die *Kommunistische Partei Finnlands* (*Suomen kommunistinen puolue*, SKP) blickt in dem hier betrachteten Zeitabschnitt der 1970er- und 1980er-Jahre auf eine wechselvolle Vergangenheit zurück. Nach dem Sieg der konservativen Kräfte im finnischen Bürgerkrieg 1918 war sie zunächst verboten worden. Eine tiefe Spaltung ging durch das Land, die erst mit dem Zweiten Weltkrieg und dem gemeinsamen Kampf aller gesellschaftlichen Gruppen gegen die Sowjetunion langsam überbrückt werden konnte.[7] Angesichts der Wahlerfolge der Kommunistischen Partei in der Nachkriegszeit scheint es fast verwunderlich, dass Finnland nicht – wie etwa die Tschechoslowakei – zum Satellitenstaat der Sowjetunion wurde.[8] Wie Hermann Beyer-Thoma zeigen

---

6   Zu den Definitionen der einzelnen Zukunftsmodi siehe: Benjamin Herzog/Rüdiger Graf, Von der Geschichte der Zukunftsvorstellungen zur Geschichte ihrer Generierung. Probleme und Herausforderungen des Zukunftsbezugs im 20. Jahrhundert, in: Geschichte und Gesellschaft [GG], 42 (2016), S. 497-515. In diesem Aufsatz spielen vor allem die Erwartungszukunft, als eine Zukunft, die private Hoffnungen spiegelt, sowie die Gestaltungszukunft, die institutionelle Einwirkungen und Planungen von Zukunft beschreibt, eine Rolle.
7   Tuomas Tepora, Changing Perceptions of 1918. World War II and the Post-War Rise of the Left, in: ders./Aapo Roselius (Hg.), The Finnish Civil War 1918. History, Memory, Legacy [= History of Warfare, Bd. 101], Leiden/Boston 2014, S. 364-400.
8   So erhielt die SKDL bei den ersten Wahlen nach dem Krieg im März 1945 ein Viertel der Mandate. Siehe dazu: Jukka Nevakivi/Osmo Jussila/Seppo Hentilä, Vom Großfürstentum zur Europäischen Union. Politische Geschichte Finnlands seit 1809, Berlin 1999, S. 256, 396.

konnte, lag dies auch an den Machtinteressen der Sowjetunion, die einerseits die westlichen Mächte nicht provozieren wollte, und andererseits in den führenden konservativen Politikern Finnlands zuverlässige Partner erkannt hatte.[9] Finnlands Außenpolitik war die der Neutralität bei gleichzeitiger Berücksichtigung sowjetischer Interessen. Auf der anderen Seite ist zu konstatieren, dass es gerade dem konservativen Staatspräsidenten Urho Kekkonen gelang, sein gutes Verhältnis zur sowjetischen Führung zwar für Finnland nutzbar zu machen, indem er etwa ein Abkommen mit der Europäischen Gemeinschaft abschließen konnte und dafür den Segen der Sowjetunion erhielt, aber die direkte Einmischung der Sowjetunion in die Innenpolitik zu seinen Gunsten förderte und nutzte.[10]

Vor diesem Hintergrund verlief nun die Entwicklung der *Kommunistischen Partei Finnlands*, die recht schnell Wählerverluste hinnehmen musste, jedoch auch immer wieder an Regierungen beteiligt war. Allerdings hatte sie sich schon 1944 mit anderen linken Splittergruppen zu einem Wahlverein, der SKDL, zusammengeschlossen, in dem die Kommunisten zunächst dominierten, ihre Vormachtstellung jedoch in den 1960er-Jahren verloren. Ab den 1950er-Jahren ließen sich zudem in der SKP selbst Flügelkämpfe zwischen reformorientierten und marxistisch-leninistischen Gruppen beobachten, wobei die Reformer die Mehrheit stellten. Sie zeichneten sich etwa durch die Anerkennung demokratischer Partizipation auch von Minderheiten in der eigenen Partei und die Betonung nationaler Interessen beziehungsweise Besonderheiten aus. Erst 1966 gelang es jedoch, einen solchen Anhänger des reformorientierten Flügels zum Parteivorsitzenden zu wählen. Vorbild der reformerischen Kräfte war etwa die *Sozialistische Volkspartei* Dänemarks. Im ebenfalls 1966 vorgestellten und 1969 verabschiedeten Parteiprogramm wurde beispielsweise nicht länger eine Diktatur des Proletariats gefordert, sondern eine Zusammenarbeit mit allen demokratischen Parteien. Diese Entwicklungen machten ebenso wie eine Öffnung der Sozialdemokraten nach links eine Regierungszusammenarbeit ab 1966 möglich. Die Harmonisierung zwischen der *Sozialdemokratischen Partei Finnlands* und der *Kommunistischen Partei Finnlands* war auch für die Gewerkschaften ein Zeichen: 1969 vereinten sich kommunistische und sozialdemokratische Arbeiter_innenverbände in einem gemeinsamen Dachverband (*Suomen Ammattiliittojen Keskusjärjestö*, SAK).

---

9   Hermann Beyer-Thoma, Kommunisten und Sozialdemokraten in Finnland 1944–1948 [= Veröffentlichungen des Osteuropa-Institutes München. Reihe Geschichte, Bd. 57], Wiesbaden 1990.
10 Suvi Kansikas, Balancing between Moscow and Brussels. Finland's Integration Policy towards the EC and its Political Constraints, in: Poul Villaume/Ann-Marie Ekengren/Rasmus Mariager (Hg.), Northern Europe in the Cold War, 1965–1990. East-West Interactions of Trade, Culture, and Security [= Aleksanteri Cold War Series, Bd. 3], Helsinki 2016, S. 81-103; Henrik Meinander, Finnlands Geschichte. Linien, Strukturen, Wendepunkte [= Veröffentlichungen der Aue-Stiftung, Bd. 32], Bad Vilbel 2017, S. 264-269.

Der Einmarsch der Sowjetunion in die Tschechoslowakei 1968 verschärfte dagegen die ideologischen Auseinandersetzungen innerhalb der SKP.[11] Nur durch Vermittlung der Sowjetunion konnte eine Aufspaltung der Partei verhindert werden, und durch ein ausgeklügeltes Proporzsystem wurden ab 1970 Posten an die jeweilgen Flügel verteilt. Die Querelen zwischen den beiden Flügeln gingen jedoch weiter. So sorgten die Altstalinisten etwa 1971 für den Regierungsaustritt der SKDL, da sie gegen die eigene Parteilinie stimmten. Erst 1985 kam es zur endgültigen Spaltung.[12]

Trotz dieser Flügelkämpfe innerhalb der Kommunistischen Partei bleibt zu konstatieren, dass sie generell stärker an sowjetischen Linien orientiert blieb, wie auch die Kompromissbereitschaft in den 1970er-Jahren zeigte. Politische Richtungen wie der Maoismus fanden gerade in den Jugendorganisationen der Partei keinen Einzug.[13] Für den vorliegenden Fall ist also zu beachten, dass die Bauarbeitergewerkschaft zwar der SKP nahestand, damit jedoch keineswegs ein radikalkommunistischer Kurs verbunden war. Stattdessen verfolgte sie einen eher gemäßigten eurokommunistischen Kurs, der zwar durchaus auf die Herrschaft des Proletariats ausgerichtet war und einen Klassenkampf postulierte, jedoch nicht auf die große Revolution setzte und zudem die finnische Unabhängigkeit untermauerte. Dennoch bildete die kommunistische Ideologie eine Art Zukunftsvorstellung, die sich auf den Aufstieg der Arbeiterklasse bezog.

3 Überlegungen zu Quellen und Methode

Dieser kurze Überblick zur ideologischen Ausrichtung der *Kommunistischen Partei* in Finnland mag eine erste Orientierung zur Einstellung der Bauarbeiter geben. Wie Egon Flaig allerdings unlängst in einem Plädoyer für die Praxeologie in der historischen Zukunftsforschung angemerkt hat, sind Individuen so zahlreichen unterschiedlichen Einflüssen ausgesetzt, dass es unmöglich homogene Zukunftsvorstellungen ganzer Gruppen geben kann – zumal ja das oben genannte Beispiel schon zeigt, dass selbst die vermeintlich homogene Gruppe der Kommunistischen Partei von heftigen Kontroversen geprägt war. Vielmehr sind es gerade die Widersprüche zwischen den

---

11 Wie Anna Matyska betont, verurteilte die SKP das Vorgehen der Sowjetunion öffentlich, während die übrige politische Elite Finnlands das Thema eher zu umgehen versuchte: Anna Matyska, Transnational Spaces between Poland and Finland. Grassroots Efforts to Dismantle the Iron Curtain and Their Political Entanglements, in: Mikkonen/Koivunen (Hg.) 2015, S. 257–276; hier: S. 267.

12 Nikolas Dörr, Wandel des Kommunismus in Westeuropa. Eine Analyse der innerparteilichen Entwicklungen in den kommunistischen Parteien Frankreichs, Finnlands und Italiens im Zuge des Eurokommunismus [= Arbeitspapiere des Instituts für Internationale Politik und Regionalstudien, Bd. 31], Berlin 2006, S. 5, 10, 44–58.

13 Matyska, Transnational Spaces, in: Mikkonen/Koivunen (Hg.) 2015, S. 266.

verschiedenen Zukunftserwartungen, denen Individuen begegnen, die ihnen den Freiraum ermöglichen, eigene Zukunftserwartungen zu formen.[14] Insofern ist die weiter oben getroffene Unterscheidung zwischen privaten und politischen Zukunftseinstellungen nur ein heuristisches Mittel, um das Spannungsfeld aufzuzeigen, in dem die Bauarbeiter sich zur Zukunft positionierten. Dieses soll im Folgenden weiter ausgeleuchtet werden, indem auch auf individuelle Zukunftspraktiken der Bauarbeiter geschaut wird. Entscheidend ist dabei natürlich gerade die Arbeit, die für die Bauarbeiter noch umfassender ihren Alltag ausfüllte, als das in anderen Beschäftigungsverhältnissen der Fall war, weil sie auch ihre Freizeit in den Wohngebieten verbrachten. Diese waren den Bauprojekten zugeordnet und standen somit weiter unter der Kontrolle oder Obhut der Arbeitgeber. Wie und warum entschieden sich die Finn_innen also für diese Arbeit? Was waren die Gründe, um die Anstellung wieder zu verlassen?

Zur Beantwortung dieser Fragen wird neben Quellen der finnischen Bauarbeitergewerkschaft (*Rakennustyöläistenliitto*, RL) auch auf Interviews mit einigen Bauarbeitern zurückgegriffen, deren Interpretation besondere methodische Herausforderungen mit sich bringt, aber auch Chancen bietet. In seiner Darstellung zu Zukunftsvorstellungen der Weimarer Republik beschreibt Rüdiger Graf ein zentrales Dilemma der historischen Zukunftsforschung:

»Um die mentale Verfassung vergangener Gesellschaften zu untersuchen, empfiehlt es sich, zunächst von dem zu abstrahieren, was später kam und was die Zeitgenossen nicht wissen konnten. Dies gilt vor allem für die Analyse vergangener Zukunftsvorstellungen oder Erwartungshorizonte, die einen zentralen Zugang zu historischen Bewusstseinswelten darstellen. Hier ist die methodische Ausblendung der zukünftigen Gegenwart notwendig, um ihre zeitgenössische Plausibilität zu beurteilen.«[15]

Nun ist dieser Schritt sicherlich für Historiker_innen selbst schon eine Aufgabe, die kontinuierlicher Reflexion bedarf. Von einem Zeitzeugen im Interview ist sie jedoch nicht zu erwarten. Vielmehr sind Oral-History-Interviews gerade ein Spiegel der veränderten Erinnerung, also die Wiedergabe von Erfahrungen durch den Filter des bis heute Erlebten.[16] Gerade in Bezug auf die Sowjetunion und den Kommunismus spielt dies eine entscheidende Rolle. Der Zusammenbruch der Sowjetunion bildet den Hin-

---

14 Egon Flaig, Wie relevant ist die Praxeologie für die Kulturwissenschaften?, in: Markus Bernhardt/Stefan Brakensiek/Benjamin Scheller (Hg.), Ermöglichen und Verhindern. Vom Umgang mit Kontingenz [= Kontingenzgeschichten, Bd. 2], Frankfurt a. M. 2016, S. 23-48; hier: S. 27-29.
15 Rüdiger Graf, Die Zukunft der Weimarer Republik. Krisen und Zukunftsaneignungen in Deutschland 1918–1933 [= Ordnungssysteme, Bd. 24], München 2008, S. 14.
16 Siehe z. B.: Alessandro Portelli, The Death of Luigi Trastulli. Memory and the Event, in: Julia Obertreis (Hg.), Oral History [= Basistexte Geschichte, Bd. 8], Stuttgart 2012, S. 155-173; hier: S. 155.

tergrund, der in allen Interviews mitreflektiert wird, genauso wie der Niedergang der *Kommunistischen Partei Finnlands*, die ab 1982 stark an Bedeutung einbüßte.[17] Mal nehmen die Interviewten ironisierend Abstand von ihren damaligen Überzeugungen[18], mal geben sie an, schon vor allen anderen gewusst zu haben, dass dieses System nicht überlebensfähig gewesen sei.[19] Mögliche Verschiebungen in den Bedeutungszusammenhängen der Interviews sind jedenfalls mit besonderer Vorsicht zu behandeln. Um beim Beispiel der ironisierenden Distanzierung zu bleiben, gilt es hier also, nicht dem Pfad einer vom Interviewten vorgegebenen Relativierung der damaligen Überzeugungen zu folgen, sondern vielmehr die Zwischentöne wahrzunehmen und die damalige Überzeugung wertfrei aufzunehmen. Erst durch eine tiefer gehende Analyse können die Interviews tatsächlich etwas über Zukunftsvorstellungen und -praktiken verraten. Die Mitberücksichtigung anderer Quellen, wie etwa zeitgenössischer soziologischer Studien, macht eine solche Analyse überhaupt erst möglich.

4   In die karelischen Wälder

Das bekannteste und größte der finnischen Bauprojekte in der Sowjetunion war die Bergbaustadt Kostomukša[20], die von 1977 bis 1985 in mehreren Teilstufen und mit zwei Großbaustellen – einem Wohn- und einem Industriekomplex – errichtet wurde. Hier arbeiteten zu Höchstzeiten 3.700 Finn_innen mitten in den karelischen Wäldern, dreißig Kilometer von der finnisch-sowjetischen Grenze entfernt.[21] In dieser Region gab es traditionell enge Kontakte zu Finnland, auch weil Sprachbarrieren durch die Ähnlichkeit des Finnischen mit dem karelischen Dialekt kaum eine Rolle spielten. Wichtig ist dennoch zu erwähnen, dass dieser Teil Kareliens vor dem Zweiten Weltkrieg nicht zu Finnland gehörte.

Schon 1968 hatte es in der Sowjetunion erste Überlegungen zum Bau von Kostomukša mit finnischer Hilfe gegeben.[22] Die Vergabe war jedoch umstritten und langwierig – unter anderem weil die finnischen Firmen aus sowjetischer Sicht zunächst überteuerte Angebote einreichten. Auf finnischer Seite war der innenpoli-

---

17 Jukka Paastela, The Finnish Communist Party in the Finnish Political System 1963–1982 [= Tutkimuksia/Politiikan Tutkimuksen Laitos, Tampereen Yliopisto, Bd. 111], Tampere 1991, S. 1.
18 Interview mit Juha Kauppinen, geführt am 15.6.2015.
19 Interview mit Risto Kangas-Ikkala, geführt am 10.6.2015; Interview mit Maarit Virvavuo, geführt am 16.6.2015.
20 Im Finnischen heißt die Stadt »Kostamus«. In den Interviews wird diese Bezeichnung beibehalten, um die unterschiedlichen sprachlichen und kulturellen Blickwinkel deutlich zu machen.
21 z. B. Osmo Helin, »Vuosisadan projekti« [Das Projekt des Jahrhunderts], in: Maailmaa ja me, 10 (1978), S. 28-30.
22 Soili Riepula, Kostamus – Ystävyydelle! Kostamus-Hankkeen synnystä ja taustasta, [Kostamus – Auf die Freundschaft! Zu Entstehung und Hintergründen des Projektes Kostamus], Oulu 2013, S. 5.

tische Druck immens. Staatspräsident Urho Kekkonen hatte schon 1971 in einem Zeitungsinterview verkündet, dass Kostomukša ein Bauprojekt der Finnen sein werde. Dementsprechend stiegen die Hoffnungen der Arbeiter vor Ort.[23] Kekkonen stammte selbst aus der Region in Finnland, die direkt an das Gebiet um Kostomukša grenzte und die daher am meisten von dem Bauprojekt profitieren sollte: Kainuu. Kainuu war (und ist bis heute) eine strukturschwache Region, in der die Arbeitslosigkeit in den 1970er-Jahren sehr hoch war.[24] Dementsprechend stellten Lokalpolitiker Überlegungen zur Beschäftigungspolitik an und gaben Studien dazu in Auftrag; das Großprojekt sollte demnach zu einem regionalen Aufschwung führen. Über die Umschulung einfacher Landarbeiter zu Bauarbeitern sollte eine Stabilisierung der Beschäftigungslage erreicht werden.[25] Dass diese lokalpolitischen Planungen nicht weitsichtig genug waren, sich das gestalterische Potenzial auf eine zu kurze Zeit, nämlich nur bis zur Durchführung des Bauprojektes, konzentrierte und nicht die Zeit nach dessen Beendigung miteinbezog, entwickelte sich später zum Problem, wie wir noch sehen werden.

Der Baubeginn verzögerte sich bis 1977. Auch die Arbeiter knüpften große Hoffnungen an Kostomukša und andere Bauprojekte in der Sowjetunion. Der Wunsch, endlich Arbeit zu finden, war für viele der Grund, den Weg ins Ausland zu gehen. Wie zeitgenössische soziologische Studien auf der Baustelle zeigten, entschieden sich 43,7 % der Arbeiter für Kostomukša, da die Alternative Arbeitslosigkeit gewesen wäre. Nur 13,2 % kamen wegen des durch das Tagegeld besseren Gehalts; und auch Abenteuerlust oder Neugier waren nur untergeordnete Gründe.[26] So ist es kaum verwunderlich, dass sich die Arbeitnehmer_innenvertreter auch in der Entstehungsphase in die Diskussion um die Vertragsentstehung einbrachten. Der Vorsitzende der Bauarbeitergewerkschaft, Aarno Aitamurto, warf in einem Interview in den wöchentlich erscheinenden und den linksgerichteten Parteien gehörenden *Kansan Uutiset* den finnischen Bauunternehmern Geldgier vor, die einen Vertragsabschluss verhindere.[27]

---

23 Esa Seppänen, Idänkaupan isäntä [Der Herr des Osthandels], Helsinki 2011, S. 142.
24 Siehe z. B.: Yle.fi, Rakennusalan työttömyys on Kainuussa tuplasti muuta maata korkea [Die Arbeitslosigkeit in der Baubranche ist in Kainuu doppelt so hoch wie im übrigen Land], URL: <http://yle.fi/uutiset/rakennusalan_tyottomyys_on_kainuussa_tuplasti_muuta_maata_korkeampi/7748901> (2.4.2019); sowie: Jussi Melkas, Työmarkkinatausta, uusi työpaikka ja elämäntapa – Tutkimus Kostamus-hankkeen ja Tornion terästehtaan vaikutuksista työntekijöidensä elämäntapaan ja työmarkkinatilanteeseen [Arbeitsmarkt, Arbeitsplatz und Lebensweise – Eine Studie zu den Einflüssen des Kostamus-Projekts sowie der des Stahlwerks Tornio auf die Lebensweise ihrer Arbeiter und die Arbeitsmarktsituation], Oulu 1983.
25 Siehe: Melkas/Luoma, Kostamus-Työvoiman rakenteesta, S. 121; Ingenieurbüro Viatex/Ola, Kainuun Seutukaavaliito. Arvioita Kostasmus-Hankeen vaikutuksistä Kainuuseen [Der Regionalrat von Kainuu. Bewertung der Auswirkungen des Kostamus-Projektes auf Kainuu], 28.6.1972, Kansan Arkisto, 1E7 (KV Svetogorsk arabimaat Kostomukša muon.).
26 Melkas/Luoma, Kostamus-Työvoiman Rakenteesta, 1979, S. 80.
27 Aarno Aitamurto, »Suurkapitalistit toivovat Kostamushankkeen kaatumista« [»Die Großkapitalisten hoffen auf das Scheitern des Kostamus-Auftrags«], in: Kansan Uutiset, 7.4.1975.

Das Engagement der Arbeiter vor Ort für ihre Arbeitsplätze zeigte sich dann während der Verhandlungen für die Folgephase: Kostomukša wurde in insgesamt drei Phasen gebaut, wobei die Phasen zwei und drei von 1981–1985 parallel verliefen. Zwischen Phase eins und dem Anschlussauftrag taten sich erneut Verhandlungsschwierigkeiten auf. Zwar war es das Ziel der finnischen Bauunternehmen, die Verträge so abzuschließen, dass die Bauarbeiter nahtlos weiterbeschäftigt werden konnten, letztlich mussten am Ende von Phase eins jedoch die ersten Arbeiter entlassen werden, ohne dass die Verträge für die Folgeaufträge bereits unterschrieben waren. Hier setzten sich die Bauarbeiter nun ein, versuchten etwa mit einer Abordnung aus Kostomukša beim Arbeitsminister in Helsinki, Druck auf die Politik auszuüben, um die neuen Verträge möglich zu machen. Dieser weigerte sich jedoch, sie zu empfangen.[28]

Unterschiedliche Gründe mögen dafür ausschlaggebend gewesen sein. Eine solche Reaktion entsprach aber durchaus den typischen Erfahrungen der Arbeiter. Die finnische Gesellschaft war in den 1970er-Jahren stark segregiert. So wurden in Kostomukša auch getrennte Kantinen für die Ingenieure und die Arbeiter gebaut. Auch die Wohnsituation der Ingenieure und Büroangestellten war deutlich besser als die der Arbeiter. Dass dies jedoch nicht unbedingt Proteste hervorrief, zeigt ein Interview. Als Reaktion auf den irritierten Blick der Interviewerin fügt ein Arbeiter nach der Schilderung dieser Verhältnisse hinzu:

»Es gab damals so einen Spalt, da gab es dieses K[esko]-Gruppen-Geschäft [im Gegensatz zum genossenschaftlich geführten und von den Arbeitern bevorzugten Laden, Anm. S. G.] und ein Restaurant, wo normalerweise die Arbeitgeber hingingen, hingingen zum Essen, also …. Das war so ein Klassenspalt … ziem, ziemlich komisch, dass das, dass man das damals nicht so wahrgenommen hat.«[29]

Das Zitat zeigt, dass der Interviewte die zeitgenössische Wahrnehmung sofort mit der heutigen Perspektive vergleicht. In diesem Vergleich findet zudem eine Verschiebung statt, denn wahrgenommen wurde die Segregation durchaus, etwa wenn die Arbeiter protestierten, weil die Freizeitangebote für die Büroangestellten attraktiver waren.[30] Unklar bleibt, woher diese Verschiebung rührt. Möglicherweise war die damalige Konkurrenzsituation zwischen den beiden Gruppen für den Alltag nicht so prägend, dass sie sich langfristig in den Erinnerungen des Befragten niederschlug, oder aber sie wurde als so selbstverständlich empfunden, dass die tatsächliche Aufhebung der Segregation jenseits des Vorstell- oder Erwartbaren lag. Die Tatsache, dass der Be-

---

28 o. A., Kostamuksesta lähetystö työtä peräämään [Delegation aus Kostamus zum Arbeitsstillstand], in: Kainuun Sanomat, 11.10.1983.
29 Interview mit Juha Kauppinen. Übersetzung aus dem Finnischen S. G.
30 Siehe z. B.: Eino Kaikkonen, Kostamus-työ on kulttuurityötäkin [Die Arbeit in Kostamus ist auch Kulturarbeit], in: Kansantahto, 12.7.1984.

fragte heute ein wichtiger Gewerkschaftsfunktionär ist, mag dazu führen, dass er den vergleichsweise geringen Widerstand gegen diese Ungleichbehandlung aus der Retrospektive zu legitimieren versucht.

Die starke soziale Trennung erklärt allerdings, warum die finnischen Arbeiter sich nicht mit den finnischen Ingenieuren befreundeten und ihre Freizeit miteinander verbrachten. Das war hingegen mit den sowjetischen Bürger_innen von Kostomukša möglich, die wiederum unterschiedlichen sozialen Gruppen angehörten. So erinnert sich der Interviewte unter anderem an einen befreundeten Arzt. Dabei war ein zu enger Kontakt, wenn auch nicht verboten, so doch von sowjetischer Seite unerwünscht.[31] Doch zunächst einmal soll es ausgehend von diesem ersten Eindruck um die Arbeit der Gewerkschaft vor Ort in Abgleich mit ihren ideologischen Vorstellungen gehen, also um die pragmatischen Anpassungen von der idealisierten und einer realisierbaren Zukunft und damit um die Gestaltungszukunft.

5 Kommunistische Ideale

In den 1970er-Jahren waren die Gewerkschaften in Finnland in der Regel entweder sozialdemokratisch oder kommunistisch orientiert. In der Gewerkschaft der Bauarbeiter war der kommunistische Flügel in der Mehrheit. Bei gewerkschaftsinternen Wahlen 1975 erhielt das Linksbündnis SKDL 56 Prozent der Stimmen.[32] In den Praktiken des Arbeitskampfes machte es jedoch kaum einen Unterschied, ob eine Gewerkschaft kommunistisch oder sozialdemokratisch geführt war. Wo die Kommunist_innen in der Mehrheit waren, vertraten sie pragmatische Positionen, was sich auch in den Konfrontationen mit finnischen Arbeitgebern und dem Staat manifestierte.[33] Damit entsprach die Annäherung der gewerkschaftlichen Flügel einer zugleich stattfindenden parteipolitischen Annäherung zwischen Sozialdemokraten und SKDL. Dennoch gelten die 1970er-Jahre in Finnland als besonders streikintensive Zeit. Die auf Kongressen oder in Seminaren vorgetragenen Zukunftsforderungen der Bauarbeitergewerkschaftsvertreter blieben allerdings unspezifisch: Man hoffte auf internationale Solidarität und Gerechtigkeit für die Arbeiterklasse. Man setzte auf Frieden und wollte – je nach aktueller politischer Situation – den KSZE-Prozess vorangetrieben oder seine Ergebnisse gesichert wissen. Gleichzeitig betonten die finnischen Gewerkschafter immer wieder die Interessen und die Unabhängigkeit des finnischen Staates, geschickt verpackt in dem Lob Lenins, der den finnischen Staat 1917 als erster an-

---

31 Finn-Stroi Oy, Järjestyssäännöt rajanylitys- ja tullimääräykset (Kostamus) [Ordnungsregeln, Grenzübertritts- und Zollvorgaben (Kostamus)]. 1974. ELKA FS72. Interview Juha Kauppinen, Interview mit Martti Juntunen, geführt am 26.2.2017.
32 Helin, Rakentajien liitto, 1998, S. 357.
33 Paastela, The Finnish Communist Party, 1991, S. 161.

erkannt hatte.³⁴ Damit spiegeln die Aussagen der Arbeitnehmer_innenvertreter die allgemeine ideologische Ausrichtung eines reformorientierten beziehungsweise eurokommunistisch eingestellten Lagers wider, das zwar einerseits auf Freundschaft mit der Sowjetunion setzte, andererseits aber nationale Besonderheiten hervorhob. Zugleich gelang es jedoch, sich an den politischen Duktus der sowjetischen Vertreter anzupassen, zumal die finnische Bauarbeitergewerkschaft international eher in östliche Richtung orientiert war, auch hier der Kommunistischen Partei folgend.

Sie war Mitglied der *Union International of Workers in the Building, Wood, Building Materials and Allied Industries* (UITBB), deren Sitz sogar in Helsinki lag, und gehörte als solche dem kommunistischen Weltgewerkschaftsbund (WFTU) an. Zwischen dem Vorsitzenden der finnischen Bauarbeitergewerkschaft und dem der ostdeutschen *IG Bau Holz*, der zugleich die UITBB führte, herrschte reger Kontakt. Die Finn_innen sandten Geldspenden, die solidarisch etwa an Arbeiter_innen in Vietnam verteilt wurden und nahmen an Kongressen teil, luden aber auch Funktionär_innen der befreundeten Gewerkschaften anderer Staaten nach Finnland in den Urlaub ein oder fuhren selbst in das befreundete Land. Während über die reinen Urlaubsreisen nur wenig Archivmaterial zu finden ist, wurden von den Kongressreisen ausführliche Protokolle angefertigt.³⁵ In diesen Quellen erkennt man zunächst eine hohe Bewunderung für die DDR. So zeigte man sich etwa von der Ostberliner Poliklinik begeistert, die bei Exkursionen regelmäßig besucht wurde, und betrachtete es als nachahmenswertes Vorbild, dass hier eine auf Bauarbeiter spezialisierte Klinik mit spezifisch geschultem Personal existierte.³⁶

Gerade die Bauprojekte Kostomukša und Svetogorsk³⁷ gaben den Anlass für regelmäßige gemeinsame Veranstaltungen. Es fanden zahlreiche Seminare, aber auch Feierlichkeiten statt, wie etwa am 12. Mai 1981 in der neu errichteten »Freundschaft«-Halle in Kostomukša. Hier feierten Finn_innen und Sowjets zusammen den Sieg über den Faschismus, wobei die finnische Sprecherin den großen Anteil der Sowjetunion an diesem Erfolg betonte³⁸, während die sowjetische Seite die Wichtigkeit der guten Beziehungen zwischen Finnland und der Sowjetunion hervorhob.³⁹ Der Tenor aller Reden auch bei anderen Anlässen war eindeutig: Frieden wollten nur die Sowjetunion und ihre Freunde, während der kapitalistische Westen die Welt in Unsicherheit

---

34 Kauko Oksanen, Rede auf einem Seminar in Savonlinna 15.6.1977, Kansan Arkisto, 1E7 RL (KV. toiminta tapaamisia Svetogorsk, Loviisa).
35 Kansan Arkisto, 1E7 RL KV F 1972–81 DDR-Puola, Tsekkoslovakia; Kansan Arkisto, 1E7 RL KV 1981–1989 DDR, Tsekkoslovakia, Puola.
36 z. B. Erkki Tiainen, Matkakertomus, 14.–16.5.1987 [Reisebericht], Kansan Arkisto, 1E7 RL matkaraportit 1980–87.
37 Svetogorsk war 1972 der erste Auftrag, den Finn-Stroi übernahm. Hier wurde eine Papierfabrik renoviert, die direkt an der finnisch-sowjetischen Grenze auf ehemals finnischem Gebiet lag.
38 Christina Porkkala, Rede in Kostomukša, 12.5.1981, Kansan Arkisto, 1E7 RL (Kostamus).
39 [A.D. Opekunov], Rede in Kostomukša, 12.5.1981, Kansan Arkisto, 1E7 RL (Kostamus).

stürzte.⁴⁰ Die teilweise floskelhaft anmutende Sprache war dabei typisch für diese Zeit, für die ein vergleichsweise weites Auseinanderklaffen öffentlichen und privaten Sprechens in der Sowjetunion festgestellt worden ist.⁴¹ Die finnischen Akteur_innen passten sich dieser Art des politischen Sprechens offensichtlich an, indem sie sich einer ähnlichen sprachlichen Nomenklatur bedienten. Dennoch lässt die starke Betonung der Hoffnung auf dauerhaften Frieden vermuten, dass die für den sogenannten »Kalten Krieg« typische Bedrohungswahrnehmung durch die Bevölkerung auch für die Sprecher der Gewerkschaften prägend war.⁴² Gestaltungszukunft bedeutete hier die Arbeit für ein friedliches Miteinander und das Vermeiden einer globalen nuklearen Katastrophe.

Wie ernst die Funktionäre ihre Aufgabe nahmen, und dass sie diese durchaus als Mitarbeit an einer gemeinsamen, friedlichen Zukunft verstanden, untermauert ein 1996 für ein Theaterprojekt geführtes Interview mit einem Regionalsekretär des Gewerkschaftsdachverbandes SAK zu den Bauprojekten:

> »Und in den finnischen Gewerkschaften standen wir natürlich hinter der damaligen sozusagen offiziellen Außenpolitik und ihren Garanten und arbeiteten insofern auch dafür, dass sie sich weiter positiv entwickeln würde. Und dann versuchten wir auf solchen Festen und Kundgebungen zu sprechen und dem Volk zu erklären, wie wichtig es ist, so zu arbeiten.«⁴³

Ähnlich äußerte sich auch Lauri Pallinen als Regionalvertreter der Kommunistischen Partei auf einem Gewerkschaftstreffen in Svetogorsk 1981. Diese Rede fiel 15 Jahre zuvor und vor dem Ende des Ost-West-Konflikts ungleich radikaler aus. Auf der einen Seite wird Kekkonens Friedenskurs unterstützt, auf der anderen Seite jedoch werden rechte Gruppierungen kritisiert, die immer wieder die finnisch-sowjetische Zusammenarbeit untergraben würden. Letztlich könne tatsächlich nur eine Revolution die Verhältnisse komplett umstürzen. Ob und wie diese dann durchgeführt werden sollte, blieb jedoch genauso vage wie die Frage, wer diese rechten Gruppierungen

---

40 Siehe z. B. auch: Pauli Nieminen, Rede in Svetogorsk, 1976, Kansan Arkisto, 1E7 RL KV. Toiminta tapaamisia Svetogorsk, Loviisa.
41 Alexei Yurchak, Everything Was Forever, Until it was No More. The Last Soviet Generation [= In-Formation Series], Princeton, Oxford 2005. Siehe auch: Johannes Grützmacher, Die Baikal-Amur-Magistrale. Vom stalinistischen Lager zum Mobilisierungsprojekt unter Brežnev [= Ordnungssysteme, Bd. 38], München 2012.
42 Siehe z. B.: Bernd Stöver, Der Kalte Krieg. 1947–1991. Geschichte eines radikalen Zeitalters, München 2007, S. 22.
43 Tatu Moilanen, Interview für eine Oper 1996, Työväen Arkisto (TA), TMT: 359: 1707. »Ja me tietenkin suomalaisessa ammattiyhdistyliikkeessä olimme silloisen ns. virallisen ulkopolitiikan takana ja takuumiehinä ja toimimme niissä oloissa sen puolesta, että tämä yhteistoiminta kehittyisi myönteisesti. Ja sitä me yritimme näissä juhlissa ja mielenosoituksissa puhua ja selvittää kansalle, miten tärkeä tällainen toiminta on.«

nun eigentlich waren. Zugleich finden sich denn auch versöhnliche Töne, etwa in Richtung der Sozialdemokraten. Vor allem aber ist die Rede geprägt von Selbstkritik: Offensichtlich hatten die Führungskräfte der Kommunistischen Partei gehofft, auf der Baustelle in Svetogorsk mehr Mitglieder gewinnen zu können. Pallinen konstatiert jedoch, ohne konkrete Zahlen zu nennen, dass dies nicht in ausreichender Form gelungen sei. Als Erklärungen nennt er erneut die rechten Gruppierungen sowie die Tatsache, dass diese letztlich zu wenig Unterstützer_innen gehabt hätten, um ausreichend zu agitieren und beispielsweise die Vorteile des realexistierenden Sozialismus aufzuzeigen.[44] Dass hier auch eine größere Anzahl an Menschen wahrscheinlich keinen substanziellen Unterschied gemacht hätte, werden wir später noch sehen. Besonders ist jedoch darauf hinzuweisen, dass Pallinen den Kampf um bessere Löhne und Arbeitsbedingungen auf den konkreten Baustellen hier ganz klar ideologisch mit dem Gesamtkampf um eine kommunistische Zukunft verknüpfte:

> »Uns allen ist bekannt, dass der Klassenkampf aus drei Grundmodi besteht und diese der wirtschaftliche, der politische sowie der ideologische Kampf sind. Die kommunistische Arbeit am Arbeitsplatz muss all diese drei Arten des Klassenkampfes enthalten. [...] Die wichtigste Frage wird dadurch eine Verbesserung der Gehälter und der Arbeitsbedingungen.«[45]

Mit dieser ideologischen Brücke war es den Funktionären auf den Baustellen vor Ort möglich, sich zunächst einmal um das Wohlergehen der lokalen Arbeiter_innen zu kümmern und sich zugleich dessen bewusst zu sein, dass sie damit Teil des weltweiten Klassenkampfes waren. Tatsächlich gab es einige Streiks finnischer Arbeiter_innen in der Sowjetunion. Offiziell war den Finn_innen das Streiken vertraglich untersagt. Streiks wurden in der Sowjetunion als Zersetzung der Arbeitsmoral und Sabotage verurteilt. Doch die finnischen Arbeiter_innen wollten sich das Streiken nicht verbieten lassen und nutzten vertragliche Lücken. Die Anliegen, für die sie kämpften, waren dabei recht unterschiedlich. Mal ging es um die Kältegrenze, bis zu der gearbeitet werden musste, mal darum, welche Supermarktkette die Versorgung der Arbeiter_innen übernehmen durfte. Der Ombudsmann der finnischen Gewerkschaft schildert im Interview, dass er den sowjetischen Funktionären der Partnergewerkschaft das System des Streiks mehrfach erklärt hatte, jedoch immer wieder auf Unverständnis

---

44 Lauri Pallinen, Kommunistien Työpaikkatyöstä [Die Arbeitsplatzpolitik der Kommunisten], 25.4.1981, Kansan Arkisto 1E7 RL KV. Toiminta tapaamisia Svetogorsk, Loviisa.
45 Ebd., S. 1. »Meille kaikille on tunnettua, että luokkataistelulla on kolme perusmuotoa ja ne ovat taloudellinen, poliittinen ja ideologinen taistelu. Kommunistien työpaikkatyö pitää sisällään kaikki nämä luokkataistelun muodot. [...] Tärkeimmäksi kysymykseksi nousee tällöin palkkojen ja työolosuhteiden parantaminen.«

gestoßen sei, auch wenn eine direkte Kritik ausblieb. Offensichtlich galt die Toleranz der Finn_innen auch in umgekehrte Richtung.[46]

In der Tat scheinen die sowjetischen Institutionen die Streiks eher ignoriert zu haben. In einem Fall sandte Aarno Aitamurto jedoch ein Schreiben an die sowjetische Handelsvertretung, um den Grund eines Streiks in Svetogorsk zu erklären und der streikbrechenden Propaganda der Arbeitgeberverbände entgegenzuwirken. Der Streik war ein Mittel, um bessere Vertragsbedingungen in Svetogorsk zu erkämpfen. Leider ist der Brief im Archiv undatiert, da er aber hauptsächlich auf Kostomukša eingeht, scheint es Aitamurto weniger um die eigentliche Differenz im Umgang mit Streiks zu gehen, als vielmehr darum, der Sowjetunion zu verdeutlichen, dass derartige Arbeitskämpfe Kostomukša auf keinen Fall gefährdeten und der Vertragsabschluss deswegen nicht verhindert werden sollte. Insofern ist davon auszugehen, dass der Brief vor 1977 geschrieben wurde. Aitamurto erinnerte geschickt an die gemeinsamen Ideale der Arbeiterklasse und den Kampf gegen den Kapitalismus, der eben nur mit Streiks geführt werden könne. Die Antwort auf sein Schreiben ist leider nicht überliefert, aber Aitamurtos Brief macht selbst noch einmal die Bruchstellen zwischen der kommunistischen Vision und der sozialistischen Realität deutlich[47] und weist darauf hin, dass die auf vermeintlich lokale Probleme ausgerichteten Streiks in den Augen der Gewerkschaft Teil eines größeren Kampfes um bessere Lebensbedingungen waren.

Zusammenfassend lässt sich festhalten, dass die von der Bauarbeitergewerkschaft getragene Gestaltungszukunft für die finnischen Bauarbeiter durch Reden bei Feierlichkeiten oder Artikel in den jeweiligen Gewerkschafts- und Parteiorganen durchaus präsent war, wobei das wichtigste Thema hier der Frieden war. Über gemeinsame Veranstaltungen wurde diese Friedensvorstellung auch in Alltagspraktiken übertragen, indem etwa gemeinsame Tanzabende von den Freundschaftsgesellschaften organisiert und so als Instrument der Völkerverständigung interpretiert wurden. Kooperation und Verständigung waren hier also ein wichtiges Instrument zur Gestaltung der Zukunft, die das Ideal einer besser gestellten Arbeiterklasse aber durchaus nicht aufgegeben hatte. Gleichwohl taten sich auch direkt in Kostomukša Risse zwischen der sowjetischen und der finnischen kommunistischen Ideologie auf. Darauf soll der nächste Abschnitt näher eingehen.

---

46 Interview mit Oiva Suutari, geführt am 15.6.2015.
47 Aarno Aitamurto, Brief an die sowjetische Handelsvertretung, o. D., Kansan Arkisto, 1E7 RL (Työmaat 5 Svetogorsk 20).

6 Sozialistische Realitäten

Für die Arbeiter auf den Baustellen in der Sowjetunion selbst, die langfristig vor Ort lebten und dadurch zumindest zum Teil sowohl von den örtlichen sowjetischen Behörden wie dem KGB als auch der Baustellenpolizei des Bauunternehmens schlechter zu kontrollieren waren, ließen sich Beobachtungen des sowjetischen Alltags leicht tätigen. In den Zeitzeug_inneninterviews und in zeitgenössischen Dokumenten führt dies allerdings nicht zu einer offenen Infragestellung des sowjetischen Systems; gerade in den Interviews ist das letztliche Scheitern des Sozialismus im Hintergrund präsent. Dieses Scheitern führt einerseits zu ironisierenden Distanzierungen von der damaligen eigenen Haltung, die eine Reflexion darüber ersticken, wann diese sich geändert haben könnte.[48] An anderer Stelle scheint es den Interviewten wichtig, gewissermaßen nicht auf einen Gegner zu treten, der bereits am Boden liegt.[49] Aus den bereits zitierten Festreden, aus den Protokollen der Gewerkschaftssitzungen vor Ort und den Interviews lässt sich jedoch insgesamt der Eindruck gewinnen, dass die Finn_innen es generell nicht für angemessen hielten, ihre Gastgeber zu kritisieren: Pragmatisch wurde argumentiert, dass jedes Land eben seine eigenen Sitten habe:

»SG: ›Und haben Sie mit den anderen Bauarbeitern darüber gesprochen, wie die Situation in der Sowjetunion war? War das bei Ihnen ein Thema?‹ OS: ›Na, natürlich wurde darüber immer diskutiert. Wurde auch darüber diskutiert und … Aber relativ wenig, für mich zumindest, also ich … ich habe immer gesagt: ›In dem Land nach Landessitte‹, also … die leben ihr Leben, wir leben hier unser eigenes Leben und … wir hatten denen nichts … zu raten und die auch uns nicht, also …‹«[50]

Ein weiterer Grund war das Bewusstsein, dass auch das eigene Land nicht perfekt sei, man sich also nicht zu sehr aufs hohe Ross schwingen solle – eine Perspektive, die die Arbeiter klar von den interviewten Managern unterscheidet und somit erneut auf die unterschiedlichen Lebenswirklichkeiten hinweist:

»SG: ›Und wie fühlte sich das an, also als Sie gesehen haben, wie die Situation ist, und als Sie wussten, dass ihre eigene Situation viel besser ist?‹
K: ›Na, das war nicht … Wir wussten doch, dass … dass es so ist. Und was kann man da machen? Nichts … in jedem Land gibt es eigene Sitten … Wir haben unsere, unsere eigenen guten und schlechten Seiten und … die haben auch ihre eigenen guten und schlechten … natürlich fühlt es sich manchmal schlecht an, dass … dass

---

48 Interview mit Juha Kauppinen, Interview mit Martti Juntunen.
49 Interview mit Oiva Suutari; Interview mit Erkki Karvonen, geführt am 16.6.2015.
50 Interview mit Oiva Suutari.

es manchen schlecht geht, also ... grundsätzlich ist es egal, wo man ist, also ... Es ist ja auch in Finnland nicht alles so toll. Wir, wir leben nicht in einem Paradies ...‹«[51]

Die vorherrschende Meinung scheint gewesen zu sein: Beide Systeme waren nicht gut, aber letztlich war man eben doch immer froh, nach Hause zurückkehren zu können.[52]

Ein Element, das interessanterweise in den zahlreichen Festreden und gemeinsamen Treffen kaum zur Sprache kam, für die Arbeiter im Alltag jedoch zentral gewesen sein muss, ist die bereits erwähnte Klassenspaltung. Sie war in der finnischen Enklave Kostomukša überall präsent, da sie über die abendlichen Ausgehmöglichkeiten und den direkten Vergleich der Wohnstandards aufgrund der räumlichen Konzentration auch in den Feierabend getragen und je nach politischer Überzeugung mit starken Worten belegt wurde. So berichtet der als Arbeitsschutzbeauftragter ebenfalls für die Gewerkschaft tätige Reijo Lukkari in seiner Autobiografie: »Den Zuschlag für alle Bereiche der Verpflegung hatte die Kainuuer Genossenschaft nicht erhalten, sondern die Herrenleute [herrasväki] (also die Vertreter der Arbeitgeber), die Büroleute, aßen am Tisch eines Unternehmers aus Kuhmo. Ein Kastenunterschied [kastijako] musste also auch in dieser Sache bestehen.«[53]

Durch diesen Vergleich entstand ein Sehnsuchtsraum, der nicht explizit als Zukunftsvorstellung benannt, jedoch in der Darstellung deutlich wird: Reijo Lukkari beschreibt etwa in seiner Autobiografie eindrucksvoll, wie er gemeinsam mit einigen anderen als Funktionär der finnischen Bauarbeitergewerkschaft in Kostomukša bei einer Parade zum 1. Mai zusehen durfte. Der einzigen weiblichen Begleiterin stiegen angesichts der Wertschätzung der Arbeiter gar die Tränen in die Augen.[54] In einem Zeitungsinterview berichtete ein Bauarbeiter in Tallinn 1969 voller Begeisterung, dass in dem Miethaus, in dem er mit einigen Kollegen untergebracht war, ein Ehepaar wohnte, in dem die Frau Ärztin und der Mann einfacher Arbeiter sei, und zog selbst den Schluss: So etwas wäre in Finnland gar nicht möglich.[55] Ähnliche Beobachtungen finden sich auch in einem Zeitungsartikel zu einer Baustelle in Sibirien:

»Sieh mal, Genosse, hier können wir frei leben, du kannst eine Flasche nehmen und wenn du es nicht schaffst, sie auszutrinken, dann nimmst du sie eben mit. Oder

---

51 Interview mit Erkki Karvonen, Interview mit Risto Kangas-Ikkala.
52 z. B.: Interview mit Erkki Karvonen.
53 Reijo Lukkari, Kostamus-Sammon rakentajien tarinat, I osa [Die Geschichten der Erbauer des Kostamus-Sampos, I. Teil], Suomussalmi 2001, S. 28. Die in Klammern angegebene Erklärung in Ergänzung zum abfälligen »herrasväki« stammt aus dem Original.
54 Ders., Kostamus-Sammon rakentajien tarinat, III osa [Die Geschichten der Erbauer des Kostamus-Sampos, III. Teil], Suomussalmi 2006, S. 180-183.
55 o. A.: »Parempi töissä Tallinnassa kuin työttömänä Suomessa«. 120 suomalaista rakentaa uutta Tallinnaa [»Besser mit Arbeit in Tallinn als arbeitslos in Finnland«. 120 Finnen bauen ein neues Tallinn], in: Helsingin Sanomat, 25.5.1969, S. 17.

du gehst beim Trinken an einen anderen Tisch und so weiter. Das ist ganz anders im Kapitalismus, wo nichts niemandem erlaubt ist. Die anderen am Tisch lächeln, aber ich habe schon recht.«[56]

Es ist zwar wenig überraschend, dass die gerade zitierte *Kansan Uutiset* die wöchentlich erscheinende Zeitung der linken Sammlungsbewegung SKDL sowie der Kommunistischen Partei war. Andererseits werden hier zwei Dinge deutlich: Der Sozialismus war nicht für alle Finn_innen abschreckend, gleichwohl wirkt die Äußerung sowohl für Zeitgenoss_innen als auch für heutige Leser_innen irritierend, was das vom Sprecher beschriebene Lächeln der Umsitzenden erklärt. Denn es ist doch erstaunlich, dass hier von größerer Freiheit gesprochen wurde, obwohl die Arbeiter in Norilsk extrem einschränkenden Bedingungen ausgesetzt waren und letztlich in ihrer Freizeit nur eine einzige Kneipe zur Auswahl hatten.

Klar ist natürlich, dass diese Beobachtungen zunächst einmal synchrone Vergleiche beschreiben. Sie beschreiben aber auch eine Sehnsucht nach Verbesserung der eigenen Gesellschaftsstruktur. Interessant ist dann jedoch, dass sich in den Praktiken der Arbeiter keine entsprechenden Versuche finden, den »Kastenunterschied« auch auf der Baustelle zu überwinden. In der ganz privaten, individuellen Zukunftspraxis, nämlich bei der Verbesserung und Bestimmung der eigenen Lebensumstände, schlug sich diese Sehnsucht hingegen durchaus nieder.

Dass die synchronen Vergleiche dabei nicht immer positiv ausfielen, sei hier ebenfalls angemerkt. Obwohl das Betreten der sowjetischen Geschäfte den Bauarbeitern in Kostomukša nicht gestattet war und sie nicht einmal Rubel besitzen durften, sondern stattdessen in eigens eingerichteten finnischen Supermärkten mit finnischen Mark einkaufen mussten, können alle Befragten über die sowjetischen Läden berichten. Die Neugier trieb sie dazu, einmal zu schauen, was es da in den Läden gab. Und das Urteil war eindeutig: Nicht viel.[57] Das schlug sich auch im Tauschhandel nieder. Diesen gab es zwar, gerade in Kostomukša war der Nutzen für die Finn_innen allerdings begrenzt. Denn die sowjetischen Bürger_innen hatten hauptsächlich Wodka als Tauschmittel anzubieten. Da die Finn_innen diesen jedoch nicht besitzen und schon gar nicht über die Grenze mitnehmen durften und am Wochenende zumeist zu Hause waren, war der Bedarf nicht allzu hoch. Das dämpfte den Tauschhandel entschieden.[58] Dass auf der anderen Seite die sowjetischen Einwohner_innen aber so interessiert an westlicher Ware waren, ja selbst billige Plastikuhren für begehrenswerte Tauschware hielten, war für die finnischen Bauarbeiter sicherlich kein Zeichen sozialistischer

---

56 Zit. n.: Mikko Alatalo, Suomalaisrakentajat Siperian Norilskissa. »Ei ole vapaa-ajanviettomahdollisuuksia, mutta eipä juuri vapaa-aikaakaan« [Finnische Bauarbeiter im sibirischen Norilsk. »Es gibt keine Freizeitmöglichkeiten, aber auch nicht wirklich Freizeit«], in: Kansan Uutiset, 4.8.1984.
57 z. B. Interview mit Marja Riikonen, geführt am 24.3.2015; Interview Juha Kauppinen.
58 Interview mit Juha Kauppinen.

Überlegenheit.[59] Das Scheitern der kommunistischen Vision in der Sowjetunion als Paradies der Arbeiter_innen begegnete ihnen im Kontakt mit den sowjetischen Einwohner_innen auf Schritt und Tritt.

Die Repressionen durch das Regime, die Kontrolle und Abgrenzung wurden offensichtlich, etwa wenn das Gepäck der Finn_innen genau überprüft wurde, weil zum Beispiel pornografische Zeitschriften oder bestimmte Literatur, die in der Sowjetunion unter die Regeln der Zensur fiel, nicht erlaubt waren. Ein Bauarbeiter erinnert sich, dass seine sowjetischen Freunde gelegentlich als Zivilstreife arbeiten mussten – vermutlich als Strafe dafür, dass sie mit Finnen getrunken hatten.[60]

7 Private Zukünfte

Angesichts der durchaus repressiven und eingeschränkten Lebensverhältnisse in der Sowjetunion wird noch einmal deutlich, wie wichtig der wirtschaftliche Aspekt für die Entscheidung der Arbeiter war, im Nachbarland zu arbeiten. Wie erwähnt gab der Großteil der Bauarbeiter an, vor allem nach Kostomukša gekommen zu sein, weil die Alternative Arbeitslosigkeit gewesen wäre. Der Arbeitsplatz in Kostomukša war für sie mit konkreten Aufstiegshoffnungen verbunden, zunächst einmal auf beruflicher Ebene: Viele der in Kostomukša Beschäftigten waren eigentlich Waldarbeiter oder Landwirte, die im Rahmen eines regionalpolitischen Programms in Kainuu für die Baustelle umgeschult worden waren. Kostomukša wird daher in vielen Interviews auch als »Hochschule« beschrieben.[61] Es war sowohl die Hoffnung der Regionalpolitiker als auch der Arbeiter selbst, dass sie durch die Erfahrungen in Kostomukša leicht Anschlussarbeit finden würden. Ein interviewter Arbeiter schildert denn auch, dass er den Arbeitsplatz ganz gezielt gesucht habe, um sich fortzubilden. Er geriet dann auf die gewerkschaftliche Funktionärsschiene, entschied sich aber schon vor dem endgültigen Abschluss des Bauprojektes, aus eigenen Stücken zu gehen und sich eine neue Arbeit zu suchen. Er wollte die gewonnenen Erfahrungen gewinnbringend einsetzen, ohne dem Druck eines überfluteten Arbeitsmarktes ausgesetzt zu sein, wenn alle Bauarbeiter von Kostomukša entlassen sein würden.[62] Hier lässt sich also die Verknüpfung einer privaten Strategie mit der politischen Planung erkennen. Fassen lässt sich diese Strategie in Anlehnung an den Modus der Erhaltungszukunft, wie ihn Graf und Herzog beschreiben: Es ging darum, den einmal erlangten Aufstieg nicht wieder zu verlieren. Es ließe sich dabei auch argumentieren, dass diese aktive Generierung von

---

59 Der Schmuggel, der in den geführten Interviews erwähnt wurde, betraf eher »Freundschaftsdienste«, da ein systematischer Schmuggel als nicht lukrativ genug empfunden wurde. Interview mit Juha Kauppinen.
60 Interview mit Juha Kauppinen.
61 z. B. Interview mit Martti Juntunen, Interview mit Juha Kauppinen.
62 Interview Martti Juntunen.

Zukunft im privaten, individuellen Bereich lag, während das übergeordnete Politische eben eher eine Vorstellung blieb, die weniger mit konkreten Praktiken verknüpft war. Wie bereits im Abschnitt zur gewerkschaftlichen Arbeit gezeigt wurde, waren deren Kämpfe ja auch eher auf die individuelle, akute Verbesserung der Arbeitsverhältnisse ausgerichtet, auch wenn eine ideologische Verknüpfung mit kommunistischen Zukunftsvorstellungen erfolgte.

Ein weiterer wichtiger Aspekt für den Aufstieg war das durch die Arbeit im Ausland gesteigerte Einkommen. Waren in Kainuu vor Beginn des Bauprojektes noch viele Häuser ohne Warmwasseranschluss gewesen, wurde der Verdienst aus der Sowjetunion vielfach für den Bau moderner Eigenheime verwendet.[63] Insofern nimmt es nicht wunder, dass sich das Lebensgefühl der sowjetischen Bevölkerung und der finnischen Bauarbeiter auch im privaten Bereich oftmals ähnelte, kamen doch die sowjetischen Bewohner_innen vor allem nach Kostomukša, weil es hier die realistische Möglichkeit gab, rasch eine eigene Wohnung zugewiesen zu bekommen.[64] Die Hoffnung auf einen privaten Aufstieg, auf einen höheren Komfort der Wohnverhältnisse war also beiden Gruppen gemein und spiegelte sich in solidarischen Aktionen, wie etwa spontanen Renovierungsarbeiten in einer alten, nicht von Finnen gebauten Wohnung durch Finnen für eine befreundete Karelierin.[65]

Andreas Reckwitz hat vorgeschlagen, unterschiedlichen sozialen Gruppen milieuspezifische Eigenzeiten zuzuordnen. Demnach sei die Oberklasse stabil, während die Mittelklasse sich zwischen Hoffnung auf weiteren Aufstieg und Abstiegsangst bewege und die Unterklasse von Fortschrittshoffnungen gänzlich entkoppelt sei. Reckwitz sieht es zudem als ein Zeichen der Postmoderne, dass diese Eigenzeiten nicht mehr durch gesamtgesellschaftliche Planungsszenarien zusammengehalten werden.[66] Für die finnischen Facharbeiter genauso wie für die sowjetischen Umsiedler nach Kostomukša gilt nun ganz sicherlich, dass in Kostomukša für sie zumindest zeitweise Zukunftshoffnungen überwogen. Für die Waldarbeiter und Landwirte, die im Rahmen von Kostomukša umgelernt worden waren, bedeutete das Bauprojekt eine neue Anknüpfung an die Zukunft, denn zuvor waren sie davon tatsächlich entkoppelt gewesen. Nun aber ergab sich durch das Anlernen als Bauarbeiter plötzlich die Aussicht auf neue Anstellungsmöglichkeiten in lukrativeren Bereichen. Der Traum vom stabil gebauten Eigenheim mit Warmwasseranschluss repräsentierte diese Hoffnung auf sozialen Aufstieg.

---

63 Melkas, Työmarkkinatausta, 1983, S. 98.
64 Bspw.: Interview mit Valentina Byčkova, geführt am 1.11.2016.
65 Interview mit Tatjana Klimova, geführt am 3.11.2016.
66 Andreas Reckwitz, Zukunftspraktiken – Die Zeitlichkeit des Sozialen und die Krise der modernen Rationalisierung der Zukunft, in: Frank Becker/Benjamin Scheller/Ute Schneider (Hg.), Die Ungewissheit des Zukünftigen. Kontingenz in der Geschichte [= Kontingenzgeschichten, Bd. 1], Frankfurt a. M. 2016, S. 31-54; hier: S. 51.

Interessant ist hier, dass diese Hoffnung sicherlich auch für die Büromitarbeiter_innen galt, diese also zumindest in Bezug auf ihre private Zukunftserwartung kaum anders einzustufen sein dürften als ihre Arbeiterkollegen. Diese Zukunftserwartungen überschritten auch die durch das Bauunternehmen *Finn-Stroi* erzeugten Grenzen im sozialen Raum der Baustelle, der Arbeiter und Angestellte durch unterschiedliche Freizeitangebote, Wohnräume und Kantinen strikt voneinander trennte.

Dieser Aufstieg durch wachsendes Einkommen war sehr eng an das Bauprojekt geknüpft. Insofern war den Arbeitern klar, dass sie sich anpassen mussten. Zwar zeigten sie in der Praxis durchaus Eigen-Sinn[67], beispielsweise durch Regelverstöße, wenn sie etwa sowjetische Freunde besuchten, gleichwohl erkannten die meisten von ihnen die unsichtbare Grenze zwischen akzeptablem und inakzeptablem Regelverstoß an und begehrten nicht zu sehr gegen die Arbeitgeber auf, sondern gaben sich mit dem starren Regelkorsett, das von *Finn-Stroi* vorgegeben war, zufrieden, genauso wie mit der täglich spürbaren Klassentrennung auf der Baustelle.[68]

So lässt sich sogar sagen, dass die Bauarbeiter diese selbst mitverursacht hatten: In einem Streik 1977 hatten sie sich dafür eingesetzt, dass eine Genossenschaft den Lebensmittelhandel und die Kantine für die Arbeiter organisierte. Das führte dazu, dass die Kantinen für Arbeiter_innen und Büromitarbeiter_innen von unterschiedlichen Unternehmen geleitet wurden.[69] Nun war dieser Streik sicherlich beides: einerseits ein kollektiver Kampf für Solidarität, für mehr Rechte der Arbeiterklasse, andererseits aber auch ein Kampf für die je individuellen Interessen der einzelnen Arbeiter_innen, und somit eine Form von Eigen-Sinn. Dieser Streik zeigt, dass das Private nicht das einzige Element war, das die finnischen Bauarbeiter bewegte, sondern dass sie durchaus bereit waren, klassenbewusst aufzutreten. Denn Streiken implizierte das Risiko, den Arbeitsplatz in Kostomukša zu verlieren. Allerdings, auch das muss hier berücksichtigt werden, war die Verhandlungsposition der Bauarbeiter stark, schließlich wurden sie für das Projekt schlichtweg gebraucht, zumal *Finn-Stroi* sich nach der langen Verhandlungsphase keine Verzögerungen erlauben konnte und wollte.

Bisher wurde vor allem argumentiert, dass die Arbeitsstelle in Kostomukša für die Bauarbeiter die Chance eines sozialen Aufstiegs bedeutete, der sich vor allem im Bau oder der Renovierung von Eigenheimen manifestierte. Aus den zeitgenössischen Quellen lässt sich erschließen, dass mit dieser Aufstiegserwartung, beziehungsweise mit ihrer Erfüllung ein neues Problem auftrat: Zukunftsangst, die sich mit dem Konzept der »Erhaltungszukunft« verknüpfen ließe. In seiner vergleichenden Studie zur Belegschaft in Kostomukša und der Stahlwerke in Tornio, also einer an der schwe-

---

67 Alf Lüdtke, Eigen-Sinn. Fabrikalltag, Arbeitererfahrungen und Politik vom Kaiserreich bis in den Faschismus, Hamburg 1993; hier: S. 19.
68 Exemplarisch hierfür sind die hier zitierten Werke von Reijo Lukkari.
69 Reijo Lukkari, Kostamus-Sammon rakentajien tarinat, I osa, 2001, S. 27 f.

disch-finnischen Grenze gelegenen Fabrik, stellte der Soziologe Jussi Melkas anhand von Fragebögen fest, dass der Optimismus zwar in beiden Gruppen generell gleich hoch sei. Die Arbeiter in Tornio jedoch fühlten sich für mehrere Jahre abgesichert, während die Arbeiter in Kostomukša nicht über die Zeitspanne von einem Jahr hinaus dachten.[70] Diese Differenz ist natürlich aus der Branchenspezifik heraus zu erklären: Für die Stahlarbeiter war absehbar, dass die Fabrik nicht von heute auf morgen schließen würde. Den Bauarbeitern hingegen war bewusst, dass das Bauprojekt ein Ende finden und bereits im Vorfeld sukzessive weniger Arbeiter zur Fertigstellung benötigt werden würden. Ihre Arbeitsplätze waren projektgebunden und damit von Beginn an einer höheren Volatilität ausgesetzt.

Tuuli Santakari, die zunächst selbst als Sozialarbeiterin in Kostomukša tätig gewesen war und später einen Bericht über die dortigen Verhältnisse für das Sozialministerium verfasste, ging ebenfalls ausführlich auf diese Zukunftsangst ein. So beschrieb sie, dass die Angst vor Kündigungen wie ein Damoklesschwert über allen Beschäftigten gehangen habe. In ihrer Zeit vor Ort sei deutlich gewesen, dass die allermeisten mehr mit ihrer eigenen Zukunft als mit der Weiterentwicklung der Baustelle oder neuen Projekten beschäftigt gewesen seien.[71] Auch wenn diese Schilderung rückwirkend verfasst wurde und eher einen subjektiven Eindruck darstellt, stützt sie doch Melkas' Forschungsergebnisse und die Vermutung, dass Zukunftsgestaltung für die Bauarbeiter vom Erhalt einer neuen Anstellung abhängig war und deshalb auch durch diesem Bezugsrahmen determiniert war.

Gerade für die Bauarbeiter aus Kainuu spielte dann auch die regionale Entwicklung eine große Rolle. Während es dazu allerdings während des laufenden Bauprojektes keine großen medialen Diskussionen gegeben hatte, meldeten sich die Bauarbeiter 1984, gegen Ende der Bauphase, zu Wort. So findet sich in der konservativen Zeitung *Uusi Suomi* ein Bericht über SKDL-Mitglied und Kostomukša-Arbeiter Toivo Pulakka, der sich beschwere, dass es verschlafen worden sei, Kainuu für die Rückkehrer aus Kostomukša vorzubereiten. Nun sei für viele junge Leute erneut der einzige Weg derjenige ins Ausland oder in den Süden des Landes.[72] Die übergeordnete politische Planung hatte hier die Phase des Bauprojektes nicht effektiv für sich nutzen können. Das Ziel einer stabilen Arbeitsmarktsituation konnte für Kainuu über den Hebel Kostomukša tatsächlich nicht erreicht werden.

---

70 Melkas, Työmarkkinausta, 1983, S. 156 f.
71 Tuuli Santakari, Projektityömaan sosiaaliset ongelmat ja niiden lievittäminen [Soziale Probleme und ihre Erleichterung auf einer Projektbaustelle], Helsinki 1985, S. 44, 48.
72 o. A., Hernekeittopalkalla ideoita hakamaan [Für einen Erbsensuppenlohn auf der Suche nach Ideen], in: Uusi Suomi, 24.4.1984.

8 Fazit: Divergierende Zukünfte oder der Triumph des Privaten?

Was nun sagen uns die verschiedenen Zukunftspraktiken und -erwartungen der finnischen Bauarbeiter? Zunächst einmal belegen sie recht eindrücklich die von Egon Flaig in Erinnerung gerufene Komplexität menschlicher Existenz. Es lässt sich sicherlich argumentieren, dass die Bauarbeiter der durch ihre Gewerkschaft vertretenen Zukunftsvorstellung von einem solidarischen Weltfrieden sozialistischer oder gar kommunistischer Prägung folgten, dies zeigen Reden und Teilnahmen an gemeinsamen Veranstaltungen. Gleichwohl erklärte diese Gestaltungszukunft nicht, warum die Bauarbeiter ihre Arbeitsplätze in Kostomukša antraten. Vielmehr spielten hier private Hoffnungen auf sozialen Aufstieg und Stabilität eine viel größere Rolle, wie die zeitgenössischen Umfragen und die durchgeführten Interviews demonstrieren. Zwar zeigen einzelne Streiks, dass die Arbeiter_innen bereit waren, über das Private hinaus solidarisch zu agieren, dennoch passten sie sich im Alltag den vorgegebenen Regeln und Herrschaftsbedingungen an, um ihren Arbeitsplatz und damit ihre eigenen Zukunftschancen nicht zu verlieren. Gestaltungszukunft und Erwartungszukunft gingen hier also gewissermaßen fließend ineinander über, standen möglicherweise sogar teilweise in einem Konkurrenzverhältnis, auch wenn weder in den Archivunterlagen noch in den Erinnerungen zum Beispiel Streikbrecher Erwähnung finden.

Gehen wir noch einen Schritt weiter, könnten wir auch die Erhaltungszukunft in unsere Überlegungen miteinbeziehen. Denn mit dem Arbeitsplatz in Kostomukša gewannen die Arbeiter_innen einen neuen finanziellen Spielraum, der erhalten werden sollte, was sich auch in ihrem Engagement für den Folgeauftrag und in der Fahrt zum Arbeitsminister zeigt. Es zeugt einerseits erneut von der Stärke der Klassenspaltung, dass die Arbeiter bei ihrem Besuch nicht zum Minister vorgelassen wurden – die Bauunternehmer hatten schließlich durch private Kontakte einen direkten Draht zum Präsidenten –, andererseits zeigt die Aktion aber auch das große Interesse der BAUARBEITER daran, alles so zu belassen, wie es war. Nachdem der Aufstieg sozusagen gelungen war, kam nun die Abstiegsangst. Dass diese zyklisch auftrat, immer angesichts der direkten Bedrohung durch das Ende des Bauprojektes, erscheint besonders interessant. Tatsächlich war es ja von Anfang an bekannt gewesen, dass Kostomukša irgendwann fertiggestellt sein und es damit keinen Bedarf mehr nach finnischen Bauarbeitern geben würde, doch nur wenige Zeitgenossen hatten in der öffentlichen Debatte rund um die Bauprojekte auf diese Tatsache hingewiesen.[73]

Es lassen sich also verschiedene Generierungsformen in den Zukunftspraktiken der Bauarbeiter erkennen, wobei zu unterschiedlichen Zeiten unterschiedliche Modi im Vordergrund standen, jedoch auch miteinander verschwammen. Die Einteilung in

---

73 Melkas/Luoma, Kostamus-Työvoiman rakenteesta, 1979, S. 121.

die Zukunftsgenerierungsmodi ist dabei insofern hilfreich, als sie verschiedene Ebenen von Zukunftsbezügen aufscheinen lässt.

Eine weitere Beobachtung, die das Fallbeispiel der finnischen Bauarbeiter in Kostomukša zulässt, ist, dass verschiedene soziale Klassen zwar durchaus Eigenzeiten besaßen, wie es Reckwitz formuliert hat; zugleich ist jedoch Flaigs Forderung nach einer stärker differenzierenden Betrachtung zuzustimmen, da die Grenzen zwischen den Gruppierungen tatsächlich durchlässig waren. Zwar lag der Fokus hier auf den Bauarbeitern, es konnte jedoch gezeigt werden, dass sie ihr Pendeln zwischen Aufstiegshoffnung und Abstiegsangst als Angehörige der Mittelklasse ausweist, zumal die Büroangestellten trotz aller symbolischer Spaltung der Gruppen ihre Pfründe ebenfalls über Streiks erkämpften und verteidigten. Letztlich ist Reckwitz also sicherlich zuzustimmen, dass gewisse Zukunftspraktiken und -hoffnungen erst dann wirklich wirksam werden können, wenn entsprechende gestalterische Möglichkeiten etwa durch finanzielle Mittel erreicht worden sind. So könnte man die Bauarbeiter sicherlich zunächst einmal als eine soziale Gruppe definieren; der jeweilige Ausbildungs- und Spezialisierungsgrad hatte jedoch entscheidenden Einfluss auf ihre Anschlussbeschäftigungen. Das wirkte sich naturgemäß auf die Zukunftsängste der Arbeiter und ihren Umgang mit den eigenen Chancen und Möglichkeiten aus, also auf ihre Strategien, das bisher Erreichte zu erhalten.

Arbeit mit und an der Zukunft

Klaus Nathaus

Von der Erhaltung über die Gestaltung zur Spekulation. Zukunftsbezüge musikalischer Arbeit im 20. Jahrhundert

1 Einleitung

In seinem Prosatext »Whence the Song«, erschienen im August 1900 in *Harper's Weekly*, skizziert Theodore Dreiser das soziale Panorama des amerikanischen Songbusiness seiner Zeit.[1] Konzentriert auf das kurze Stück des New Yorker Broadways zwischen Union und Greeley Square sowie die benachbarten Geschäftsräume der Musikverlage, lässt er mal mehr, mal weniger erfolgreiche Songschreiber auftreten, die einem Arrangeur eine neue Melodie zur Niederschrift auf Notenpapier vorpfeifen oder einem Musikverleger einen Song zu verkaufen versuchen. Sänger_innen betreten die Verlagsbüros auf der Suche nach Liedern, die Publikumswirkung versprechen und für deren werbewirksame Darbietung auf den Vaudeville-Bühnen der Verleger zu zahlen bereit ist. Entsprechend ihrer aktuellen Stellung auf der Popularitätsskala werden Autoren und Performer vom Verleger entweder umschwärmt oder auf ewig vertröstet. Der »unvergleichliche« Bariton und der Schreiber des jüngsten Hits erfahren Vorzugsbehandlung, weil der Verleger sich eifrig bemüht, diese frischen Zugpferde seiner Unternehmung bei Laune zu halten. Der schäbig gekleidete Sänger und der zuletzt glücklose Pfeifkomponist dagegen werden mit Entschuldigungen hingehalten. Dem schwarzen Songschreiber, dessen Lieder momentan weit oben in der Publikumsgunst stehen, drückt der Verleger herablassend eine Pauschale in die Hand. Damit sind etwaige Tantiemen abgegolten, und der auf Sofortzahlung erpichte Empfänger fühlt sich angemessen entlohnt.

»Whence the Song« ist eine Serie typisierender Schnappschüsse, aufgenommen in den Sommermonaten zwischen dem Abschluss der landesweiten Theatertourneen, aus der neue Stars und Hits hervorgegangen sind, und dem Beginn der nächsten Saison, die allein dadurch Aussichten verheißt, dass die Karten neu gemischt werden und prinzipiell niemand vom möglichen Erfolg ausgeschlossen ist. Unvorhersehbar ist in Dreisers Skizze, welcher Song als nächstes die Besucher der Vaudeville-Shows begeistern und zum Kauf der Klaviernoten bewegen wird. Sicher ist nur, dass am gar nicht allzu weit entfernten Ende für alle Beteiligten, den Verleger eingeschlossen,

---

1 Theodore Dreiser, Whence the Song (1900), in: ders., The Color of a Great City, London 1930, S. 138-155.

die unvermeidliche hitlose Zeit zu lang gewesen sein wird: »One by one they come, old, angular misfortune grabbing them all by the coat-tails. The rich, the proud, the great among them sinking, sinking, staggering backward until they are where he [the disengaged ballad singer; KN] was and deeper, far deeper.«[2]

Dreisers Sketch des Soziotops, das seit etwa dieser Zeit als »Tin Pan Alley« bekannt ist[3], war bei aller Zuspitzung nahe an der Wirklichkeit der damals noch sehr jungen amerikanischen Popmusik-»Industrie«, wenn man diesen Begriff verwenden will. Dreiser brauchte gar nicht weit zu schauen. Das Schicksal seines Bruders Paul Dresser, der wie viele andere im Milieu um die West 28th Street als Performer, Songschreiber und Partner eines Verlagshauses alle von Dreiser beschriebenen Rollen ausfüllte, mit »On the Banks of the Wabash, Far Away« (1897) einen der größten Hits des ausgehenden 19. Jahrhunderts schrieb und wenige Jahre später mittellos verstarb, bestätigte seine pessimistische Einschätzung der Karriereaussichten in der Branche.[4]

Für Historiker_innen, die sich für vergangene Zukünfte der Arbeit interessieren, stellen der Text und die in ihm beschriebene Arbeitswelt eine doppelte Herausforderung dar. Zunächst einmal kommt Dreiser ganz ohne die Begriffe »labour« beziehungsweise »work« aus, um die Tätigkeit der Verleger, Songschreiber und Performer zu beschreiben. Ein Arrangeur wird einmal als Gehaltsempfänger bezeichnet, auch ist da und dort von »(non-)professionals« die Rede. Davon abgesehen jedoch erscheinen Berufsprofile äußerst schwach konturiert. Rollenwechsel waren üblich; Eigeninitiative wurde bei allen Beteiligten vorausgesetzt; der Modus der Bezahlung durch Tantiemen suggeriert eine Art von partnerschaftlicher Beteiligung des Songschreibers am Verlagsprofit. Das Kapital des Verlegers, der oft selber als Songschreiber gestartet war, lag nicht so sehr in fixen Produktionsmitteln als in seiner zentralen Stellung in einem Netzwerk aus Autoren und Performern auf der Input- sowie Notendruckern und -händlern auf der Outputseite.[5] All dies wirft die Frage auf, wie Zeitgenossen ihre wirtschaftlichen Aktivitäten verstanden und ob Historiker_innen diese überhaupt als Arbeit fassen können. Die Scheidelinie zwischen »Kapital« und »Arbeit« war, wie auch der vorliegende Beitrag erweisen wird, undeutlich und verschob sich. Nicht immer war das Selbstverständnis der Akteure, die sich mal als Künstler, mal als Handwerker und mal als Unternehmer in eigener Sache sahen, deckungsgleich mit ihrer Praxis. Um entsprechende Veränderungen und Inkongruenzen in den Blick zu bekommen, ist der hier gewählte Begriff von Arbeit weit und in erster Linie rechtlich

---

2 Ebd., S. 153 f.
3 Keir Keightley, Tin Pan Allegory, in: Modernism/modernity, 19 (2012) 4, S. 717-736.
4 Zu Dresser siehe: Clayton W. Henderson, On the Banks of the Wabash. The Life and Music of Paul Dresser, Indianapolis 2003.
5 David Suisman, Selling Sounds. The Commercial Revolution in American Music, Cambridge, MA 2009, S. 18-89.

definiert. Er umfasst diejenigen, die entweder als Komponisten oder als »nachschaffende Künstler« klassifiziert werden.[6]

Dreisers Beschreibung des Songbusiness vermeidet aber nicht nur den Begriff »Arbeit«, sondern ist außerdem ausgesprochen arm an Hinweisen auf Zukunftsvorstellungen. Den unergründlichen Launen des Publikums ausgeliefert, hangelt sich Dreisers Personal von einer Saison zur nächsten. Derweil stagniert die Branche als Ganze im schnellen Kreislauf der Überproduktion gleichförmiger Songs, bietet doch die generische Formel den einzigen, annähernd verlässlichen Anhaltspunkt für das Handeln auf ein Morgen, an dem der Hit und der Star von heute vergessen sein werden. Weder aus der Sicht individueller Akteure noch im Hinblick auf die Branche enthält »Whence the Song« Aussichten auf Zukunft, ganz zu schweigen von Anzeichen von kollektiven oder gar gesamtgesellschaftlichen Zukunftsvorstellungen.

Dennoch erscheint Dreisers Szenario durchaus geeignet als Ausgangspunkt für eine historische Untersuchung vergangener Zukünfte von Arbeit. Gerade weil er die Ungewissheit ökonomischen Handelns so transparent macht, bietet der Fall eine Folie, vor der sich Strategien und Praktiken der Zukunftsgenerierung umso deutlicher abzeichnen sollten. Hinzu kommt, dass die sogenannte Kreativarbeit mitsamt ihren Herausforderungen, von denen bereits bei Dreiser die Rede ist, seit der Wende zum 21. Jahrhundert selbst als gegenwärtige Zukunft der Arbeit gehandelt wird.[7]

Von der neueren Renaissance der Historiografie der Arbeit ist das Thema »Kreativarbeit« (noch) nicht erfasst worden.[8] Dagegen haben Sozialwissenschaftler_innen mit der Erforschung des Phänomens begonnen. Sie betrachten es aber entweder ganz ohne Blick auf historische Vorläufer als eine neue Erscheinung, die man entweder begrüßt oder beklagt.[9] Oder sie interpretieren es diskursgeschichtlich als die Manifestation eines »gouvernementalen« Großtrends, nämlich die Durchsetzung des »krea-

---

6 Die Bedeutung des Rechts für den Arbeitsbegriff in der Musikwirtschaft (und die Schwierigkeit, »Kreativität« zum Kriterium der sogenannten Kreativarbeit zu nehmen) betont: Matt Stahl, Unfree Masters. Recording Artists and the Politics of Work [= Refiguring American Music], Durham 2013.
7 Erwartungsfroh: Richard Florida, The Rise of the Creative Class, Revisited, New York 2014. Es überwiegt indes die skeptische Sicht. Vgl. etwa George Morgan/Julian Wood, Creative Accomodations. The Fractured Transitions and Precarious Lives of Young Musicians, in: Journal of Cultural Economy, 7 (2014) 1, S. 64-78.
8 Vgl. Kim Christian Priemel, Heaps of Work. The Ways of Labour History, in: H-Soz-Kult, 23.1.2014, URL: <https://www.hsozkult.de/literaturereview/id/forschungsberichte-1223> (2.4.2019). Ansätze für die Erforschung der Geschichte der Kreativarbeit bieten allerdings vereinzelte Arbeiten zu Musikergewerkschaften sowie Beiträge aus den »popular music studies«, auf die ich im Laufe des Aufsatzes verweisen werde.
9 Nennenswert ist mittlerweile die Zahl der interviewbasierten und ethnografischen Studien. Mit einschlägigen Verweisen zuletzt: Jo Haynes/Lee Marshall, Reluctant Entrepreneurs. Musicians and Entrepreneurship in the »New« Music Industry, in: British Journal of Sociology, 69 (2018), S. 459-482.

tiven Subjekts« zum gesamtgesellschaftlich dominanten Dispositiv.[10] Das Problem der letzteren Deutung liegt darin, dass sie branchenspezifische Umstände und Handlungsweisen zugunsten einer Entwicklung ausblendet, die vermeintlich sich selbst nährend im Rücken der historischen Akteure ablief und alle Zeitgenossen gleichermaßen betraf. Ähnliche Vorbehalte lassen sich gegen begriffs- und diskursgeschichtliche Ansätze der Historischen Zukunftsforschung formulieren, die Gefahr laufen, auf der Suche nach epochal dominanten Zukunftsvorstellungen die Pluralität des Zukunftshandelns und dessen jeweilige soziale Situierung aus dem Blick zu verlieren. Rüdiger Graf und Benjamin Herzog haben dies unlängst kritisiert und angeregt, statt nach Zukunftsvorstellungen praxisgeschichtlich nach den Modi von Zukunftsgenerierung zu fragen.[11] Das Anliegen deckt sich mit Überlegungen aus der Neuen Wirtschaftssoziologie[12] und liefert Argumente dafür, die Geschichte der vergangenen Zukünfte von Arbeit in der Musikbranche des 20. Jahrhunderts aus der Perspektive von Akteuren anzugehen, deren Verhältnis zur Zukunft und deren Strategien des Umgangs mit Ungewissheit stark von ihrer jeweiligen Position im sich wandelnden Feld der Musikproduktion abhing.

Der vorliegende Beitrag verfolgt daher – an amerikanischen und britischen Beispielen – zentrale Entwicklungslinien in der Geschichte der Musikarbeit des 20. Jahrhunderts im Kontext der Branchenentwicklung. Der Fokus liegt dabei auf den zukunftsbezogenen Strategien und Selbstwahrnehmungen derer, die als Songschreiber, Podiums- oder Studiomusiker den »content« herstellten. Dieser wurde entweder über den Verkauf von Konzerttickets, die Herstellung von Noten und Tonträgern oder die verschiedenen Varianten der Lizenzierung kommerziell verwertet. Die drei Arten der ökonomischen Verwertung bilden die Säulen dessen, was man im 20. und 21. Jahrhundert als »Musikwirtschaft« bezeichnet.[13] Die beiden ersten Teile skizzieren mit Gewerkschaften und Verwertungsgesellschaften zwei organisatorische Strategien, mit denen Musiker seit dem ausgehenden 19. Jahrhundert kollektiv ihren Zukunftshorizont erweitert haben, einmal mit dem Ziel der Erhaltung, das andere Mal einen Status quo ausgestaltend. Der dritte Teil schaut auf die Jahre ab circa 1960 als eine Periode, in der das Selbstverständnis von Musikern als »craftsmen« und Dienstleister durch Branchenentwicklungen herausgefordert wurde. Die Distanz zu »Normal-

---

10 Ulrich Bröckling, Das unternehmerische Selbst. Soziologie einer Subjektivierungsform, Frankfurt a. M. 2007; Andreas Reckwitz, Die Erfindung der Kreativität. Zum Prozess gesellschaftlicher Ästhetisierung, Frankfurt a. M. ⁴2012.
11 Rüdiger Graf/Benjamin Herzog, Von der Geschichte der Zukunftsvorstellungen zur Geschichte ihrer Generierung. Probleme und Herausforderungen des Zukunftsbezugs im 20. Jahrhundert, in: Geschichte und Gesellschaft [GG], 42 (2016), S. 497-515; hier: S. 499.
12 Jens Beckert, Imagined Futures. Fictional Expectations in the Economy, in: Theory and Society, 42 (2013) 3, S. 219-240.
13 Klaus Nathaus, Turning Values into Revenue. The Markets and the Field of Popular Music in the US, the UK and West Germany (1940s to 1980s), in: Historical Social Research, 36 (2011) 3, S. 136-163.

arbeitsverhältnissen« der Industriegesellschaft, die insbesondere die Musikergewerkschaften reduziert hatten, vergrößerte sich wieder, mit Folgen für die Erfahrung von Ungewissheit und die Verteilung von Zukunftschancen. Argumentiert wird hier, dass Zukunftsverhalten sich nicht einfach aufgrund äußerer Zwänge individualisierte. Vielmehr legitimierte die individualisierte, spekulierende Zukunftserwartung einen Verhaltensmodus, der letztlich auf die Mobilisierung freiwilliger Unterstützer wie Familie, Freunde und im besten Fall Fans setzt. Denn Zukunft ist in der Praxis nie individuell, sondern stets sozial. Dass sich Musiker im Vergleich zu früheren Zeiten ein gutes Stück weit aus den Beziehungen zu ihren professionellen »peers« verabschiedet und dem launenhaften Massengeschmack den Rücken gekehrt haben, zwang sie paradoxerweise dazu, um des ökonomischen Erfolgs willen Gemeinschaften zu erzeugen, in denen utilitaristische Motive keine Rolle spielen durften.

2 Erhaltungszukunft in der Dienstleistungsbranche. Die Rolle von Musikergewerkschaften

Im letzten Drittel des 19. Jahrhunderts erfuhr die Musikwirtschaft zumindest im Westen einen gewaltigen Aufschwung. Die rasante Urbanisierung sorgte für ein potenzielles Massenpublikum für Tanz- und Unterhaltungsmusik. Arbeitszeiten wurden reduziert und synchronisiert, sodass die moderne Freizeit entstand, die mit kommerzieller Unterhaltung gefüllt werden konnte. Gesteigerte Mobilität und beschleunigte Kommunikation erlaubten die rasche, zum Teil globale Verbreitung von Moden und Stars. Vergnügungsunternehmer ergriffen die neuen Möglichkeiten, um das Unterhaltungsgeschäft auf eine stabilere Grundlage zu stellen. Theaterimpresarios bildeten Syndikate, um erfolgreiche Shows und Performer mit größerem Ertrag zu verwerten. Zu demselben Zweck wurden unterschiedliche Geschäftszweige integriert, wie das eingangs erwähnte Beispiel Tin Pan Alley veranschaulicht. Urheberrechtsreformen wie die Berner Übereinkunft von 1886 und der amerikanische Copyright Act von 1891, der für den Nachdruck importierter Texte und Noten eine finanzielle Kompensation ausländischer Rechteinhaber einführte, förderten ferner die transnationale Verwertung von Musik.

Im Zuge dieses Aufschwungs der Vergnügungsindustrie entstand auch ein wachsender Arbeitsmarkt für Unterhaltungsmusiker. In den USA stieg zwischen 1870 und 1900 die Anzahl derer, die in den offiziellen Berufsstatistiken als »professional musician« oder »teacher of music« geführt wurden, von 16.000 auf 92.000, deutlich überproportional zum Bevölkerungswachstum.[14] In England und Wales wuchs die

---

14 James P. Kraft, Stage to Studio. Musicians and the Sound Revolution [= Studies in Industry and Society, Bd. 9], Baltimore 1996, S. 10 f.

Zahl etwa im selben Zeitraum von 18.600 (1871) auf 39.300 (1901).[15] Die Profession wird grob unterteilt in Musiklehrer und öffentlich auftretende Instrumentalisten, wobei der erste Zweig einen hohen Anteil an Frauen aufwies und der zweite männlich dominiert war. In der Praxis betätigten sich viele Musiker, die gegen Bezahlung für ein Publikum spielten, auch als Musiklehrer, um ihr oft geringes beziehungsweise unregelmäßiges Einkommen aufzubessern. Trotz aller Konsolidierungstendenzen im Unterhaltungsgeschäft bedeutete der Musikerberuf für viele Kräfte eine finanziell unsichere Existenz.

Der Arbeitsmarkt für Musikerinnen und Musiker war vielfältig differenziert. Die Unterscheidung zwischen »hoher« und »niedriger« Musik, selbst eine Erfindung des 19. Jahrhunderts[16], spielte dabei eine geringere Rolle, als man aus heutiger Sicht annehmen könnte. Diese Grenze war in Zeiten vor der staatlichen Musikförderung (in Europa) und entsprechend regulierten Arbeitsverhältnissen noch vergleichsweise durchlässig, und zwar in beide Richtungen. Musikarbeit war äußerst divers, da an allen öffentlichen Orten und in allen öffentlichen Situationen, in denen Musik erklingen sollte, Musiker angestellt werden mussten. Eine Ersetzung der Dienstleistung durch Musikaufnahmen kam bis zu den späten 1920er-Jahren schon aus technischen Gründen nicht in Frage. Musikarbeit wurde verrichtet in Konzerthäusern, Kirchen und Theatern, in Hotels, Restaurants, Biergärten, Bars und Parks, auf Ozeandampfern und in Seebädern, in Tanzsälen und zu festlichen Anlässen vor privaten Gesellschaften, von der Hochzeit bis zur Beerdigung. Schrittmacher dieses Arbeitsmarktes waren sowohl in den USA als auch in Großbritannien um 1900 zunächst die kapitalkräftigen Varietétheater. Dort wurde die Unterhaltungsmusik gespielt, die dann auch in anderen Zusammenhängen gefragt war. Dort fanden Musiker längerfristige Engagements, ohne auf Tour gehen zu müssen, und dort standen den Musikern mit den landesweiten Vaudeville- beziehungsweise Music-Hall-Konzernen (*Keith-Albee* sowie die *Orpheum*-Kette in den USA, die *Moss Empires* im UK) mächtige Arbeitgeber gegenüber.[17] In den 1910er- und 1920er-Jahren gewannen die Kinos als Arbeitsplätze an Bedeutung. Ursprünglich Teil der Varietéunterhaltung, wurden Filme ab circa 1905 immer häufiger in eigenen Filmtheatern vorgeführt, zuerst in umgebauten Ladenlokalen (»Nickelodeons«), später mit der Produktion von längeren Spielfilmen durch die jungen Hollywoodstudios in veritablen Filmpalästen.[18]

---

15 Cyril Ehrlich, The Music Profession in Britain since the Eighteenth Century. A Social History, Oxford 1985, S. 235, Tab. 1.
16 Lawrence W. Levine, Highbrow/Lowbrow. The Emergence of Cultural Hierarchy in America, Cambridge, MA 1988.
17 Mit Blick auf Performer: Arthur Frank Wertheim, Vaudeville Wars. How the Keith-Albee and Orpheum Circuits Controlled the Big-Time and Its Performers [= Palgrave Studies in Theatre and Performance History], New York 2006.
18 Rick Altman, Silent Film Sound, New York 2004.

Um Bezahlung und Arbeitsbedingungen zu verbessern, schlossen sich Musiker in Nordamerika und Europa um 1900 zu nationalen Gewerkschaften zusammen. Diese verstanden sich insbesondere in den USA und Großbritannien und im Unterschied zu älteren Standesorganisationen als Arbeiterorganisationen.[19] Die *American Federation of Musicians* (AFM) bildete sich 1896 in Abgrenzung zur elitären *National Musical Association* (NLM, gegr. 1871) und mit Unterstützung der *American Federation of Labor* (AFL), des gewerkschaftlichen Dachverbands, zu dem die NLM stets Distanz gehalten hatte.[20] Kurz zuvor hatte sich im Vereinigten Königreich die *Amalgamated Union of Musicians* (AMU, 1893) gegründet. Im Unterschied zur *Orchestral Association* (OA), die sich auf die Vertretung der Interessen besser ausgebildeter Orchestermusiker konzentrierte, öffnete sich die AMU auch Nebenberuflern und schloss Streiks als Mittel des Arbeitskampfes nicht von vornherein aus. Bei der Fusion der beiden Vereinigungen zur *British Musicians' Union* (MU) im Jahr 1921 war die OA auf den Gewerkschaftskurs der AMU eingeschwenkt.[21]

Die offen gewerkschaftliche Ausrichtung der amerikanischen AFM und der britischen (A)MU hatte Auswirkungen auf das Verständnis von Musikarbeit und deren Zukunft. Auffällig ist etwa, wie stark die amerikanische Musikergewerkschaft den physischen Aspekt der Musikarbeit betonte. Ganz im Gegensatz zu einem Musikverständnis, das das Werk als geistige Erfindung eines genialen Komponisten aus seinen materiellen Zusammenhängen herauslöst, finden sich in der Mitgliederzeitschrift *International Musician* Artikel, welche die Anforderungen des Jobs an Hände, Lippen, Augen, Rücken und Arme beschreiben und so das Musizieren als physische Arbeit kenntlich machen. In dieser Sicht ist der Körper des Musikers dessen wichtigstes Kapital. Seine Beanspruchung wird in der Rhetorik des *International Musician* genau wie im Industriebetrieb in Arbeitszeit und nach dem Grad der Anstrengung gemessen und ist entsprechend zu entlohnen. Ausbildungszeiten sind ebenso in Rechnung zu stellen wie Seniorität. Diese, an die lebenslange Karriere des Musikarbeiters gebundene Zeitlichkeit impliziert eine Theorie von Arbeit, in der der ausführende Musiker den Wert schöpft, während Klänge und Werke als flüchtige, immaterielle Gegenstände ausgeblendet sind.[22]

Dieses Verständnis von Musikarbeit begünstigte zunächst einmal die Öffnung der organisierten Musiker für gewerkschaftliche Strategien und die Integration in die Arbeiterbewegung. Bezeichnenderweise nahm die Gewerkschaftsbildung unter Mu-

---

19 Vergleichend: Angèle David-Guillou, Early Musicians' Unions in Britain, France, and the United States. On the Possibilities and Impossibilities of Transnational Militant Transfers in an International Industry, in: Labour History Review, 74 (2009) 3, S. 288-304.
20 Kraft, Stage to Studio, 1996, S. 21-24.
21 John Williamson/Martin Clooney, Players' Work Time. A History of the British Musicians' Union, 1893–2013, Manchester 2016, S. 43, 61 f.
22 Marina Peterson, Sound Work. Music as Labor and the 1940s Recording Bans of the American Federation of Musicians, in: Anthropological Quarterly, 86 (2013) 3, S. 791-823; hier: S. 800-805.

sikern einen ähnlichen Verlauf wie entsprechende Organisationsbildungen in anderen Sektoren.[23] Das Verständnis von Musikarbeit als handwerkliche Dienstleistung verdeckte des Weiteren Statusunterschiede zwischen Musikern. In Diskussionen über Sehnenscheidenentzündungen und Überstunden waren der festangestellte Orchestermusiker und der nebenberuflich tätige Tanzmusiker zumindest konzeptionell gleichgestellt. Unterschiede des Spielvermögens, des künstlerischen Anspruchs oder der Popularität blieben in dieser materialistischen Konzeption außen vor.

Die diskursive Rahmung von Musikarbeit als körperliche Arbeit könnte erklären, warum die Musikerschaft in einem Moment Solidarität bewahren konnte, in dem sie durch den Aufstieg von Radio und Tonfilm in Gewinner und Verlierer gespalten wurde. Während stark beschäftigte Studiomusiker sowie die Mitglieder namhafter Big Bands gut an Radio- und Filmarbeit verdienten und ihre Rundfunkpopularität auf Konzerttourneen versilberten, verlor in den USA zwischen der Einführung des Tonfilms 1927 und 1931 etwa die Hälfte der Theatermusiker ihren Job[24] – eine Entwicklung, die sich in den Folgejahren weiter fortsetzte und in anderen Ländern ähnlich verlief.[25] Hinzu kam, dass die vom technologischen Wandel ermöglichte Verlagerung (bei gleichzeitiger Reduzierung) der Musikerarbeitsplätze von der Bühne zum Studio mit einer Veränderung des Anforderungsprofils an Musiker einherging. Diese konnten sich vor dem Mikrofon nicht mehr auf ihr Improvisationsgeschick verlassen, sondern waren gezwungen, unter großem Druck exakt und vom Blatt zu spielen.[26] Neue Arbeitsabläufe und die engen sozialen Netzwerke, in denen Studiojobs vergeben wurden, begünstigten die Entstehung eines Sonderbewusstseins unter Musikern, die vor dem Mikrofon ihre Gage verdienten. Entgegen diesen entsolidarisierenden Trends gelang es jedoch der AFM in den 1940er-Jahren, Rückhalt unter den verbliebenen Mitgliedern für einen zunehmend militanten Kurs zu gewinnen und beachtliche Zugeständnisse an die gesamte Musikarbeiterschaft zu erzwingen. Von August 1942 bis zum November 1944 und noch einmal von Januar bis Dezember 1948 bestreikte die AFM die Tonstudios derart effektiv, dass die großen Plattengesellschaften keine neuen Musikaufnahmen produzieren konnten. Der erste »recording ban« führte zur Schaffung eines durch einen Teil des Plattenverkaufspreises finanzierten Fonds, aus dem arbeitslose AFM-Mitglieder für kostenfreie Konzerte bezahlt wurden; der zweite Streik diente dessen Erhaltung, nachdem die Regierung Zahlungen der Industrie an Gewerkschaften ohne Leistungserbringung für ungesetzlich erklärt hatte.[27] Die Mili-

---

23 David-Guillou, Early Musicians' Unions, in: Labour History Review 74 (2009) 3, S. 288-304; hier: S. 290.
24 Kraft, Stage to Studio, 1996, S. 56.
25 Zum britischen Fall siehe: Williamson/Clooney, Players' Work Time, 2016, S. 76-78.
26 Kraft, Stage to Studio, 1996, S. 93.
27 Robin D. G. Kelley, Without a Song. New York Musicians Strike Out Against Technology, in: Howard Zinn/Dana Frank/Robin D. G. Kelley (Hg.), Three Strikes. Miners, Musicians, Salesgirls, and the Fighting Spirit of Labor's Last Century, Boston 2001, S. 119-155; hier: S. 154.

tanz der AFM erscheint umso bemerkenswerter, als sie in eine Zeit fiel, in der Arbeitskämpfe geradezu als unpatriotisch galten und Kommunismusverdacht auf sich zogen.

Einerseits also beförderte die materielle Sicht auf Musikarbeit Solidarität und Schlagkraft der organisierten Musiker. Andererseits bedeutete sie, dass die AFM einseitig an der Vergangenheit von Musik als Dienstleistungsberuf festhielt, während sich abzuzeichnen begann, dass die kommende Herausforderung in der Teilhabe an der immateriellen Wertschöpfung lag. Die Einführung des Tonfilms war bloß der erste von mehreren technologischen Einschnitten, die in den folgenden Jahrzehnten die Nachfrage nach musikalischer Dienstleistung drastisch verminderten. Musikaufnahmen und neue Übertragungstechnologien reduzierten in den folgenden Jahrzehnten immer weiter die Beschäftigung von Musikern in den meisten Rundfunkstationen, Tanzstätten (Stichwort »Diskotheken«), Hotels, Restaurants und so weiter. Zugleich aber nahm die Musikverbreitung auf immer mehr Frequenzen, an immer mehr Orten und mit wachsendem Zeitumfang zu. Vom Supermarkt bis zum Fahrstuhl wurde man fortan mit Musik »berieselt«; die Zahl der Rundfunkkanäle stieg gegen Ende der 1960er- und noch einmal rasant im Zuge der Digitalisierung und Deregulierung der 1980er-Jahre. Mit der Forderung nach dem Erhalt von »lebender Musik« versuchten Musikergewerkschaften eine Entwicklung aufzuhalten, die sie zugleich als Bedrohung von Arbeitsplätzen erkannten und als Verfall ästhetischer Qualität (»canned music«) beklagten.

Die Zukunftsrhetorik der gewerkschaftlich organisierten Musiker war ausgesprochen alarmistisch und beschwor in drastischen Motiven die Angst vor der vollständigen Ersetzung des menschlichen Musikers durch Maschinen. Eine im Oktober 1929 gestartete landesweite Zeitungskampagne der AFM etwa verbreitete die Zeichnung eines Roboters, der eine Harfe malträtiert, ergänzt um die appellierende Unterzeile: »The Robot as an Entertainer: Is his substitution for real music a success?«[28] In der Praxis allerdings nahm sich der gewerkschaftliche Zukunftsbezug durchaus nicht so fatalistisch aus, wie die Rede vom maschinellen Musiker suggeriert. Das Kernproblem wurde auch nicht so sehr in einer bevorstehenden Automatisierung gesehen als vielmehr im Kontrollverlust über den Klang, den die neuen Möglichkeiten von Musikaufnahme und -wiedergabe bedeuteten. Diesem Kontrollverlust begegnete man, wie gezeigt, mit altbewährten Mitteln, nämlich mit Solidarität und Streiks. Optimismus zogen die Musikergewerkschaften außerdem zunächst aus dem festen Vertrauen auf die Präferenz des Publikums für »lebendige« Musik und anwesende Musiker. Dies kommt etwa in britischen Karikaturen aus den Jahren 1929 und 1930 zum Ausdruck, in denen das Kinopublikum den Wiedereinzug einer Kapelle in das Filmtheater bejubelt oder nach »cotton wool« verlangt, um sich vor dem Lärm der »Konservenmusik« zu schützen.[29] Auch in dieser Hinsicht zielte das Musikerhandeln darauf, das Erbe

---

28 Musicians' Federation Starts Ad. Campaign On »Canned« Music, in: Billboard, 2.11.1929, S. 31.
29 Williamson/Clooney, Players' Work Time, 2016, S. 78 f.

einer »besseren« Vergangenheit vor einer bedrohlichen Zukunft zu bewahren. Auf die Logik der immateriellen Wertschöpfung indes ließen sich die Musikergewerkschaften nur insoweit ein, als die Musikproduktion an Mikrofonen einen Hebel bot, um bei Arbeitgebern Druck auszuüben für die Erhaltung von Arbeitsplätzen. Eine langfristige und direkte finanzielle Teilhabe an neuen und zukünftigen Verwertungsmöglichkeiten von Musik war kein zentraler Bestandteil der Gewerkschaftsstrategie. Solche Möglichkeiten waren mit Musik als immateriellem Gegenstand verbunden und lagen der Dienstleistungsorientierung der Gewerkschaften fern.

3 Die Gestaltung von Erwartungszukunft. Verwertungsgesellschaften in der Urheberrechtsökonomie

Für die Songschreiber der Tin Pan Alley, die sich wie eingangs erwähnt von Hit zu Hit hangelten, war die Bildung von Gewerkschaften keine Alternative. Zwar gibt es durchaus Beispiele für lebensfähige Autorengewerkschaften, doch deren Existenz setzte voraus, dass der Anbieterkreis einigermaßen eingegrenzt war, wie etwa unter Drehbuchautoren in Hollywood.[30] Auf Tin Pan Alley war dies nicht der Fall. Gegenwärtiger Erfolg wog weder genug, um Neuankömmlinge vom Markt fernzuhalten, noch um Verleger zu bewegen, bestimmte Autoren über hitlose Zeiten hinweg zu bezahlen. Der am ehesten gangbare Weg aus der prekären Songschreiberexistenz war zunächst individuell und bestand darin, ins Unternehmerlager zu wechseln und sich als Verleger zu betätigen.

Eine alternative, kollektive Möglichkeit des Zukunftsbezugs eröffnete das Konzept der Verwertungsgesellschaft, das in den USA 1914 mit der Gründung der *American Society of Composers, Authors and Publishers* (ASCAP) verwirklicht wurde.[31] Als Gesellschaft für die Verwertung des öffentlichen Aufführungsrechts urheberrechtlich geschützter Kompositionen forderte die ASCAP Gebühren von Musiknutzern wie Hotels, Restaurants und Radiostationen, die Werke aus dem Repertoire der Mitglieder erklingen ließen. Diese Gebühren wurden nach Maßgabe eines Verteilungsplans, der die gegenwärtige Beliebtheit von Songs, frühere Erfolge, langfristige Popularität und Seniorität berücksichtigte, an die vereinigten Verleger, Autoren und Komponisten ausgeschüttet. Die Gründung der ASCAP ging auf die Initiative von Songschreibern zurück, die sich einige Jahre zuvor mit den Verlegern erfolgreich dafür eingesetzt hatten, dass der Copyright Act von 1909 die »mechanische Vervielfältigung« ihrer Musik auf Tonträgern und vor allem Notenrollen für automatische

---

30 Miranda J. Banks, The Writers. A History of American Screenwriters and Their Guild, New Brunswick 2015.
31 Dazu im Detail: John Ryan, The Production of Culture in the Music Industry. The ASCAP-BMI Controversy, Lanham 1985.

Pianos rechtlich schützte und damit lizenzpflichtig machte. Die Schutzfrist wurde auf 28 Jahre festgesetzt, die bei Ablauf und auf Antrag um weitere 28 Jahre verlängert werden konnte. Mit der Einführung einer Zwangsgebühr von zwei Cents für jede Kopie eines »mechanisch vervielfältigten« Liedes wurde das »mechanische Recht« als eine neue Einnahmequelle erschlossen. Dasselbe Gesetz hatte zudem die Aussicht auf die Verwertung des öffentlichen Aufführungsrechts gegeben, zu deren Zweck die ASCAP gegründet wurde. Die Durchsetzung der ASCAP-Ansprüche zog sich allerdings noch eine Weile hin, denn das Prinzip erforderte ein komplettes Umdenken im Musikbusiness. Zuvor hatte das möglichst häufige Spielen von Songs als Reklame für Musiknoten gegolten und im Interesse von Verlegern und Songschreibern gelegen. Verleger hatten daher die Verbreitung ihrer Musik nicht bloß gestattet, sondern durch Zahlungen an Vaudeville-Performer und Gefälligkeiten für Bandleader aktiv befördert. Dass eben diese werbende Verbreitung nun zu einem gebührenpflichtigen Nutzungsrecht erklärt wurde und diejenigen, die eben noch für Werbung Geld erhalten hatten, jetzt für dieselbe Tätigkeit zahlen sollten, stieß bei Musiknutzern auf vorhersehbaren Widerstand. Aber auch die eigenen Reihen ließen sich anfangs kaum schließen. Einige Popverleger bekannten sich mal zur ASCAP, um dann kurz darauf wieder in die alte Logik zurückzufallen und Musiknutzer unter der Hand für die Verbreitung ihrer Songs zu bezahlen.[32]

Erst nach Musterprozessen gegen widerständige Musiknutzer und mit wachsenden Einnahmen von Seiten des Rundfunks erwies sich zumindest für die höher eingestuften ASCAP-Verleger und -Songschreiber der Segen dieser Einrichtung. 1921, im ersten Jahr der ASCAP-Ausschüttungen, hatte von allen Songschreibern Irving Berlin mit $ 742 (knapp $ 10.000 in 2016 gemäß Verbraucherpreisindex) die größte, aber für seine Verhältnisse eher nachrangige Einnahme aus dem sogenannten »kleinen Recht« erzielt. Zehn Jahre später erhielt der Spitzenverdiener unter den ASCAP-Songschreibern $ 5.200 (2016: knapp $ 62.000); 1934 und vor dem Hintergrund einer darniederliegenden Plattenbranche bezeichnete die Fachzeitschrift *Variety* ASCAP-Einkünfte sogar als »the principal source of income for both writer and publisher.«[33]

Zumindest für mehrere Dutzend erfolgreiche Songschreiber (und deren Verleger) eröffnete ASCAP einen Zeithorizont, in dem frühere Erfolge die radikale Unsicherheit der Zukunft ein Stück weit reduzierten. Der Hit von morgen blieb selbstverständlich unvorhersehbar. Relativ sicher war indes, dass Musiknutzer Gebühren zahlten, bei deren Verteilung »track record« eine Rolle spielen würde. Abgesehen davon verschaffte das System der Tantiemenermittlung und des Verteilungsplans »Insidern«

---

32 Mit Beispielen: ebd.; vgl. auch: Russell Sanjek/Dave Sanjek, American Popular Music and Its Business in the 20th Century, New York 1991, S. 18.
33 Zit. n.: Gary Rosen, Unfair to Genius. The Strange and Litigious Career of Ira B. Arnstein, New York 2012, S. 161. Zahlen zur Einkommensentwicklung: ebd., S. 152, 161 f.

Möglichkeiten, ihr Einkommen ein Stück weit vom erratischen Publikumsgeschmack zu entkoppeln. Dass die Zuteilung von ASCAP-Tantiemen nicht etwa nach Maßgabe von Verkaufszahlen geschah, sondern auf der Grundlage von Kapelleneinsätzen und der Nutzungshäufigkeit in Verbreitungsmedien, die wiederum stichprobenartig überprüft wurde, begünstigte Verleger und Songschreiber, welche Bandleader und Programmgestalter überreden konnten, für sie Performancepunkte zu generieren.[34]

In der Wahrnehmung von besonders erfolgreichen und eng vernetzten »Insidern« – allerdings nicht für die aus dem System Ausgeschlossenen, auf die ich weiter unten zurückkommen werde – ließ sich der ungewisse Grund zukünftigen Bedarfs mit Erwartbarkeit überbauen. An die Stelle der radikalen Offenheit selbst der nächsten Zukunft, wie sie das Musikgeschäft auf Tin Pan Alley gekennzeichnet hatte, trat die Vorstellung einer Zukunft als einer sich zyklisch erneuernden Gegenwart. Dies veranschaulicht das Beispiel Irving Berlins, des erfolgreichsten amerikanischen Songschreibers des 20. Jahrhunderts und ASCAP-Spitzenverdieners. Berlin wurde 1888 geboren und migrierte als Fünfjähriger in die USA, wo er sich als Straßensänger verdingte. Auf den Straßen New Yorks lernte Berlin statt Notenlesen, wie man mit einfachen Liedern die Gunst oft unwilliger Passanten oder Cafégäste gewinnt. Mit diesem Praxiswissen versuchte er sich bald als Songschreiber und landete mit »Alexander's Ragtime Band« (1911) seinen ersten großen Hit. Im Unterschied zu dem eingangs erwähnten Paul Dresser gelang es ihm jedoch, sich über Jahrzehnte unter den erfolgreichsten Songschreibern zu halten.

Ein Ausschnitt aus der Korrespondenz Berlins aus dem Frühsommer 1945 veranschaulicht einen Zeithorizont, der eine langfristige Erwartbarkeit mit gestalterischen Elementen verband. Am 4. Juni 1945 skizziert Berlin seinem für die Popularisierung zuständigen General Professional Manager Dave Dreyer seinen Plan für die Etablierung neuer Songs in den kommenden Monaten. »How Deep Is the Ocean« solle Dreyer »bald zu pflanzen beginnen«, sodass die Ballade drei Monate später »richtig Fahrt aufnehme«. Der Beginn der Verbreitung des immergrünen »White Christmas« sei, so Berlin weiter, für den Oktober einzuplanen. Mit Blick auf den voraussichtlich im Januar oder Februar erfolgenden Start des Films »Blue Skies«, der mehrere Berlin-Songs enthält, solle Dreyer im November die Verbreitung von »You Keep Coming Back Like a Song« ansetzen, sodass das Lied zeitgleich mit der Premiere auf den Hitlisten stehe. Mit den Plattenfirmen sei ferner abzusprechen, welche Titel Dreyer im Radio unterzubringen plane. Seine Anweisungen an den am Broadway sitzenden

---

34 Entsprechende Strategien beleuchtet am Beispiel der heute vergessenen, aber Mitte des 20. Jahrhunderts finanziell bemerkenswert erfolgreichen Verlegerkomponisten Barney Young und Gloria Parker der Artikel: Elizabeth York, Barney and Gloria. Revisiting Tin Pan Alley, in: Notes, 73 (2017) 3, S. 473-501.

Dreyer sendet Berlin übrigens aus Hollywood, auf Briefpapier der *Paramount-Studios*.[35]

Berlin entwirft in der Anweisung an seinen Mitarbeiter eine Zukunft, die über Monate hinaus konkret planbar erscheint und sich aller Voraussicht nach zyklisch wiederholen wird. Neue Hits werden »gesät« und reifen mit einer gewissen Wahrscheinlichkeit in drei Monaten zu Erfolgsnummern, sofern der Verlegerkomponist und die Programmgestalter in Filmstudios, Radionetzwerken und Plattenfirmen, die die Songs zugleich popularisieren und für Lizenzeinkünfte sorgten, an einem Strang ziehen. Die im Grunde irreduzible Ungewissheit des Publikumsgeschmacks wird durch diese Gestaltung, die scheinbar natürlichen Gesetzen folgt, regelrecht zum Verschwinden gebracht. Entsprechend ist Berlins Korrespondenz weit gehend frei von Spekulationen darüber, was die Leute morgen hören wollen, was angesichts der politischen Weltlage zum Zeitpunkt der Korrespondenz erstaunen könnte. Die Zukunft schien für Berlin erwartbar, weil er nicht mehr wie noch Anfang des 20. Jahrhunderts direkt vor ein Präsenzpublikum treten musste, sondern in ein soziales Netzwerk eingebunden war, dessen Mitglieder einander ihre übereinstimmende Sicht auf die Erfolgsbedingungen von Popsongs bestätigten – und ganz nebenbei Autoren- und Verlegertantiemen für ihn generierten.

Berlins Anweisungen enthalten planerische Elemente. Die Zukunft wird in Zeitschritte unterteilt, und mit dem »Peatman Audience Coverage and Trend Index«, der die Radiopopularität neuer Songs auf der Grundlage von Funkeinsätzen und potenzieller Hörerschaft punktemäßig bewertete und in eine wöchentliche Rangliste überführte, kam das prominente Planungsinstrument der Statistik zum Einsatz.[36] Dirk van Laaks Unterscheidung zwischen »induktiver« und »deduktiver« Planung folgend, könnte man diese planerischen Elemente jedoch als »notwendige Voraussetzung und Begleiterscheinung des Funktionierens moderner, komplexer und arbeitsteiliger Gesellschaften« betrachten.[37] Was Berlins Zeithorizont zu einer »Gestaltungszukunft« im Sinne von Graf und Herzog fehlt[38], ist ein planerisches Leitbild, das über eine defizitäre Gegenwart hinausweist und gestaltend zu verwirklichen wäre, ganz zu schweigen von starken Überzeugungen von der Überlegenheit der eigenen Sicht gegenüber

---

35 Irving Berlin an Dave Dreyer, 4.6.1945, Irving Berlin Collection, Library of Congress, Washington DC, Box 324, Ordner 2, unpaginiert.
36 Die Funktionsweise des Index wird erklärt in: Peatman ACI Rating System. Actual Ears ACI Tabbed, in: Billboard, 30.6.1945, S. 13, 17. Bis Mitte 1947 war das »Peatman«-System das wichtigste Marktbeobachtungsinstrument für das Team um Berlin. Vgl. den Brief von Dreyer an Berlin v. 22.7.1947, Irving Berlin Collection, Library of Congress, Washington DC, Box 317, Ordner 31, unpaginiert.
37 Dirk van Laak, Planung, Planbarkeit und Planungseuphorie, Version: 1.0, in: Docupedia-Zeitgeschichte, 16.2.2010, URL: <http://docupedia.de/zg/van_laak_planung_v1_de_2010> (2.4.2019).
38 Graf/Herzog, Geschichte der Zukunftsvorstellungen, in: GG 42 (2016), S. 497-515; hier: S. 508-510.

alternativen Zukunftsvisionen. Für den Songschreiber bestand die Herausforderung allein darin, den Anschluss an eine sich zyklisch erneuernde Gegenwart zu halten. Weitergehende Eingriffe schienen für ihn wie für andere von der ASCAP-Begünstigte auch gar nicht nötig. Mit dem Urheberrecht an der Seite konnten sie der Zukunft optimistisch entgegensehen. Technologische Neuerungen bedeuteten für sie – im Unterschied zu den ausführenden Musikern – allenfalls zeitweilig den Verlust der Kontrolle über das eigene Produkt, die man per Musterklage gerichtlich zurückgewinnen und im selben Zug in eine neue Verwertungsmöglichkeit verwandeln würde.[39] Das Vertrauen in die Gleichförmigkeit des zeitlichen Ablaufs manifestierte sich ferner in großer stilistischer Homogenität. Die Gesellschaft bestand weit überwiegend aus weißen Songschreibern und Verlegern vorwiegend von der Ostküste, deren Repertoire stark von unanstößigen, romantischen Liebesliedern geprägt war.[40] Von den buntscheckigen Außenseitern, den ständigen Auf- und Absteigern der Tin Pan Alley waren die in graue Anzüge gekleideten ASCAP-Spitzenverdiener Welten entfernt.

Die scheinbare Erwartbarkeit der Zukunft als zyklische Neuauflage der Gegenwart ging einher mit scharfen Ausschlüssen. Der Erfolgserwartung unter den »Insidern« entsprach die hohe Wahrscheinlichkeit, dass Randständige erst gar nicht zum Zuge kommen würden. Rundfunkgesellschaften schlossen Pauschalverträge mit der ASCAP ab, die den Sendern Zugriff auf den gesamten Katalog der etablierten und erprobten Hitautoren und -verlage gewährten. Infolgedessen hatten Programmgestalter gar kein Interesse daran, Stücke unerprobter Songschreiber in ihr Programm zu nehmen. Angebote von Komponisten, die den Sendern ihre Werke zur kostenfreien Ausstrahlung zusandten, aber nicht der ASCAP angehörten, wurden mit dem Hinweis auf bestehende Vertragsbeziehungen dankend abgelehnt.[41] Die um 1930 beginnende rapide Konzentration der Musikwirtschaft trug ihren Teil dazu bei, die Zugangsschwelle für Neuankömmlinge anzuheben und Erwartungsgewissheit zu steigern. Marginalisierte Sounds und deren Produzenten vermochten die Sichtweise der voll in das Netzwerk oligopolistischer Platten-, Radio- und Filmgesellschaften integrierten Hüter mehrheitsfähiger Unterhaltungsmusik – zumindest bis Mitte der 1950er-Jahre – nicht zu irritieren. Dies veranschaulicht ein Brief Dreyers an Berlin aus dem Februar 1947, mit dem der Promoter seinem Chef die *Cash-Box*-Hitliste der zehn am häufigsten in Jukeboxen gespielten Songs nach Hollywood schickte. Musikautomaten waren in Kneipen aufgestellt, in denen ganz andere Sounds gefragt waren als die, auf die Berlin sich spezialisiert hatte. Entsprechend boten die Jukeboxcharts ein ganz anderes Bild des Musikmarktes als die auf Rundfunk, Kino und Broadwayshows ge-

---

39 Ein Beispiel aus dem Zeitraum um 1945 war die Diskussion um »factory music«, welche zur Motivation von Arbeitern in Betrieben über neue »Public Address«-Systeme gespielt und von der ASCAP sogleich als mögliche Gebührenquelle entdeckt wurde. Vgl.: ASCAP's Gold In Them Thar Mills, in: Variety, 27.9.1944, S. 1, 46.
40 Ebd., S. 65, 73 (Tab. 4.1).
41 Beispiele in: Ryan, Production of Culture Perspective, 1985, S. 44 f.

richtete ASCAP-Perspektive. Bemerkenswert ist, wie einfach Dreyer meint, die alternative Sicht auf den Musikmarkt ignorieren zu können. Sein Kommentar beschränkt sich auf die Bemerkung: »I don't think it will prove anything, however, it will give you a complete picture of the recording of the ten top tunes.«[42]

Verwertungsgesellschaften und die Konzentration der Musikwirtschaft unter dem Eindruck der neuen Medien Tonfilm und Radio spielten also eine zentrale Rolle in der Erzeugung einer Erwartungszukunft, welche »Insidern« Rechteeinnahmen sicherte und sie gegen die prinzipielle Ungewissheit der Nachfrage isolierte. Bei den »nachschaffenden« Instrumentalisten lagen die Dinge ein wenig anders. Sie hatten zwar in der Regel keinen Anteil am *Werk* und dessen öffentlicher Aufführung, doch konnten sie durchaus an den Rechten der Musik*aufnahme* partizipieren, sofern der Gesetzgeber diese nicht voll und ganz den Tonträgergesellschaften zuerkannte. Dies illustriert das britische Beispiel, in dem ausführende Musiker Einkünfte aus einer Verwertungsgesellschaft, nämlich der *Phonographic Performance Limited* (PPL), bezogen.[43] Die PPL wurde 1934 von den beiden großen Plattengesellschaften *EMI* und *Decca* gegründet, die angesichts sinkender Verkaufszahlen vom öffentlichen Abspielen ihrer Aufnahmen profitieren wollten und für das, was sie zuvor als kostenlose Werbung ihrer Produkte gestattet hatten, Gebühren verlangten. Wie in der Etablierungsphase von Verwertungsgesellschaften üblich, setzte die PPL ihre Forderungen in Musterprozessen gegen Musikverbraucher durch. Da aber das Aufführungsrecht an Musikaufnahmen kein Gesetzesrecht war, blieb der Anspruch der Plattengesellschaften anfällig für mögliche Forderungen von Autoren und ausführenden Musikern. Um den offenen Streit mit den letzteren zu vermeiden, erkannte die PPL deren Anrechte grundsätzlich an. 1946 schloss die PPL mit der MU ein Abkommen, welche der Gewerkschaft einen Anteil aus den PPL-Einnahmen sicherte. Die MU war nicht primär an den Tantiemen selbst interessiert, sondern betrachtete die Absprache in erster Linie als Hebel, um die Ersetzung »lebendiger« Musik durch Aufnahmen einzudämmen. So bewegte die MU die PPL unter anderem dazu, den Gebrauch von Tonträgern in Tanzstätten nicht zu erlauben, wenn dadurch Arbeitsplätze für Tanzmusiker wegrationalisiert würden. Ungeachtet der Tatsache, dass die MU PPL-Lizenzen zuvörderst als Mittel sah, die Zukunft der Musikdienstleistung zu bewahren, hielt mit dem »PPL agreement« das Prinzip der kollektiven Rechteverwertung Einzug in die Arbeitswelt der nachschaffenden Musiker. Diese Welt veränderte sich in der zweiten Hälfte des 20. Jahrhunderts für immer mehr Musikarbeiter von einer Dienstleistungsbranche zu einem Zweig der Rechteindustrie, mit Auswirkungen auf kollektive und individuelle Zukunftsbezüge.

---

42 Dave Dreyer an Irving Berlin, 6.2.1947, Irving Berlin Collection, Library of Congress, Washington DC, Box 324, Ordner 3, unpaginiert.
43 Zum Nachfolgenden siehe: John Williamson, Cooperation and Conflict. The British Musicians' Union, Musical Labour and Copyright in the UK, in: MusiCultures, 40 (2014) 2, S. 73-92.

4 Individuelle Spekulation und kollektive Zukunftsbezüge von Selbstunternehmern wider Willen

Nachdem arrivierte Songschreiber und gewerkschaftlich organisierte Instrumentalisten bis in die 1960er-Jahre hinein ihr Handeln an kollektiv geteilten Erwartungs- und Erhaltungszukünften ausgerichtet hatten, individualisierte sich für viele Musikschaffende der Zeithorizont in den darauf folgenden Jahrzehnten aus mehreren Gründen. Zu nennen ist zunächst einmal der technologische Wandel, der die weit gehende Ersetzung »lebender« Musik durch Tonträgeraufnahmen gestattete. Der wachsende Bedarf an Musikaufnahmen für die steigende Zahl von Verbreitungskanälen hat dabei offenbar nicht zu einer größeren Zunahme von Arbeitsplätzen für hochgradig spezialisierte Studiomusiker_innen geführt, welche den ständigen Abbau von Arbeitsplätzen im »Live«-Sektor nach der Tonfilmumstellung kompensiert hätte. Beschäftigten Hollywoods Filmproduktionsfirmen am Ende des Zweiten Weltkriegs zweihundertfünfzig Instrumentalisten in Vollzeit und weitere fünftausend Musiker in Teilzeit[44], verdienten in Los Angeles gut fünfzig Jahre später geschätzte fünf- bis sechshundert Musiker ihr Geld in Film- und Fernsehstudios.[45] In diesem äußerst kleinen Kreis der »hired guns« dürfte man noch ein auf Erhaltung zielendes Zukunftshandeln finden. Doch lässt sich auch dort ein Umdenken beobachten, seitdem Studiomusiker versuchen, den eigenen »kreativen« Beitrag zu einschlägigen Aufnahmen öffentlich sichtbar zu machen. Die Erzählung von den namenlosen Studiomusikern, deren Effizienz und Einfallsreichtum vor dem Mikrofon die größten Rock- und Popstars ihre Hits verdanken, trägt eine ganze Reihe jüngerer Monografien, Dokumentarfilme und Autobiografien.[46]

Dass mittlerweile selbst die von handwerklicher Vielseitigkeit lebenden Sessionmusiker von Kreativität und Selbstverwirklichung sprechen, zeigt an, wie weit sich diese individuellen Aspirationen als Leitwerte innerhalb der Musikerschaft etabliert haben. Mit ihrer Durchsetzung ab Mitte der 1960er-Jahre ging eine gewandelte Selbstsicht einher. Berufsrollen waren fortan wieder unschärfer definiert und wurden flexibel gewechselt; man nahm erklärtermaßen ein größeres Maß an persönlichem Risiko in Kauf. Der Andrang auf den Musikmarkt nahm zu, weil neue Technologien den Zugang erleichterten und Vorbilder diesen Schritt inspirierten. Seit den 1990er-Jahren wurden zudem immer mehr junge Leute gezielt für die Branche ausgebildet und die professionelle Orientierung unter aufstrebenden Kreativen gefördert. Mit Blick

---

44 Kraft, Stage to Studio, 1996, S. 162.
45 Jon Burlingame, Studio Musicians Have Meaty Chops. Crazy, competitive, lucrative life for players in film and television, in: Variety, 17, 23.11.1997, S. 33 f.
46 Siehe unter anderem: Carla Jean Whitly, Muscle Shoals Sound Studio. How the Swampers Changed American Music, Charleston 2014; Denny Tedesco (Reg.), The Wrecking Crew! The Story of the Unsung Musicians, New York 2015; Vic Flick, Guitarman. From James Bond to The Beatles and Beyond, Albany 2008.

auf die Notwendigkeiten der Selbstvermarktung akzeptieren Musiker heute nolens volens die Zuschreibung des Selbstunternehmers, distanzieren sich jedoch zugleich unter Betonung ihrer intrinsischen Motivation von utilitaristischem Profitstreben.[47]

In mancher Hinsicht ähnelt die heutige Arbeitswelt der musikalischen Selbstunternehmer_innen der Tin Pan Alley hundert Jahre früher. So wird unter anderem an der gegenwärtigen Kreativarbeit oft die Notwendigkeit der sozialen Netzwerkbildung hervorgehoben, die bereits für Theodore Dreisers Zeitgenossen essentiell wichtig war.[48] Auch das improvisierende Generalistentum heutiger kreativer Selbstunternehmer erinnert an die »jacks of all trades«, welche um 1900 am unteren Ende des Broadway mit Musik Geschäfte machten. Bezüglich des professionellen Selbstverständnisses jedoch gibt es große Unterschiede zwischen gegenwärtigen unternehmerischen Musikern und ihren Vorläufern zu Beginn und zur Mitte des 20. Jahrhunderts. Diese zeigen sich nicht zuletzt in differenten Auffassungen darüber, was »gute« Arbeit bedeutet. Die Bemühungen der Autoren und Performer auf der »Alley« hatten primär auf den Zuspruch eines möglichst großen, aber launenhaften Publikums gezielt. Dessen Gunst überstrahlte augenblicklich alle Ablehnung, die den sozial wie künstlerisch marginalisierten Pfeifkomponisten und Semiprofessionellen aus der Welt der Kunstmusik entgegenschlug. Ein anderes Extrem bildeten die gewerkschaftlich und in Verwertungsgesellschaften organisierten Musiker insbesondere der Periode von den 1930ern bis in die 1950er-Jahre, die sich in der Bewertung ihrer eigenen Arbeit an den professionellen Maßstäben der Peergruppe orientierten. Die Ausrichtung an der Kollegenschaft führte etwa unter Studio- und Tanzmusikern dazu, dass diese enge Gemeinschaften bildeten, auf das ahnungslose Publikum herabschauten oder »vorgesetzte« Produzenten und Mitglieder anderer Berufsgruppen wie Toningenieure an der Nase herumführten.[49] Die widerwilligen Musikunternehmer der Gegenwart dagegen behaupten oft, dass für sie Erfolg in der Authentizität des eigenen Ausdrucks liege. Möglichst keine Zugeständnisse an das Musikbusiness machen zu müssen und trotzdem ein Publikum zu finden, beschreibt den erklärten Idealfall.[50]

Diese Haltung wurde von Rockmusikern kultiviert, die Mitte der 1960er-Jahre in Abgrenzung zu ausführenden Musikern und Songschreibern früherer Zeiten in Verbindung dieser beiden Berufsrollen dazu übergingen, eigene Stücke zu schreiben und

---

47 Haynes/Marshall, Reluctant Entrepreneurs in: British Journal of Sociology, 69 (2018) 2, S. 459-482.
48 Kritisch etwa: Charles Umney/Lefteris Kretsos, Creative Labour and Collective Interaction. The Working Lives of Young Jazz Musicians in London, in: Work, Employment and Society, 28 (2014) 4, S. 571-588.
49 Howard S. Becker, The Professional Dance Musician and His Audience, in: American Journal of Sociology, 57 (1951) 2, S. 136-144. Zu Studiomusikern: Gordon Thompson, Please, Please, Me. Sixties Pop, Inside Out, New York 2008, S. 250-268.
50 Daniel B. Cornfield, Beyond the Beat. Musicians Building Community in Nashville, Princeton 2015, S. 71 f., 78 f., 85 f.

nach eigenen Vorstellungen aufzunehmen.⁵¹ Dies ist seither im Popmusikbusiness üblich. Davon abgesehen fassten Rockmusiker_innen mit ihrem Sound und ihrem Ethos Fuß in anderen Produktionsbereichen und Genres jenseits der sozialen Welt der Rockmusik, was dazu beitrug, die auf Authentizität basierende Orientierung weiter zu verbreiten.⁵²

Selbstverständlich gelang nur einer kleinen Minderheit von Bands der Aufstieg zu Ruhm und Geld. Jedoch schienen diese wenigen Beispiele den vielen Hoffnungsfrohen zu beweisen, dass sich in der Musikwirtschaft Selbstverwirklichung mit einer Karriere verbinden ließ, und zwar gerade dann, wenn man kompromisslos an der eigenen künstlerischen Vision festhielt. Das Modell war an Attraktivität kaum zu übertreffen, da es das individualisierte Musikerschicksal gegen (Selbst-)Zweifel abschirmte. Dass die Erfolgswahrnehmung von sozialen Faktoren entkoppelt war, bedeutete zum einen, dass grundsätzlich jeder eine Chance sehen konnte, für die musikalische Selbstverwirklichung finanziell belohnt zu werden. »Rock musicians ›bootstrap‹ themselves into existence, instantaneously invoking an identity which is perhaps only a claim«, schreibt H. Stith Bennett pointiert in seiner in den frühen 1970er-Jahren durchgeführten Ethnografie amerikanischer Rockmusiker. Noch wichtiger indes ist, dass diese Idealvorstellung der großen Mehrheit derer, die es nicht zu Ruhm und Geld brachten, als »coping strategy« diente. So konnte man die Tatsache, dass man keinen Plattenvertrag angeboten bekam, als Ausweis der eigenen Kompromisslosigkeit deuten. Sara Cohen hat in ihrer Studie zu Liverpooler Rockbands Mitte der 1980er-Jahre unter anderem nach den Erfolgsstrategien von Bands gefragt. Dabei fand sie heraus, dass Musiker zwar stets in einem unspezifischen Sinn vom Plattenvertrag als Beleg dafür sprachen, »es geschafft« zu haben. Ihre tatsächlichen Bemühungen um einen solchen Vertrag sowie ihr Verständnis des betreffenden Kontraktverhältnisses (bei dem es sich faktisch um eine Art von Kredit handelte) waren jedoch meist ausgesprochen uninformiert und halbherzig, wenn nicht sogar kontraproduktiv. Die Liverpooler *Jactars* etwa betranken sich vor ihrer Fahrt nach London, wo sie sich ohne jede Vorbereitung auf dem Weg zur Niederlassung der Plattengesellschaft auch prompt verliefen. Auf Umwegen doch am Ziel angelangt, überwanden sie ihre Scham über die »Bettelei« und stießen tatsächlich auf Interesse. Doch am Ende

---

51   Zum Aufstieg der Rockmusik zusammenfassend: Klaus Nathaus, Why was there a »Rock Revolution« in Britain? Comparing the Production and Evaluation of Popular Music in Britain and West Germany, 1950–1980, in: Christiane Eisenberg/Andreas Gestrich (Hg.), The Cultural Industries in the Late Nineteenth and Twentieth Centuries: Britain and Germany Compared [= Beiträge zur England-Forschung, Bd. 65], Augsburg 2012, S. 77-91.
52   Rockmusiker hielten unter anderem und gegen anfängliche Widerstände Einzug in die Herstellung von Musik zu Reklamezwecken (Timothy D. Taylor, The Sounds of Capitalism. Advertising, Music, and the Conquest of Culture, Chicago 2012, S. 162) sowie in die Produktion von Pop-Hits, wie der Werdegang des Schweden Max Martin vom »Metalhead« zum erfolgreichsten Hitproduzenten der jüngsten Vergangenheit verdeutlicht: John Seabrook, The Song Machine. How to Make a Hit, London 2015, S. 64-67.

versandete die dilettantische Initiative, weil die Band ihrerseits die Sache nicht konsequent weiterverfolgte.[53]

Auf den ersten Blick erscheint der Zukunftsbezug derer, die sich von Musikbusiness und -profession abwandten und sich selbst im kompromisslosen Ausdruck zu verwirklichen suchten, als rein spekulative Hoffnung auf ein geneigtes Schicksal. Doch greift eine solche Sicht zu kurz, denn die scheinbare Dysfunktionalität der Selbstverwirklichung ist in gewisser Hinsicht rational und zielführend. Vorauszusetzen ist, dass man, um überhaupt praktische Schritte in eine vollkommen ungewiss erscheinende Zukunft machen zu können, letztlich doch sozialer Strategien bedarf. Und so legitimiert und unterstützt die Rede vom authentischen Ausdruck die Bemühungen von Musikern, Unterstützung von Seiten der eigenen Familie, von Freunden und aus einer »Szene« zu mobilisieren. Diese Art von Mobilisierung muss von utilitaristischen Motiven frei bleiben, wenn sie gelingen soll. Die individuelle Fokussierung auf den eigenen Ausdruck als Erfolgskriterium führt die kreativen Selbstunternehmer wider Willen also zu dem Paradox, dass sie um ihres ökonomischen Überlebens willen Desinteresse am Ökonomischen zeigen müssen. Das ist zunächst einmal der Rekrutierung dieser Musiker in Gewerkschaften und anderen Organisationen abträglich, die offen ökonomische Interessen vertreten und »Fairness« zum Thema machen. Die AFM verzeichnet entsprechend einen dramatischen Mitgliederschwund von 255.000 (1955) auf gut 76.000 (2015); Sarah Cohen fand, dass im Leben der von ihr befragten Musiker die MU kaum eine Rolle spielte.[54] Die faktische Abhängigkeit von informellen Unterstützern hat überdies zur Folge, dass die Musikerschaft im Vergleich zu Tin Pan Alley, zu den Orchestergräben der Varietétheater oder zu den Tonstudios der 1950er-Jahre sozial sehr viel exklusiver geworden ist.[55] Wer sich erklärtermaßen von Publikumsgeschmack und utilitaristischer Selbstorganisation fernhält, verlässt sich notwendigerweise auf private Anschubfinanzierung, da man sich individuell nicht zur Zukunft verhalten kann.

---

53 Sarah Cohen, Rock Culture in Liverpool. Popular Music in the Making, Oxford 1991, S. 121-123.
54 Cornfield, Beyond the Beat, 2015, S. 121; URL: <https://www.unionfacts.com/union/Musicians, 2015>, (2.4.2019); Cohen, Rock Culture in Liverpool, S. 65.
55 Dave O'Brien/Daniel Laurison/Andrew Miles/Sam Friedman, Are the Creative Industries Meritocratic? An Analysis of the 2014 British Labour Force Survey, in: Cultural Trends, 25 (2016) 2, S. 116-131; Kate Oakley/Dave O'Brien, Learning to Labour Unequally. Understanding the Relationship Between Cultural Production, Cultural Consumption and Inequality, in: Social Identities, 22 (2016) 5, S. 471-486; Angela McRobbie, Clubs to Companies. Notes on the Decline of Political Culture in Speeded Up Creative Worlds, in: Cultural Studies, 16 (2002) 4, S. 516-531.

5 Ausblick

Ausgehend von Tin Pan Alley um 1900 als »Nullpunkt« der Zukunftserwartung unter Songschreibern und Performern, hat der vorliegende Beitrag unterschiedliche Strategien von Musikern im Umgang mit Ungewissheit skizziert. Gewerkschaften erwiesen sich zunächst und zumindest bis zur Tonfilmumstellung und später für zahlreiche Studiomusiker als durchaus wirkmächtige Organisationen, um angemessene Bezahlung und Konditionen zu erstreiten. Fokussiert auf die Erhaltung des Dienstleistungsberufs »Musiker« hatten Gewerkschaften jedoch Schwierigkeiten mit der Verlagerung der Wertschöpfung hin zur Verwertung von Tonaufnahmen und Lizenzen. Für die Verteilung von Einkünften aus immateriellen Musikrechten wurden im 20. Jahrhundert Verwertungsgesellschaften gegründet, denen neben Verlegern (im Fall von ASCAP, BMI und PRS) und Plattenfirmen (im Fall der PPL) auch Komponisten, Autoren und im UK »nachschaffende« Musiker angehörten. Die erfolgreichsten MUSIKER und Songschreiber partizipierten auf diese Weise an den sehr ungleich verteilten Einkünften aus einer beständig wachsenden und sich verzweigenden Urheberrechtsökonomie.[56]

Zu den Profiteuren des Branchenwachstums gehörten ab der zweiten Hälfte des 20. Jahrhunderts auch Rockmusiker, die ein neues Selbstverständnis des Musikerberufs etablierten. Dieses Verständnis kombinierte das ältere Konzept des sich selbst im Werk verwirklichenden Künstlers mit der Idee, dass dieses Werk zugleich Gemeinschaft stiftet – und so quasi nebenbei für die notwendige materielle Unterstützung sorgt. Für Musiker, die üblicherweise aus solchen Szenen stammten und sich berufen fühlten, erscheint dieses Selbstbild attraktiv und plausibel. Doch führt diese Strategie weg von kollektiver Einflussnahme über Zusammenarbeit in Gewerkschaften oder Verwertungsgesellschaften und ist realistisch nur gangbar für Musiker, denen nicht die Arbeit, sondern die sozioökonomische Herkunft die Zukunft sichert. Die gegenwärtige Ungewissheit ähnelt somit weniger dem Szenario auf der Tin Pan Alley als der Situation im 19. Jahrhundert, als Musiker unter Berufung auf den intrinsischen Wert des Werks »content« für ein sich über Kunst definierendes Bürgertum schufen. Im Unterschied zu damals hat sich allerdings seither eine profitträchtige Musikindustrie herausgebildet, an deren Einkünften die musikalischen Selbstunternehmer wider Willen, welche die gegenwärtig dominierenden Arbeitsverhältnisse und das herrschende Berufsethos repräsentieren, erklären, gar nicht so sehr interessiert zu sein.

---

56 Kristin Thomson, Roles, Revenue, and Responsibilities. The Changing Nature of Being a Working Musician, in: Work and Occupations, 40 (2013) 4, S. 514-525: Sie ermittelte 2010 in den USA insgesamt 42 unterschiedliche Einkommensarten aus Musikarbeit, darunter zahlreiche aus Lizenzen und Rechten.

Franziska Rehlinghaus

Ein Experimentierfeld für die Zukunft. Betriebliche Weiterbildung in der Bundesrepublik der 1970er-Jahre

1 Einleitung

In wirtschaftshistorischer Literatur zur Geschichte des 20. Jahrhunderts ist der Stellenwert von Zukunft als Erklärungsfigur für ökonomische Entwicklungen in letzter Zeit vermehrt thematisiert worden. Zwei Anwendungsfelder haben sich dabei als besonders aussagekräftig erwiesen: Einmal wurden ökonomische Investitionen als eine direkte Anlage in eine antizipierte Zukunft interpretiert und der Umgang mit ihren Risiken untersucht.[1] Die Thematisierung von Zukunft erscheint hier in Form einer Erwartungshaltung auf einen Gewinn, die maßgeblich durch den Akt der Investition mitgestaltet wird. »Decisions are explained by the present value of expected future rewards.«[2] Der andere Anwendungsfall betrifft unternehmerisches Handeln als eine Form der Zukunftsstrategie. Ausgehend vom Modell des »Schumpeterschen Unternehmers« wird der Wille zur Innovation und ihre Umsetzung als entscheidender Faktor für die dynamische Entwicklung des Kapitalismus und das Wachstum der Märkte beschrieben.[3] Soziolog_innen wie Andreas Reckwitz und Ulrich Bröckling haben die diskursive Übertragung dieser unternehmerischen Qualitäten auf die »Normal-Arbeitnehmer_innen« als Äußerungsform und Faktor einer neoliberalen Marktradikalisierung beschrieben, bei der in der Sozialfigur des »unternehmerischen Selbst« die Forderung nach permanenter Selbstüberschreitung des Individuums mit einer ökonomischen Fortschritts- und Wachstumslogik ineinander fällt.[4]

---

1   Siehe dazu insbesondere die Projekte im DFG-Schwerpunktprogramm »Erfahrung und Erwartung. Historische Grundlagen ökonomischen Handelns«. Hier zuletzt die Beiträge im Jahrbuch für Wirtschaftsgeschichte, 59 (2018) 2. Sowie: Jens Beckert/Hartmut Berghoff, Risk and Uncertainty in the Economy. Historical, Sociological, and Anthropological Perspectives, in: Bulletin of the German Historical Institute Washington, 49 (2011), S. 205-210; Jens Beckert/Richard Bronk (Hg.), Uncertain futures. Imaginaries, narratives, and calculation in the economy, Oxford 2018.
2   Andrew Abbott, Process and Temporality in Sociology. The Idea of Outcome in U.S. Sociology, in: George Steinmetz (Hg.), The politics of method in the human sciences. Positivism and its epistemological others, Durham/London 2005, S. 393-426; hier: S. 406.
3   Joseph A. Schumpeter, Theorie der wirtschaftlichen Entwicklung, Leipzig 1912.
4   Andreas Reckwitz, Die Erfindung der Kreativität. Zum Prozess gesellschaftlicher Ästhetisierung, Frankfurt a. M. 2012; Ulrich Bröckling, Das unternehmerische Selbst. Soziologie einer Subjektivierungsform, Frankfurt a. M. ⁵2013.

Beiden Ansätzen ist gemeinsam, dass sie die ökonomische Beziehung zur Zukunft nicht allein als vergangene Vorstellungen künftiger Entwicklungen begreifen, sondern sie als distinkte Formen eines Zukunftsverhaltens untersuchen, das sich in konkreten Praktiken manifestiert. Diese Sicht korrespondiert mit neueren Ansätzen der historischen Zukunftsforschung, die angesichts der Pluralisierung zeitgeschichtlicher Zukunftsvorstellungen dafür plädieren, sich vermehrt auf die »mentalen, sprachlichen und praktischen Strukturen und Verfahren« zu fokussieren, »im Rahmen derer sich Menschen im 20. Jahrhundert auf Zukunft bezogen beziehungsweise diese überhaupt erst erzeugt haben.«[5] Der Blick auf die verschiedenen »Generierungsmodi von Zukunft«, die Rüdiger Graf und Benjamin Herzog vorgeschlagen haben, hat die Debatte über die Möglichkeiten und Grenzen einer praxeologischen Analyse vergangener Zukünfte zweifelsohne belebt.[6] Eingeordnet in dieses Modell könnte man ökonomische Investitionen als eine Form der »Erwartungszukunft«, Innovationen hingegen als Ausdruck einer »Gestaltungszukunft« unternehmerischen Handelns begreifen, wobei in beiden Modi auch immer mit dem Risiko des Scheiterns kalkuliert wurde. Die Trennung der Kategorien erwiese sich nicht nur in dieser Hinsicht als unscharf.

Dabei wird stillschweigend vorausgesetzt, dass Individuen in der Geschichte des 20. Jahrhunderts prinzipiell dazu befähigt waren, Zukunft zu generieren, sei es, indem sie sie erwarteten, sie aktiv gestalteten, sie als Risiken kalkulierten oder sie zu bewahren versuchten. Auch wenn es auf den ersten Blick merkwürdig scheint, diese Befähigung anzuzweifeln, erweist sich die Debatte darüber, wie Zukunft eigentlich geschaffen werden kann, selbst als eine historisch Gewordene. Deshalb lohnt es sich, analytisch noch eine Ebene tiefer anzusetzen und die Praktiken zu untersuchen, mit denen Menschen im Laufe der Geschichte dazu befähigt (oder eben auch daran gehindert) werden sollten, Zukunft hervorzubringen, was letztlich eine Frage der Machtverteilung war. Hier geht es also um die historische Frage nach dem »Learning how to do future«, deren Beantwortung immer auch davon abhing, in welchen historischen Kontexten mit welchen Methoden und Zielvorstellungen welche Gruppen von Menschen von wem dazu befähigt wurden, welche Zukunft zu generieren.

In der Retrospektive erwiesen sich die späten 1960er- und die 1970er-Jahre dafür als entscheidende Periode, weil hier systematische Versuche unternommen wurden,

---

5   Rüdiger Graf/Benjamin Herzog, Von der Geschichte der Zukunftsvorstellungen zur Geschichte ihrer Generierung. Probleme und Herausforderungen des Zukunftsbezugs im 20. Jahrhundert, in: Geschichte und Gesellschaft [GG], 42 (2016), S. 497-515; hier: S. 504.

6   Mit einer ähnlichen Stoßrichtung argumentiert das DFG Graduiertenkolleg »Vorsorge, Voraussicht, Vorhersage. Kontingenzbewältigung durch Zukunftshandeln«: Frank Becker/Benjamin Scheller/Ute Schneider (Hg.), Die Ungewissheit des Zukünftigen. Kontingenz in der Geschichte [= Kontingenzgeschichten, Bd. 1], Frankfurt a. M./New York 2016; Markus Bernhardt/Stefan Brakensiek/Benjamin Scheller (Hg.), Ermöglichen und Verhindern. Vom Umgang mit Kontingenz [= Kontingenzgeschichten, Bd. 2], Frankfurt a. M./New York 2016; Stefan Brakensiek/Benjamin Scheller/Christoph Marx (Hg.), Wagnisse. Risiken eingehen, Risiken analysieren, von Risiken erzählen [= Kontingenzgeschichten, Bd. 3], Frankfurt a. M./New York 2017.

Menschen zur Erschaffung von Zukunft zu trainieren. Geprägt waren diese Jahre von zahlreichen didaktischen Entwürfen als Bestandteil gesamtgesellschaftlicher, politischer und wirtschaftlicher Strategien, die zweifelsohne in einem engen Zusammenhang zu einer Zukunftseuphorie standen, die von der historischen Forschung wiederholt konstatiert worden ist.[7] Es entwickelte sich eine bundesweite Debatte darüber, welche Kompetenzen Arbeitnehmer_innen besitzen müssten, um die Gesellschaft als Ganze zukunftsfähig zu erhalten, an der sich Politiker_innen verschiedener Parteien und Ressorts im gleichen Maße beteiligten wie Arbeitgeber- und Arbeitnehmer_innen-Verbände, Kirchen, Bildungsinstitutionen, internationale Organisationen, Forschungsinstitute und viele andere mehr.[8] Ein Ort, an dem diese Kompetenzen ausgebildet werden sollten, war der expandierende Weiterbildungssektor, der die Bildungsfähigkeit von Individuen von Herkunft und Alter zu entkoppeln versprach.

Im Kontext der internationalen Diskussionen über den Wert und die Verwertbarkeit des »lebenslangen Lernens« erwies sich Weiterbildung damit als Zukunftsbegriff par excellence. Schon auf rein sprachlicher Ebene wohnten dem Begriff und seinen Synonymen Prozess-, Steigerungs- und Fortschrittslogiken inne, die zugleich auf ihre gesellschaftliche Funktion verwiesen: Weiterbildung beschrieb eine Gesellschaft in Bewegung, im beständigen Fluss, die dem Stillstand abgeschworen hatte. So stießen im Weiterbildungsfeld ökonomische und technologische Zukunftskonzepte, politische und gesellschaftliche Zukunftsvorstellungen und individuelle Entwicklungshoffnungen aufeinander. Der Sinnkomplex Geschichte – Zukunft – Arbeit – Weiterbildung war vielschichtig: Weiterbildung selbst sollte einerseits zum Mittel der Herstellung einer Zukunft werden, die einen als defizitär empfundenen Zustand der jeweiligen Gegenwartsgesellschaft über den Zugriff auf das Individuum in einen imaginierten, prinzipiell unabgeschlossenen Idealzustand transformierte. Weiterbildung bedeutete hier vornehmlich eine Anpassungsstrategie an eine antizipierte Dynamik, die als steuer- und planbar galt. Zugleich jedoch wurde Weiterbildung zum aktiven Movens gesellschaftlichen Fortschritts ernannt, weil sie Menschen dazu befähigen sollte, das Neue überhaupt erst zu erschaffen. Zukunft wurde in diesem Zusammen-

---

7 Elke Seefried, Der kurze Traum von der steuerbaren Zukunft. Zukunftsforschung in West und Ost in den »langen« 1960er Jahren, in: Lucian Hölscher (Hg.), Die Zukunft des 20. Jahrhunderts. Dimensionen einer historischen Zukunftsforschung, Frankfurt a. M. 2017, S. 179-220; Lucian Hölscher, Die Entdeckung der Zukunft, Göttingen ²2016, S. 296-302; Michael Ruck, Ein kurzer Sommer der konkreten Utopie. Zur westdeutschen Planungsgeschichte der langen 60er Jahre, in: Axel Schildt (Hg.), Dynamische Zeiten. Die 60er Jahre in den beiden deutschen Gesellschaften [= Hamburger Beiträge zur Sozial- und Zeitgeschichte, Bd. 37], Hamburg 2000, S. 362-401; Heinz-Gerhard Haupt/Jörg Requate/Maria Köhler-Baur (Hg.), Aufbruch in die Zukunft. Die 1960er Jahre zwischen Planungseuphorie und kulturellem Wandel, Weilerswist 2004.
8 Ralph Jessen, Zwischen Bildungsökonomie und zivilgesellschaftlicher Mobilisierung. Die doppelte deutsche Bildungsdebatte der sechziger Jahre, in: Heinz-Gerhard Haupt/Jörg Requate/Maria Köhler-Baur (Hg.), Aufbruch in die Zukunft. Die 1960er Jahre zwischen Planungseuphorie und kulturellem Wandel, Weilerswist 2004, S. 209-231.

hang als offen, unbestimmt und gestaltbar gedacht, und sie erforderte damit nicht so sehr die Vermittlung eines etablierten Wissens, sondern bestimmter Einstellungen, Verhaltensweisen und Emotionen. Damit gerieten die sogenannten »soft skills« als Weiterbildungsziele ins Blickfeld.[9]

Die Frage, mit welchen Methoden, mit welchem Material und durch welches Lehrpersonal man Menschen überhaupt beibringen konnte, Zukunft zu erschaffen, war dabei alles andere als trivial. So erschöpfte sich Weiterbildung nie in einer Willensbekundung im diskursiven Raum, sondern vermittelte durch ein Methodenarsenal konkrete Praktiken, die während der Maßnahmen trainiert und im Alltags- und Arbeitsleben des/der Einzelnen wirksam werden sollten. Dabei waren Betriebe nicht nur Anwendungsfelder für das Gelernte, sondern wurden im Laufe der 1970er-Jahre selbst zu den wichtigsten Lernorten in der Bundesrepublik. 1976 verkündete das *Institut der Deutschen Wirtschaft*, dass die Privatwirtschaft Anbieter von 44 Prozent aller Weiterbildungsseminare in Westdeutschland sei und mit über 17 Milliarden DM doppelt so viel in Bildung investiere, wie der Bund für Bildung, Wissenschaft und Forschung zusammen.[10] Der Konnex zwischen Weiterbildung und Arbeit war damit offensichtlich.

Der vorliegende Beitrag widmet sich der Geschichte betrieblicher Weiterbildung der 1970er-Jahre als Geschichte ökonomischen Zukunftshandelns und fragt dazu in einem ersten Schritt nach ihren semantischen Aufladungen, betrachtet anschließend ihre Organisation in ausgewählten bundesdeutschen Unternehmen, um zum Schluss auf ihre Inhalte und Praktiken einzugehen. Im Fokus wird dabei die Genese und Durchführung von Kreativitätskursen stehen. Es wird herausgearbeitet, wie sich hierin verschiedene Zukunftsregime miteinander verzahnten, die an die betroffenen Arbeitnehmer_innen unvereinbare Anforderungen stellten. Entscheidend war dafür die Verquickung von Innovation und Investition als widersprüchliche unternehmerische Zukunftsstrategien, die auf der einen Seite auf eine Offenheit der Zukunft angewiesen waren[11], auf der anderen jedoch auf kalkulierbare Risiken und ihre planerische Einhegung setzten. Der Aufsatz vertritt die These, dass Weiterbildung, als Experimentierfeld für das Zusammenspiel von Zukunft und Arbeit, von einer grundsätzlichen Inkohärenz geprägt war: Diese offenbarte sich zwischen einem sozialen Kontingenz-

---

9 In deutschsprachigen Kontexten war es der Begriff der »Schlüsselqualifikationen«, der auf verhaltensbezogene Fähigkeiten zielte und seit 1972 in verschiedenen Zusammenhängen vom Arbeitsforscher Dieter Mertens in die Weiterbildungsdebatten eingebracht wurde: Dieter Mertens, Schlüsselqualifikationen. Thesen zur Schulung für eine moderne Gesellschaft, in: Mitteilungen aus der Arbeitsmarkt- und Berufsforschung, 7 (1974), S. 36-43.
10 Wirtschaft steigert Bildungsangebot. Bildungsaufwand jetzt über 17 Mrd. Mark, in: Handelsblatt, 21.7.1976.
11 Siehe zum Begriff der Kontingenzgenerierung: Stefan Brakensiek/Christoph Marx/Benjamin Scheller, Wagnisse. Risiken eingehen, Risiken analysieren, von Risiken erzählen, in: dies. (Hg.), Wagnisse. Risiken eingehen, Risiken analysieren, von Risiken erzählen [= Kontingenzgeschichten, Bd. 3], Frankfurt a. M./New York 2017, S. 7-17.

bewusstsein in den vermittelten Inhalten und einer institutionellen Determination in den Weiterbildungsstrukturen. Da diese Inkohärenz letztlich nicht aufgelöst werden konnte, war sie mitverantwortlich dafür, dass die weitreichenden Zukunftshoffnungen, die in den Weiterbildungssektor projiziert wurden, letztlich enttäuscht wurden.

2 Weiterbildung zwischen Apokalypse und Versprechen

Mitte der 1960er-Jahre fand die Humankapitaltheorie endgültig ihren Weg von Amerika auf den europäischen Kontinent, und sie war von ihrem Beginn an eng verknüpft mit der Frage von Bildung und Bildungsfähigkeit.[12] Als Reaktion auf den Sputnikschock hatten Ökonomen wie Jacob Mincer und Gary Beckert Arbeitnehmer_innenbildung als »Prozess der Kapitalbildung in Menschen« identifiziert[13], der sich positiv auf die Leistungsfähigkeit und Produktivität von Gesellschaften auswirken werde. Propagiert wurden solche Ideen auch durch internationale Organisationen wie die OECD, die maßgeblich zur Ökonomisierung von Bildung, aber auch zur Pädagogisierung der Wirtschaft beitrugen. Fortschritt, Ökonomie, Bildung und Zukunft wurden als eine unauflösliche Einheit begriffen: »The O.E.C.D. policy approach [...] may be simply expressed as the recognition that education must be looked upon as an investment which is intimately related to the future of economic and social progress of the individual nations, and of the O.E.C.D. area as a whole.«[14] Als die OECD eine ihrer ersten Konferenzen 1961 in Washington – noch vor den ersten einschlägigen Publikationen zur Humankapitaltheorie – dem Thema »Economic Growth and Investment in Education« widmete, war die Empörung der europäischen Delegierten darüber, dass die Amerikaner den Wert von Bildung allein nach ihrer zukünftigen Rentabilität bewerten wollten, noch groß gewesen.[15] Einige Jahre später hatte sich die Sicht auf die Dinge gewandelt.

In der BRD gewann die Rede über Bildung als Ermöglichungsbedingung gesellschaftlicher Zukunft mit einer Prognose an Fahrt, die apokalyptische Züge aufwies. Georg Picht beschwor 1964 die »Deutsche Bildungskatastrophe« und erschreckte die

---

12 Brigitta Bernet/David Gugerli, »Sputniks Resonanzen«. Der Aufstieg der Humankapitaltheorie im Kalten Krieg. Eine Argumentationsskizze, in: Historische Anthropologie, 3 (2011), S. 433-446; Ruth Rosenberger, Experten für Humankapital. Die Entdeckung des Personalmanagements in der Bundesrepublik Deutschland [= Ordnungssysteme. Studien zur Ideengeschichte der Neuzeit, Bd. 26], München 2008.
13 Jacob Mincer, On-the-job training, Costs, returns, and some implications, in: Journal of political economy, 70 (1962) 5, S. 50-79; hier: S. 50.
14 Zit. n.: Daniel Tröhler, The OECD and Cold War Culture. Thinking historically about Pisa, in: Heinz-Dieter Meyer/Aaron Benavot/David Phillips (Hg.), PISA, Power, and Policy. The emergence of global educational governance [= Oxford Studies in Comparative Education], Oxford 2013, S. 141-162; hier: S. 152.
15 Fritz Heerwagen, Bildung als Kapitalanlage, in: Handelsblatt, 25./26.1.17.

saturierte Gesellschaft des Wirtschaftswunder-Deutschlands mit einem nahe bevorstehenden »dritten großen Zusammenbruch der deutschen Geschichte in diesem Jahrhundert«.[16] Mit Äußerungen wie dieser knüpfte er an vergangene Erfahrungen zweier verlustreicher Weltkriege, physischer und mentaler Destruktion und weltpolitischer Unterlegenheit an, die er umstandslos in die Zukunft fortschrieb. Picht hatte so den Grundstein dafür gelegt, dass das Reden über Bildung (eigentlich bis heute) häufig mit einer Angstkommunikation vor einem drohenden Untergang verbunden wird, der wiederum gemeingesellschaftliches, gesetzgeberisches und individuelles Handeln einforderte. Mit Pichts Apokalypse mutierte Bildung, wie Joachim Radkau es formuliert hat, von einem Traditions- zu einem Zukunftsbegriff.[17]

Die alarmierenden Aussagen gaben den Startschuss für eine umfassende Bildungsplanungspolitik, die aus den zukünftigen Erfordernissen von Wirtschaft und Arbeitsmarkt, den technologischen Entwicklungen und dem demografischen und gesellschaftlichen Strukturwandel langfristige Konzepte für sämtliche Bildungsbereiche ableitete. Mit der sozialliberalen Koalition wurde der bis dahin vollkommen unregulierte Weiterbildungssektor zur vierten Säule des Bildungswesens geadelt.[18] Dem vorausgegangen war eine bemerkenswerte Symbiose zwischen einer politisch induzierten Bildungsexpansion, der es mit gewerkschaftlicher Unterstützung vordergründig vornehmlich um individuelle Emanzipation und soziale Gerechtigkeit ging, und ökonomischen Humankapitaltheorien. Ein umfassender Bericht der Bundesregierung vom 13. Oktober 1967 stellte fest, dass ein zu erwartendes und erwünschtes Wirtschaftswachstum der kommenden Jahre »nicht mehr in nennenswertem Umfang aus einer Zunahme des Arbeitsvolumens resultieren wird«, sondern hauptsächlich aus der »Verbesserung der Leistungsfähigkeit des menschlichen ›Kapitals‹ und [der] qualitative[n] Verbesserung der Arbeitsleistungen«.[19] Faktisch meinte das, dass sich der zukünftige Zustand der Gesellschaft vornehmlich durch die Qualität der erbrachten Arbeit bestimmen werde, die hauptsächlich von der Qualifizierung der arbeitenden Menschen abhing. Die Rationalisierung der Produktion als Garant ökonomischen Wachstums hatte ein Konkurrenzmodell erhalten. Der Qualifizierungsbegriff bezeichnete in diesem Zusammenhang noch formal erworbenes und akkumuliertes Wissen und Können in definierten Bereichen.

---

16 Georg Picht, Die deutsche Bildungskatastrophe. Analyse und Dokumentation, Olten 1964, S. 87.
17 Joachim Radkau, Geschichte der Zukunft. Prognosen, Visionen, Irrungen in Deutschland von 1945 bis heute, München 2017, S. 210.
18 Deutscher Bildungsrat, Empfehlungen der Bildungskommission. Strukturplan für das Bildungswesen, Bonn 1970, S. 54-57.
19 Deutsche Bundesregierung, Bericht über den Stand der Maßnahmen auf dem Gebiet der Bildungsplanung (13.10.1967), Bundestagsdrucksache V/2166, S. 12.

Hinzu kam ein weiteres: Befördert durch internationale Debatten zur »education permanente« oder dem Konzept des »lifelong learning«[20] setzte sich auch in der Bundesrepublik die Vorstellung durch, dass das Wissen, das Menschen mit einer abgeschlossenen Ausbildung in den Arbeitsprozess einbrachten, eine immer kürzere Halbwertszeit besaß, die mit mathematischen Formeln berechnet werden konnte. Dahinter stand die Überzeugung einer bestimmten Zeitgebundenheit von Bildung, die immer wieder drohte, von einem allgemeinen Fortschritt abgehängt zu werden und dabei regelrecht zu zerfallen. In einer Rede zum Thema »Fortbildung als unternehmerische Aufgabe« führte der *Bayer*-Vorstand Herbert Grünewald 1968 den dahinterstehenden Gedanken folgendermaßen aus: Während für vergangene Generationen gerade die »Erfahrung« die Grundlage einer »natürliche[n] Überlegenheit« gewesen sei, verliere »das Wissen um das ›Know how von gestern‹ […] umso schneller an Wert, je rascher die Entwicklung fortschreitet. […] Warum veraltet unsere Ausbildung und das Wissen aus Lehre und Studium so schnell? Die Hauptgründe liegen in der rapiden Vergrößerung unserer technologischen und wissenschaftlichen Kenntnis.«[21] Deutlich erkennt man hieran den Bedeutungsverlust der Vergangenheit zu Gunsten einer Ausrichtung auf einen dynamischen Zukunftsprozess, der sich zunächst einmal außerhalb des Individuums vollzog und ihm immer mindestens einen Schritt vorauslief. Tatsächlich finden sich auch in gewerkschaftlichen Kontexten dieser Zeit ähnliche Vorstellungen. Auf der DGB-Bundesarbeitstagung zur beruflichen Erwachsenenbildung von 1968 hieß es: »Immer deutlicher zeigt sich, daß viele Möglichkeiten, die der heutige Stand der Technik bietet, nicht ausgeschöpft werden können, weil die Menschen, die sie nutzen sollen, nicht entsprechend vorbereitet sind. […] Mit steigendem technischem Fortschritt verringert sich die Möglichkeit, durch ›Berufserfahrung […]‹ aufzusteigen.«[22] Argumentativ wurde hier eine technische Entwicklung extrapoliert, die als »zentrale Triebkraft auf dem Weg in die Zukunft«[23] galt.

Das Ziel eines lebenslangen Lernprozesses wurde also im Wesentlichen als Anpassungsleistung interpretiert[24], als eine Brücke, die erforderlich sei, um die Kluft

---

20 Claudia Dellori, Die absolute Metapher »lebenslanges Lernen«. Eine Argumentationsanalyse, Wiesbaden 2015; Ekkehard Nuissl/Ewa Przybylska, »Lebenslanges Lernen«. Geschichte eines bildungspolitischen Konzepts (2014), URL: <https://www.bpb.de/gesellschaft/bildung/zukunft-bildung/197495/lebenslanges-lernen?p=all> (2.4.2019); Daniela Rothe, Lebenslanges Lernen als Programm. Eine diskursive Formation in der Erwachsenenbildung, Frankfurt a. M. 2011; Katrin Kraus, Lebenslanges Lernen – Karriere einer Leitidee, Bielefeld 2001; u. v. m.
21 Herbert Grünewald, Unterlagen für den Vortrag: »Fortbildung als unternehmenspolitische Aufgabe« (24.9.1968), Bayer Archiv Leverkusen (BAL) 380/9 vol. 1.
22 Horst Lemke, Welche Einrichtungen braucht die berufliche Bildung Erwachsener?, in: DGB-Bundesarbeitstagung Berufliche Erwachsenenbildung Essen 1968. Eine Veröffentlichung der Referate und Arbeitsergebnisse, Bochum 1969, S. 21-24; hier: S. 21.
23 Seefried, Der kurze Traum, in: Hölscher (Hg.), 2017, S. 179-220; hier: S. 182.
24 »Anpassung« wurde 1969 auch als eine der zentralen Funktionen beruflicher Bildung im Arbeitsförderungsgesetz definiert: Arbeitsförderungsgesetz (AFG), in: Bundesgesetzblatt, 51 (1969),

zwischen den gegenwärtigen individuellen Fähigkeiten und den Anforderungen eines dynamischen Wirtschafts- und Arbeitssystems zu überwinden. Damit wurde ihr auf der einen Seite eine präventive Funktion zuerkannt: Sie verhinderte ein endgültiges Auseinandertreten von individuellem Wissen und aktuellem Wissensstand und beugte damit genau der Apokalypse vor, die Picht Anfang der 1960er-Jahre prophezeit hatte. Aus ökonomischer Sicht konnte sie zeitgleich ins Positive gewendet werden: nämlich in eine Investition, die sich in der Zukunft rentieren würde.

3 Weiterbildung als Investition und die Bewältigung ihrer Risiken

Tatsächlich setzte sich der Investitionsgedanke in den bundesdeutschen Unternehmen erst allmählich durch und zwar unter politischem Druck. Hatten insbesondere Großbetriebe bereits seit den 1950er-Jahren mehr oder weniger umfangreiche Bildungsprogramme für ihre Mitarbeiter_innen angeboten, so war deren Teilnahme lange Zeit noch als betriebliche Sozialleistung angesehen und verbucht worden. Weiterbildung galt im Zuge der Human-Relations-Bewegung vornehmlich als Investition in den Betriebsfrieden.[25]

Die sozialliberalen Bildungsreformen, die den Zugang zu Weiterbildung, ihre inhaltliche Ausrichtung, Organisation und Finanzierung bundesweit zu regeln versprachen und staatliche Interventionen in die betriebliche Weiterbildung in Aussicht stellten, die gewerkschaftlichen Forderungen nach einem bezahlten Bildungsurlaub und die 1972 gesetzlich fixierten Mitbestimmungsrechte von Betriebsräten in Weiterbildungsfragen zwangen die Wirtschaft dazu, die eigenen Bildungskonzepte zu überdenken und nach außen zu rechtfertigen. Nach innen spielten Umstrukturierungsprozesse eine bedeutende Rolle, die angesichts eines steigenden internationalen Wettbewerbsdrucks notwendig geworden waren und dabei Mitarbeiter_innen mit neuen Kompetenzen erforderlich machten.[26] Die Entscheidung, vermehrt in Weiterbildung zu investieren, entsprang so mehreren Überlegungen: Zum einen wollte sich die Wirtschaft das Heft des Handelns nicht aus der Hand nehmen lassen, zum ande-

---

S. 582-632; hier: S. 589.
25 »Human relations (d. h. Führungs- und Fördermaßnahmen) bedeuten keine überflüssige Belastung des Personalbudgets eines Betriebes, sondern eine betriebliche Investition, die sich durch Produktionssteigerung bezahlt macht, weil zufriedene Mitarbeiter mehr leisten als unzufriedene. [...].« Dr. Maier, Wie man Mitarbeiter führt und fördert. Referat für die Schulung der Aufseher und Vorarbeiter der Gruppe Süd im Frühjahr 1966, Historisches Archiv RWE Power 894/10.
26 Zu Divisionalisierungsprozessen in deutschen Unternehmen in dieser Zeit siehe: Toshio Yamazaki, German business management. A Japanese perspective on regional development factors, Dordrecht 2013.

ren machte sich das Bewusstsein breit, dass sich die Optimierung des Personals direkt auf den wirtschaftlichen Erfolg der Unternehmen auswirken werde.

Tatsächlich kam es in vielen Unternehmen ab der zweiten Hälfte der 1960er-Jahre zu einer Professionalisierung und schubweisen Expansion betrieblicher Weiterbildungsangebote, die nicht allein auf die fachliche Qualifizierung der Mitarbeiter_innen setzten, sondern explizit auf eine Veränderung ihres Verhaltens zielten.[27] Im Vergleich zu solchen Angeboten, die zertifizierte Bildungsabschlüsse in Aussicht stellten und dabei ein Wissen vermittelten, das direkt im Arbeitsprozess eingesetzt werden konnte, waren die Investitionen in verhaltensbezogene Maßnahmen jedoch mit einem höheren Maß an Unsicherheit behaftet. Denn die Kalkulation des zukünftigen Bedarfs eines sehr unklar spezifizierten Sets an Verhaltensweisen war schwierig. In Bezug auf den Themenkomplex »Führung«, unter dem die Masse verhaltensbezogener Seminare oftmals zusammengefasst wurde, beschrieb Siegfried Faßbender, Geschäftsführer der größten Dachorganisation privater Weiterbildungsanbieter, diese Problematik 1966 folgendermaßen:

»Das Unternehmen geht von der Vorstellung aus, daß sich die Anforderungen an die Führungskräfte in Zukunft verändern, und zwar größer und komplexer werden. Das Unternehmen stellt zudem in Rechnung, daß nicht abzusehen ist, zu welchem Zeitpunkt, in welchem Ausmaß und für welche Aufgabe geeignete Führungskräfte gebraucht werden, was es schwierig erscheinen läßt, allzusehr in die Zukunft hinein festzulegen, welche Personen welche Positionen einnehmen werden. Um den Schwierigkeiten zu entgehen, die sich aus dieser Unsicherheit ergeben, kommt es den Firmen primär darauf an, beweglich zu sein, Alternativlösungen vorzusehen, kurz, alle diejenigen Führungskräfte zu fördern [...], von denen man annimmt, daß sich ihre Führungsqualitäten auf die Dauer nicht im derzeitigen Aufgabengebiet erschöpfen werden.«[28]

Deutlich werden in dieser Analyse die widersprüchlichen Logiken benannt, denen wirtschaftliches Zukunftshandeln in Personalfragen unterlag: Auf der einen Seite hing die Zukunftsfähigkeit eines Unternehmens von seiner Flexibilität ab, um auf unerwartete Entwicklungen reagieren zu können; auf der anderen Seite benötigte jede Organisation aber auch eine solide Personalplanung, die Stabilität für die weitere Entwicklung verhieß.

In seiner Studie über die »imaginierten Zukünfte« wirtschaftlichen Denkens hat Jens Beckert herausgearbeitet, dass die Investition in die Bildung von Arbeitneh-

---

27 Benno Biermann, Zur Zielstruktur der wirtschaftlichen Führungsausbildung, in: Zeitschrift für die gesamte Staatswissenschaft, 128 (1972) 3, S. 498-518.
28 Siegfried Fassbender (Hg.), Die Weiterbildung betrieblicher Führungskräfte in Deutschland. Versuch einer Bilanz, Frankfurt a. M. 1966, S. 27.

mer_innen immer eine Investition in eine unsichere Zukunft ist, die eher fiktionalen Erwartungen unterliegt, als dass sie vermeintlich ökonomisch-rationalen Kalkülen gehorcht. Den beteiligten Akteuren lägen niemals alle erforderlichen Informationen vor, um kompetent darüber entscheiden zu können, welche Qualifikationen zukünftig auf dem Arbeitsmarkt gewinnbringend verwertet werden könnten.[29]

> »Investements in skill formation are usually made with an economic goal in mind, but the outcome of these investments is not predictable: career goals may change or remain unfulfilled, economic downturns may lead to periods of unemployment, shifts in technology may render acquired skills obsolete, the work experience may turn out to be less satisfying than hoped for, preferences may shift after a specific qualification has been attained. The outcome of investment in human capital is just as uncertain as for other types of investment.«[30]

Maßgeblich bei der Investitionsentscheidung seien deshalb vornehmlich die vielfach unrealistischen Vorstellungen einer imaginierten Zukunft, die jedoch selbst wieder eine wirklichkeitsstrukturierende Kraft entwickeln könnten.

Wie gingen die Unternehmen um 1970 nun mit dieser Unsicherheit um? Es mussten Wege gefunden werden, die Unsicherheit der Investition in ein kalkulierbares Risiko zu transformieren, ohne sich die Offenheit der Zukunft als unternehmerische Ressource zu verbauen.[31] Der Weg dahin wurde anfangs über den Modus der Planung beschritten, die sich zunächst auf die Organisation des innerbetrieblichen Bildungswesens bezog. Parallel zu den Weiterbildungsplanungen der Politik wurden in den Unternehmen massive strukturelle Reformen veranlasst, deren Voraussetzung die Zentralisierung der Weiterbildungsorganisation war. Bei der *Bayer AG* beispielsweise beschloss die direkt dem Vorstand unterstellte Zentralkommission Personal die Grundsätze und das Budget der Weiterbildungsmaßnahmen im Gesamtkonzern. Damit wurde Weiterbildung zur Chefsache erklärt. Die zentralen Abteilungen koordinierten die Weiterbildungsangebote der unterschiedlichen Bereiche, es wurden Arbeitskreise der Weiterbildungsleiter unterschiedlicher Werke eingerichtet. Fachkommissionen berichteten dem Vorstand regelmäßig über die Planung, Durchführung und den Erfolg der angebotenen Maßnahmen und speisten Informationen aus der Bildungspolitik in das betriebliche Weiterbildungssystem ein.[32] Ab 1972 kam es

---

29 Jens Beckert, Imagined futures. Fictional expectations and capitalist dynamics, Cambridge/London 2016, S. 162.
30 Ebd., S. 160.
31 Dirk van Laak, Planung. Geschichte und Gegenwart des Vorgriffs auf die Zukunft, in: GG 34 (2008), S. 305-326; hier: S. 321.
32 Konzept des Fortbildungssystems der Bayer AG (1972), BAL 334/14.

zu paritätisch besetzten Berufsbildungsausschüssen, in denen Unternehmens- und Betriebsratsvertreter_innen über die Ausrichtung der Weiterbildung verhandelten.[33]

Das Kernstück dieser umfassenden Koordination war die Ermittlung gegenwärtiger Bildungsbedarfe, die helfen sollte, das Angebot an Maßnahmen einem prospektiven Bedarf an Kompetenzen anzupassen. »Fortbildungsbedarf ist der ungedeckte Rest an Wissen und Können, der bei einem Vergleich der gegenwärtigen oder zukünftigen Arbeitsanforderungen mit dem gegenwärtigen Stand an Wissen und Können eines Mitarbeiters übrigbleibt.«[34] In dieser Orientierung an individuellen Defiziten, die es für die Zukunft auszugleichen galt, übernahm Weiterbildung eine Brückenfunktion zwischen Gegenwart und Zukunft.

Systematische Bildungsbedarfserhebungen fanden um 1970 Einzug in die betriebliche Weiterbildungsplanung. Sie sollten garantieren, »daß nicht an der betrieblichen Praxis vorbei Bildungsarbeit geleistet wird.«[35] Bei *Rheinbraun* wurden 1971 zunächst allein die Vorgesetzten, die »für größere Mitarbeitergruppen« verantwortlich waren, nach den Erfordernissen der Praxis befragt, um aus der »Vielzahl der eingegangenen Vorschläge und Anregungen« alsbald »Lernziele und Lerninhalte für einzelne Veranstaltungen« festzulegen.[36]

Mithilfe quantitativer und qualitativer Erhebungen wurden in regelmäßigen Abständen unterschiedliche Personengruppen nicht nur dazu eingeladen, sondern sogar dazu verpflichtet, über die momentanen Anforderungen ihrer jeweiligen Stellen und den sich daraus ergebenden Bildungsnotwendigkeiten zu berichten.[37]

Suggerierten solche Formulierungen zunächst, dass die Erhebungen auf die individuelle Defiziterfahrung jedes/r Einzelnen zielten, so offenbarten die standardisierten Fragebögen und Interviews, dass die befragten Mitarbeiter_innen in erster Linie als Angehörige und Repräsentant_innen einer professions- beziehungsweise funktionsspezifischen Gruppe in den Blick genommen wurden. Der Aufbau solcher Erhebungen gewann dabei zunehmend an Komplexität. Nicht als Individualpersonen, sondern als Stelleninhaber sollten 1974 beispielsweise die Ingenieure der *Bayer AG* einmal »Die Zukunft aus der Sicht des Unternehmens« imaginieren:

---

33 Die Berufsbildungsausschüsse waren Produkte des novellierten Betriebsverfassungsgesetzes von 1972, das eine Mitbestimmung in Berufsbildungsfragen festschrieb: Betriebsverfassungsgesetz, in: Bundesgesetzblatt 2 (1972), S. 13–43; hier: S. 32.
34 Konzept des Fortbildungssystems der Bayer AG (1972), S. 3, BAL 334/14.
35 Rheinbraun, Bildung für die Zukunft (1972), Historisches Konzernarchiv RWE (HK RWE) 0513/026.
36 Rheinbraun, Wir bieten an. Oktober 1971–Juni 1972, S. 44, HK RWE 371/1.
37 »Es wird vorausgesetzt, daß jeder Mitarbeiter die Einsicht in die Notwendigkeit seiner Fortbildung mitbringt, um den sich wandelnden beruflichen Anforderungen auch in Zukunft gerecht zu werden, er wirkt bei der Ermittlung seines Fortbildungsbedarfs mit. Er hat die Verantwortung, alle sachlich notwendigen Fortbildungsangebote aufzugreifen und nach besten Kräften zu nutzen.« Konzept für das Fortbildungssystem der Bayer AG (1972), BAL 334/14.

»Versuchen Sie sich einmal vorzustellen, welche Aufgaben in dieser Stelle in einiger Zukunft – also nach etwas 5 bis 10 Jahren – anfallen würden. [...] Welche Fähigkeiten und Kenntnisse würde der Stelleninhaber in 5 bis 10 Jahren benötigen, um seine Aufgaben im Hinblick auf die Notwendigkeiten des Unternehmens gut erfüllen zu können?«[38]

Fragen wie diese erwarteten von den Mitarbeiter_innen dreierlei: Zum einen mussten sie für die Beantwortung von den eigenen Bedürfnissen abstrahieren; zum zweiten sollten Sie sich gedanklich in die Position der Unternehmensleitung versetzen; und zum dritten wurde ihnen ein Blick in die Zukunft abverlangt, der potenzielle neue Anforderungen antizipierte. Praktischerweise waren die Antwortmöglichkeiten mit »10 Themenbereiche[n], die bei der Tätigkeit eines Ingenieurs/Dipl.-Ing. vorkommen können«[39] und sich an gegenwärtigen Anforderungsprofilen orientierten, bereits vorgegeben, sodass ein wirklich innovativer Gedanke über den Weg der Bedarfserhebung per se nicht zu erwarten war.

Die Strategie, die dahinter stand, war einigermaßen unklar. Ob es darum ging, die Ingenieure in die Zukunftsplanung des Unternehmens miteinzubinden, sie zu Zukunftsexperten ihres Berufsstandes zu erheben, oder ob en passant ihre Abstrahierungsfähigkeiten überprüft werden sollten, war nicht zu erkennen. Ohnehin erfüllten sich die diffusen Hoffnungen, die die Personalabteilung an die Frage geknüpft hatte, letztlich nicht. Resigniert stellte der Auswertungsbericht fest, dass »die Analyse über Zukunft [...] recht unscharf« geblieben sei. »Offenbar fällt es den Befragten doch recht schwer, sich die zukünftige Entwicklung ihrer konkreten Stelle genau vorzustellen.«[40]

Scheiterte diese Art der »Vorausschau« also an der Unfähigkeit der Befragten, so beschränkten sich die Bedarfsanalysen darauf, den »Fortbildungsnachholbedarf« der verschiedenen Beschäftigtengruppen in einem regelmäßigen Turnus abzufragen, ihn mit dem Status quo des Angebots abzugleichen, durch entsprechende neu zu entwickelnde Kurse sukzessive »abzubauen«, um anschließend »weiteren Fortbildungsbedarf zu ermitteln.«[41] Zweifelsohne finden wir hier die Vorstellung, »menschliche Bedürfnisse gleichsam ›berechnend‹ und kalkulativ befriedigen zu können.«[42] Von organisatorischer Seite wurde dem lebenslangen Lernen im Unternehmen dadurch eine eigene Temporalität eingeschrieben, bei der Zukunft vermeintlich »nach-« und

---

38 Ebd.
39 Ebd.
40 Analyse des Fortbildungsbedarfs in Ingenieur-Abteilungen der Bayer AG (25.3.1974), S. 13, BAL 388/173.
41 Bericht über die Fortbildungsaktivitäten in den Betriebsressorts (19.11.1976), BAL 341/14.
42 Dirk van Laak, Planung, Planbarkeit und Planungseuphorie. Version 1.0 (2010), URL: <http://docupedia.de/zg/Planung> (2.4.2019).

damit »eingeholt« werden konnte, weil man sie im Stile staatswirtschaftlicher Vierjahrespläne in überschaubare Abschnitte eingeteilt hatte.

Wie berechenbar die Qualifikation der Beschäftigten damit gemacht werden sollte, erkennt man auch an der Konzipierung sogenannter Personalentwicklungspläne. Auf der Basis der Bedarfserhebungen wurden für bestimmte Berufsgruppen ab den 1970er-Jahren Schemata entwickelt, die vorgaben, welche Maßnahme zu welchem Zeitpunkt einer beruflichen Laufbahn zu absolvieren waren. Diese Rahmenprogramme wurden häufig in Form von Flussdiagrammen festgehalten und visualisierten damit die Linearität[43], die einem idealen Karriereverlauf zugrunde liegen sollte. Mit solchen Plänen wurde Zukunft gesetzt und standardisiert – und das über mehrere Berufsphasen, mithin also über Jahre und Jahrzehnte. Für die Weiterbildungsplanung der 1970er-Jahre galt also uneingeschränkt, dass sie auf »Lesbarkeit, Berechenbarkeit, Übersichtlichkeit, Orientierung und Ordnung« zielte.[44] Dabei setzte sie »analytische Erkenntnis gegen lebensweltliche Wahrnehmung und Erfahrung«.[45] Denn das implizierte Fortschrittsmodell, das dieser Zukunft zugrunde lag, war aus mehreren Gründen hochgradig fiktiv: Erstens suggerierten die Pläne, dass die Maßnahmen unabhängig von allen ökonomischen und gesellschaftlichen Entwicklungen auch in einigen Jahren noch adäquat sein würden. Und zweitens konnte die hier so anschaulich dargestellte Zukunft immer auch auf halbem Wege stecken bleiben, wenn sich die individuellen Fähigkeiten als unzureichend erweisen sollten. Was die Pläne also nicht enthielten, waren alternative Pfade, Ausstiegsoptionen, innere Veränderungen, Einflüsse von außen, sprich: sie enthielten keine Kontingenzmomente und vermittelten dadurch eine geradezu »ahistorische Vorstellung von Dauer.«[46]

Gerade angesichts der Wirtschaftskrise 1973/74, die sicher geglaubte Wahrheiten radikal in Frage stellte, überrascht das unbedingte Vertrauen der Unternehmen in die Steuerung des Humankapitals. Auf der anderen Seite hat Dirk van Laak darauf aufmerksam gemacht, dass die Hinwendung zur Planung dann wahrscheinlich wird, wenn etablierte Erwartungshorizonte durch überraschende Entwicklungen gesprengt werden. Das war bereits mit der ersten Nachkriegsrezession 1966/67 der Fall gewesen, die die Annahme einer ungebrochenen Prosperität massiv herausgefordert hatte und dann durch die wirtschaftlichen Turbulenzen der 1970er-Jahre noch übertroffen wurde. Vieles spricht dafür, dass die Unternehmen die Planungskompetenzen im Weiterbildungsbereich übernahmen, die vor dem Ölpreisschock noch für die Politik

---

43 Zur plastischen Darstellung von Planungsprozessen siehe: ebd.
44 Ebd.
45 Ebd.
46 Graf/Herzog, Von der Geschichte der Zukunftsvorstellungen, in: GG 42 (2016), S. 497-515; hier: S. 510.

beansprucht worden waren, aber dann den finanziellen Engpässen der öffentlichen Hand zum Opfer fielen.⁴⁷

Der Wille zur Planung umfasste dabei mehrere Ebenen: Denn die Steuerung der Fähigkeiten der Gesamtbelegschaft setzte die Planung genau dieses Steuerungsprozesses voraus. So formulierten die Personalabteilungen selbst Jahr für Jahr neue Zielsetzungen für die Weiterbildungsorganisation, die dann in überschaubare Einzelschritte zergliedert durchgeführt und nach Ablauf des Kalenderjahres entweder als erledigt markiert oder kritisch überprüft und neuformuliert wurden.⁴⁸ Dazu gehörten die Ermittlung und stufenweise Aufbereitung neuer Seminartypen und -inhalte, die Entwicklung und Anpassung des Trainer_innenstabs, die Konzipierung von Weiterbildungsseminaren für diese Trainer_innen, die systematische Sichtung, Auswahl und Evaluation externer Weiterbildungsanbieter und vieles mehr. Sehr deutlich wird hieran, dass der Wille zur Planung einzelner Bereiche eine Fülle weiterer Planungsdesiderate nach sich zog, deren Zeithorizont sich dabei immer weiter verkürzte.

Die betriebliche Weiterbildung der 1970er-Jahre stellte einen umfassenden Versuch dar, die Gegenwart behutsam an die voranpreschende Zukunft anzunähern⁴⁹, indem man die einzelnen Schritte der Anpassung vollendet determinierte. In diesem Zuge wurde Weiterbildung zu einem standardisierten Bestandteil zahlreicher Arbeitnehmer_innenbiografien. An ihren aufeinander aufbauenden Stufen konnte der/die Einzelne ermessen, welche Sprosse der Karriereleiter bereits erreicht war und welches Seminar als nächstes folgen sollte, wenn alles seinen vorherbestimmten Gang ging.

4 Zeitbewusstsein als Bildungsaufgabe – Von der Rationalisierung zur Kreativität

Tatsächlich spiegelten sich die Hoffnungen auf eine rationale Planung der Kompetenzen ganzer Mitarbeiter_innengruppen auch in den Bildungsinhalten wider. Zunächst standen solche Seminare hoch im Kurs, die Techniken für den systematischen Umgang mit konkreten Problemen am Arbeitsplatz vermitteln sollten. Überraschend häufig findet sich der Begriff des »Rationalen« in den Seminartiteln dieser Zeit: Es ging um Themen wie »Rationaler Lesen«, »Rationalisierung der Büroarbeit«, »Rationelle Korrespondenz«, »Rationell Formulieren« oder gleich »Rationelles Arbeiten«,

---

47 Maßgeblich dafür: Gesetz zur Verbesserung der Haushaltsstruktur im Geltungsbereich des Arbeitsförderungs- und des Bundesversorgungsgesetzes (HStruktG – AFG), in: Bundesgesetzblatt 144 (1975) I, S. 3113-3120. Das Gesetz führte dazu, dass in kürzester Zeit die Anzahl der Teilnehmer_innen an staatlich geförderter Weiterbildung um ca. 60 % zurückging: Brief des Bundesministers für Wissenschaft und Forschung an den Bundesminister für Arbeit und Sozialordnung vom 21.9.1977, BArch, B 149/39550.

48 ZB-Personalwesen, Personalpolitische Abteilung, Zielsetzung 1974 (14.2.1974), BAL 388/191.

49 van Laak, Planung, in: GG 34 (2008), S. 305-326; hier: S. 306.

das man beispielsweise bei *Rheinbraun* innerhalb eines Tages erlernen konnte.[50] Von der Sekretärin bis zum Vorstandsmitglied sollten Mitarbeiter_innen aller Hierarchiestufen einen neuen Umgang mit Zeit entwickeln, indem sie die prinzipielle Unendlichkeit der Arbeitsaufgaben zu dem knappen Gut Zeit in Beziehung setzen lernten. Arbeitsabläufe wurden dafür seziert, um nach ziellosen Handlungen, nach überflüssigen Kommunikationswegen, nach ungenutzten Ressourcen und Möglichkeiten der Zeiteinsparung zu forschen, was im Wesentlichen den Rationalisierungsprinzipien der 1920er-Jahre entsprach.[51] In einem weiteren Kontext gehörte dazu auch die Vorstellung, dass ein Betrieb dann rational funktionierte, wenn alle nur diejenigen Aufgaben bearbeiteten, die in ihrem Verantwortungsbereich lagen. Insofern kann das Prinzip der »Delegation von Verantwortung«, wie es am prominentesten von der Bad Harzburger *Akademie für Führungskräfte* gelehrt wurde, auch als eine Zeitpraktik interpretiert werden.[52] So berichtete der Inhaber eines Textilunternehmens, das das Harzburger Modell bei sich eingeführt hatte, 1970 von folgendem produktivitätssteigernden Effekt: »Die klare Abgrenzung der Kompetenzen im Betrieb ermöglicht es, Zeit zu sparen. Tritt eine Panne ein, so wird nicht unnötig Zeit damit vergeudet, den Schuldigen zu suchen. Aufgrund der Stellenbeschreibung kann man ihn eindeutig feststellen.«[53]

Bewegte sich das Training eines rationalisierten Verhaltens also noch in recht traditionellen Bahnen, so erprobten viele Unternehmen um 1970 neue Methoden, die die Mitarbeiter_innen, anstatt sie den zukünftigen Entwicklungen nur anzupassen, dazu befähigen sollten, sich aktiv zur Zukunft zu verhalten. Die Einführung von Unternehmensplanspielen zielte beispielsweise darauf, dass die Teilnehmer_innen proaktive Einstellungen einer kontingenten Zukunft gegenüber entwickelten, indem man die Auswirkungen ihrer Entscheidungen auf den Lauf der Unternehmensentwicklung simulierte.[54] Noch einen Schritt weiter gingen dann solche Seminare, die versprachen, die Teilnehmer_innen zur freien Erschaffung von Zukunft zu ermächtigen. Weiterbildung avancierte damit zu einem Innovationsinstrument, das freilich nicht direkt die Neuentwicklung von Technologien, Verfahren und Produkten avisierte, sondern erst einmal die Erschaffung eines neuen Typus von Mitarbeiter_innen, der ein spezifisches

---

50 Rheinbraun Bildungswesen, Wir bieten an. September 1973 – Juli 1974, HK RWE 185/11.
51 Heidrun Homburg, Rationalisierung und Industriearbeit. Arbeitsmarkt – Management – Arbeiterschaft im Siemens-Konzern Berlin 1900–1939 [= Schriften der Historischen Kommission zu Berlin, Bd. 1], Berlin 1991. Siehe dazu auch den Beitrag von Marco Swiniartzki in diesem Band.
52 Reinhard Höhn, Der Weg zur Delegation von Verantwortung im Unternehmen. Ein Stufenplan, Bad Harzburg ⁴1973. Zu Zeitpraktiken generell siehe: Andreas Reckwitz, Kreativität und soziale Praxis. Studien zur Sozial- und Gesellschaftstheorie, Bielefeld 2016, S. 23.
53 Reinhard Höhn (Hg.), Das Harzburger Modell in der Praxis. Rundgespräch über die Erfahrungen mit dem neuen Führungsstil in der Wirtschaft, Bad Harzburg 1970, S. 61.
54 Rolf F. Nohr/Theo Röhle, »Schulen ohne zu schulmeistern«. Unternehmensplanspiele in den 1960er-Jahren, in: Zeithistorische Forschungen, 13 (2016) 1, S. 38-60.

Verhältnis zur Zukunft entwickelte. Ein Schlüsselwort für diese Entwicklungen war das Schlagwort der »Kreativität«.

Ausgehend von amerikanischen Debatten, in denen der Faktor »creativity« für den Produktionsprozess bereits in den 1950er-Jahren thematisiert worden war[55], wuchs das Interesse an dieser Fähigkeit auch in der bundesrepublikanischen Wirtschaft. Schon in der als notwendig betrachteten Begriffserklärung zeigte sich die Zeitdimension des Konzepts: In deutschen Publikationen las man zunächst von »schöpferischer Fähigkeit« und »Originalität« und brachte den Begriff der »creativity« mit Worten wie »Entdecken« und »Erfinden« in einen Zusammenhang.[56] Gemeinsam war diesen Begriffen der Verweis auf das Neue und Innovative, auf die Ausrichtung auf eine Zukunft, die nicht nur exploriert, sondern ins Leben gerufen wurde, indem man Pfade beschritt, die bislang unbekannt gewesen waren. »Kreativität ist der Blick nach vorn. Kreativ sein heißt: sich mit Aspekten, mit Möglichkeiten, mit der Zukunft des Gegenwärtigen auseinanderzusetzen. Es erfordert die Bereitschaft zum neuen Modell anstelle des Bekannten, Gewohnten und Gestrigen.«[57]

Kreativität wurde dabei, in Anlehnung an den amerikanischen Sprachgebrauch, in den sogenannten vier »p« verortet: in der kreativen »person«, im »process«, im »press«, verstanden als den Umweltbedingungen, und zuletzt im »product«.[58] Mit dem »Produkt« war nicht nur ein materieller Gegenstand gemeint, sondern vielmehr die Lösung eines Problems. Kreativität galt damit sowohl in den amerikanischen Debatten als auch in ihrer deutschen Adaption als eine spezifische Problemlösungskompetenz, die in Unternehmen alsbald als ökonomische Ressource angesehen wurde.

Der Fokus auf Kreativität war eng verbunden mit einer neuen Aufmerksamkeit für Innovation als Produktivitätsfaktor. Andreas Reckwitz hat den Siegeszug des Kreativitätsdispositivs als Folge einer doppelgleisigen Entwicklung beschrieben, die sich einerseits auf ein verändertes Verhältnis von Organisation und Umwelt, andererseits von Organisation und Individuum bezog: Während die Innovation als Erfindung des *technisch* Neuen bereits seit den 1890er-Jahren einen definierten Ort innerhalb kapitalistischer Wirtschaftsorganisationen hatte, geriet in den 1960er-Jahren die Organisation als Ganzes in den Fokus. Mit Blick auf eine sich dynamisch verändernde Umwelt wurde Innovation nun als notwendige Anpassungsleistung von Unternehmen unter Wettbewerbsdruck verstanden, die neue Organisationsprinzipien verlangte. Anstatt

---

55 Als Neuentdeckung/Ersterwähnung gilt ein Vortrag des amerikanischen Psychologen Joy Paul Guilford von 1950, der auf das Fehlen kreativer Menschen in der amerikanischen Industrie hinwies: Joy Paul Guilford, Creativity, in: American Psychologist, 5 (1950) 9, S. 444-454; Gisela Ulmann, Kreativität. Neue amerikanische Ansätze zur Erweiterung des Intelligenzkonzeptes [= Veröffentlichungen Pädagogisches Zentrum Reihe C, Berichte, Bd. 11], Weinheim ²1970.
56 Ulmann, Kreativität, 1970, S. 13 f.; Siegfried Preiser, Kreativitätsforschung, Darmstadt 1976.
57 Werner Kirst/Ulrich Diekmeyer, Creativitätstraining. Die Technik kreativen Verhaltens und produktiver Denkstrategien, Reinbek bei Hamburg 1977, S. 5.
58 Preiser, Kreativitätsforschung 1976, S. 24.

als statische Strukturen wurden Unternehmen, unter organisationssoziologischen und -psychologischen Auspizien, nun als interaktive Prozesse in stetigem Austausch mit ihrer Umwelt interpretiert, in die alle Teilbereiche eingebunden werden sollten. »Das Innovationsmanagement stellt sich letztlich als Daueraufgabe des gesamten Unternehmens auch jenseits der Forschungsabteilungen heraus.«[59]

Dieses »management of innovation« korrelierte mit einem veränderten Blick auf die Mitarbeiter_innen und ihre Motivation. Hatte in den 1940er- und 1950er-Jahren noch die Betriebsharmonie im Vordergrund gestanden, verschob sich im Übergang zur Human-Ressource-Bewegung die Aufmerksamkeit auf das Selbstverwirklichungsbedürfnis arbeitender Individuen und dessen Befriedigung am Arbeitsplatz. Die Begriffe, die hier zum Einsatz kamen, verwiesen alle auf eine implizite Optimierungslogik und bespielten damit dasselbe semantische Feld, das auch die Organisations-Umwelt-Debatte prägte. »Kreativität« erwies sich auch hier als Schlüsselbegriff, insbesondere propagiert durch amerikanische Organisationsentwickler wie Chris Argyris[60], die dementsprechend auch von innen heraus eine Dynamisierung wirtschaftlicher Organisationsstrukturen einforderten, um »persönliches Wachstum« und »Organisationswachstum« zusammenzubringen.[61]

Mit dem Kreativitätsdispositiv ließen sich sowohl die inneren motivationspsychologischen wie die äußeren organisationssoziologischen Herausforderungen von Unternehmen in den 1960er- und 1970er-Jahren adressieren, was, so Reckwitz, vornehmlich eine Anpassungsstrategie gewesen sei. Vor diesem Hintergrund würde der Kreativitätsdiskurs dieselben Logiken bedienen, die in den (weiter)bildungspolitischen Debatten der 1960er-Jahre vorherrschten. Ich möchte hingegen argumentieren, dass die ökonomische Vereinnahmung von Kreativität eine Strategie war, die den Anpassungsmodus überwinden sollte. Nun sollte es nicht mehr nur darum gehen, Veränderungen »bereitwillig zu akzeptieren« oder »sich schnell veränderten Bedingungen anzupassen«, sondern darum, »den Wettbewerbern [...] mit neuen Entwicklungen und Konzepten zuvorkommen zu können.«[62] Dafür brauchte es nicht nur wohlmeinende Appelle, sondern konkrete Praktiken, die sich im betrieblichen Alltag auch umsetzen ließen. Und die betriebliche Weiterbildung erwies sich dafür als Schnittstelle.

Es bedurfte mehrerer Voraussetzungen, um Kreativität lehr- und lernbar zu machen[63]: In einem ersten Schritt erforderte die Ökonomisierbarkeit von Kreativität

---

59 Reckwitz, Die Erfindung, 2012, S. 161.
60 Chris Argyris, Personality and organization. The conflict between system and the individual, New York 1957.
61 Reckwitz, Die Erfindung, 2012, S. 156-158.
62 Helmut Schlicksupp, Kreative Ideenfindung in der Unternehmung. Methoden und Modelle [= Mensch und Organisation, Bd. 2], Berlin/New York 1977, S. 13.
63 Hier nehme ich Bezug auf einige der von Siegfried Preiser angeführten »Hindernisse für die Kreativitätsforschung«, die zweifelsohne auch Barrieren für die Ökonomisierbarkeit von Kreativität waren: Preiser, Kreativitätsforschung 1976, S. 11-15.

ihre Entmystifizierung. Lange Zeit verstanden als Produkt »göttlicher« Inspiration[64] musste Kreativität als wirtschaftliche Ressource rationalisiert werden. Ein zweiter Faktor war die Befreiung der Kreativität von der Macht des Kairos, des »glücklichen Augenblicks«, und damit zugleich auch vom Zufall. Es galt, Kreativität als eine Fähigkeit zu verstehen, die man bei Bedarf aktivieren konnte, ohne auf kontingente Voraussetzungen angewiesen zu sein. In einer Abkehr vom Genialitäts- und Hochbegabungsdiskurs musste Kreativität damit, drittens, als universelle Fähigkeit eines jeden Menschen entdeckt werden, die vielleicht unterschiedlich ausgeprägt, aber prinzipiell bei jedem vorhanden war. In der Wirtschaft war das mit der Vorstellung verbunden, dass in den Belegschaften bislang unentdeckte »Kreativitätsreserven«[65] schlummerten. Kreativität musste sich damit also gewissermaßen demokratisieren.[66] Und zuletzt war es erforderlich, Kreativität nicht mehr als universelle, zeit- und situationsunabhängige Konstante, sondern als sozial determiniert zu begreifen, und das sowohl in ihrer Entstehung als auch in ihrer Anerkennung. Kreativ war nur das, was in einer bestimmten Zeit von einer sozialen Gruppe als kreativ bewertet wurde. Im Wesentlichen ging es im unternehmerischen Weiterbildungsdiskurs also um eine Form von »domestizierter Kreativität«.[67]

In den 1970er-Jahren stockten zahlreiche Weiterbildungsanbieter ihre Programme mit Kreativitätsangeboten auf, darunter das *Deutsche Institut für Betriebswirtschaft* (DIB), das *Universitätsseminar der Wirtschaft* (USW), das *Battelle-Institut*, verschiedene *Refa-Institute* und diverse Industrie- und Handelskammern. In den späten 1970er-Jahren nahm mit der Harzburger *Akademie für Führungskräfte* ein Anbieter das Thema auf, der wie kein anderer für eine bürokratische, systematisierende und durchrationalisierte Form des Management gestanden hatte. Reinhard Höhn hatte den Geist der Zeit erkannt, wenn er formulierte:

> »Während die Erledigung der Routinearbeit garantiert, dass das Unternehmen läuft, ist die kreative, die schöpferische Arbeit darauf gerichtet, sich mit der Lösung von Problemen zu beschäftigen, die im Augenblick oder für die Zukunft des Unternehmens wichtig sind. Im Gegensatz zu Routinearbeit kann die Unternehmensführung dabei nicht auf bekannte Verfahren, Techniken und Verhaltens-

---

64 Siehe dazu auch den Aufsatz: Andreas Reckwitz, Vom Künstlermythos zur Normalisierung kreativer Prozesse. Der Beitrag des Kunstfeldes zur Genese der Kreativitätsdispositivs, in: ders., Kreativität und soziale Praxis, 2016, S. 195-214.
65 Schlicksupp, Kreative Ideenfindung, 1977, S. 7.
66 Peter Bendixen, Kreativität und Unternehmensorganisation, Köln 1976, S. 7.
67 Paul Marquard Kastner, Domestizierte Kreativität. Kritik einer Illusion [= Gesellschaft und Erziehung], Starnberg 1973.

weisen zurückgreifen. Sie muss vielmehr – und das ist für die Kennzeichnung des Problems typisch – neue Wege gehen.«[68]

Zusätzlich zu den etablierten Institutionen gründeten sich auch neue Institute, die schon in ihrer Namensgebung auf Kreativität als Weiterbildungsziel verwiesen.[69] Hinzu kam eine Fülle betriebsinterner Angebote, die mit hauseigenen Lehrkräften durchgeführt wurden.

Zu Beginn konzentrierten sich die Seminare auf den erlesenen Bereich der »Schöpferelite«[70], also auf Führungskräfte höherer Hierarchieebenen, deren Ideenpotenzial für die Weiterentwicklung unternehmerischer Strategien aktiviert werden sollte. Für Mitarbeiter_innen ohne Führungsfunktion erschien der damit verbundene Eigensinn eher kontraproduktiv zu sein, weil es ja »einigermaßen paradox« erscheinen müsse, »die alltägliche Arbeit an einem Fließband in Teilzeitarbeit kreativ anreichern zu wollen. Hier scheint das Fehlen kreativer Impulse geradezu Voraussetzung für das Durchstehen der Tätigkeit« zu sein.[71] Tatsächlich änderte sich dieser Fokus erst im Laufe der 1970er-Jahre und zwar in dem Maße, in dem hierarchische Organisationsstrukturen kritisch hinterfragt wurden und die Verantwortung für den ökonomischen Erfolg vom Individuum in die Gruppe verlagert werden sollte. Die Arbeit im »Team« galt dabei nicht der »Demokratisierung« innerbetrieblicher Entscheidungen, sondern verfolgte vielmehr zwei, sich gegenseitig bedingende Ziele: Zum einen sollte die Arbeit in Teams der Selbstentfaltung und Motivation des/der Einzelnen dienen. Zum anderen versprach man sich eine systematische Einhegung und ökonomische Nutzbarmachung individueller Potenziale, die außerhalb des Teams nur zufällig zu Tage traten und zudem mit der Bewältigung komplexer Anforderungen überfordert waren.[72] Kreativität wurde daher im Laufe der 1970er-Jahre von einer individuellen Fähigkeit zu einem kollektiven Produkt.[73]

Einer der ersten Anbieter auf dem deutschen Markt war das *Institut für angewandte Kreativität* (IAK), das 1970 von drei wissenschaftlichen Assistenten der Universität Köln gegründet worden war. Zwei der Gründungsmitglieder waren Volkswirte, der

---

68 Reinhard Höhn, Die Technik der geistigen Arbeit. Bewältigung der Routine, Steigerung der Kreativität [= Menschenführung und Betriebsorganisation, Bd. 19], Bad Harzburg 1979, S. 2.
69 Wie z. B. das Fritz-Perls-Institut für Gestalttherapie und Kreativitätsförderung oder das Institut für angewandte Kreativität, von dem später noch die Rede sein wird.
70 Günter Apel, Kreativität in der Abhängigkeit. Arbeitnehmer als Träger einer schöpferischen Gesellschaft, in: Herbert Gross (Hg.), Zukunft aus Kreativität, Düsseldorf/Wien 1971, S. 73-86; hier: S. 82.
71 Rainer Krause, Kreativität. Untersuchungen zu einem problematischen Konzept [= Das wissenschaftliche Taschenbuch: Abteilung Geisteswissenschaften, Bd. 6], München 1972.
72 Bendixen, Kreativität und Unternehmensorganisation, 1976, S. 93.
73 Jürgen Tümmers, Kreativität am Arbeitsplatz. Wirtschaftspädagogische Notwendigkeit und Förderung produktiven Denkens im Industriebüro [= Wirtschafts- und berufspädagogische Abhandlungen, Bd. 8], Trier 1979.

dritte ein Psychologe, die ihr Wissen in einem Seminarprogramm zusammenbrachten, das neue gruppendynamische Verfahren aus den USA mit Denkkonzepten des britischen Kognitionswissenschaftlers Edward de Bono verband. Dem jungen Team gelang es über Probeseminare an der Industrie- und Handelskammer Köln und eine Berichterstattung im *Spiegel* 1971[74], das Lehrprogramm in den Weiterbildungsprogrammen diverser großer Unternehmen wie *Bayer*, *Daimler Benz* und *Siemens* zu etablieren.

1973 gaben die Gründer ihr Konzept »für kreative Problemlösungen in Forschung, Verwaltung und Industrie« in Form einer Monografie heraus. Das Buch basierte in Inhalt und Design auf dem Seminarmaterial aus der Weiterbildungspraxis. Im Mittelpunkt stand »Das Team als Denklabor der Zukunft«[75], was auf die doppelte Zielrichtung des Programms verwies: Zum einen wurde Teamarbeit als zukünftiges Strukturprinzip von Arbeit vorgestellt. Zum anderen sollte Zukunft erst durch kreative Teams geschaffen werden. Deren heterogene Zusammensetzung, so hieß es, verhindere Denkblockaden und »emotionale sowie ideologische Fixierungen«.[76] Jedes Mitglied fühle sich in seinen Fähigkeiten angesprochen und damit motiviert, man lehre und lerne zugleich, das individuelle Wissen werde angereichert, gemeinsame Entscheidungen würden von allen Beteiligten getragen.[77] So sei die Gesamtleistung der Teamarbeit immer mehr als die Summe der Einzelleistungen. Nur im Team komme es zu einer »explosive[n] Kreativität«[78], was den »ideale[n] Nährboden für neue Problemlösungen« und damit für Innovation biete.[79]

Das IAK versprach nicht weniger, als einen neuen Menschentyp schaffen zu können, der sich gerade nicht in traditionelle, kapitalistische Logiken, die auf Einzelegoismen, Wettbewerbsgedanken und Gewinnstreben beruhten, einordnete. Dementsprechend bewarb das Institut das Training auch als Weg zu einer neuen, wirklich demokratischen Gesellschaftsordnung: »Die Einsicht in die Vorteile dieser Denk- und Arbeitsweise für den einzelnen und auch die Gemeinschaft macht rein ideologisch begründete Forderungen nach mehr Demokratisierung bei Entscheidungen eigentlich überflüssig. Denn jedes wirkliche Team praktiziert ein Höchstmaß an Demokratie.«[80] Mit diesen Formulierungen griff das IAK virulente Topoi unterschiedlicher Herkunft auf: Während der Verweis auf die »Gemeinschaft« eine gängige Formel war, die auch im linksalternativen Milieu als Gegenmodell zur Technokratisierung,

---

74 Mehr spinnen, in: Der Spiegel, 50 (1971), S. 67-68.
75 Friedrich H. Quiske/Stefan J. Skirl/Gerald Spiess, Denklabor Team. Konzept für kreative Problemlösungen in Forschung, Verwaltung und Industrie, Stuttgart 1973, S. 13.
76 Ebd., S. 20.
77 Ebd., S. 24 f.
78 Ebd., S. 20.
79 Ebd.
80 Ebd., S. 15.

Bürokratisierung und Kapitalisierung menschlicher Beziehungen reüssierte[81], war die vordergründige Befriedigung innerbetrieblicher Demokratisierungsforderungen sehr gezielt gegen die gewerkschaftlichen Mitbestimmungsansprüche gerichtet, denen es um eine Neujustierung betrieblicher Machtverhältnisse gegangen war. Die Verurteilung einer »falsch verstandenen Individualität« verknüpfte dabei geschickt die linke Kritik an der Vereinzelung in der Massengesellschaft mit der konservativen Furcht vor einem Wertewandel, der die Mitverantwortung für die Interessen des Betriebs hedonistischen Individualinteressen unterordnete. Mit dieser Propagierung von »Geschlossenheit anstelle von Konflikten« und »idealistische[m] Engagement für die Gemeinschaft anstelle von Hedonismus« zeigte das Menschenbild des IAK typische Züge der Utopie vom »Neuen Menschen«.[82] Damit versprach das Training zugleich, die individuelle, die unternehmerische und die gesellschaftliche Zukunft in einem harmonischen Bild zusammenzubinden.

Die buchenden Unternehmen ließen sich dieses vielversprechende Projekt einiges kosten. Um 1975 buchte *Bayer* insgesamt neun dreitägige Kurse beim IAK und veranschlagte dafür Gesamtkosten von insgesamt 61.200 DM.[83] Vor Ort wurden die Teilnehmer_innen dann mit Materialien konfrontiert, die allein durch ihr Design einen radikalen Bruch mit dem Althergebrachten suggerierten. Grafisch experimentierte man mit modernen Schriftarten und Sprechblasen, setzte futuristisch anmutende Pop-Art-Zeichnungen ein und provozierte mit teilweise lasziven Comics und Cartoons.[84] So konterkarierte das IAK schon visuell das seriöse Erscheinungsbild etablierter Institute und gab sich einen Anstrich von Jugendlichkeit, Frische und Aufbruch.

Auch die zahlreichen praktischen Übungen waren sämtlich darauf ausgerichtet, Abschied von alten Gewohnheiten zu nehmen. In den Seminaren wurden Gedankenexperimente durchgeführt, um den Beschäftigten zunächst ihre »[vor]programmierten Denkmuster« vor Augen zu führen.[85] Ein Orientierungspunkt war der Begriff des »lateralen Denkens«, der sich explizit gegen eine Dominanz des »Wesen[s] des Verstandes« richtete, getreu dem Motto: »Kreativität soll nicht nur neue Ideen hervorbringen, sondern auch ermöglichen, den alten zu entrinnen.«[86] Die praktischen Übungen des IAK versprachen, persistente Denkmuster aufzulösen, Gewohnheiten abzulegen und damit offen für Neues zu werden. Zweifel an allem Etablierten wurde

---

81 Sven Reichardt, Authentizität und Gemeinschaft. Linksalternatives Leben in den siebziger und frühen achtziger Jahren, Berlin ²2014, S. 193.
82 Arnd Bauerkämper, Der Neue Mensch, Version: 1.0, in: Docupedia-Zeitgeschichte, 4.7.2017, URL: <http://docupedia.de/zg/bauerkaemper_neue_mensch_v1_de_2017> (2.4.2017).
83 Zentrales Bildungswesen, Fortbildungsplanung 1975 der Bayer AG, S. 80, BAL 388/103.
84 Quiske/Skirl/Spiess, Denklabor Team, 1973, S. 62 f.
85 Ebd., S. 46.
86 Edward de Bono/Margaret Carroux, Laterales Denken für Führungskräfte, Reinbek bei Hamburg 1972, S. 8 f.

explizit eingefordert und gewann zugleich den Charme des Subversiven.[87] Die Beschäftigten übten, Problembeschreibungen umzuformulieren, separate Dinge zusammenzudenken, Ereignisse zu dekontextualisieren und konkrete Probleme zu verfremden. Techniken waren dabei Assoziationen, Bisoziationen und Analogiebildungen. Das IAK entlarvte Schrift und Sprache als kreativitätshemmende Kulturtechniken, die zur »Zwangsjacke« würden, weil sie das Denken in festgeordnete Strukturen fügten.[88] Stattdessen wurde ein Denken in Bildern eingefordert, bei dem die Teilnehmer_innen sich von jedem Gefühl der Peinlichkeit und inneren Zensur frei machen sollten.[89] So forderte das IAK seine Teilnehmer_innen dazu auf, »wilde Ideen« in Hülle und Fülle über den eigenen Erschöpfungszustand hinaus zu denken und diese entsprechend zu visualisieren.[90]

Auf Fotografien, die Einblicke in die Weiterbildungspraxis des Instituts geben sollten[91], kann man erkennen, dass die Zukunft auch mit der Öffnung von Räumen und neuen interaktiven Verfahren erobert werden sollte. Die sieben »Seminarteilnehmer_innen« zeigten nicht nur eine für diese Zeit ungewöhnliche geschlechtergemischte Gruppenzusammensetzung. In den diversen Sitzarrangements sah man dreieckige oder oktogonale Tische, um die die jungen Leute saßen, den Blick immer auf wechselnde Moderator_innen aus ihrer Gruppe gerichtet, die die rege Diskussion leiteten. Die Gruppe war umgeben von Wänden aus Flipcharts, die Stichpunkte, Tabellen und kybernetisch anmutenden Grafiken zeigten. »Visualisierung im Team setzt voraus, daß der Gruppenraum für jedes Mitglied ausreichende Visualisierungsflächen bietet.«[92] Aus den solcherart gesammelten Ideen sollte dann mit Hilfe gruppendynamischer Verfahren die adäquate Lösung für das anstehende Problem ausgewählt werden.

Das IAK wollte Zukunft nicht berechenbar machen. Im Gegenteil: Innovation erfordere immer »Entscheidungen unter Ungewissheit«.[93] Niemand könne sicher voraussagen, wie sich mögliche Lösungsalternativen in der Zukunft auswirkten.[94] Zukunft sei, kurz gesagt, nie objektiv.[95]

---

87 Quiske/Skirl/Spiess, Denklabor Team, 1973, S. 39.
88 Ebd., S. 61.
89 Ebd., S. 64.
90 Ebd., S. 73.
91 Die Fotografien waren faktisch gestellt (mindestens zwei der sieben Teilnehmer_innen waren die Gründungsmitglieder des IAK), geben aber dennoch einen Einblick in die Raum- und Didaktikkonzepte, für die das IAK stand.
92 Ebd.
93 Ebd., S. 76. Das IAK war davon überzeugt, dass Teams gerade für die Lösung von Problemen mit geringem Informationsstand Einzelpersonen überlegen seien: Quiske/Skirl/Spiess, Denklabor Team, 1973, S. 121.
94 Ebd., S. 75.
95 Ebd., S. 74.

»Die Zukunft gleicht einem langsam aufsteigenden und sich lichtenden Nebelfeld. Gestalten Sie aktiv die sich abzeichnenden Konturen mit. Dank der Denkprinzipien können Sie agieren und müssen sich nicht auf Reaktionen beschränken. Sie haben neue Möglichkeiten, ihre eigene Entwicklung und die Ihrer Umwelt zu Ihren Gunsten zu beeinflussen.«[96]

Der Topos des »Denklabors der Zukunft« war vom IAK deshalb nicht zufällig gewählt worden. Er beschrieb Kreativität als ein zieloffenes Experiment, bei dem alle mit ihren Mitstreitern zu Erfinder_innen etwas gänzlich Neuen werden konnten. Damit zelebrierte das IAK einen Abschied von der Plan- und Rationalisierbarkeit der Zukunft und warb für eine Erhöhung von Kontingenz[97] in unternehmerischen Entscheidungsprozessen, die versprach, die Absolventen_innen der Trainings nicht nur in ihrer Arbeit, sondern auch in ihrer Persönlichkeit von allen determinierenden Fesseln zu befreien.

Die Unternehmen hingegen versprachen sich von der Buchung solcher Trainings drei Dinge, von denen zwei gar nicht so neu waren: Sie wollten konkrete Probleme im Betriebsalltag schneller lösen und verfolgten daher ein genuines Rationalisierungsinteresse. Sie wollten ein harmonisches Betriebsklima erschaffen, in dem alle freiwillig ihr Bestes gaben. Aber zuletzt wollten sie eben auch das innovative Potenzial ihrer Mitarbeiter_innen aktivieren und in den Wertschöpfungsprozess miteinbeziehen. So können die Kreativitätsschulungen der 1970er-Jahre als Strategie interpretiert werden, Zukunft im Feld der Arbeit gleichzeitig zu provozieren und einzuhegen. Diese Form der »produktiven Kontingenzgenerierung«[98] war darauf ausgerichtet, aus dem Unbestimmbaren eine ökonomische Chance zu machen, freilich unter der Voraussetzung, dass ihre Entstehung und ihr Output sich planerisch verfügbar machen ließen.

---

96 Ebd., S. 73.
97 Ulrich Bröckling, Über Kreativität. Ein Brainstorming, in: Ulrich Bröckling/Stefan Kaufmann/Axel T. Paul (Hg.), Vernunft – Entwicklung – Leben. Schlüsselbegriffe der Moderne. Festschrift für Wolfgang Eßbach, München 2004, S. 235-243; hier: S. 236.
98 Uwe Walter, Kontingenz und Geschichtswissenschaft – aktuelle und künftige Felder der Forschung, in: Frank Becker/Benjamin Scheller/Ute Schneider (Hg.), Die Ungewissheit des Zukünftigen. Kontingenz in der Geschichte [= Kontingenzgeschichten, Bd. 1], Frankfurt a. M./New York 2016, S. 95-118; hier: S. 101.

5 Zukunft aus Bildung zur Kreativität? – Ernüchterung und Kritik

Die Ausgestaltung von Verhaltens- und unter ihnen auch Kreativitätsschulungen erregte im Laufe der Zeit die Kritik zahlreicher Beteiligter. Diese speiste sich teils aus einer Überschätzung, teils aus einer Unterschätzung der Wirksamkeit der Maßnahmen. Wir finden hier Debatten vorgeprägt, die seit einiger Zeit in der kritischen Gouvernementalitätsforschung wiederverhandelt werden. Die Kritik hatte zunächst mit einem faktischen Stillstand der psychologischen Kreativitätsforschung zu tun[99], entzündete sich aber vor allen Dingen an den methodischen Schwierigkeiten bei der Evaluation des Weiterbildungserfolgs.

Von psychologischer Seite stellte sich heraus, dass die Erfassung kreativer Fähigkeiten schon von ihrem Gegenstand her kaum möglich war, weil all diejenigen (durchaus umstrittenen) Kriterien, die Kreativität ausmachten, gerade in typischen Testsituationen eher verhindert als hervorgebracht wurden. Standardisierte Verfahren verhinderten spontane Reaktionen und trugen der eingeforderten Individualität der Proband_innen keine Rechnung, Zeitdruck behindere eine Berücksichtigung der Eigenzeitlichkeit kreativer Verfahren, vorgegebene Probleme stünden der notwendigen intrinsischen Motivation und Neugier für kreative Lösungen entgegen, Testverfahren erfolgten überwiegend verbal, wobei sich Kreativität doch eher in Formen der Wahrnehmung und der Psychomotorik äußere. Etliche andere methodische Probleme wurden im Laufe der Zeit diagnostiziert. »Anscheinend misst ein Großteil der Kreativitätsverfahren eher einfache kognitive Operationen, Problemlösen im herkömmlichen Sinn und soziale Intelligenz als kreative Fähigkeiten, wie sie theoretisch postuliert werden.«[100] Es bestand eine offensichtliche Diskrepanz zwischen dem Bedürfnis nach der komplexen Erfassung kreativer Fähigkeiten und der »testtheoretischen Konzeption« ihrer »objektiven, ökonomischen Auswertung und Verrechnung«.[101]

Dieselben Schwierigkeiten erwiesen sich auch in der betrieblichen Weiterbildung als entscheidend. Je häufiger Kreativitätstrainings in Unternehmen durchgeführt wurden, desto eher offenbarten sie, dass sich Kreativität als Fähigkeit oder Prozess ihrer Natur nach gegen eine ökonomische Vereinnahmung wehrte und sich deshalb auch nur begrenzt dazu eignete, arbeitende Menschen zu Zukunftsschöpfern zu erziehen. Zunehmend wurde zweifelhaft, ob eine Erziehung zur Kreativität, erstens, in den etablierten Trainingssituationen möglich war, sich ein Erfolg der Trainings, zweitens, überhaupt messen ließ und die Ergebnisse einer etwaigen kreativen Kompetenzsteigerung, drittens, in den etablierten Strukturen eigentlich sinnvoll einsetzbar waren.

---

99 Krause, Kreativität, 1972.
100 Inge Seiffge-Krenke, Probleme und Ergebnisse der Kreativitätsforschung, Bern/Stuttgart/Wien 1974, S. 190 f.
101 Ebd., S. 194.

Während einerseits immer wieder betont wurde, dass die Gesellschaft nur dann erfolgreich sein könne, »wenn es gelingt, jeden Ansatz zu Kreativität – auf welcher Ebene auch immer – zu entwickeln und kein Jota davon verkümmern zu lassen«, wurde gleichermaßen konsterniert festgestellt: »Das aber setzt voraus, daß Betriebe und Unternehmen so strukturiert werden müssen, daß sie optimale Ansatzpunkte für schöpferisches Denken und Handeln im Arbeitsprozeß bieten. Davon sind wir heute noch weit entfernt«.[102]

Mitte der 1970er-Jahre häuften sich Publikationen, die kritisch anmerkten, dass die Vermittlung von Kreativitätstechniken und das dazugehörige Training ihrer »intuitiven, analytischen, assoziativen oder kombinatorischen Fähigkeiten« keine kreativen, sondern vielmehr »kreativierte« Individuen hervorbrächten,

> »die es gewöhnt sind, vorgegebene, oft weitgehend vorstrukturierte Probleme zu bearbeiten und im Rahmen fremdbestimmter Ziel- und Wertsysteme akzeptierbare Lösungsmöglichkeiten hervorzubringen. Für ein dieserart trainiertes Individuum sind die jeweiligen Probleminhalte von sekundärer Bedeutung und nahezu beliebig austauschbar. Es braucht sich keine Gedanken zu machen über die Sinnfälligkeit oder Nützlichkeit des aufgegriffenen Problems und die Konsequenzen, die sich aus der Realisierung seiner Problemlösung ergeben.«

Die Folge sei, so der Unternehmensberater Peter Bendixen, dass die Individuen damit zu »auf verschiedene Aufgaben ansetzbare[n] Produktionsfaktoren instrumentalisiert« würden, die kreativen Output abgaben, »nachdem ein problematischer Input erfolgt ist.«[103] Mit solchen Diagnosen zerschlug sich der unternehmerische Zukunftsoptimismus, der sich mit dem Kreativitätstopos verbunden hatte, und zwar genau dadurch, dass er in feste Strukturen eingebunden war, die vornehmlich ökonomischen Logiken gehorchten.

Auch von gewerkschaftlicher Seite wurden im Laufe der 1970er-Jahre zahlreiche Schriften publiziert, die die Expansion von Verhaltenstrainings in betrieblichen Kontexten als Menschenmanipulationstechniken brandmarkten, die sowohl das Ziel verfehlten, die berufliche Zukunft arbeitender Individuen sicherzustellen, als auch das ökonomische System und die Gesellschaft zukunftsfähig zu erhalten.[104] Als Folge einer deutlichen Repolitisierung gewerkschaftlicher Bildungsarbeit wur-

---

102 Apel, Kreativität, in: Gross (Hg.), 1971, S. 73-86; hier: S. 82 f.
103 Bendixen, Kreativität und Unternehmensorganisation, 1976, S. 47.
104 Siehe beispielsweise: Kurt Johannson, Anpassung als Prinzip. Die Bildungspolitik der Unternehmer im Betrieb, in: Gewerkschaftliche Monatshefte, 28 (1977) 5, S. 302-309; Jürgen Sass/Werner Sengenberger/Friedrich Weltz, Weiterbildung und betriebliche Arbeitskräftepolitik. Eine industriesoziologische Analyse [= Arbeiten des Instituts für sozialwissenschaftliche Forschung München], Köln 1974; Mario Helfert, Probleme und Gefahren der Arbeitsgestaltung, in: Gewerkschaftliche Monatshefte 24 (1973) 1, S. 40-51; hier: S. 48 f.; Martin Baethge, Ausbildung und

de die betriebliche Fokussierung auf ökonomisch verwertbare Verhaltensweisen von Arbeitnehmer_innen als eine Strategie identifiziert, die bewusst die emanzipativen Potenziale unterminierte, die in einem weiten Weiterbildungsbegriff steckten.[105] Wilke Thomssen, wissenschaftlicher Mitarbeiter am *Max-Planck-Institut für Bildungsforschung*, brachte die Problematik in den *Gewerkschaftlichen Monatsheften* auf den Punkt: Ein neues Konzept von Weiterbildung müsse sich gegen alle »Versuche der Zukunftsplanung [richten], die glauben, einen Katalog von Qualifikationen aufstellen zu können, deren rechtzeitiger Erwerb die menschliche Gesellschaft im Jahre 2000 oder 2050 funktionsfähig erhält.« Denn: »Zunehmende Qualifikationen können zwar Veränderungen erzeugen, aber sie bestimmen nicht die Struktur künftiger Gesellschaften.«[106] Im Wesentlichen hatte Thomssen hiermit das Dilemma beschrieben, das auch den unternehmerischen Strategien betrieblicher Weiterbildung unterlag: Die Überzeugung von der Notwendigkeit permanenter Innovation als schöpferischer Gestaltung der Zukunft wurde in dem Moment zweifelhaft, in dem sie organisatorisch und institutionell auf eine planerische Anpassung des Humankapitals an einen niemals einholbaren Fortschritt ausgerichtet war.

Die Analyse von Strukturen und Inhalten betrieblicher Weiterbildung kann zeigen, dass es verkürzt wäre, sich den vergangenen Zukünften von Arbeit lediglich als Imaginationen prospektiver Arbeitsverhältnisse zu nähern. Im Verhältnis von Arbeit und Zukunft ging es um 1970 nicht mehr nur um die Frage nach der Zukunft der Arbeit, sondern ebenso auch um diejenige nach der Arbeit an der Zukunft und ihren konkreten Trägern. Weiterbildung erwies sich dabei als der entscheidende Ort, an dem beide Fragen gleichzeitig bearbeitet und beantwortet wurden, teilweise mit widersprüchlichen Konsequenzen. Wenn Andreas Reckwitz die These aufgestellt hat, dass das Kreativitätsdispositiv in seiner Propagierung einer offenen Zukunft die Gegenbewegung zur durchrationalisierten und planerisch agierenden Moderne gewesen sei, zeigt der Blick auf die betriebliche Weiterbildungspraxis, dass beide Narrative relativ unhinterfragt nebeneinander existieren konnten und sich sogar integrieren ließen. So konnte ein Unternehmen wie *Bayer* denselben Mitarbeiter, dessen Zukunft durch einen detaillierten Personalentwicklungsplan »gezähmt« wurde, in die Kreativitätsschulung des IAK schicken, um ihn zur »wilden« Erschaffung von Zukunft zu befähigen. Begriffen werden kann betriebliche Weiterbildung daher auch als ein definiertes Experimentierfeld, bei dem erst einmal die Möglichkeiten und Grenzen der Zukunftsgenerierung und ihrer ökonomischen Vereinnahmung ausgelotet wer-

---

Herrschaft. Unternehmerinteressen in der Bildungspolitik [= SOFI-Studien], Frankfurt a. M. 1970.
105 Dirk Axmacher, Erwachsenenbildung im Kapitalismus. Zur politischen Ökonomie des Ausbildungssektors in der BRD, Frankfurt a. M. 1974; Werner Markert, Erwachsenenbildung als Ideologie. Zur Kritik ihrer Theorien im Kapitalismus, München 1973.
106 Wilke Thomssen, Mitbestimmung und Weiterbildung, in: Gewerkschaftliche Monatshefte 22 (1971) 9, S. 9-15; hier: S. 14 f.

den sollten, bevor sie in Form konkreter Arbeitspraktiken in der Gesellschaft selbst Wirkung entfaltete.

Dass sich die weit reichenden Hoffnungen dieser Kontingenzgenerierung durch Kontingenzminimierung im Feld der Arbeit letztlich nicht erfüllten, lag mit Sicherheit auch daran, dass die ökonomische Erkenntnis, sich proaktiv zur Zukunft verhalten zu müssen, indem man den Arbeitnehmer_innen einen Zukunftssinn antrainierte, von ihrem gesellschaftlich-emanzipatorischen Anspruch abgespalten wurde. Wie Georg Picht es bereits 1971 formulierte: »Die künstliche Scheinwelt unserer Bildungsinstitutionen erzeugt ein Klima, das dem intellektuellen Spiel mit hohlen Worten günstig, aber der Entfaltung gestaltender Kräfte abträglich ist. Kreativität ist Gestaltung von Realität; sie kann nur in der Anforderung durch widerstrebende Realität zur Ausbildung gelangen.«[107] Doch dafür war in der betrieblichen Weiterbildung letztlich kein Raum vorgesehen.

---

107 Georg Picht, Kreativität und Bildung, in: Herbert Gross (Hg.), Zukunft aus Kreativität, Düsseldorf/Wien 1971, S. 27-39; hier: S. 39.

Personenregister

A
Aitamurto, Aarno 186, 192
Altmeyer, Veronika 148
Apel, Erich 173
Argyris, Chris 241
Assmann, Aleida 19

B
Baacke, Dieter 71
Bahl-Benker, Angelika 133
Ballerstedt, Eike 131
Bangemann, Martin 139
Bebel, August 111
Beckert, Gary 229
Beckert, Jens 233
Bendixen, Peter 249
Bennett, H. Stith 222
Berger, Stefan 10
Berlin, Irving 215, 216, 217, 218
Bernal, John Desmond 168
Bevernage, Berber 18
Beyer-Thoma, Hermann 181
Bischoff, Ludwig 61
Blüm, Norbert 143
Borris, Siegfried 75, 76, 77
Brahms, Johannes 61, 62, 74
Brakensiek, Stefan 84
Bröckling, Ulrich 225
Brown, John 110
Budde, Hermann 101

C
Chruschtschow, Nikita 167, 173, 177
Cohen, Sara 222, 223

D
de Bono, Edward 244
Doering-Manteuffel, Anselm 14, 119
Dostal, Werner 150
Dreiser, Theodore 205, 206, 207, 221
Dresser, Paul 206, 216
Dreyer, Dave 216, 217, 218, 219

E
Engels, Friedrich 159

Eversberg, Dennis 12

F
Faßbender, Siegfried 233
Flaig, Egon 183, 200, 201
Ford, Henry 33, 40, 52, 53, 56
Franke, Horst-Werner 81
Frister, Erich 91, 96

G
Geppert, Alexander 13
Geulen, Christian 12
Gorbatschow, Michael 170
Gotto, Bernhard 28
Graf, Rüdiger 16, 17, 19, 62, 82, 86, 109, 128, 130, 135, 136, 144, 149, 181, 184, 196, 208, 217, 226
Grünewald, Herbert 231
Grunwald, Armin 92

H
Haaren, Kurt van 148
Heilmann, Wolfgang 131
Heise, Christoph 98, 101
Henkel, Hans-Olaf 139, 140
Herbort, Heinz Josef 73, 74, 75, 76
Herzog, Benjamin 16, 17, 19, 62, 82, 86, 109, 128, 130, 135, 136, 144, 149, 181, 196, 208, 217, 226
Heßler, Martina 11
Hitler, Adolf 112, 116, 123
Höhn, Reinhard 242
Hölscher, Lucian 19, 63, 109
Honecker, Erich 165, 168, 170, 174, 176
Horsten, Franz 120, 121
Hübner, Peter 174
Hunsel, Lothar 139
Hupfauer, Theo 115
Huxley, Aldous 11

J
Joachim, Joseph 61

K
Kekkonen, Urho 182, 186, 190

Klemm, Klaus 101
Kleßmann, Christoph 161, 167
Kocka, Jürgen 8, 11, 27
Koselleck, Reinhart 34
Kössler, Till 13
Kraus, Egon 71

L
Laitko, Hubert 169
Leaver, Eric 110
Lenin, Wladimir Iljitsch 188
Ley, Robert 108, 116
Liberman, Evsej 173
Liszt, Franz 61, 62
Lorenz, Chris 18
Lübke, Heinrich 77
Lüdtke, Alf 13
Lukkari, Reijo 194

M
Mannheim, Karl 111
Marr, Heinz 111
Marx, Karl 11, 110, 159, 168
Maurer, Andrea 11
Melkas, Jussi 199
Meuschel, Sigrid 173
Meyenberg, Friedrich 49, 51
Mincer, Jacob 229
Mittag, Günter 173
Mühlberg, Dietrich 160

N
Nilles, Jack 129, 135

P
Pallinen, Lauri 190, 191
Picht, Georg 67, 78, 86, 89, 91, 229, 230, 232, 251
Pierer, Heinrich von 139
Platz, Johannes 11
Pröbsting, Günter 89
Pulakka, Toivo 199
Putzhammer, Heinz 101, 102

R
Radkau, Joachim 18, 230
Raphael, Lutz 14

Reckwitz, Andreas 13, 17, 197, 201, 225, 240, 241, 250
Reger, Erik 33, 34
Rexrodt, Günter 141
Rohlfs, Eckart 71
Kraus, Egon 71
Rüttgers, Jürgen 141

S
Sabrow, Martin 157
Santakari, Tuuli 199
Scheller, Benjamin 15
Schlesinger, Georg 51
Schmidt, Klaus-Dieter 98
Schürer, Gerhard 165
Sennett, Richard 14
Starr, Volker 89
Stein, Helmut 108, 110, 111, 120, 121, 122, 124, 125
Steiner, André 175

T
Taylor, Frederick Winslow 33, 53, 111
Thomssen, Wilke 250
Toffler, Alvin 129, 130, 132, 135

U
Ulbricht, Walter 168, 171, 174, 177
Ure, Andrew 110

V
van Laak, Dirk 217, 237
Voss, Hermann 66, 69, 72, 73, 77

W
Wagner, Richard 61, 62
Weber, Max 11
Welskopp, Thomas 10
Welzel, Steffen 85, 86
Willer, Stefan 180
Wolle, Stefan 161, 164, 168, 169, 174, 177
Wunder, Dieter 81, 85, 86, 88, 95, 96, 99, 100, 102

Über die Autorinnen und Autoren

Sindy Duong (MA) ist Doktorandin am Arbeitsbereich Neuere Geschichte/Zeitgeschichte an der Freien Universität Berlin und Referentin im Bundesministerium für Bildung und Forschung. Bis 2019 war sie Promotionsstipendiatin der Gerda Henkel Stiftung. In ihrem Dissertationsprojekt erforscht sie die Genese der Akademikerarbeitslosigkeit in der Bundesrepublik Deutschland in den 1970er- und 1980er-Jahren.

Saskia Geisler (MA) promoviert am Lehrstuhl für Osteuropäische Geschichte der Ruhr-Universität Bochum zu finnischen Bauprojekten in der Sowjetunion und ist als wissenschaftliche Onlinetutorin am Lehrgebiet für Geschichte der Europäischen Moderne der Fernuniversität in Hagen tätig.

Dr. **Klaus Nathaus** ist Associate Professor in Western Contemporary History an der Universität Oslo. Er lehrt und forscht zu Themen der Sozialgeschichte des 20. Jahrhunderts in Westdeutschland, Großbritannien, den USA und Norwegen.

Dr. **Franziska Rehlinghaus** ist wissenschaftliche Mitarbeiterin am Lehrstuhl für Neuere und Neueste Geschichte an der Georg-August-Universität Göttingen. In ihrem Habilitationsprojekt erforscht sie die Genese und Entwicklung von Selbstoptimierungspraktiken im bundesdeutschen Weiterbildungssektor.

PD Dr. **Martin Rempe** ist Privatdozent an der Universität Konstanz. Er forscht zur Geschichte kreativer Arbeit und ist Autor der Studie »Kunst, Spiel, Arbeit. Musikerleben in Deutschland, 1850 bis 1960«.

Dr. **Annette Schuhmann** ist wissenschaftliche Mitarbeiterin am Leibniz-Institut Zentrum für Zeithistorische Forschung in Potsdam. Sie ist zudem Redakteurin des Fachportals zeitgeschichte | online.

PD Dr. **Karsten Uhl** ist wissenschaftlicher Mitarbeiter am Institut für Geschichte der TU Darmstadt. Zur Zeit forscht er zur Geschichte der Computerisierung als Herausforderung der Gewerkschaftsbewegung.

Dr. **Marco Swiniartzki** ist Forschungsstipendiat der Gerda-Henkel-Stiftung in Jena. In seinem Habilitationsprojekt untersucht er vergleichend und transferorientiert regionale Metal-Szenen der 1970er- bis 1990er-Jahre. Zu seinen Forschungsinteressen gehören zudem die Geschichte der deutschen Gewerkschaften vor 1933 sowie die Geschichte der industriellen Arbeit.

Ulf Teichmann (MA) ist wissenschaftlicher Mitarbeiter im Projekt »Erinnerungskulturen der sozialen Demokratie« am Institut für soziale Bewegungen der Ruhr-Universität Bochum. Er forscht unter anderem zur Geschichte von Gewerkschaften und sozialen Bewegungen.

Mirko Winkelmann (MA) hat in Berlin und Taipei (Taiwan) Public History und Wissenschafts- und Technikgeschichte studiert. Seit 2016 ist er Mitarbeiter des Berliner Futurium. Seine inhaltlichen Schwerpunkte sind hier die Zukünfte der Arbeit und des Wirtschaftens sowie der Ernährung.